辽宁省滨海公路辽河大桥养护管理手册

张冠华 等 编著

人民交通出版社股份有限公司

China Communications Press Co.,Ltd.

内 容 提 要

本书针对辽宁省滨海公路辽河大桥所处区域的严寒、濒海、季节性冻融等突出的环境特点,结合长期的养护运营经验与管理实践,总结形成了一套切实可行的养护与管理方案。全书共分基础资料、土建结构养护、机电设备及系统养护、养护管理及应急处置、养护技术五篇内容。本书从桥梁的养护模式、养护管理、养护方案出发,注重实用性、系统性、针对性,既有一定的理论知识,又具有较强的可操作性。本书的出版不仅可以促进辽宁省公路桥梁和我国北方大跨径桥梁养护水平的提升,也对我国公路桥梁养护管理事业的发展具有十分重要的意义。

本书作为辽河大桥养护运营管理的重要参考资料,可用于桥梁养护管理的工程技术人员岗位培训,也可供从事桥梁养护管理相关人员参考。

图书在版编目(CIP)数据

辽宁省滨海公路辽河大桥养护管理手册 / 张冠华等编著. — 北京 : 人民交通出版社股份有限公司, 2016.7

ISBN 978-7-114-13137-0

Ⅰ. ①辽… Ⅱ. ①张… Ⅲ. ①海滨—公路桥—保养—辽宁省—手册 Ⅳ. ①U448.145.7-62

中国版本图书馆 CIP 数据核字(2016)第 139008 号

书 名:	辽宁省滨海公路辽河大桥养护管理手册
著 作 者:	张冠华 等
责任编辑:	牛家鸣 张江成
责任校对:	孙国靖
责任印制:	张 凯
出版发行:	人民交通出版社股份有限公司
地 址:	(100011)北京市朝阳区安定门外外馆斜街 3 号
网 址:	http://www.ccpress.com.cn
销售电话:	(010)59757973
总 经 销:	人民交通出版社股份有限公司发行部
经 销:	各地新华书店
印 刷:	大厂回族自治县正兴印务(有限)公司
开 本:	787×1092 1/16
印 张:	24.5
字 数:	586 千
版 次:	2018 年 6 月 第 1 版
印 次:	2018 年 6 月 第 1 次印刷
书 号:	ISBN 978-7-114-13137-0
定 价:	98.00 元

《辽宁省滨海公路辽河大桥养护管理手册》
编审委员会

主 编 单 位：辽宁省交通规划设计院有限责任公司公路养护技术研发中心

编委会主任：张冠华

编写组成员：刘心亮　冯良勇　郭　骞　韩基刚　于传君　王佳伟

屈丰来　吴宏业　李万德　王秋实　杜海鑫　宋承哲

焦鹏飞　王高鹏　赵雪帆　王金暖　吴宪锴

主 审 单 位：辽宁省滨海公路辽河大桥管理处

主　　　审：祖熙宇　赵运东　杨　旭　姚　卓　闫大伟　殷　峰

陈　斌

主审组成员：祝　龙　苏衍斌　高晓刚　李　东　王恩涛　伏　天

刘志群　孙东波　张雪飞

前 言

辽河大桥为辽宁省滨海公路上的一座大型桥梁,位于营口、盘锦两市交界辽河入海口处,连接盘锦和营口两市。辽河大桥的建成将两市之间通行距离缩短了7公里。该桥于2010年9月28日建成通车,总投资11亿元。辽河大桥采取管养分离的模式,辽河大桥管理处负责监督和管理,辽宁省交通规划设计院辽河大桥养护项目部负责专业化养护。

《辽宁省滨海公路辽河大桥养护管理手册》(以下简称《手册》)是一部供辽宁省滨海公路辽河大桥养护维修与运营管理工作所使用的工具性参考书。本书编写贯彻"预防为主,安全至上"的方针,重视结构的安全性和耐久性内容的表述。《手册》所涉及的桥梁技术状况评定、承载力检测评估、养护维修决策等,符合《公路桥涵养护规范》(JTG H11—2004)、《公路桥梁技术状况评定标准》(JTG/T H21—2011)、《公路桥梁承载能力检测评定规程》(JTG/T J21—2011)等交通运输行业相应规范、规程内容。本《手册》重视桥梁基础资料等桥梁技术档案的收集和建立,在桥梁部件的检查与评定部分采用规程规定的系列表格。由于辽河大桥所处地理环境和气候环境特点,本桥除进行一般桥梁结构的常规养护外,还结合自身的特点及长期监测数据及时总结分析,进行有针对性的养护。

本《手册》给出了辽河大桥养护管理的基本思路、规范依据和养护维修内容,并结合长期的实际养护维修工作,不断修订、补充,最终形成为一本对寒冷、濒海地区大跨径桥梁养护有指导意义的参考书。本《手册》可以为科学的桥梁养护管理工作奠定基础,为桥梁安全运营提供可靠的技术支撑,还可以对合理使用养护资金进行指导。

在此,谨向所有参与本手册编写的单位和研究人员表示衷心的感谢!虽经努力,但限于作者水平,本书错漏与不妥之处在所难免,恳请读者不吝指正,以便进一步充实和完善。

作　者
2016 年 12 月

目 录

第1篇　基础资料

第2篇　土建结构养护

第3篇 机电设备及系统养护

第4篇 养护管理及应急处置

第1篇

基础资料

第 1 章 总 则

1.1 编 制 目 的

为了加强辽河大桥的养护管理工作,保障主桥、引桥及附属设施完好,使之处于正常使用状态,实现行车通畅、功能良好和安全运营,特制定本养护管理手册。辽河大桥因处濒海、季节性冻融、地震多发地带等而具有北方大跨径桥梁的突出特点,通过建立和完善辽河大桥的养护管理工作,得到一套切实可行的养护管理办法,进而编制出辽河大桥养护管理手册,可为北方大跨径桥梁养护工作提供参考和借鉴,使养护工作更加规范化、标准化、具体化,便于养护技术人员有针对性地开展工作,也便于养护管理人员决策,以期使辽河大桥养护工作成为辽宁省乃至全国大型桥梁养护管理的典范。

1.2 适 用 范 围

本手册适于滨海公路辽河大桥主桥、引桥的各类构件、附属设施、引线道路、照明设施、机电设备及监测系统的检查和养护工作,以及桥梁运营过程中的日常管理工作。检查工作包括日常巡查、经常检查、定期检查、应急检查及相应的技术状况评估;养护工作包括日常保洁、小修保养、预防性养护、应急处置;中修及大修工程不在本手册中进行详细阐述。对于本手册未包含的内容可参考相关规范。

1.3 养 护 原 则

1.3.1 技 术 政 策

(1)贯彻执行国家有关桥梁技术法规,桥梁养护、加固施工的技术规程,桥梁养护技术管理的有关规定和办法。

(2)养护工作按"预防为主,防治结合"的原则,以主桥结构养护为主导,以桥面养护为中心,以承重部件养护为重点,加强全面养护,实行随检随修,贯彻预防性养护理念。

(3)贯彻实行管养分开的养护模式,提高养护效率,降低养护成本。

(4)全面调查桥梁的技术状况,掌握各项技术指标,不断完善桥梁技术档案。

(5)积极推广应用先进的养护技术和科学的管理方法,改善养护手段,尽可能实行和发展机械化养护、智能化养护,提高养护技术水平。

(6)采用基于桥梁全寿命周期的养护策略,根据构件的寿命、重要性、退化方式不同,有针对性地开展养护;养护工作应因地制宜,就地取材与高效新材料应用并重,降低养护综合成本。

(7)通过科学分析,积极预防,增强桥梁耐久性和抗灾能力,做好冰雪季节和台风季节的防护工作,降低自然灾害造成的损失。

(8)重视综合治理,使桥梁自然平衡,保护附近景观,实现绿色交通。

1.3.2 基本原则

养护工作应基于项目性能状况、养护技术发展现状、交通量情况等,通过科学预测,提出科学的养护措施,在确保项目安全畅通的前提下,降低全寿命周期费用成本。养护工作应遵循以下基本原则:

(1)养护工作应坚持"确保安全、便捷、畅通运作"原则。

(2)养护工作应坚持与公路管理部门战略相结合的原则,符合管理部门的政策要求,提出的养护工作措施应与公路管理部门的养护计划、体系相一致。

(3)养护工作应坚持以中期与远期相结合的原则,应正确处理好中期和远期的关系,既注重中期实际,又考虑长远控制,应立足当前,面向未来,保证各个时段的养护工作的科学性、有效性及连续性。

(4)养护工作应坚持以经济性与公益相结合的原则。经济性是条件,公益性是基础,养护计划应考量养护措施的经济效益,即阶段性养护投入须符合管理部门经济现状,同时要以提升项目服务水平为切入点,充分考虑社会公益性。

(5)养护工作应坚持实用性与先进性相结合的原则,首先通过充分调查研究,确定切实可行的规划目标,其次在养护措施选择上面兼顾效益和效果,在采用实用、成熟技术手段的同时,积极推动"四新"技术的应用,提升养护工作的科技含量。

1.3.3 基本要求

(1)为了做好桥梁养护工作,应根据本桥的实际情况及特点设置专门养护和管理机构,配置必要的施工机具、测试仪器及检修设备。桥梁养护作业,应特别注意行车和人身安全,正确处理养护施工与交通运行的关系,在保证安全和质量的前提下,尽量避免和减少中断行车和限制行车速度的时间。

(2)建立和健全桥梁技术档案,技术档案应包括桥梁设计、桥梁施工、桥梁结构检测、桥梁健康监测、桥梁维修养护、机电设备等部分。

(3)建立桥梁的检查与评定制度。对桥梁构造物进行日常巡查,并进行周期性检查检测,系统掌握其技术状况,及时发现缺损和使用环境条件的变化。按桥梁检查检测结果,对桥梁技术状况进行评定,针对病害产生的原因和后果,采取有效、先进、经济的技术措施,制定相应的养护对策。

(4)建立桥梁管理系统和数据库,充分利用健康监测系统,实行科学决策。

(5)维持桥梁结构各构件的完好状态,达到《公路桥涵养护规范》(JTG H11—2004)规定的一类标准。最大限度地减少或避免桥梁各组成部分的损坏,及时修复,保证桥梁始终安全畅通。

(6)检查工作要形成制度,由专人认真执行,并做好文字和影像记录。充分利用监测数据和评定结果,结合其他检查数据,进行准确的技术状态评定及承载能力评定,使决策具有充分依据。

(7)维修和病害整治要积极采用新技术、新工艺,以最经济的方式保证桥梁及其设施经常处于完好状态,达到养护管理的高标准、高质量、高效率;提高检测的先进性与准确性,由被动养护向主动预防、信息化养护转变。

(8)积极收集和完善桥梁结构各组成部分及所处的环境(冲刷、航道等)的相关技术与管理资料,为养护维修和日后可能发生的加固提供基础资料和依据。

(9)重视技术方案的经济比选,加强养护维修的全寿命周期成本核算,降低总体维修成本。

1.4 养护工作的近、中、远期目标

依据大桥现状分析,结合本项目在区域的重要性,以提高路况水平及综合服务能力为前提,制定总体目标。同时,以《公路桥涵养护规范》《公路桥梁技术状况评定标准》等为依据,结合桥梁、路面、交通安全设施及附属工程等的各分项指标现状情况,制定合理目标。

1.4.1 近期目标(2011—2018年)

(1)提出科学、合理的规划,并根据大桥运营状况,逐步实现规范化、科学化、制度化的按需养护,保障项目主体工程及附属设施长期处于良好的技术状态。

(2)完成桥梁基本技术资料的收集、整理,建立大桥技术资料数据库。

(3)设立观测基准点及长期观测点,并建立观测档案。

(4)制定规范的检查和养护流程,规范基本检查表格,并建立检查及养护成果档案。

(5)做好除冰雪工作及抗风抗震工作,确保交通安全、畅通。

(6)提升项目应急处理能力、综合服务能力。

(7)完成适用于本桥的养护技术的摸索和应用,贯彻预防性养护理念,预防性养护技术适时投入应用。

(8)全面打造"畅、洁、舒、美、安"的公路交通环境。

1.4.2 中期目标(2019—2023年)

(1)桥梁经过多年运营仍基本完好,为一类桥。

(2)桥梁服务水平辽宁省省内领先,建立优质高效的机械化、智能化养护体系,积极推进采用新工艺、新技术、新材料、新设备,保证大桥各部件处于完好状态,由被动型养护转变为预防性养护。

(3)做好斜拉桥日常养护的同时,搞好交通状况的调查,严格控制超载、特种车辆过桥。

(4)对发生的台风、暴雨、地震、火灾及雪灾等可能对桥梁造成的危害,应做好各种应急处理措施及防范措施。

(5)通过日常检查和定期检查,系统地掌握桥梁的技术状况,逐步建立并完善"养护管理系统",完善养护管理数据库,以实现对大桥的运营实时跟踪监测与控制。

(6)建立一整套以实际采集的各部件数据为基础的"桥梁评价、预测和决策"实用技术系统,以指导日常的运营养护维修工作。

(7.)建立和健全完整的斜拉桥技术档案,为斜拉桥的养护维修和安全评估提供科学依据。

(8)实现养护决策科学化、养护作业规范化、应急救援高效化。

1.4.3　远期目标(2024 年—)

在中期目标奠定一流管理的基础上,采取"走出去,请进来"的方法,参照国内外同类桥梁一流管理的标准,加大硬件投资力度,狠抓软件服务水平,进一步完善管理模式。对在养护工作中发现的问题,可能对大桥长期运营造成重大影响的病害,应及时做好科学的维修和加固措施,从而使养护工作制度化、规范化、科学化、智能化和高效化。完善桥梁的数据库、数字化平台。具备世界先进水平的管理、技术实力。

1.5　养护技术管理体系

1.5.1　技术法规

养护工作应执行国家和行业有关桥梁养护的标准、规范、规定,并应严格执行国家现行的有关强制性标准的规定。主要标准、规范、制度和文件如下:

《公路工程技术标准》(JTG B01—2014)

《公路桥梁养护管理工作制度》(2007 年颁布)

《公路养护技术规范》(JTG H10—2009)

《公路桥涵养护规范》(JTG H11—2004)

《公路技术状况评定标准》(JTG H20—2007)

《公路桥梁技术状况评定标准》(JTG/T H21—2011)

《公路桥梁承载能力检测评定规程》(JTG/T J21—2011)

《公路养护安全作业规程》(JTG H30—2015)

《公路桥涵设计通用规范》(JTG D60—2015)

《公路工程质量检验评定标准　第一册　土建工程》(JTG F80/1—2004)

《公路桥涵施工技术规范》(JTG/T F50—2011)

《公路沥青路面养护技术规范》(JTJ 073.2—2001)

《公路交通安全设施施工技术规范》(JTG F71—2006)

《道路交通标志和标线》(GB 5768—2009)

《钢结构工程施工质量验收规范》(GB 50205—2001)

《钢结构管道涂装技术规程》(YB/T 9256—1996)

《钢结构加固技术规范》(CECS 77—1996)

《钢结构制作安装施工规程》(YB 9254—1995)

《混凝土结构加固设计规范》(GB 50367—2013)

《混凝土结构工程施工质量验收规范》(GB 50204—2002)

《建筑设计防火规范》(GB 50016—2014)

《混凝土外加剂应用技术规范》(GB 50119—2013)

《公路桥梁钢结构防腐涂装技术条件》(JT/T 722—2008)

《混凝土桥梁结构表面涂层防腐技术条件》(JT/T 695—2007)

《公路工程混凝土结构防腐蚀技术规范》(JTG/T B07-01—2006)

《漏电保护器安装和运行》(GB 13955—2005)

《电气装置安装工程 电缆线路施工及验收规范》(GB 50168—2006)

《电气装置安装工程 接地装置施工及验收规范》(GB 50169—2006)

《电气装置安装工程 低压电器施工及验收规范》(GB 50254—2014)

《电气装置安装工程 母线装置施工及验收规范》(GBJ 149—1990)

《数据通信基本型控制规程》(GB/T 3453—1994)

《供配电系统设计规范》(GB 50052—2009)

《低压配电设计规范》(GB 50054—2011)

《电力装置的电测量仪表装置设计规范》(GB/T 50063—2008)

《建筑防雷设计规范》(GB 50057—2010)

《电力装置的继电保护和自动装置设计规范》(GB/T 50062—2008)

《电子信息系统机房设计规范》(GB 50174—2008)

《有线电视系统工程技术规范》(GB 50200—1994)

《突发气象灾害预警信号发布试行办法》

其他相关规范和规程,桥梁设计、施工和养护运营过程中的各种图纸和技术文件等。

1.5.2 工作流程

桥梁养护工作流程如图 1-1-1 所示。

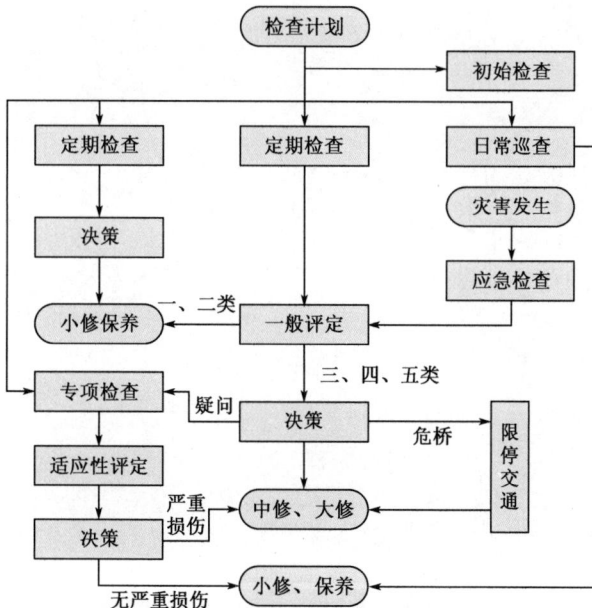

图 1-1-1 桥梁养护工作流程图

1.6　手册的更新

当出现以下情况时,应及时组织有关单位和人员对本手册进行更新:

(1)当国家、行业或地方法律法规和相关规范发生变化后,导致本手册部分内容与其发生矛盾时;

(2)当管理、养护单位养护管理技术水平提高或发现本手册不满足新的养护管理需要时;

(3)桥梁结构状态出现明显变化,本手册中检查和养护内容无法满足维持服务水平要求,桥梁养护工程师认为有必要更新时。

第 2 章 术 语

2.0.1 养护

养护指为保持桥梁结构及其附属物的正常使用而进行的经常性保养和维修作业,以及为预防和修复桥梁结构的灾害性损坏,改善其使用质量和服务水平而进行的工作的总称。

2.0.2 桥梁调查

桥梁调查指对桥梁基本技术资料的搜集与掌握,包括设计、施工、监理、试验、养护、维修加固、水文与地质状况及其他历史资料。

2.0.3 桥梁检查

桥梁检查指对桥梁结构及其附属设施进行的现场查看与记录描述。

2.0.4 加固

加固指当构造物局部损坏或承载能力不足时进行的维修和采取的补强工程措施。

2.0.5 小修保养工程

小修保养工程指对公路桥涵及附属构造物进行预防性保养和修补其轻微损坏部分,使其保持完好状态的工程项目。

2.0.6 中修工程

中修工程指对公路桥涵及其附属构造物一般性磨损和局部损坏进行定期的修理加固,以恢复原状的小型工程项目。

2.0.7 大修工程

大修工程指对桥涵及其附属构造物的较大损坏进行周期性的综合修理,以全面恢复到原设计标准的技术状况,或在原技术等级范围内进行局部改善和个别增建,以逐步提高其通行能力的工程项目。

2.0.8 预防性养护

预防性养护指公路养护部门在路基、路面、桥涵以及其他公路设施的结构良好或病害、损

毁发生初期,即对其进行养护,延缓公路病害、损毁的发生或进一步扩大,从而达到延长公路使用寿命、保持公路完好率、提高公路质量和服务水平、降低公路寿命成本、延长中修或大修期限目的的作业方式。

2.0.9 结构使用寿命

结构使用寿命指结构建成后,在预定的使用和维修条件下,结构所有性能均能满足原设计要求的实际年限。

2.0.10 结构耐久性

结构耐久性指结构及其构件在可能引起材料性能劣化的各种因素作用下,能够长期维持其原有性能的能力。在结构设计中,结构耐久性则被定义为在预定作用、预期的维修和使用条件下,结构及其构件能在规定期限内维持所需技术性能(如安全性、适应性)的能力。

2.0.11 全寿命成本法

全寿命成本法指在某项维护工程投入时考虑桥梁全寿命成本的方法,不只追求初期效益,还要考虑桥梁全寿命成本最低。

2.0.12 结构监测

结构监测指对工程结构实施的损伤检测和识别。损伤包括材料特性改变或结构体系的几何特性改变,以及边界条件和体系的连续性。体系的整体连续性对结构的服役能力有至关重要的作用。结构监测涉及通过分析定期采集传感器阵列的响应数据来观察体系随时间推移产生的变化,通过损伤敏感特征值提取和数据分析来确定结构的健康状态。

2.0.13 劣化

劣化指材料或结构性能逐渐降低的行为。

2.0.14 化学腐蚀

金属与周围介质直接起化学作用称为化学腐蚀,包括气体腐蚀和在非电解质中的腐蚀,其特点是腐蚀过程中不产生电流,且腐蚀产物沉积于金属表面。

2.0.15 电化学腐蚀

金属与酸、碱盐等电解质接触并发生作用引起的腐蚀称为电化学腐蚀。其特点是腐蚀过程有电流发生,腐蚀产物不覆盖在作为阳极的金属表面,而是在距阳极金属一定距离处。

2.0.16 应力腐蚀断裂

应力腐蚀断裂指应力与化学介质共同作用下引起的金属构件的断裂。应力指的是拉应力,拉力越大断裂所需时间越短,且断裂应力一般低于屈服强度。

2.0.17 氢脆

氢脆又称氢致开裂或氢致损伤,是氢引起的塑性下降或开裂现象,有时又称"滞后断裂",因为它经过一定时间后发生。

2.0.18 腐蚀疲劳断裂

腐蚀疲劳断裂是在重复应力和化学介质作用下引起的构件断裂,可认为应力腐蚀断裂是腐蚀疲劳断裂的特例。

2.0.19 疲劳断裂

疲劳断裂指在多次重复加载下,构件高应力集中处导致微裂纹萌生、扩展,宏观裂纹扩展,导致失稳和构件断裂。平均应力可能远低于屈服应力,但荷载多次重复作用。

2.0.20 脆性断裂

脆性断裂指构件材料尚无明显塑性变形就产生了原子键的断裂。点阵缺陷或几何缺陷引起高的局部应力集中、工作温度低于构件材料的脆性转变温度和高拘束的平面应变应力状态构成脆性断裂发生的条件。与疲劳断裂相同的是几何缺陷和高应力集中存在以及构件平均应力也可能远低于屈服应力,不同的是脆性断裂不是多次重复加载的结果,上述条件具备时不需要外功,只凭结构本身的弹性能便足以使灾难性的脆断发生。脆断可能会由深度大的疲劳裂纹诱发。

2.0.21 涂膜耐候性

涂膜耐候性指涂膜在室外抵御日光、风雨、霜露、寒热、干湿等自然环境侵蚀的能力。

2.0.22 涂层缺陷

涂层缺陷指钢结构表面涂层出现流痕、气泡、白化、起皱、起皮等现象。

2.0.23 涂膜老化

涂膜老化指涂膜受到各种因素的作用而发生褪色、变色、龟裂、粉化、剥落等,使防锈能力逐渐消失的现象。

2.0.24 重防腐涂层

重防腐涂层指用长效或超长效涂料涂装的防腐蚀涂层。

2.0.25 裂缝限值

裂缝限值指为保持结构的耐久性而规定的梁及墩台裂缝宽度的最大值,超过该值需进行修补或加固。

2.0.26 钝化

在高碱性微孔水溶液的作用下,混凝土中钢筋表面形成一层致密的、由某些矿物成分的铁的氧化物和氢氧化物组成的薄膜,隔离水、氧气,使钢筋免受腐蚀,此过程即钢筋的钝化。

2.0.27 碳化

碳化指大气中 CO_2 与混凝土微孔中水反应,生成碳酸,并进一步与微孔中碱中和反应的过程。当碳化进程到达钢筋表面时,钢筋钝化膜逐渐消失。

2.0.28 密封

密封指阻止介质通过结构缝隙、空穴从一个部位流向另一个部位,消除渗漏的措施。

2.0.29 密封面

密封面指由结构和涂料材料构成的阻止或控制介质渗漏的连续密封面。

2.0.30 涂料适用期

涂料适用期指涂料自两组分混合后可正常使用的时间。

2.0.31 硫化期

硫化期指密封剂自混合后至一定硬度(一般为邵尔 A 型 30 度)所需的时间。在硫化期后,可进行下道工序。

2.0.32 活性期

活性期指密封剂能够保持适于涂敷稠度的时间。密封剂在活性期内应完成涂敷、注射及整形操作。

2.0.33 不粘期

不粘期指密封剂自混合起直至达到对聚乙烯薄膜不粘的最短时间。在不粘期内,不许触动密封剂及密封件,在特殊必要时,可用聚乙烯薄膜保护,并于不粘期后揭除薄膜。

2.0.34 蜂窝

蜂窝指混凝土局部不密实或松散,混凝土表面多砂、多浆,呈蜂窝状空洞。

2.0.35 麻面

麻面指混凝土表面局部缺浆、粗糙,或有大量小凹坑的现象。

2.0.36 剥落

剥落指混凝土表层脱落、粗集料外露的现象。严重时,成片状脱落,钢筋外露。

2.0.37 掉角

掉角指构件边角处混凝土局部掉落,或出现不规整缺损。

2.0.38 结构位移

结构位移指由于基础移动、超载、碰撞、火灾、冲刷等原因引起的结构或构件位置的移动或截面的转动。

第 3 章 工程概况

3.1 桥址环境条件

辽河特大桥是辽宁省滨海公路工程中的一座大型桥梁,位于营口、盘锦两市交界的辽河入海口处,起点位于营口市新兴大街以北,起于滨海公路延伸线与污水处理厂路交叉路口处,与营口滨海公路对接;终点止于产业基地十三号规划路口前,与营盘公路对接。辽河大桥是辽宁省标志性建筑之一,如图 1-3-1 所示。

图 1-3-1 辽河大桥实景图

1)气象特征

桥址地处温带,东南临太平洋,西北靠欧亚大陆,气候受季风影响很大;渤海属内陆海,属于暖温带季风气候。其特征是:光照充足,雨量适中,四季分明。春季温和,少雨多风;夏季炎热,雨量集中;秋季凉爽,雨量适当;冬季较长,但少严寒。

2)水文特征

辽河是中国七大江河之一,是中国东北地区南部的大河,发源于河北省承德地区七老图山脉的光头山,在辽宁省盘锦市注入渤海,全长 1345km。田庄台到营口是大辽河的下段,河段长 42km,河道弯道更多,弯曲系数达 2.58,水面宽 600~1200m,主槽泄洪能力 2500m³/s 以上,水深 5~14m。

大辽河自三岔口至营口入海长97km,全为感潮河段,距河口42km的田庄台以下,水位主要受潮汐控制,但受上游径流的影响,年最高潮位常出现在汛期。营口潮位站历史最高高潮位3.20m,历史最低低潮位-2.68m。

大辽河流域地处东北地区南部,河道封冻一般在11月下旬至翌年3月中下旬,结冻时间较长,多年平均为150天左右,一般11月下旬开始结冰,翌年4月上旬解冻,地面冻结深度1m左右。

本桥最高通航水位,按交通运输部《通航海轮桥梁通航标准》(JTJ 311—1997)的规定,设计最高通航水位应采用当地历史最高潮位。本桥最高通航水位定为3.20m,换算黄海高程为3.166m。

3)工程地质及地震

桥址位于华北断块东北部的下辽河平原的东侧。在地址构造上,下辽河—辽东湾地区是一个中、新生断陷区。下辽河地区自东而西可分为东部凸起、凹陷、中央隆起带、西部凹陷、凸起五个构造单元,东、西凸起实际上是在一个向盆地倾斜的斜带上,桥址即处于东部斜坡上带。桥址所处的滨海平原基岩为震旦纪混合花岗岩及第三系砂岩、泥岩,基岩埋深180~300m。第四系地层是区内主要地层,其分布面积广大,层位齐全,岩相多变,厚度大。

桥址所在区域涉及华北地震区郯庐地震带北段和东北地震区的辽西地区。中、强地震主要沿区域东部北北东向的郯庐断裂带分布,构成了区域上规模最大的地震带。在辽西地区的中强地震在空间上的分布很零散,成带性不明显。区域上的地震大部分在郯庐地震带北段,地震呈现出条带状、网络状和团块状等分布图像。从地震深度分布来看,地震的震源深度一般为5~30km,属浅源地震。

4)气温

1月平均气温-8.5~-11℃;7月平均气温24~25℃;年平均气温在8.5~11℃之间,平均最高气温13.5℃,平均最低气温6.3℃。

极限最高气温36.9℃(出现在1919年),极限最低气温-31℃(出现在1920年)。

5)降水

桥址区域降水量分布特点是:由西北向东南递增,山区多于平原。年平均降水量在650~800mm之间。东部山区为730~820mm,沿海平原为620~730mm。最大降水量1136mm(出现在1923年),最少降水量340mm(出现在1912年),最大日降水强度可达200~300mm。

桥址区域冬季降水以固态降水即以雪为主,降水量占全年6%~7%。降雪持续期约150~180天,最高年降雪持续期为201天,最少年降雪持续期为102天,最大积雪深度在21~28cm。

6)风

桥址区域属东亚季风范围,随季节转换而有显著变化。冬季盛行东北风,夏季盛行西南风。春季主导风向为WS;夏季主导风向为S(图1-3-2);秋、冬季主导风向为N(图1-3-3)。

大风日数(≥6级)每年可达80~100天左右,最多年份达160天以上。8级或8级以上大风日数,平均20~38天。

据历史资料统计,影响该区域的台风平均每年一次,最多是1930年达4次,有的年份则无台风影响。

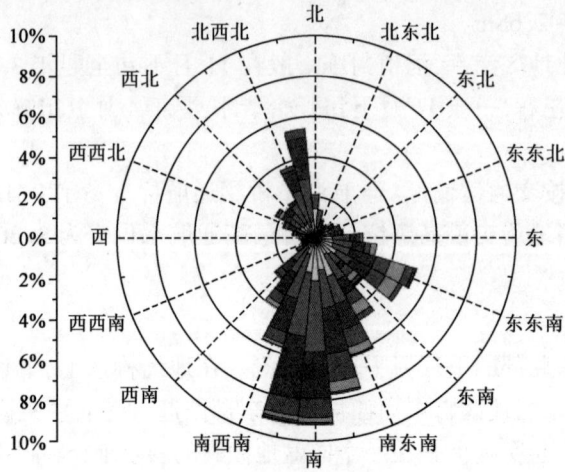

图 1-3-2　辽河大桥夏季风向统计图

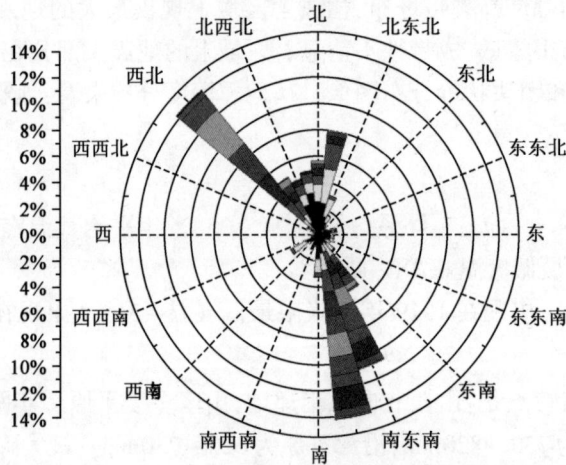

图 1-3-3　辽河大桥冬季风向统计图

7）航道条件

通航净空尺度：根据交通运输部天津水运工程科学研究院编制的《辽宁省滨海公路辽河大桥通航净空尺度和技术要求论证研究报告》，本项目净空高度在 39m，起算面最高通航水位 3.166m（表 1-3-1），净空宽度不小于 320m。

主桥设计水位一览表　　　　　　　　　　　　　　　　　　　　　　　表 1-3-1

项　目	设计水位	最高设计通航水位
标准	300 年一遇潮位与 100 年一遇洪水位组合	最高历史潮位
数值（m）	3.500	3.166

3.2　技术标准及设计规范

3.2.1　设计技术标准

（1）公路等级：一级公路。

（2）计算行车速度：80km/h。

（3）桥梁结构设计基准期：100年。

（4）汽车荷载等级：公路—Ⅰ级；

（5）桥面布置：

①主桥桥面宽度：0.15（护栏）+1.55（拉索锚固区）+0.3（防撞护栏）+2.5（非机动车道）+11.25（机动车道）+1.5（中间带）+11.25（机动车道）+2.5（非机动车道）+0.3（防撞护栏）+1.55（拉索锚固区）+0.15（护栏）=33m。

②引桥桥面宽度：0.5（防撞墙）+2.5（非机动车道）+11.25（机动车道）+1.5（中间带）+11.25（机动车道）+2.5（非机动车道）+0.5（防撞墙）=30m。

（6）纵坡：2.85%。

（7）横坡：≤5%。

（8）平、纵曲线半径：平曲线一般最小半径420m；平曲线不设超高最小半径2500m；凸形竖曲线一般最小半径13000m；凹形竖曲线一般最小半径11000m。

（9）抗震设防标准：

根据辽宁省地震研究所《滨海公路辽河大桥工程场地地震安全性评价》报告，桥址区50年63%、10%、3%超越概率水平向的基岩峰值加速度分别为45.0cm/s^2、136.5cm/s^2、233.1cm/s^2。100年63%、10%、3%和2%超越概率水平向的基岩峰值加速度分别为67.6cm/s^2、193.3cm/s^2、297.9cm/s^{2}和331.5cm/s^2。

野外调查及工程场地地球物理探测结果表明，场地内无隐伏断裂，可不考虑断裂对场地的影响。场址位于辽河岸边，工程地质条件差别不大，场地类别为Ⅲ类，场地成因为冲积。场地内不会发生软土震陷、泥石流和地震地表破裂等地震地质灾害，但是经钻孔资料分析在计算烈度下场地会发生液化，液化等级辽滨场址强于营口场址。

按照"小震不坏、中震可修、大震不倒"的抗震设防原则，小震取50年超越概率63%的概率水平下的地震动参数，中、大震则分别取50年超越概率10%和50年超越概率3%的概率水平下的地震动参数。

（10）抗风设计标准：使用阶段设计重现期100年；施工阶段设计重现期10年。

（11）设计洪水频率：1/300。

3.2.2　设计规范

辽河大桥设计参照的规范如下：

（1）中华人民共和国行业标准《公路工程技术标准》（JTG B01—2014）；

（2）中华人民共和国行业标准《公路桥涵设计通用规范》（JTG D60—2015）；

（3）中华人民共和国行业标准《公路钢筋混凝土及预应力混凝土桥涵设计规范》（JTG D6—2004）；

（4）中华人民共和国行业标准《公路斜拉桥设计细则》（JTG/T D65-01—2007）；

（5）中华人民共和国行业标准《公路桥涵钢结构及木结构设计规范》（JTJ 025—1986）；

（6）中华人民共和国行业标准《公路工程混凝土结构防腐蚀技术规范》（JTG/T B07—2006）；

（7）中华人民共和国行业标准《公路桥涵地基与基础设计规范》（JTG D63—2007）；

（8）中华人民共和国行业标准《公路桥梁抗风设计规范》（JTG/T D60-1—2004）；

（9）中华人民共和国行业标准《公路工程抗震设计规范》（JTJ 004—1989）；

（10）中华人民共和国行业标准《公路桥涵施工技术规范》（JTJ 041—2000）；

（11）中华人民共和国行业标准《公路工程水文勘测设计规范》（JTG C30—2002）；

（12）中华人民共和国行业标准《公路交通安全设施设计规范》（JTG D81—2006）；

（13）中华人民共和国行业标准《公路建设项目环境影响评价规范》（JTG B03—2006）；

（14）中华人民共和国行业标准《公路环境保护设计规范》（JTJ/T 006—1998）；

（15）中华人民共和国行业标准《钢结构设计规范》（GB 50017—2003）；

（16）中华人民共和国行业标准《建筑钢结构焊接技术规程》（JGJ 81—2002）；

（17）中华人民共和国行业标准《斜拉桥热挤聚乙烯高强钢丝拉索技术条件》（GB/T 18365—2001）；

（18）中华人民共和国行业标准《桥梁用结构钢》（GB/T 714—2000）。

3.2.3　主要材料

1）混凝土

（1）C50 混凝土：预应力混凝土连续箱梁及相应梁底垫块、主桥索塔塔柱及横梁、过渡墩墩身、辅助墩墩身。

（2）C50 微膨胀混凝土：顶板施工天窗封闭。

（3）C50 聚丙烯纤维混凝土：伸缩缝槽口。

（4）C45 混凝土：引桥桥墩墩身（近河区域）。

（5）C40 混凝土：桥台台身、引桥桥墩墩身（非近河区域）、背墙、侧墙、索塔承台、过渡墩承台、辅助墩承台。

（6）C35 混凝土：引桥墩台承台、主桥桩基础。

（7）C30 混凝土：引桥墩台桩基础、防撞墙、索塔承台封底混凝土。

（8）C25 混凝土：搭板。

（9）C15 素混凝土：搭板垫层。

2）钢材

（1）钢箱梁钢材

钢箱梁钢板采用 Q345qE 钢种，所有性能钢材均符合《桥梁用结构钢》（GB/T 714—2000）的要求。

为保证材料的焊接性能及冲击韧性，Q345qE 钢种化学成分满足如下要求：钢材碳含量

≤0.17%、磷含量≤0.020%、硫含量≤0.015%、硅含量≤0.50%、锰含量1.20%~1.60%、酸溶铝含量≥0.0015%、碳当量≤0.43%。

钢箱梁外腹板及索塔内塔壁预埋钢板为抗层状撕裂钢材,Z向性能级别为Z15,并且采用外腹板采用Z向拉伸试验的断面收缩率来评定其抗层状撕裂性能。

30mm(含30mm)厚度以下钢板屈服强度≥325MPa,抗拉强度≥490MPa。全部钢板均用夏比冲击试验试件做冲击韧性试验,满足－40℃冲击功不小于34J。180°冷弯试验d(弯心直径)当板厚≤16mm时为$2a$、当板厚>16mm时为$3a$(a板厚),满足不开裂要求。

钢箱梁风嘴采用Q235D钢,符合《碳素结构钢》(GB/T 700—2006)的要求。

临时匹配件采用Q345C钢,符合《低合金高强度结构钢》(GB/T 1591—1994)的要求。

钢箱梁临时连接用高强螺栓符合《钢结构用高强度大六角头螺栓》(GB/T 1228—2006)的要求,螺母符合《钢结构用高强度大六角螺母》(GB/T 1229—2006)的要求,垫圈符合《钢结构用高强度垫圈》(GB 1230—2006)的要求。

(2)焊接材料

焊接材料采用与母材相匹配的焊丝、焊剂和手工焊条,且符合相应的国标要求。

(3)斜拉索材料

①斜拉索采用平行钢丝拉索,应符合《斜拉桥热挤聚乙烯高强度钢丝拉索技术条件》(GB/T 18365—2001)的要求。钢丝束外缠绕保护带,护套采用双层,内层为黑色高密度聚乙烯,外层为彩色高密度聚乙烯。钢丝应排列整齐密实,同心绞合,最外层钢丝绞合角3°±0.5°,左旋。扭绞后的裸索外加缠包带,带宽30~40mm,单层重叠宽度应不小于带宽的1/3,双层缠包。缠包带右旋。缠包带采用高强度复合带,在缠包带的钢丝束外挤包高密度聚乙烯护套两层(黑色和彩色),双层护套一次成型,成型后的拉索表面光滑平整,护套厚度偏差小于±1mm。

②拉索所用钢丝为7mm镀锌高强度、低松弛钢丝,抗拉标准强度为1670MPa,其化学成分符合表1-3-2的规定,其技术指标符合表1-3-3的要求。

钢丝盘条化学成分要求   表1-3-2

C(%)	Si(%)	MN(%)	P(%)	S(%)	Cu(%)	Cr(%)
0.87~0.92	0.9~1.30	0.30~0.60	≤0.025	≤0.025	≤0.20	0.20~0.30

钢丝盘条技术指标   表1-3-3

序号	项　目	技术指标
1	公称直径	$\phi7.00(+0.07/-0.01)$mm
2	不圆度	≤0.04mm
3	横截面积	$38.5(\pm0.77)$mm^2
4	理论质量	(301 ± 6)g/m
5	抗拉强度	≥1670MPa
6	屈服强度	≥1300MPa
7	延伸率	≥4.0%($L_0=250$mm)
8	弹性模量	$(1.95~2.10)\times10^5$MPa

序号	项 目	技 术 指 标
9	反复弯曲	≥ 5 次$/180°(R=20\text{mm})$
10	缠绕	$3d\times 8$
11	松弛率	$\leq 2.5\%(0.7\sigma,1000\text{h},20℃)$
12	疲劳应力幅	360MPa(上限应力$0.45\sigma_b$,$N=2\times 106$ 次)
13	锌层附着量	$\geq 300\text{g/m}^2$
14	锌层附着性	$5d\times 8$ 圈,不起层,不剥落
15	硫酸铜试验	≥ 4 次(每次60s)
16	伸直性能	1m 弦长,弦与弧的最大自然矢高$\leq 20\text{mm}$

③斜拉索采用高密度聚乙烯护套材料,其主要性能符合表1-3-4的技术要求。聚乙烯材料化学性质需稳定,在斜拉索可预计的暴露温度和使用寿命下不会有老化和软化现象;材料与钢丝的黏着力使保护层与钢丝不产生相对运动;确保高密度聚乙烯保护层100%防水。

聚乙烯材料技术要求   表1-3-4

序号	项 目	技 术 指 标
1	密度	$0.942\sim 0.978\text{g/m}^2$
2	熔融指数	$\leq 0.2\text{g/10min}$
3	拉伸强度	$\geq 20\text{MPa}$
4	拉伸弹性模量	$\geq 150\text{MPa}$
5	弯曲模量	$550\sim 1100\text{MPa}$
6	断裂伸长率	$\geq 600\%$
7	邵氏硬度	≥ 60
8	维卡软化点	$>110℃$
9	脆化温度	$<-70℃$
10	冲击强度	$\geq 25\text{kJ/m}^2$
11	耐热应力开裂	$>96\text{h}$
12	耐环境应力裂性 IU Igcpalco 630	$>1500\text{h}$
13	碳黑含量	$(2.3\pm 0.3)\%$
14	碳黑粒度	$<20\mu\text{m}$
15	100℃、168h 空气箱老化拉伸强度保留率	$>85\%$
	断裂伸长率保留率	$>85\%$
16	耐光色牢度	≥ 7 级

④辽河大桥锚具均采用冷铸锚锚具,按钢丝丝数编排分别为 PESM7-121、PESM7-151、PESM7-187、PESM7-211,共四类。

结构构造:辽河大桥锚具由锚杯、锚板、锚固螺母、连接筒、后盖、密封盖及冷铸锚填料等部分组合而成。冷铸锚填料由带铁砂的环氧树脂等成分组成,填料具有良好的力学性能,在常温下具有良好的流动性、热稳定性能。

每个冷铸锚的填料同时制作一组三个直径25mm、高30mm的试件同炉固化,试件强度在常温下达到147MPa。

性能要求:为保证冷铸锚质量的稳定性和长期使用的安全性能,锚具各零部件符合以下要求:

a. 金属材料。

锚杯和螺母采用合金结构钢,符合《合金结构钢》(GB/T 3077—1999)中40Cr的规定。

其他部件采用优质碳素钢,材料特性满足《一般工程用铸造碳钢》(GB/T 5676—1985)中ZG310-570的要求。

b. 每副锚具的锚杯及螺母逐件按《锻轧钢棒超声波检测方法》(GB/T 4162)中C级要求进行超声波探伤和按JB/T 4730.1—2005中Ⅱ级要求进行磁粉探伤。

c. 锚杯、锚板、锚固螺母、连接筒、后盖、压板须镀锌处理,其镀锌厚度为15～25μm,锚杯及螺母镀锌后进行脱氢处理。

d. 锚杯与螺母应经调质处理,表面硬度:锚杯HRC230-270,螺母HB210-250。

e. 锚杯与螺母均为梯形螺纹,符合《梯形螺纹 极限尺寸》(GB 12359)的要求。

f. 同一规格冷铸锚具的相同部件具有互换性。

⑤成品拉索:

成品索由冷铸锚具、斜拉索体等组装而成,各部分满足上述技术要求。

每一根成品索出厂前经预张拉处理,预拉力为标准破断荷载的0.55倍,预张拉后冷铸锚中锚板回缩值不大于6mm。

成品索的机械物理性能:

a. 静载破断荷载不小于拉索标准破断荷载的95%。

b. 静载破断延伸率不小于2%。

c. 抗拉弹性模量不小于1.95×10^5MPa。

d. 成品索在应力幅200MPa时,即上限应力700MPa,下限应力500MPa作用下,经200万次脉冲加载(脉冲频率不超过8Hz),锚具完好无损,钢丝断丝率小于5%。

e. 拉索成盘包装,最小盘绕直径不小于1800mm。

斜拉索设计寿命为50年,并考虑其可更换性。更换斜拉索必须在封闭交通的情况下进行,全桥每次可更换一根斜拉索。

(4)预应力钢绞线

编束为$\phi^s15.2$-422、$\phi^s15.2$-419、$\phi^s15.2$-412、$\phi^s15.2$-47、$\phi^s15.2$-45、$\phi^s15.2$-4六种,采用低松弛钢绞线,公称直径15.2mm($7\phi5.0$),公称面积140.0mm^2,标准强度$f_{pk}=1860$MPa,弹性模量$E_p=1.95 \times 10^5$MPa,其技术性能应符合现行国家标准《预应力混凝土用钢绞线》的要求。

(5)普通钢筋

HRB400、HRB335为热轧带肋钢筋,其主要性能符合现行国家标准《钢筋混凝土用钢 第2部分:热轧带肋钢筋》(GB 1499.2—2007);R235为热轧光圆钢筋,其主要性能符合现行国家标准《钢筋混凝土用钢 第1部分:热轧光圆钢筋》(GB 1499.1—2008)。

（6）锚具

锚具参考 OVM、HVM 等群锚体系设计，其技术性能符合现行国家标准《预应力筋用锚具、夹具和连接器》（GB/T 14370—2015）、《公路桥梁预应力钢绞线用锚具、连接器试验方法及检验规则》（JT 329.2—1997）的要求。

（7）其他钢材

其他未注明钢材采用 Q235 钢材，其技术性能符合现行国家标准《碳素结构钢》（GB/T 700—2006）的规定和要求。

3）聚丙烯纤维

伸缩缝槽口采用 C50 聚丙烯纤维混凝土，其掺入量为 $0.9kg/m^3$，其性能要求见表 1-3-5。

聚丙烯纤维的性能　　　　　　　　　　　　　　　　　　　表 1-3-5

密度（g/cm³）	0.91±0.01	弹性模量（MPa）	＞3500
长度（mm）	6~30	当量直径（μm）	100±50
产品形状	束状网	断裂延伸率（%）	≥6
耐酸碱性	强	吸水性	不吸水
抗拉强度（MPa）	≥560	熔点（℃）	160~180

3.3　桥梁主体结构设计

辽河大桥实景照片见图 1-3-4，桥型布置见图 1-3-5。辽河大桥全长 3326m，主桥长 866m，孔径布置为（21×30+15×40+62.3+152.7+436+152.7+62.3+15×40+21×30）m。

a)　　　　　　　　　　　　　　　　　　　　b)

图 1-3-4　辽河大桥实景照片

主桥采用双塔双索面钢箱梁斜拉桥，主梁采用流线型扁平钢箱梁。中心线处梁高 3m，钢箱梁全宽 33m，桥面设 2% 的双向横坡。索塔采用钻石形钢筋混凝土塔，索塔全高 150.2m，为变截面箱形截面。采用墩塔固结、塔梁分离的体系。主桥基础采用钻孔灌注桩群桩基础。

营口侧引桥处于直线和 $R=820m$ 右偏圆曲线及其缓和曲线上，共设六联连续箱梁，第一~第三联为 7×30m 连续箱梁，第四~第六联为 5×40m 连续箱梁。桥墩分别采用柱式墩、薄壁空心墩，基础为钻孔灌注桩基础；桥台为一字形桥台，钻孔灌注桩基础。

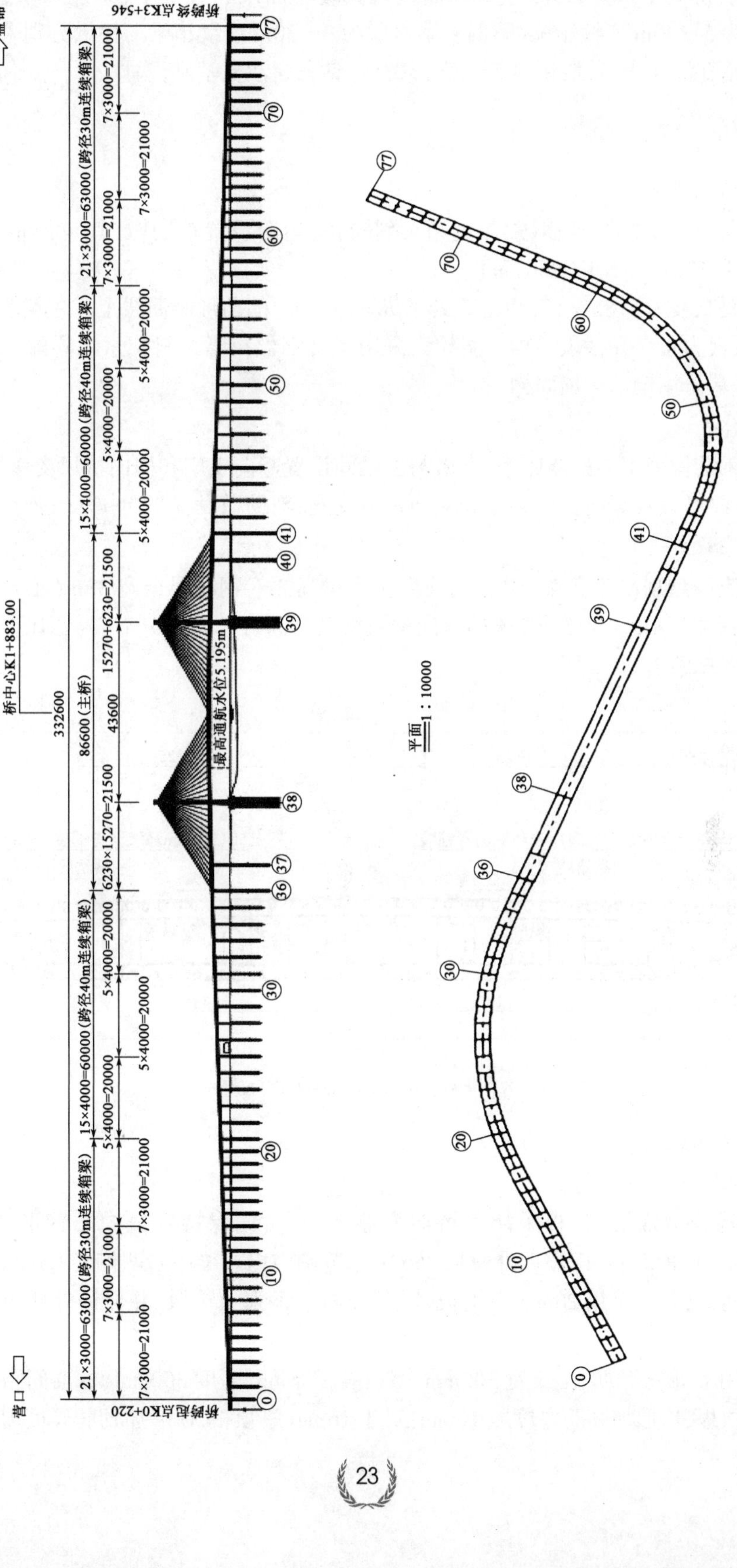

图1-3-5 辽河大桥桥型布置图（尺寸单位：cm）

平面 1：10000

盘锦侧引桥处于 $R=420\mathrm{m}$ 左偏圆曲线及其缓和曲线和直线上,共设六联连续箱梁,第一~第三联为 $5\times40\mathrm{m}$ 连续箱梁,第四~第六联为 $7\times30\mathrm{m}$ 连续箱梁。桥墩分别采用薄壁空心墩、柱式墩,钻孔灌注桩基础;桥台为一字形桥台,钻孔灌注桩基础。

3.3.1 主桥

1)上部结构概述

主桥为主跨436m的双塔双索面钢箱梁斜拉桥,边跨设置辅助墩,其跨径布置为 $62.3+152.7+436+152.7+62.3=866(\mathrm{m})$ 。

桥面最大纵坡为2.85%,其中主跨处于 $R=13000\mathrm{m}$ 的凸形竖曲线上。主梁为扁平流线型钢箱梁,其顶板为正交异性板结构。斜拉索采用平行钢丝拉索。斜拉索在梁端采用钢锚箱锚固结构,在塔端采用钢锚梁锚固构造。

2)结构体系

辽河大桥结构采用半飘浮体系,索塔与主梁间设置竖向支座和横向抗风支座,纵向设置黏滞阻尼器;过渡墩设置竖向拉压支座和横向抗风支座;辅助墩设置竖向拉压支座。

3)钢箱梁设计

主梁为流线型扁平钢箱梁,中心线处内轮廓梁高3m,钢箱梁全宽33m(不含两端风嘴尖角),一端风嘴宽1.4m。桥面设2%的双向横坡坡度。高跨比1/145.33,高宽比1/11。主桥箱梁横断面布置见图1-3-6。

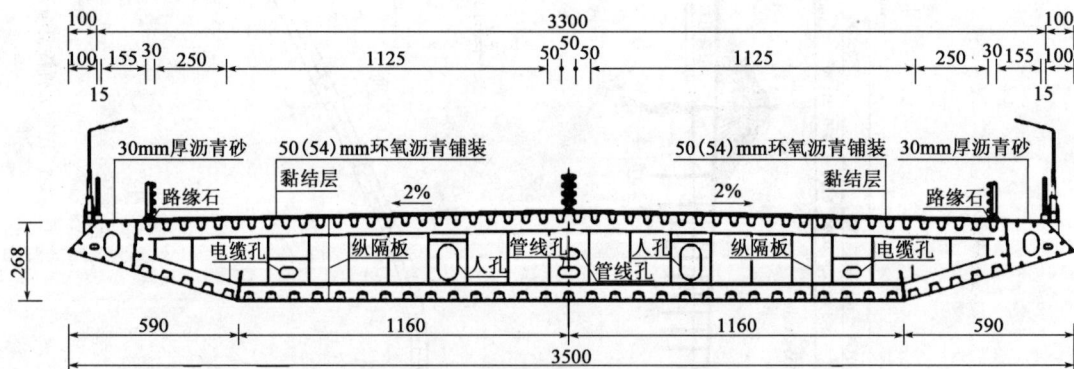

图1-3-6 辽河大桥主桥箱梁横断面布置(尺寸单位:cm)

4)钢箱梁构造

(1)顶板及其U形加劲肋

根据结构受力需要,顶板采用横桥向变厚度、顺桥向保持定值的布置形式,顶板选用16mm和20mm厚的钢板,即靠近外腹板2553mm范围内以及梁中心两侧各6550mm范围内采用16mm厚钢板,其余采用20mm厚钢板,以利于斜拉索索力扩散,并保证外侧重车道处顶板的抗疲劳性能。

顶板采用U形加劲肋,上口宽300mm、下口宽170mm、高度300mm、标准间距600mm。对于20mm厚顶板,U形加劲肋厚度取10mm;对于16mm厚顶板,U形加劲肋厚度取8mm。

（2）底板及U形加劲肋

底板包括水平底板和斜底板两部分。根据受力需要，水平底板及斜底板在顺桥向不同区段采用了12mm、14mm两种不同厚度的钢板，索塔、过渡墩和辅助墩附近水平底板采用较厚钢板。

底板采用U形加劲肋，上口宽250mm、下口宽400mm、高度260mm、标准间距800mm。底板U形加劲肋厚度为6mm。

（3）外腹板及其加劲肋

钢箱梁外腹板厚度均采用30mm，沿腹板高度方向设置两道200mm×20mm平板加劲肋，拉索钢锚箱附近增设两道200mm×20mm平板加劲肋和一道160mm×16mm平板加劲肋，以增大外腹板刚度。

外腹板纵向加劲肋在拉索横隔板处断开，并与横隔板焊接；其他位置在横隔板上开口穿过。

（4）横隔板

为避免搭接偏心、提高受力性能，横隔板采用对接式。在无拉索处以及支点处，横隔板板厚为10mm和20mm；在有拉索处，横隔板靠近拉索处采用16mm厚钢板，其余位置采用12mm厚钢板，两种厚度钢板采用熔透对接焊缝连接。

为保证桥面板刚度的连续性，在顶板U肋内侧设置U肋内隔板，其位置与U肋外侧的横隔板相对应。

横隔板标准间距为3.75m，在梁端及支点附近为满足构造要求，适当调整横隔板间距。

（5）纵隔板

钢箱梁内横向设置两道纵隔板，除支撑区附近采用板式纵隔板外，其余位置均设置桁架式纵隔板。

桁架式纵隔板上、下弦杆为T形截面，板厚度为12mm；腹杆由两根焊接T形杆件组合形成，焊接T形杆件、缀板以及节点板厚度均为12mm。

板式纵隔板板厚度为14mm，设有竖向加劲肋和人孔。其上下翼板与桁架式纵隔板的上下弦杆截面相同。

（6）索梁锚固构造

斜拉索通过钢锚箱与主梁连接，钢锚箱设置在外腹板外侧，与外腹板焊接。钢锚箱承压板为四边支撑结构，锚固板厚度为40mm，补强钢板厚24mm，主梁腹板内侧纵向加劲肋厚度为16mm和20mm。根据索力大小不同，承压板和锚垫板采用不同厚度。

（7）工地连接构造

桥面板U形加劲肋采用高强度螺栓连接，桥面板、腹板、底板以及底板U形加劲肋采用焊接连接。

（8）梁段起吊临时构造

临时吊点是通过高强度螺栓将吊耳与桥面板连接，待梁段安装就位后，拆除吊耳，并用螺栓封堵螺栓孔。为保证安全，吊耳可拆卸构件重复使用不得超过两次。

桥面吊机后锚点是将吊耳焊接在桥面板上，待吊机前移后，拆除桥面以上吊耳，并将桥面打磨平整。

(9)检修道及风嘴构造

检修道及风嘴与主梁同时制造,安装时可根据需要,选择与主梁同时安装或分阶段安装。其顶板及横隔板与主梁外腹板焊接连接,其底板与主梁斜底板间留10mm空隙。

5)斜拉索设计

拉索采用扇形布置,梁上拉索锚固点横向间距30.94m,斜拉索在主梁上的标准索距为15.0m。第一对拉索至塔梁交叉点为17.7m。采用双层HDPE护套的镀锌平行钢丝拉索体系。拉索规格按A14～A1、H14～H1顺序分别为211丝4根,187丝3根,151丝3根,121丝3根,151丝1根。拉索最长237.662m、最短72.935m。斜拉索布置见图1-3-7,斜拉索构造示意见图1-3-8、图1-3-9。

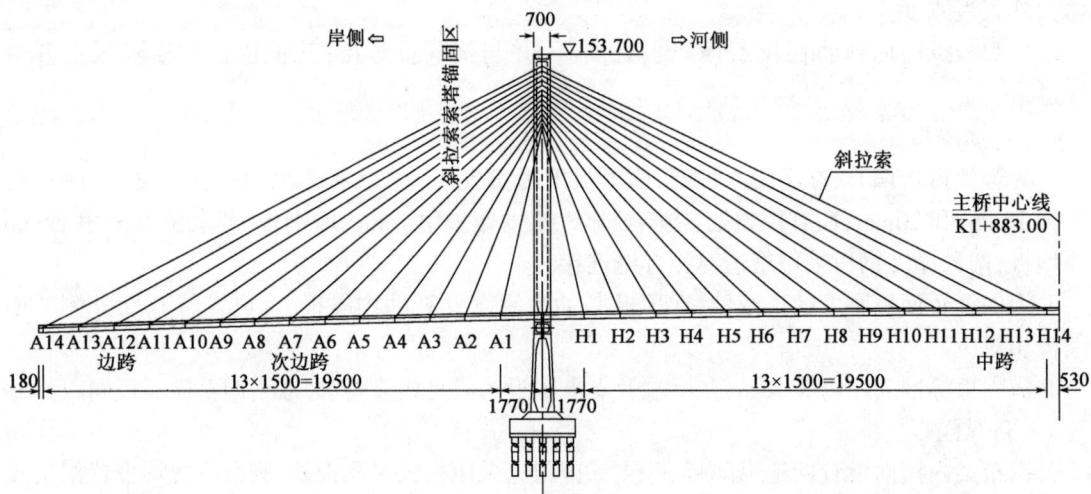

图1-3-7 斜拉索布置示意图(尺寸单位:cm;高程单位:m)

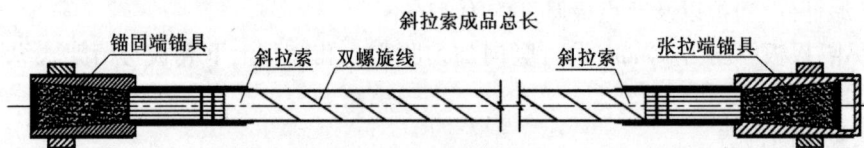

图1-3-8 斜拉索构造示意图

图1-3-9 斜拉索截面示意图

6)索塔设计

辽河大桥索塔采用钻石型混凝土塔(图1-3-10),设置一道下横梁。索塔全高150.2m,为变截面箱形截面。下塔柱尺寸为7.9m×7.371m～7.0m×4.5m,上塔柱尺寸为7.0m×4.0m。横梁尺寸高宽为7.0m×5.0m。索塔锚固区采用钢锚梁形式,上塔柱拉索锚固区预应力束采用精轧螺纹钢筋,横梁内设置体内预应力钢束。

7)钢箱梁防腐设计

辽河大桥钢结构外表面及非封闭环境内表面涂装方

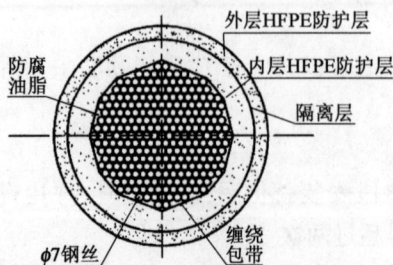

案按大气区腐蚀种类为 C5-M 级别选用长效型(15～25 年)涂层配套体系。

8)主桥附属结构

桥面铺装:主桥桥面铺装采用 ERS 体系。ERS 体系:对应钢箱梁顶板厚 16mm 的桥面铺装为 60mm;对应钢箱梁顶板厚 20mm 的桥面铺装为 56mm;检修道铺设 30mm 厚的沥青砂。

支座:钢箱梁采用耐蚀球形支座,规格为 KLGZ-LP1500(DX)、KLGZ-LP6000(SX)、NSQZ4000(DX)、NSQZ9000(DX)、NSQZ22500(DX),支座应符合《球型支座技术条件》(GB/T 17955—2000)的要求,KLGZ-LP1500(DX)、KLGZ-LP6000(SX)为拉压支座,所有支座均为耐寒型支座。

球形支座的聚四氟乙烯滑板采用纯聚四氟乙烯板或填充聚四氟乙烯复合夹层滑板。球形支座的主体结构材料采用耐蚀性优良,并在近海环境下长期应用的钢材,材料能满足辽河大桥所处环境的抗腐蚀要求。球形支座钢板采用高耐候结构钢 Q345GNHL 钢板,其化学成分及机械性能符合《高耐候结构钢》(GB/T 4171—2000)的有关规定。球形支座锚固螺栓及钢套筒采用优质碳素结构钢或合金结构钢,其化学成分及机械性能符合《优质碳素结构钢》(GB/T 699)、《合金结构钢》(GB/T 3077)的有关规定。

辽河大桥桥塔断面、桥基布置分别如图 1-3-10、图 1-3-11 所示。辽河大桥支座如图 1-3-12～图 1-3-14 所示。支座铸钢件采用耐海洋大气腐蚀能力强的 ZG310-570 铸钢材料。其材料性能符合《一般用途耐蚀铸钢件》(GB/T 2100—2002)的要求。

支座用不锈钢板采用 316L 不锈钢,其化学成分及力学性能符合 ASTMA240/A240M-00a 的有关规定,钢板表面加工等级符合 No.4 的抛光精整表面组别的要求。不锈钢板表面处理的粗糙度 Ra 小于 $1\mu m$,表面硬度为 HV150～HV220。

支座钢件的表面(除不锈钢板和聚四氟乙烯板表面外)采用"金属喷涂 + 重防腐涂料封闭"涂装体系,以满足辽河大桥防海洋大气腐蚀要求。金属喷涂层厚度不小于 $150\mu m$,重防腐涂料层厚度不小于 $300\mu m$。金属喷涂层性能符合《金属和其他无机覆盖层热喷涂镁铝及其合金》(GB/T 9793)的有关规定,涂层厚度检测按《磁性基体上非磁性覆盖层覆盖层厚度测量 磁性法》(GB/T 4956—2003)的要求办理,并按《金属覆盖层 中性盐雾试验(NSS 试验)》(GB 6458)的有关规定对涂装体系进行不小于 1000h 的盐雾加速试验。

支座外层设置可靠的防尘、防水构造,该构造应便于拆装,以便于能检查支座工作状态和进行支座养护。

伸缩缝:主桥过渡墩处伸缩缝参照 1000 模数式伸缩缝设计,施工时根据设计变更将 1000 模数式伸缩缝变更为 1200 模数式伸缩缝。其技术性能符合《公路桥梁伸缩装置》(JT/T 327—2004)的有关规定,伸缩缝预留槽内浇筑 C50 聚丙烯纤维混凝土。伸缩缝构造图如图 1-3-15 所示。

阻尼器:主桥索塔阻尼器在索塔每侧底板安装 2 个,并联设置,共计 4 个。阻尼力为 2500kN。

其他:在索塔顶端设置避雷针,每个索塔设两枚,通过索塔内钢筋连接到桩底接地极,其防雷等级为一级。索塔顶同时设置太阳能障碍航空灯,每个索塔设 4 枚,全桥共 8 枚。

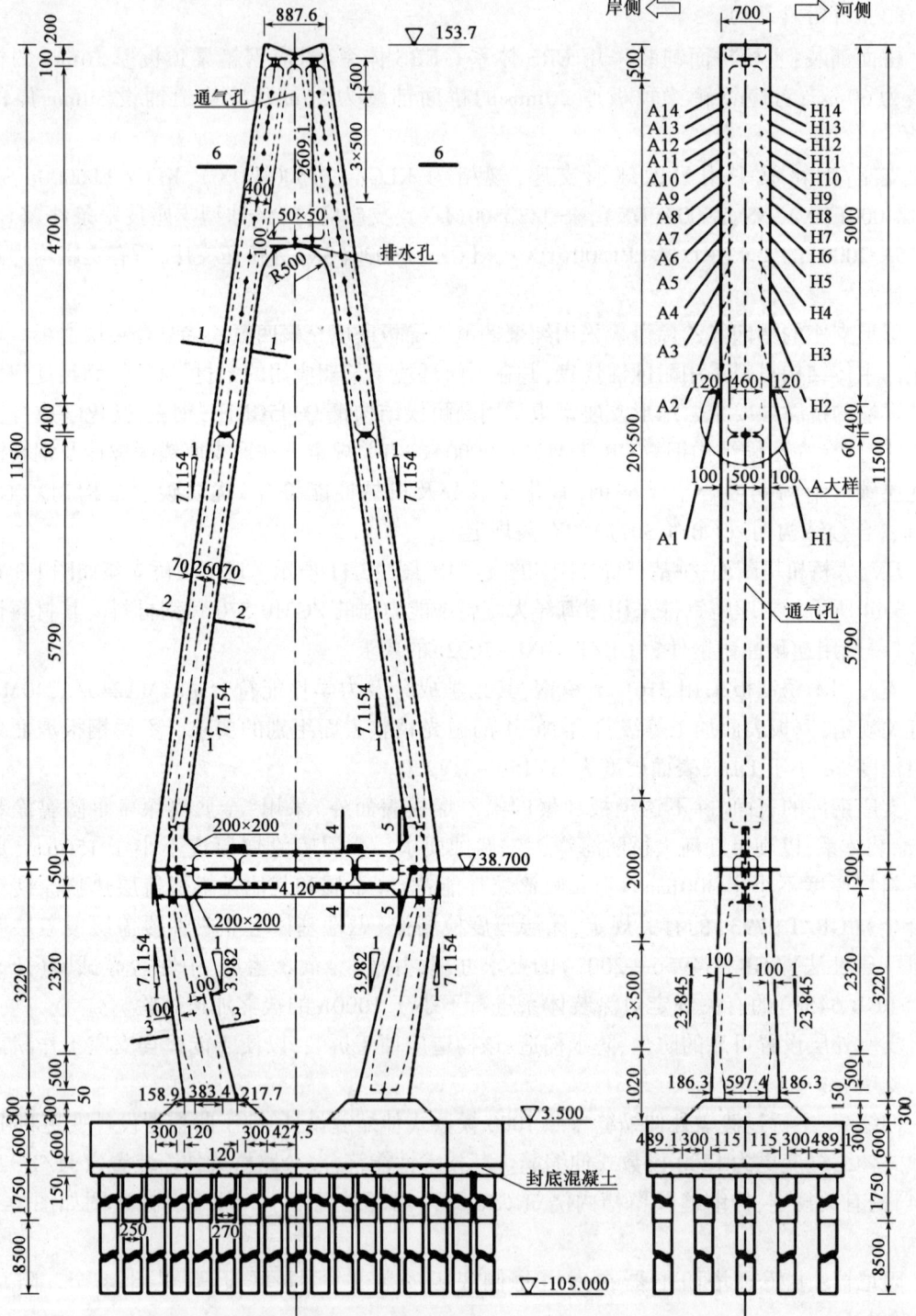

图 1-3-10　辽河大桥桥塔断面布置(尺寸单位:cm;高程单位:m)

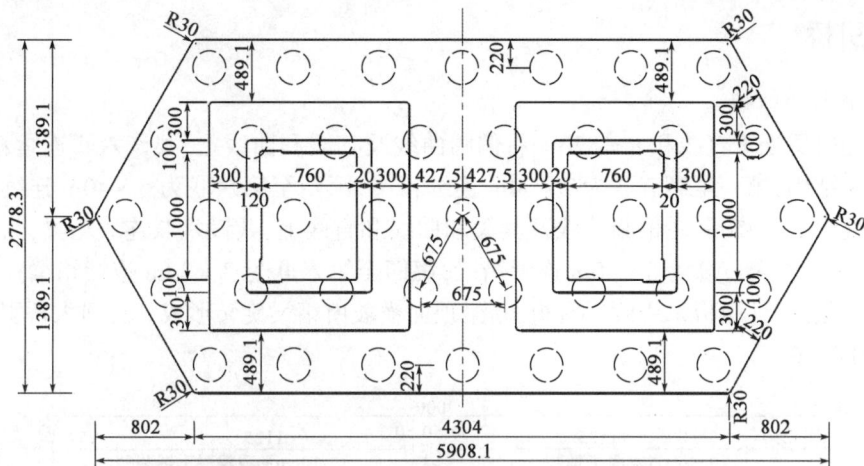

图 1-3-11 辽河大桥桥塔桩基布置(尺寸单位:cm)

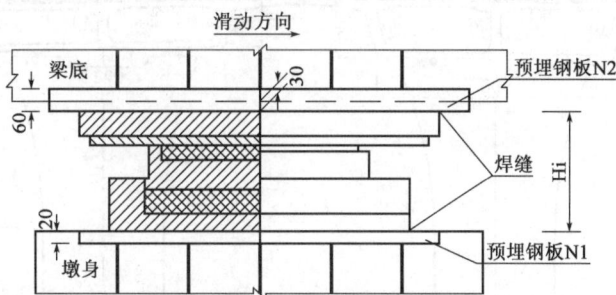

图 1-3-12 DX 单项活动支座(尺寸单位:mm)

图 1-3-13 支座照片

图 1-3-14 拉压支座照片

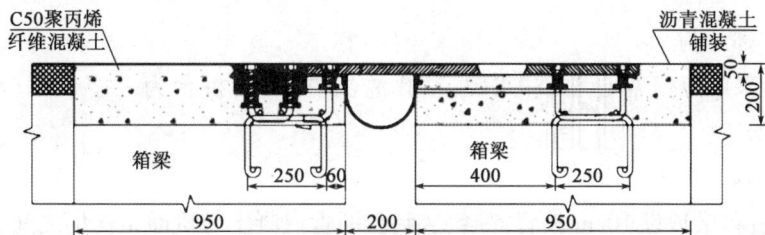

图 1-3-15 辽河大桥伸缩缝构造图(尺寸单位:mm)

3.3.2 引桥

1) 引桥上部结构

营口侧引桥处于直线和 $R = 820m$ 右偏圆曲线及其缓和曲线上,共设六联连续箱梁,为预应力混凝土结构,第一至第三联为 $7 \times 30m$ 连续箱梁,第四至第六联为 $5 \times 40m$ 连续箱梁。盘锦侧引桥处于 $R = 420m$ 左偏圆曲线及其缓和曲线和直线上,共设六联连续箱梁,为预应力混凝土结构,第一至第三联为 $5 \times 40m$ 连续箱梁,第四至第六联为 $7 \times 30m$ 连续箱梁。箱梁均采用单箱双室截面,外腹板采用倾斜腹板,箱梁顶面横坡由箱梁旋转形成。辽河大桥引桥断面布置图见图1-3-16。

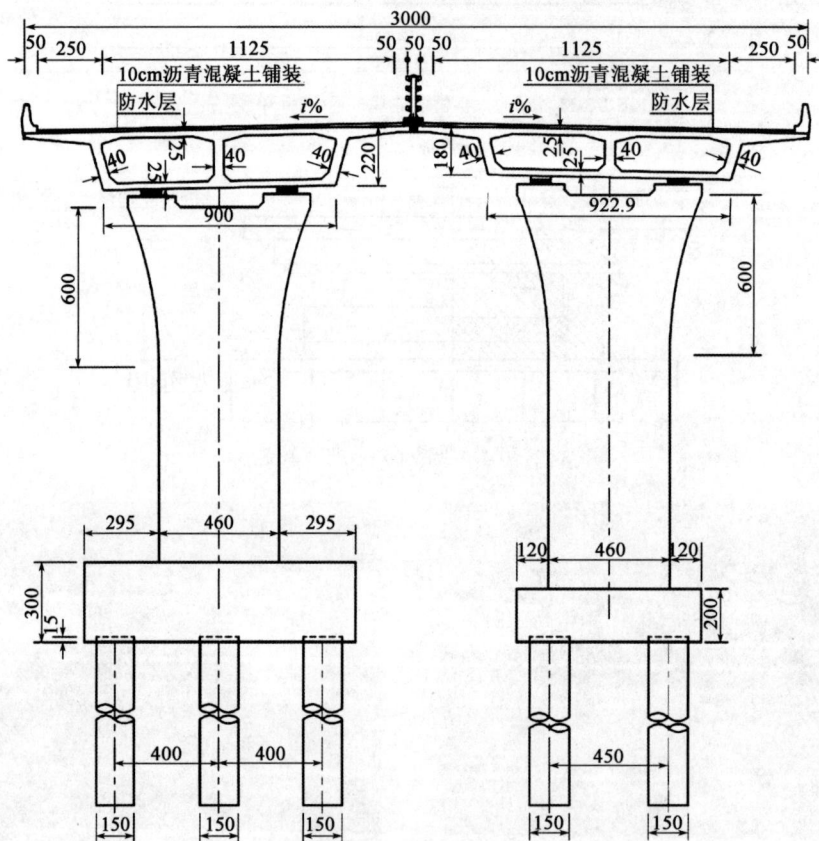

图1-3-16 辽河大桥引桥断面布置图(尺寸单位:cm)

2) 引桥下部结构

桥墩分别采用薄壁空心墩、柱式墩,钻孔灌注桩基础;桥台为一字形桥台,钻孔灌注桩基础。

3) 附属结构

桥面铺装:箱梁顶设10cm沥青混凝土铺装,沥青混凝土与桥面结构层之间设防水层。

施工天窗:为施工方便,连续箱梁每个箱室顶板上均预留一个施工天窗(100cm × 100cm)。

待主梁施工完成取出内模后,天窗范围内的主梁钢筋并浇筑 C50 微膨胀混凝土封顶。

支座:箱梁采用 GPZ(Ⅱ)3.5(DX、SX)、GPZ(Ⅱ)5(DX、SX)、GPZ(Ⅱ)6(DX、SX、GD)、GPZ(Ⅱ)9(DX、SX、GD)等 10 种类型支座,盆式支座应符合《公路桥梁盆式橡胶支座》(JT 391—1999)的要求,所有支座均为耐寒型盆式支座。辽河大桥引桥支座构造如图 1-3-17 所示。

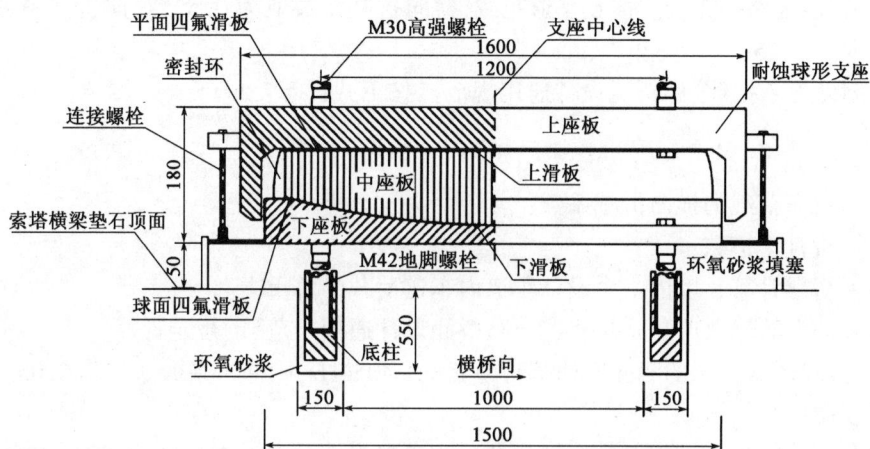

图 1-3-17 辽河大桥引桥支座构造(尺寸单位:mm)

伸缩缝:本桥伸缩缝参照 160 及 320 梳型伸缩缝设计,其技术性能应符合《公路桥梁伸缩装置》(JT/T 327—2004)的有关规定,伸缩缝预留槽内浇筑 C50 聚丙烯纤维混凝土。

3.3.3 主要结构分析结果

1)主桥结构分析

(1)主要材料

钢材:主梁部分采用 Q345qE 钢板,弹性模量 $E = 2.10 \times 10^5$ MPa,线膨胀系数为 1.2×10^5;泊松比为 0.3,其他主要力学性能按规范规定取值。

混凝土:索塔部分采用 C50 混凝土,弹性模量 $E = 3.45 \times 10^4$ MPa,线膨胀系数为 1.0×10^5,泊松比为 0.2;边墩、辅助墩部分采用 C50 混凝土,弹性模量 $E_c = 3.45 \times 10^4$ MPa,线膨胀系数为 1.0×10^5,泊松比为 0.2;其他主要力学性能按规范规定取值。

斜拉索:斜拉索采用 7mm 高强平行钢丝,弹性模量 $E_p = 1.95 \times 10^5$ MPa,线膨胀系数为 1.2×10^{-5},标准抗拉强度为 1670MPa。

结构用板材、型钢符合相应标准 GB 709—1985、YB 166—1985、YB 164—1963 的规定。

(2)主要参数

①永久作用

一期恒载:钢箱梁主梁、主塔及斜拉索自重。

主梁二期恒载:

桥面铺装采用沥青混凝土铺装,厚度 5cm,重度 24kN/m³。防撞护栏(防撞等级采用 SA 级):全桥按 6kN/m 计。标注标牌、灯柱、检修车轨道及电缆管线:全桥按 5kN/m 计。基础不均匀沉降:索塔基础:4cm;边墩、辅助墩基础:2cm。

主梁配重荷载：

采取辅助墩顶和过渡墩顶集中配重的方式，其中单侧辅助墩顶顶配质量1000t，单侧过渡墩顶顶配质量500t。

②汽车荷载

汽车荷载：公路—Ⅰ级。按6车道布载，横向折减系数取为0.55，纵向折减系数为0.96，偏载系数取为1.15。

汽车制动力依据《公路桥涵设计通用规范》，按下式计算：

$$F = 0.1\eta nW$$

式中：η——汽车荷载的横向折减系数；

n——设计车道数；

W——桥梁计算长度内一个设计车道内车道荷载的总重力。

汽车制动力的着力点、分配按照《公路桥涵设计通用规范》的规定计算。

冲击力：双塔斜拉桥的竖向弯曲基频为$f_1 = 0.4054\text{Hz}$，则冲击系数μ取为0.05。

③温度作用

主梁合龙温度为15~20℃。一月平均气温−8.5~−11℃；7月平均气温24℃~25℃；年平均气温在8.5~11℃之间，平均最高气温13.5℃，平均最低气温6.3℃。

极限最高气温36.9℃（出现在1919年），极限最低气温−31℃（出现在1920年）。

计算模型中体系升温35℃，降温45℃；索梁温差±10℃；索塔左右侧面温差±5℃。

主梁的温度梯度考虑了由于太阳辐射或降雨降雪等其他原因引起的正负温差，这两种温差效应按BS5400考虑。

温度梯度示意图如图1-3-18所示。

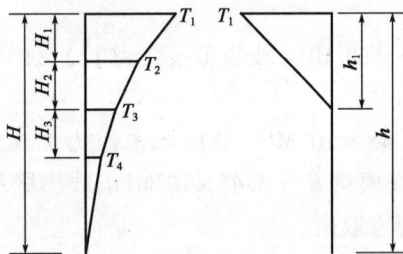

图1-3-18 温度梯度示意图

$H_1 = 0.1\text{m}, T1 = 16℃; h_1 = 0.5\text{m}, T_1 = 4.8℃;$
$H_2 = 0.2\text{m}, T_2 = 9.3℃; H_3 = 0.3\text{m}, T_3 = 5.3℃;$
$H_1 = 0.1\text{m}, T_4 = 2.7℃$

④人群荷载

人群荷载集度为2.5kN/m^2。

⑤静阵风荷载

a.成桥状态：

桥上无车时，桥位区基本风速$v_{10} = 37.18\text{m/s}$，地表粗糙系数$\alpha = 0.12$；设计基准风速$v_d = 47.14\text{m/s}$；桥上有车时，当风荷载参与汽车荷载组合时，桥面高度处的风速$v_z = 25\text{m/s}$，地表粗糙系数$\alpha = 0.12$。

b.施工阶段：

桥位区基本风速$v_{sg10} = 39.60\text{m/s}$，地表粗糙系数$\alpha = 0.12$。

桥梁各构件的阻力系数，根据《公路桥梁抗风设计规范》(JTG/T D60-01—2004)选用。

⑥施工临时荷载

施工中桥面吊机按160t计，前后支点距离15m，前支点反力为2080kN(↓)，后支点反力为480kN(↑)。

⑦斜拉索初始张拉力

斜拉索初始张拉力按施工过程实际值计入。

(3)结构总体计算

①结构离散

具体施工步骤如下：

应用平面杆系程序—桥梁博士计算,将结果离散为平面杆系模型,按实际施工过程进行模拟,对各施工阶段及运营阶段进行整体受力分析计算。全桥共划分为412个节点,418个单元。施工共分80个施工阶段。静力分析结构离散图如图1-3-19所示。

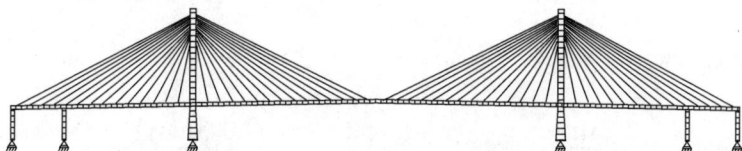

图1-3-19 静力分析结构离散图

主塔施工→A、B、C节段支架施工,张拉0号、1号块内纵向粗钢筋预应力→初拉第1对索→撤除塔下支架→安装桥面吊机→预拉第2对索→吊装第一段D节段→焊接第一段D节段→初拉第2对索→支架吊装焊接H、I、J节段→边跨合龙段刚臂连接→边跨合龙→预拉第10对索→单悬臂悬焊接第10段D节段→吊机前移→初拉第10对索→初拉第14对索→跨中刚臂连接→拆除边跨支架→跨中合龙→调整第14对索索力→调整第13对索索力→调整第1对索索力→二期铺装。

②荷载组合

计算中考虑了以下几种组合(组合系数均按持久状况取1.0):

组合1:永久作用+汽车荷载+布道人群荷载。

组合2:永久作用+特载480。

组合3:永久作用+汽车荷载+汽车冲击力+汽车制动力+布道人群荷载+顺桥向运营风荷载+温度作用。

组合4:永久作用+顺桥向百年风荷载。

注:永久作用包括横载、基础不均匀沉降,按最不利组合;温度作用包括钢主梁上下缘温差、索梁温差、索塔左右侧面温差,按最不利组合。

③主梁主塔位移、内力、应力计算结果

a.主梁位移

结构位移计算结构见表1-3-6。

结构位移计算结果　　　　　　　　表1-3-6

项目	部　位	荷　载	位移值(mm)
竖向	中跨跨中	汽车荷载	−465/57
纵向	梁端	汽车荷载	−0.2/4.7
		整体升降温	−10.8/13.9
		风荷载(运营风)	1.0
		风荷载(百年风)	2.0

项 目	部　位	荷　载	位移值（mm）
纵向	塔顶	汽车荷载	−33.9/129
		整体升降温	−71.8/92.4
		风荷载（运营风）	10.3
		风荷载（百年风）	22.8

注：表中纵向位移负值表示向边跨侧，正值表示向主跨侧；竖向位移负值表示向下，正值表示向上。

b. 主梁内力

主梁内力如图1-3-20～图1-3-22所示。

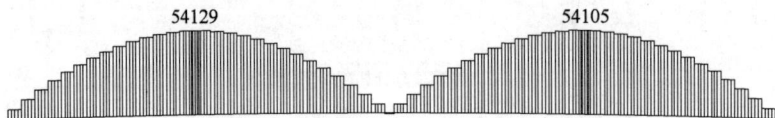

图1-3-20　成桥状态主梁轴力图（单位：kN）

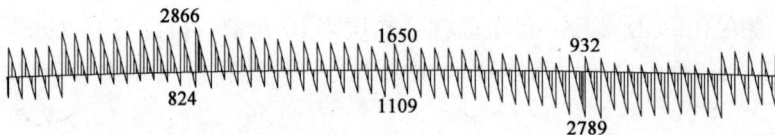

图1-3-21　成桥主梁状态剪力图（单位：kN）

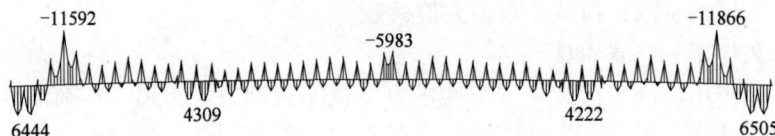

图1-3-22　成桥状态主梁弯矩图（单位：kN·m）

内力组合结果为按承载能力极限状态的基本组合结果（图1-3-23～图1-3-34）。

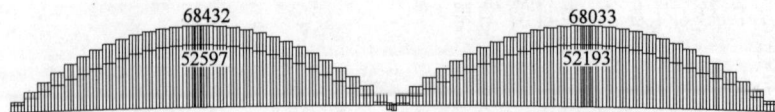

图1-3-23　主梁轴力包络图（运营阶段组合一）（单位：kN）

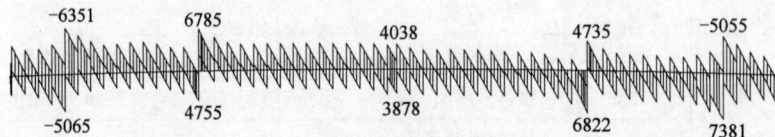

图1-3-24　主梁剪力包络图（运营阶段组合一）（单位：kN）

-89845 -45804 -13954 -56146 -71117
51589 2471 55987 -2664 49223

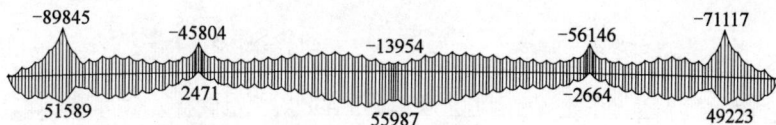

图1-3-25 主梁弯矩包络图(运营阶段组合一)(单位:kN·m)

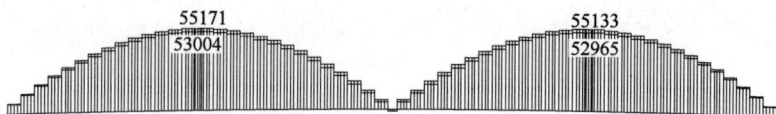

55171 55133
53004 52965

图1-3-26 主梁轴力包络图(运营阶段组合二)(单位:kN)

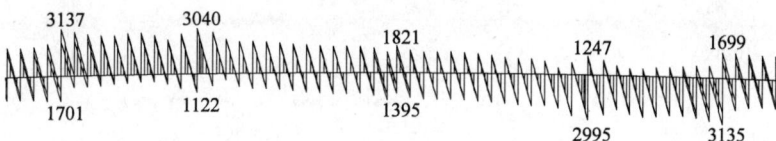

3137 3040 1821 1247 1699
1701 1122 1395 2995 3135

图1-3-27 梁剪力包络图(运营阶段组合二)(单位:kN)

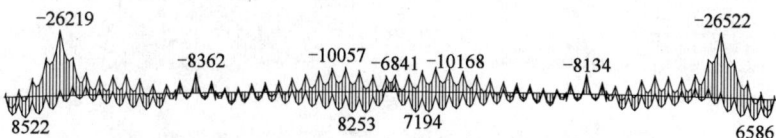

-26219 -8362 -10057 -6841 -10168 -8134 -26522
8522 8253 7194 6586

图1-3-28 主梁弯矩包络图(运营阶段组合二)(单位:kN·m)

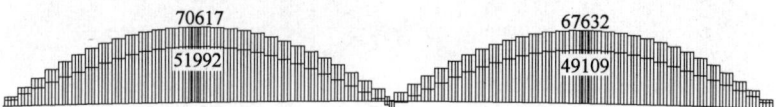

70617 67632
51992 49109

图1-3-29 主梁轴力包络图(运营阶段组合三)(单位:kN)

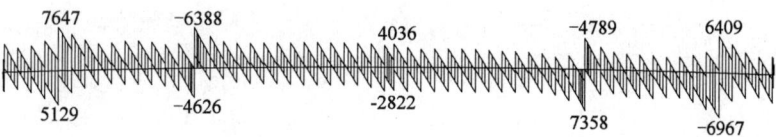

7647 -6388 4036 -4789 6409
5129 -4626 -2822 7358 -6967

图1-3-30 主梁剪力包络图(运营阶段组合三)(单位:kN)

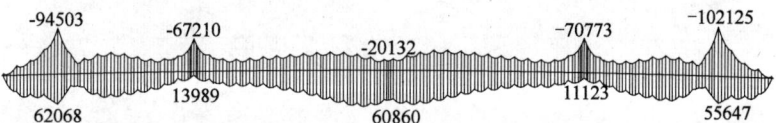

-94503 -67210 -20132 -70773 -102125
62068 13989 60860 11123 55647

图1-3-31 主梁弯矩包络图(运营阶段组合三)(单位:kN·m)

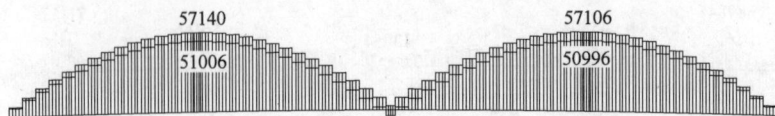

图1-3-32　主梁轴力包络图(运营阶段组合四)(单位:kN)

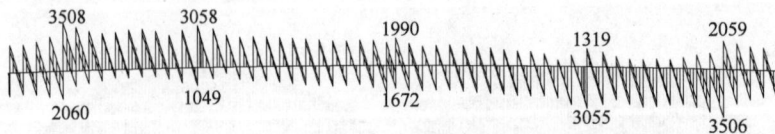

图1-3-33　主梁剪力包络图(运营阶段组合四)(单位:kN)

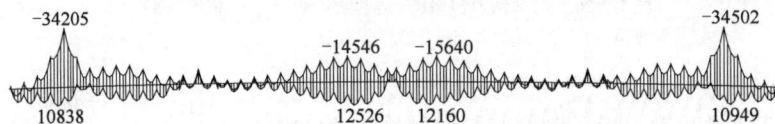

图1-3-34　主梁弯矩包络图(运营阶段组合四)(单位:kN·m)

c. 主梁应力

应力组合结果为按正常使用极限状态组合结果(图1-3-35 ~ 图1-3-38)。

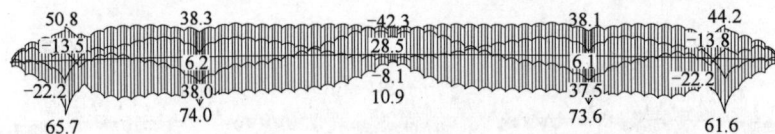

图1-3-35　主梁应力包络图(运营阶段组合一)(单位:MPa)

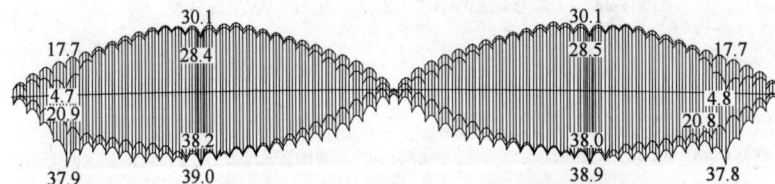

图1-3-36　主梁应力包络图(运营阶段组合二)(单位:MPa)

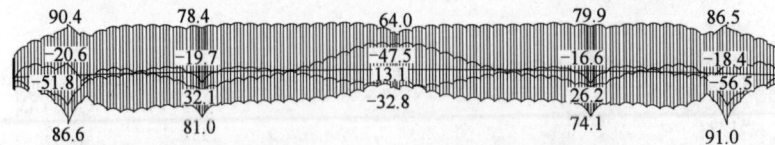

图1-3-37　主梁应力包络图(运营阶段组合三)(单位:MPa)

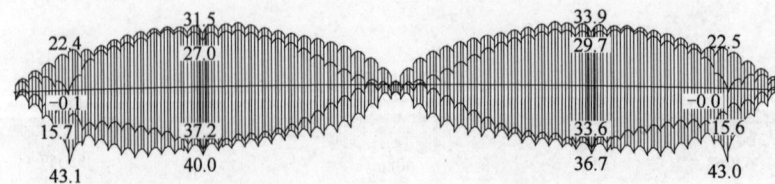

图1-3-38　主梁应力包络图(运营阶段组合四)(单位:MPa)

④斜拉索强度计算结果(两根索)

斜拉索索力图及应力幅值图,如图1-3-39~图1-3-41所示。

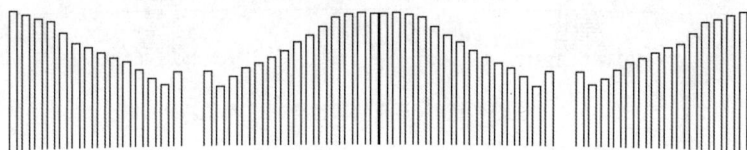

图1-3-39 斜拉索成桥索力图(单位:MPa)

图1-3-40 斜拉索最不利索力图(单位:MPa)

图1-3-41 斜拉索应力幅值图(单位:MPa)

计算结果表明,在各种荷载作用下斜拉索的安全系数均大于2.5,应力幅最大为193MPa(辅助墩位置处),小于200MPa,满足规范要求(应力幅计算中未考虑基础沉降和整体升降温等不能参与循环或循环频率较低的可变荷载的影响)。

2)索塔结构分析

主塔内力,如图1-3-42~图1-3-53所示。

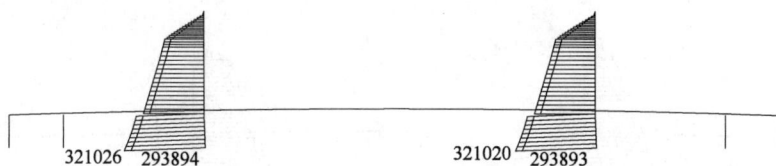

图1-3-42 主塔轴力图(运营阶段组合一)(单位:kN)

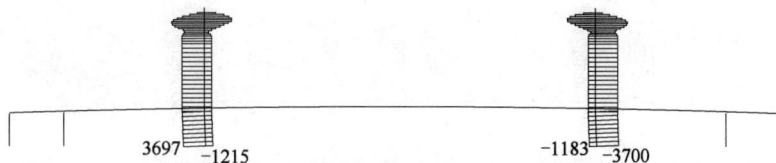

图1-3-43 主塔剪力图(运营阶段组合一)(单位:KN)

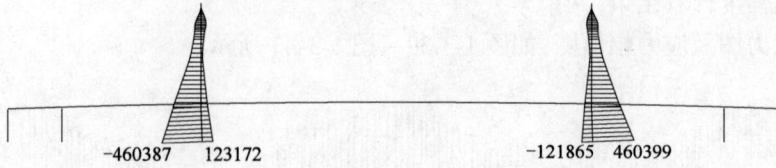

图 1-3-44　主塔弯矩图(运营阶段组合一)(单位:kN・m)

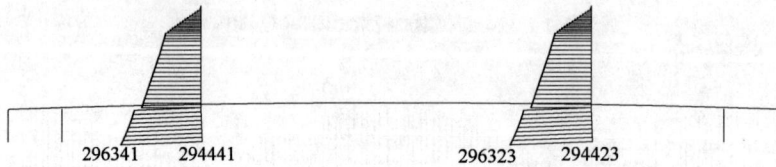

-460387　123172　　　　　　　-121865　460399

图 1-3-45　主塔轴力图(运营阶段组合二)(单位:kN)

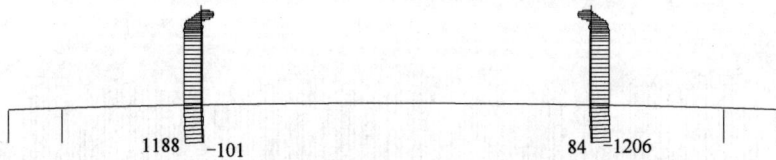

296341　294441　　　　296323　294423

图 1-3-46　主塔剪力图(运营阶段组合一)(单位:kN)

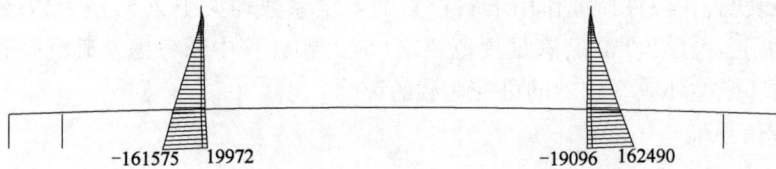

1188　-101　　　　　84　-1206

图 1-3-47　主塔弯矩图(运营阶段组合二)(单位:kN・m)

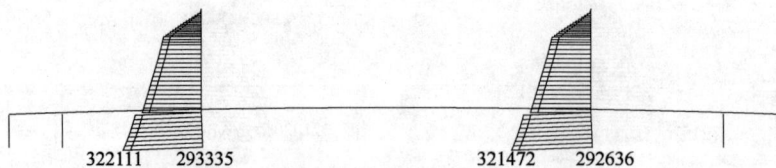

-161575　19972　　　　-19096　162490

图 1-3-48　主塔轴力图(运营阶段组合三)(单位:kN)

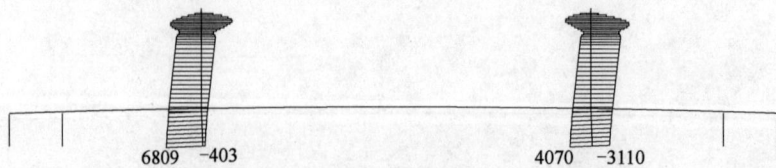

322111　293335　　　　321472　292636

图 1-3-49　主塔剪力图(运营阶段组合三)(单位:kN)

6809　-403　　　　4070　-3110

38

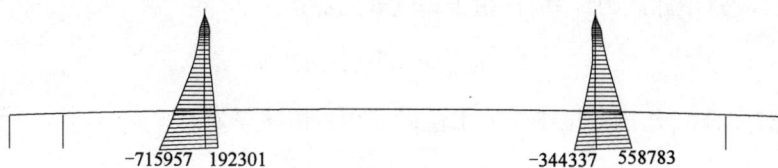

图1-3-50 主塔弯矩图(运营阶段组合三)(单位:kN·m)

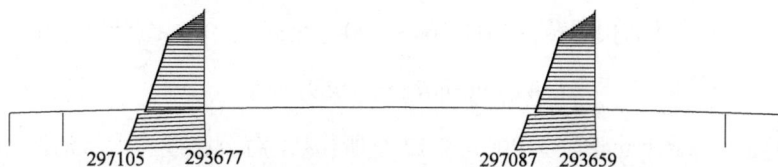

图1-3-51 主塔轴力图(运营阶段组合四)(单位:kN)

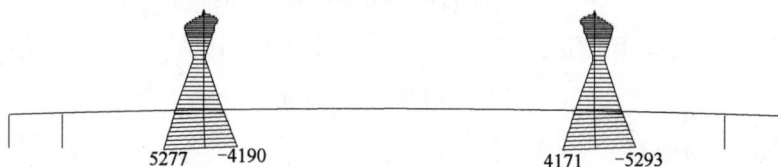

图1-3-52 主塔剪力图(运营阶段组合四)(单位:kN)

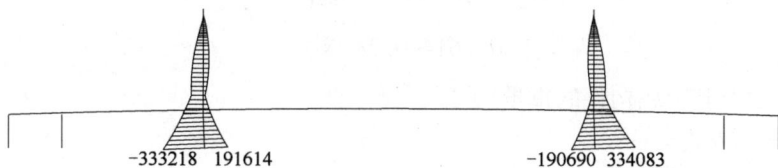

图1-3-53 主塔弯矩图(运营阶段组合四)(单位:kN·m)

3)索塔基础分析

(1)作用荷载

①冰压力计算

a. 辽河大桥水文计算结果

索塔承台底面高程: -5.500m;

索塔承台顶面高程:0.500m;

桥位5%频率最高流冰潮位(黄海高程):2.719m;

桥位1%频率最高流冰潮位(黄海高程):2.930m;

桥位0.33%频率最高流冰潮位(黄海高程):3.079m;

最大流冰厚度:0.66m。

b. 冰压力作用于塔座

依据《公路桥涵设计通用规范》(JTG D60—2004)公式(4.3.9-1)计算冰压力:

$$V = mC_t bt R_{ik} = 6652.81 \text{kN}$$

根据大连理工大学土建学院于2007年12月所作《滨海公路辽河大桥河演、河势分析及数

学模拟研究报告书》中冰压力计算,作用于塔座处的冰压力:

$$V = mf_{ib}bd_i = 4239.47\text{kN}$$

取 $V = 6652.81\text{kN}$,作用点位于结冰水位以下 0.3 倍冰厚处。

$$M = 55757.2\text{kN} \cdot \text{m}$$

c. 冰压力作用于承台

依据《公路桥涵设计通用规范》(JTG D60—2004)公式(4.3.9-1)计算冰压力:

$$V = mC_tbtR_{ik} = 10589.5\text{kN}$$

根据大连理工大学土建学院于 2007 年 12 月所作《滨海公路辽河大桥河演、河势分析及数学模拟研究报告书》中冰压力计算,作用于承台处的冰压力:

$$V = mf_{ib}bd_i = 8897.5\text{kN}$$

取 $V = 10589.5\text{kN}$,作用点位于结冰水位以下 0.3 倍冰厚处。

$$M = 61440.28\text{kN} \cdot \text{m}$$

d. 冰压力作用效应取值

以冰压力作用于承台控制设计。

$$V = 10589.5\text{kN}$$

$$M = 61440.28\text{kN} \cdot \text{m}$$

② 计算承台及其附属构件的重量

体积 $\sum V = 11767.65\text{m}^3$

重量 $G = 25 \times 11767.65 = 294191.3\text{kN}$

③ 计算浮力

a. 辽河大桥水文计算结果

桥位 5% 频率最高潮位(黄海高程):3.19m;

桥位 1% 频率最高潮位(黄海高程):3.28m;

桥位 0.33% 频率最高潮位(黄海高程):3.41m;

桥位 90% 频率最低潮位(黄海高程):−2.024m;

桥位 1% 频率最低潮位(黄海高程):−3.075m;

桥位 0.33% 频率最低潮位(黄海高程):−3.299m。

b. 浮力

承台封底底面高程:−7.000m;

承台底面积 $S_0 = 1418.6205\text{m}^2$;

拱座体积 $V = 1128.0\text{m}^3$。

最低水位浮力:

体积 $V_0 = 5250.314\text{m}^3$;浮力 $N = 10 \times 5250.314 = 52503.14\text{kN}$。

最高水位浮力:

体积 $V_0 = 10639.65\text{m}^3$; $V_1 \approx 1128.0\text{m}^3$; $\sum V = 10639.65 + 1128.0 = 11767.65\text{m}^3$; 浮力 $N = 10 \times 11767.65 = 117676.5\text{kN}$。

④船舶撞击力

根据上海船舶运输研究所《滨海公路辽河大桥船舶撞击数模分析》,主塔墩承台的横向撞击力取 22000kN,横向撞击力取 11000kN。

(2)作用组合

组合一:永久作用 + 汽车荷载;

组合二:永久作用 + 汽车荷载 + 升温;

组合三:永久作用 + 汽车荷载 + 降温;

组合四:永久作用 + 汽车荷载 + 升温 + 顺桥向运营风;

组合五:永久作用 + 汽车荷载 + 降温 + 顺桥向运营风;

组合六:永久作用 + 汽车荷载 + 升温 + 横桥向运营风 + 冰压力;

组合七:永久作用 + 汽车荷载 + 降温 + 横桥向运营风 + 冰压力;

组合八:永久作用 + 升温 + 顺桥向百年风;

组合九:永久作用 + 降温 + 顺桥向百年风;

组合十:永久作用 + 升温 + 横桥向百年风 + 冰压力;

组合十一:永久作用 + 降温 + 横桥向百年风 + 冰压力;

组合十二:永久作用 + 汽车荷载 + 顺桥向撞击力;

组合十三:永久作用 + 汽车荷载 + 横桥向撞击力。

(3)作用效应

营口侧主墩基础承台底内力见表1-3-7。

营口侧主墩基础承台底内力   表1-3-7

组合类别	$N(\text{kN})$	$V_顺(\text{kN})$	$M_顺(\text{kN} \cdot \text{m})$	$V_横(\text{kN})$	$M_横(\text{kN} \cdot \text{m})$
组合一	606191	3804	520130	0	0
组合二	553737	3496	472920	0	0
组合三	552565	5736	806720	0	0
组合四	553459	6676	761770	0	0
组合五	552287	8916	1095570	0	0
组合六	553737	3496	472920	16970	286204
组合七	552565	5736	806720	16970	286204
组合八	536121	7216	658820	0	0
组合九	534949	9456	992620	0	0
组合十	536737	186	19095	29930	742748
组合十一	535565	2426	352895	29930	742748
组合十二	553221	15506	689495	0	0
组合十三	553221	15506	689495	22000	132000

注:N 表示竖向力;$V_顺$ 表示顺桥向水平力;$M_顺$ 表示顺桥向弯矩;$V_横$ 表示横桥向水平力;$M_横$ 表示横桥向弯矩。

（4）单桩承载力验算

索塔基础承载力验算见表1-3-8。

索塔基础承载力验算　　　　　　　　　　　　　　　　表1-3-8

作 用 组 合	桩顶最大轴力（kN）		单桩容许承载力（kN）	
	营 口 侧	盘 锦 侧	营 口 侧	盘 锦 侧
组合一	18118	18195	29595	24982
组合二	16541	16611	29595	24982
组合三	18155	18271	29595	24982
组合四	18008	18139	29595	24982
组合五	19621	19799	29595	24982
组合六	17504	17709	29595	24982
组合七	19118	19369	29595	24982
组合八	17107	17245	29595	24982
组合九	18721	18905	29595	24982
组合十	16728	17045	29595	24982
组合十一	17697	17985	29595	24982
组合十二	18032	18309	29595	24982
组合十三	18752	19203	29595	24982

（5）整体基础地基应力验算

主要荷载组合工况及控制工况整体基础地基应力验算结果满足规范要求。主墩群作为整体基础的计算见表1-3-9、表1-3-10。

营口侧主墩群桩作为整体基础的计算　　　　　　　　表1-3-9

作 用 组 合	桩端平面处的压应力（kPa）		修正后土的承载力容许值（kPa）	
	平 均 值	最 大 值	平 均 值	最 大 值
组合一	1216	1282	1730	1730
组合二	1194	1255	2162	2703
组合三	1193	1295	2162	2703
组合四	1194	1300	2162	2703
组合五	1193	1340	2162	2703
组合六	1194	1357	2162	2703
组合七	1193	1397	2162	2703
组合八	1186	1289	2162	2703
组合九	1186	1330	2162	2703
组合十	1187	1381	2162	2703
组合十一	1186	1421	2162	2703
组合十二	1194	1363	2162	2703
组合十三	1194	1484	2162	2703

盘锦侧主墩群桩作为整体基础的计算　表1-3-10

作用组合	桩端平面处的压应力(kPa)		修正后土的承载力容许值(kPa)	
	平均值	最大值	平均值	最大值
组合一	1113	1183	1616	1616
组合二	1090	1154	2021	2526
组合三	1090	1197	2021	2526
组合四	1090	1202	2021	2526
组合五	1090	1244	2021	2526
组合六	1090	1260	2021	2526
组合七	1090	1303	2021	2535
组合八	1083	1191	2021	2526
组合九	1082	1233	2021	2526
组合十	1083	1285	2021	2526
组合十一	1082	1328	2021	2535
组合十二	1090	1268	2021	2526
组合十三	1090	1397	2021	2535

3.4　结构耐久性设计

根据滨海公路辽河大桥所处环境,本项目混凝土结构耐久性不但要考虑海水及淡水双重腐蚀,还要考虑冻融损伤对耐久性的影响,因此,本项目对混凝土结构耐久性有非常高的要求。

混凝土结构腐蚀环境分区:

《海港工程混凝土结构防腐蚀技术规范》(JTJ 275—2000)与《公路工程混凝土结构防腐蚀技术规范》(JTG/T 07-01—2006)对于混凝土结构环境分区的规定不完全相同,辽河大桥混凝土腐蚀环境分区见表1-3-11。

混凝土腐蚀环境分区(单位:m)　表1-3-11

项目	大气区(重度盐雾区)	大气区(轻度盐雾区)	浪溅区	水位变动区	水下区
分区	5.0~17.85	17.85以上	2.5~5.0	-4.14~2.5	-4.14以下

注:表中设计高水位3.50m,平均水位2.85m,设计低水位-3.14m。

3.4.1　结构构造设计

1)裂缝设计计算控制

钢筋混凝土构件在正常使用状态下的容许裂缝环境作用等级 C、D 级时0.2mm,E 级按0.15mm控制;环境作用等级 C、D 级的预应力构件可按部分预应力 A 类构件设计,E 级按全预应力混凝土构件设计,在正常使用状态下不出现拉应力。

2)预应力设计

为增强预应力管道压浆的密实性,提高预应力体系的耐久性,箱梁预应力设计时采用耐腐蚀、密封性能好的塑料波纹管配合辅助真空压浆工艺,同时对预应力锚头采取严格的防水和阻

锈措施。塑料波纹管的技术性能符合《预应力混凝土桥梁用塑料波纹管》(JT/T 529—2004)的有关规定。

3)各结构部位的钢筋保护层厚度

相关试验表明：即使是低水灰比、高质量的混凝土，暴露在有氯盐存在的环境中，混凝土表面 12mm 深度内的氯离子含量远远超过 25~50mm 深度内的含量。因此在滨海环境中的混凝土工程，钢筋保护层厚度对保证混凝土结构的耐久性至关重要，比一般环境的保护层要大一些，同时还要考虑施工偏差的因素，需对其进行严格的施工控制和质量检查。

4)结构构造设计

主桥所有结构构件中提供用于检查维修的入口，入口及通道的强度和尺寸须满足人员、设备和更换部件的要求。为结构耐久性及施工方便，引桥连续箱梁翼缘、底板等采取半径为 6cm 的圆形倒角。

5)附属结构设计

桥面铺装、支座、伸缩缝、检查车、钢箱梁除湿系统、照明、机电设备等部件的使用寿命需达到 25~50 年，同时需具备可维修和可更换条件。

6)斜拉索的防腐

辽河大桥斜拉索采用双层 HDPE(高密度聚乙烯)护套的镀锌平行钢丝斜拉索，斜拉索外表面采用双层 HDPE 护套，双层 HDPE 护套间设置隔离层，可有效释放外层护套的应力，降低内护套应力，避免护套因应力疲劳开裂；索体钢丝间注防腐油脂，全封闭防腐，完全杜绝因毛细作用和意外的进水造成索体钢丝的腐蚀；斜拉索采用在工厂制作的成品索，这样四层防护在出厂时全部完成，可有效避免运输及施工过程中的钢丝腐蚀。

7)防水设计

桥面防水材料具有良好的抗渗性能，与沥青面层有足够的黏结强度；面层碾压后，有良好的无破损性，良好的耐高、低温性能；对桥面状况有良好的适应性；能较好抵御桥面裂缝的影响；防水材料寿命不低于面层寿命；良好的边缘密封性；施工简洁、环保。

排水系统必须耐用，使用的材料必须坚固，能够抵抗一般化学物质的侵蚀。

在混凝土箱梁内的所有低点设置排水孔，在可能出现排水渗漏的地方，留有可替代的出口，以防止箱内积水。

排水管、泄水口选用密封性好的材料，以保证桥面水在排除过程中不流经桥梁构件。

桥梁构件表面排水顺畅，不在缝或止水带处排水。

箱梁的内部空间通风良好，避免了过高的局部潮湿和水汽长期聚积。

设计上尽量避免外露钢构件内部钢筋的连接，混凝土上不拆除的预埋钢构件均予以镀锌处理。

3.4.2　钢箱梁防腐设计

(1)涂装要求。

由于钢箱梁各部位所处的环境条件、工作条件和涂装维修的难易程度各不相同，涂装的功能要求、类型和寿命也不尽相同。钢箱梁涂装根据部位和方案的不同，可分为五部分：钢箱梁主体及风嘴外表面(除桥面)、钢箱梁主体内表面、风嘴内表面、桥面、钢箱梁特殊部位。各部位涂装均应满足《公路桥梁钢结构防腐涂装技术条件》(JT/T 722—2008)的要求。

①钢箱梁主体、风嘴外表面(除桥面)以及钢锚梁、钢牛腿

是指涂装除桥面车行道及检修道铺装部分以外的、所有直接暴露于大气中的钢箱梁及钢锚梁外表面部分,其防腐寿命要求为25年以上。

②钢箱梁主体内表面

钢箱梁主体内表面涂装箱内所有部分,该部分处于封闭环境中,并设置了抽湿系统,可保证箱内相对湿度小于50%,防腐寿命要求为50年。

U形加劲肋在与桥面焊接前,其内侧应完成涂装,涂车间底漆一道。

③风嘴内表面

由于风嘴与外界直接相连,腐蚀环境比钢箱梁内壁更恶劣,防腐寿命要求为25年以上。

④桥面

是指涂装车行道及检修道铺装下的钢桥面部分,要求涂装体系与桥面钢板和铺装黏结层都具有足够的附着力,防腐寿命与铺装层相同。

⑤钢箱梁特殊部位

是指涂装死角、后期维修特别困难部位,如腹板外拉索锚固处锚箱构件(防腐寿命要求 > 25年)等。

钢箱梁涂装见表1-3-12。

钢箱梁涂装一览表　　　　　　　　　　　　　　　　表1-3-12

结 构 部 位	涂 层	涂 装 体 系	道数/干膜厚(μm)
钢箱梁主体、风嘴外表面(除桥面)以及钢锚梁、钢牛腿	钢板处理	喷砂 Sa2.5	
		无机硅酸锌车间底漆	1/20
		喷砂 Sa2.5	
	底漆	无机富锌底漆	1/75
	封闭漆	环氧封闭漆	1/25
	中间漆	环氧(云铁)漆	(1~2)/20
	面漆(第一道)	丙烯酸脂肪族聚氨酯面漆/氟碳漆	1/40
	面漆(第二道)	自清洁氟碳面漆	1/40
钢箱梁主体内表面(要求配抽湿设施,相对湿度 $RH \leqslant 50\%$)	钢板处理	喷砂 Sa2.5	
		无机硅酸锌车间底漆	1/20
		喷砂 Sa2.5	
	底漆	环氧(厚浆)漆(浅色)	(1~2)/150
风嘴内	钢板处理	喷砂 Sa2.5	
		无机硅酸锌车间底漆	1/20
		喷砂 Sa2.5	
	底漆	环氧富锌底漆	1/60
	中间漆	环氧(云铁)漆	(1~2)/120
	面漆	环氧(厚浆)漆(浅色)	1/80

结构部位	涂层	涂装体系	道数/干膜厚(μm)
桥面板顶面	钢板处理	喷砂 Sa2.5	
		无机硅酸锌车间底漆	1/20
		喷砂 Sa2.5	
	底漆	环氧富锌底漆	1/80
钢箱梁特殊部位		与钢箱梁主体及风嘴外面表(除桥面)防腐体系相同,面漆可变	

(2)涂装方案。

辽河大桥涂装面积大、维修工作量大且工作条件恶劣、养护成本非常高,首选耐腐蚀、寿命长的方案,以降低维护费用。辽河大桥钢结构外表面及非封闭环境内表面涂装方案按大气区腐蚀种类 C5-M 级别,选用长效型(15~25 年)涂层配套体系。

(3)所采用的涂层体系要求达到耐盐水性能 240h、耐化学品性能 72h、附着力≥3MPa(桥面 5MPa)、耐盐雾性能 3000h、人工加速老化性能 3000h。

(4)钢箱梁及风嘴外表面涂层颜色将由业主根据景观设计要求确定。

(5)涂装施工环境温度为 5~38℃,空气相对湿度不大于85%,并且钢材表面温度大于露点 3℃;在有雨、雾、雪、大风和较大灰尘的条件下,禁止户外施工。

3.4.3　高性能混凝土材料配比设计

采用高流态耐海水、淡水侵蚀的抗冻高性能混凝土;采用 C_3A 含量低的硅酸盐水泥,低 C_3A 含量的水泥有利于混凝土的抗硫酸盐等侵蚀;采用聚羧酸系高效减水剂实现低水胶比和高流态,低水胶比的目的是提高混凝土强度,尤其是密实性,高流态可以保证施工时提高混凝土的密实质量,二者的最终目的是降低氯离子的渗透,以实现提高耐久性的目的。采用优质引气剂,保证混凝土含气量在 4%~6% 范围内,提高混凝土抗冻耐久性能。添加适量混凝土阻锈剂,采用双掺(粉煤灰+硅灰)和三掺(粉煤灰+磨细水淬高炉矿渣+硅灰)矿物掺和料措施,可大大提高硬化混凝土的抗渗性能(密实性)。以上措施使配制的混凝土具有高抗氯离子能力、高抗冻性能、高工作性能、高抗裂性能。

1)防腐抗冻耐久混凝土的原材料指标

提高混凝土耐久性的主要措施有:采用高流态、耐海水/淡水侵蚀的抗冻高性能混凝土;掺矿物外加剂改善混凝土抗氯离子渗透性;采用低水胶比提高混凝土密实性。高性能混凝土,根据具体部位及强度等级的不同,各项指标并不完全相同,除满足《水运工程混凝土质量控制标准》的要求外,同时原材料、配合比满足下列要求:

(1)水泥要求:应采用Ⅱ型硅酸盐水泥,水泥中的 C_3A 含量控制在 6%~10%,氯离子含量低于 0.03%。

(2)矿物掺合料:可在混凝土中掺加粉煤灰、磨细高炉矿渣、硅灰等掺和料,其指标应满足表 1-3-13~表 1-3-15 要求。

(3)集料:不得采用可能发生碱—集料反应(AAR)的活性集料;水溶性氯化物折合氯离子

含量不得超过集料重的0.02%;细集料含泥量小于0.2%,泥块含量小于0.5%,云母含量小于2%,细度模数2.9~2.6,不得采用海砂和人工砂;粗集料含泥量小于0.5%,泥块含量小于0.25%,压碎指标小于12%,针片状颗粒含量小于10%,最大粒径不超过25mm。

粉煤灰的质量标准　　　　　　　　　　　　　　　　　　表1-3-13

物 理 性			化 学 性 能			混合砂浆性能		
比表面积	含水率	45μm筛余量	烧失量	SO₃含量	CL⁻含量	需水量比	7d活性指数	28d活性指数
(m²/kg)	(%)	(%)	(%)	(%)	(%)	(%)	(%)	(%)
≥600	≤1.0	≤12	≤5	≤2	≤0.02	≤95	≥80	≥90

细磨高炉矿渣的质量标准　　　　　　　　　　　　　　　表1-3-14

物 理 性		化 学 性 能			混合砂浆性能		
比表面积	含水率	烧失量	SO₃含量	Cl⁻含量	需水量比	7d活性指数	28d活性指数
(m²/kg)	(%)	(%)	(%)	(%)	(%)	(%)	(%)
≥350	≤1.0	≤3	≤4	≤0.02	≤100	≥75	≥100

硅灰的质量标准　　　　　　　　　　　　　　　　　　　表1-3-15

物 理 性					化 学 性 能				混合砂浆性能	
比表面积	含水率	密度均匀性	细度均匀性	45μm筛余量	烧失量	SO₃含量	火山灰活性指数	Cl⁻含量	需水量比	28d活性指数
(m²/kg)	(%)	(%)	(%)	(%)	(%)	(%)	(%)	(%)	(%)	(%)
≥15	≤3	≤5	≤5	≤10	≤6	≥85	≥90	≤0.02	≤125	≥85

（4）化学外加剂:减水剂(或泵送剂)的减水至少达到25%;外加剂中氯离子含量不得大于混凝土中胶凝材料总重的0.01%。

（5）拌和用水及养护用水:不得采用海水、污水和pH值小于5的酸性水,水中的氯离子含量不应大于200mg/L,硫酸盐含量按SO₄⁻计不大于500mg/L。

2）混凝土配合比设计原则

海工耐久混凝土配置原则:选用低水化热和低含碱量的水泥;选用高效减水剂(泵送剂),取用偏低的拌和水量;限制混凝土中胶凝材料的最低和最高用量,并尽可能降低胶凝材料中的硅酸盐水泥用量;掺用粉煤灰、磨细矿渣、硅灰等矿物掺和料;侵蚀等级为E、F等级的构件部位的混凝土应加入适量掺入型钢筋阻锈剂;通过适当引气提高混凝土耐久性,新拌混凝土中引气量一般控制在4%~6%,气泡间隔系数小于250μm;混凝土拌和物中各种原材料引入的氯离子总质量不超过胶凝材料总量的0.1%(钢筋混凝土结构)和0.06%(预应力混凝土结构)。

胶凝材料用量不高于500kg/m³,最大水胶比(W/B)不超过0.5,并根据规范对水胶比进行严格控制。

3）混凝土强度等级选择、配合比设计运用及性能汇总

根据规范规定,同时参照已建跨海大桥采取的各结构部位混凝土最低强度等级(表1-3-16)。

各结构部位采用混凝土最低强度等级   表1-3-16

结构部位			本项目
主桥	索塔	现浇	C50
	墩身	现浇	C50
	承台	现浇	C40
	桩基	现浇	C35
引桥	箱梁	现浇	C50
	墩台身	现浇	C40
	承台	现浇	C35
	桩基	现浇	C30

按照耐久性设计规范,对混凝土进行配合比设计,并对混凝土各项性能、指标(抗压强度、氯离子扩散系数、电通量、坍落度、扩散度、抗裂性能、初凝时间、终凝时间)进行试验、汇总,各项性能、指标均按照相关规范严格控制,同时根据结论对混凝土配合比进行修改,以确定最佳配合比,使各项性能、指标均能达到规范要求。

3.4.4 其他耐久性措施

施工时在耐久性敏感区,如墩座等水位变动区和浪溅区的混凝土中增加钢筋阻锈剂掺量,表面采用高耐腐蚀性涂料涂装。

(1)在腐蚀严重的水位变动区承台和浪溅区的墩身中使用掺入型钢筋阻锈剂。阻锈剂的掺量应通过试验确定。进行阻锈剂掺量试验时,应将预期渗入的氯化物含量加上该混凝土拌和物已有的氯化物含量作为验证所采用的氯化物掺量。预期氯化物含量可按环境、预期寿命和混凝土氯离子扩散系数估算。

采用阻锈剂水剂时,混凝土拌和物的搅拌时间应延长1min;采用阻锈剂粉剂时,应延长3min。

海工耐久性混凝土中的阻锈剂可与表面涂层等联合使用,并具有叠加保护效果。

加入阻锈剂的钢筋混凝土各项技术性能见表1-3-17。

加入阻锈剂的钢筋混凝土各项技术性能   表1-3-17

项 目			控制偏差
钢筋	耐盐水浸渍性能		无腐蚀
	耐腐蚀性能		无腐蚀
混凝土	凝结时间差	初凝	−60min ~ +120min
		终凝	
	抗压强度比	7d	>0.90
		28d	

注:1.所列数据为掺入阻锈剂混凝土与基准混凝土的差值或比值。

2.时间指标"−"号表示提前,"+"表示延缓。

(2)涂覆型涂层。

通过优选材料和合理的施工工艺,涂料的附着力、柔韧性、冲击强度、耐磨性、硬度等,涂层的耐碱性、耐老化性、涂层与混凝土表面的黏接强度等,应达到相应规范的要求。

①基本规定

辽河大桥混凝土结构涂层系统设计使用年限不小于 20 年。

涂层涂装划分为防腐涂层和景观涂层两种。采用防腐涂层的范围包括:在 17.85m 高程以下的主桥塔身、盘锦侧过渡墩墩身、盘锦侧辅助墩墩身及盘锦侧部分引桥墩身;采用景观涂层的范围包括:营口侧过渡墩全部墩身、营口侧辅助墩全部墩身、17.85m 高程以上的主桥塔身、盘锦侧过渡墩墩身、盘锦侧辅助墩墩身及盘锦侧部分引桥墩身。

②防腐涂层

混凝土防腐涂层,防腐蚀涂料除了具有较强的防腐蚀性能和耐候性外,还具有优异的装饰性能,保光、保色性能好,涂层承受构件变形的能力强。

混凝土涂层系统应由底层、中间层和面层配套涂料涂膜组成,其设计总干膜厚度为 350μm。

混凝土表面防腐涂层配套应符合表 1-3-18 的规定。

混凝土表面防腐涂层配套　　　　　　　　　　　　　　　表 1-3-18

涂 层 名 称		涂 装 方 式	涂层干膜厚度(μm)
底层	环氧树脂封闭漆	喷涂	50
中间层	环氧树脂漆	喷涂	210
面层	聚氨酯面漆	喷涂	90
涂层干膜平均总厚度			350

③景观涂层

索塔及墩身的混凝土景观涂层,具有优异的装饰性能,保光、保色性能好,涂层承受构件变形的能力强。

混凝土景观涂层系统应由底层、面层配套涂料涂膜组成,其设计总干膜厚度为 110μm。混凝土表面景观涂层配套应符合表 1-3-19 的规定。

混凝土表面景观涂层配套　　　　　　　　　　　　　　　表 1-3-19

图 层 名 称		涂 装 方 式	涂层干膜厚度(μm)
底层	环氧树脂封闭漆	喷涂	50
面层	聚氨酯面漆	喷涂	60
涂层干膜平均总厚度			110

(3)外加电流阴极保护。

混凝土结构阴极保护范围包括:在 17.85m 高程以下的主桥塔身及承台、盘锦侧过渡墩墩身及承台、盘锦侧辅助墩墩身及承台、盘锦侧部分引桥墩身及承台。

阴极保护系统设计内容:

设计保护电流密度为钢筋表面 $5mA/m^2$。每个阳极区将配备 2 个阳极接入点,以确保系统正常运行。使用 Ag/Agcl 参比电极来进行系统的调节和长期监测。所有的阳极和钢筋连接装置都将在场外预制并用环氧树脂全包裹,以确保 100 年的寿命。阳极材料将选择在运行电流密度条件下,最少 100 年使用寿命。

阴极保护系统包括:分离式辅助阳极、钛条辅助阳极、带状辅助阳极、钛导电条、塑料夹、参比电极、导电连接装置、变压整流器柜和电缆。

3.5 路面结构设计

滨海公路辽河特大桥路面标准宽度为 29m。路线地处Ⅱ1区,路基顶面回弹模量要求不低于 30MPa。

根据本项目所预测的未来 15 年的交通量和路面结构组合对累计轴载进行计算,设计年限内主线一个车道弯沉累计当量轴次为 577.5 万次,拉应力验算累计当量轴次 400.4 万次,路面设计弯沉值为 0.267mm。

综合考虑路面使用要求和区域自然条件、沿线筑路材料情况等因素,本项目主线路面结构如下:

(1)主线路面结构

表面层:4cm SBS 改性沥青混凝土抗滑层(SMA-13 型);

下面层:6cm 中粒式沥青混凝土(AC-20 型);

封层、透层:0.5cm 稀浆封层 + 透层;

基层:20cm 厂拌水泥稳定碎石;

底基层:20cm 厂拌水泥稳定碎石;

垫层:19.5cm 级配碎石;

路面总厚度70cm,满足抗冻要求。

路面材料设计参数见表1-3-20。

路面材料设计参数表 表 1-3-20

层位	材料名称	抗压模量(MPa)				劈裂强度(MPa)
		20℃	15℃	弯沉计算用	拉应力计算用	
表面层	沥青玛蹄脂碎石抗滑层(SMA-13)	1400	1800			1.6
下面层	中粒式沥青混凝土(AC-20 型)	1200	1800			1.0
基层	厂拌水泥稳定碎石			1500	3600	0.5
底基层	厂拌水泥稳定碎石			1500	3600	0.5
垫层	级配碎石			225		
路基	土基			30		—

(2)黏层

在沥青混凝土各面层之间设置黏层沥青,黏层采用专用 PCR 型快裂阳离子改性乳化沥青,用量 $0.3L/m^2$。

(3)下封层

为保护基层及防水,在半刚性基层的透层顶面设下封层,采用 BC-1 型慢裂阳离子乳化沥青稀浆封层,级配采用 ES-2 型,机械摊铺。下封层宽度与面层同宽,厚度为 5mm。

（4）透层

半刚性基层顶面施工下封层之前，应首先做透层。透层沥青采用 AL（M）-1 中凝液体石油沥青，用量为 $1.0L/m^2$。

有关 PCR、BC-1、AL（M）-1 的技术要求及 ES-2 型下封层级配，按照《公路沥青路面施工技术规范》（JTG F40—2004）执行。

第 4 章　养护工作的基本内容

4.1　养护工作范围

（1）技术状况检查。

技术状况检查包括日常巡查、经常性检查、定期检查及特殊情况检查。通过以上检查项目，系统地掌握桥梁技术状况，及时发现缺损和相关环境的变化，并按检查结果对桥梁技术状况进行分类评定，制定相应的维修养护对策。

（2）建立和健全桥梁技术档案。

包括桥梁的基础资料、管理档案、各项检查记录、养护记录等。

（3）桥梁的安全防护。

（4）桥梁的日常维修保养。

4.2　技术状况检查

1）经常检查

经常检查主要指对桥面设施、上部结构、下部结构及附属结构的技术状况进行的检查，主要针对外表可见的病害和缺陷，是桥梁维修养护部门日常的工作内容之一。

经常检查中发现桥梁重要部(构)件存在明显缺损，达到三、四类技术状况时，应向辽河大桥管理处报告并及时妥善处理，以防止重大事故发生。

检查方法与检查周期、检查项目与具体内容详见第2篇土建结构养护。

2）定期检查

桥梁的定期检查是指按照规定周期，对桥梁主体结构及其附属构造物的技术状况进行定期跟踪的全面检查，评定桥梁技术状况等级。它是桥梁养护管理系统中采集结构技术状况动态数据的所需工作，为评定桥梁使用功能、制订养护维修计划提供基本数据。

检查方法与检查周期、检查项目与具体内容详见第2篇土建结构养护。

3）特殊检查

特殊检查是指在特定情况下对桥梁技术状况进行鉴定，以查清桥梁的病害原因、破损程度、承载能力或抗灾能力等。特殊检查应委托有相应资质和能力的单位实施。

检查方法与检查周期、检查项目与具体内容详见第2篇土建结构养护。

4.3　养 护 工 程

按照交通部《公路桥涵养护规范》(JTG H11—2004)第1.0.4(3)条的规定,按照公路桥涵的养护按其工程性质、规模大小、技术难易程度,划分为小修保养、中修、大修、改建和专项工程五类。

(1)小修保养工程:对桥梁(包括引桥引道)及附属设施进行预防性保养和修补其轻微损坏部分,使其保持完好状态。

(2)中修工程:对桥梁(包括引桥引道)及附属设施一般性磨损和局部损坏进行定期的修理加固,以恢复原状。

(3)大修工程:对桥梁(包括引桥引道)及附属设施的较大损坏进行周期性的综合修理,以全面恢复到原设计标准的技术状况,或在原技术等级范围内进行局部改善和个别增建,以逐步提高其通行能力。此项工作应每隔数年(如10~15年)按上级批准的年度计划进行。

(4)改建工程:对桥梁(包括引桥引道)及附属设施因不适应交通量、荷载要求而提高技术等级,或因桥梁局部改移需要重建,或为了显著提高通行能力而进行的较大型、大型工程项目。此项工作应由辽河大桥的管理机构根据批准的计划来组织实施或招标完成。

(5)专项工程:含专项抢修工程和专项修复工程。专项抢修工程是指采用临时措施在最短的时间内恢复交通的工程措施;专项修复工程是指采用永久性措施恢复桥梁原有功能的工程措施。对阻断交通的桥梁修复工程,应优先平行安排,以最大限度地减小社会影响。

本养护手册主要介绍辽河大桥相关的小修保养及部分中修工程的技术方法,若发现重大病害,需要进行大修工程或专项工程,应委托有资质、经验的单位开展专项维修加固设计工作。

4.4　日 常 作 业

1)桥面清洁及交通清障

应定时打扫桥面卫生,保持桥面清洁。桥面不得有污物及丢弃杂物。每天应有专人清扫并将废弃物运至指定场所。

应及时将故障车辆清出现场,以免影响正常交通。一旦发生交通事故等突发事件,应根据事件的性质、严重程度、可控性和影响范围,按相关应急预案程序进行处理。检查评估交通事故是否对桥梁及附属设施造成破坏或损伤。若有,须及时进行修复。

2)保持排水设施畅通

需经常检查排水管有无堵塞,及时清除排水管中堵塞的泥土杂物。应保持排水设施的状态良好,防止因雨水不能及时排除,而妨碍交通、浸泡桥面铺装层和侵蚀桥梁结构中的钢筋和钢构件等,甚至导致更大危害。

3)保持交通信号、标志及照明设施完好

定期检查交通信号、标志及照明设施是否完好。如有损坏应及时修复。

4.5 档案管理

1)技术档案

技术档案包括桥梁基础资料、管理资料、检查资料、养护维修资料及特殊情况资料等。

（1）基础资料

①桥梁设计施工图和竣工图,结构计算分析报告。

②施工过程中的试验检测及科研资料。

③工程事故处理资料。

④施工全过程的结构位移或变形测试资料。

⑤观测或监测点(部件)资料。

⑥交(竣)工验收资料。

（2）桥梁管理资料

应包括桥梁管养单位、监管单位、桥梁养护工程师等的基本资料,同时还应包括桥梁养护工程师业务考核情况和年度主要工作情况。

（3）桥梁检查资料

①经常检查、定期检查结果、养护对策建议;特殊检查建议报告和检查结果,定期观测点观测结果,监测系统观测资料,养护建议计划,以及检查的时间、人员等基本资料。

②特殊检查还包括检测方案、检测报告、检测方资料等。

③资料应包括文字资料、照片、录像或多媒体资料等。

（4）桥梁养护维修资料

①小修保养工程的实施技术资料和养护质量评定结果,以及工程实施的时间、组织实施人员等记录。

②桥梁的中修、大修、改建工程的设计图纸、竣工图纸、施工资料、监理资料、监控资料、质量事故处理报告、交(竣)工验收等技术资料,以及设计、施工、监理、监控等各方的资质证书、业绩证明及主要检测人员的资格证书(复印件)等。

（5）桥梁特殊情况资料

包括地质灾害、气象灾害、超限运输等特殊事件的具体情况、损害程度、处治方案等。

2)技术档案的管理

应设专人对技术档案资料进行管理。管理工作应按国家关于科技档案管理的有关条文办理。应建立计算机数据库,将分类资料存入计算机数据库,以便于检索。

3)文档归档

所有检查的文档应及时归档,数据库中部分资料(如病害处理等)应及时更新。上述资料及桥梁卡片、历次检查检测资料等均应作为永久性档案保存。

4)资料的补充与完善

基本资料缺失时,应根据历年检查、养护资料,逐步建立和完善其技术档案。必要时安排有针对性的检测、试验或特殊检查,补充或完善桥梁技术资料。

第 2 篇

土建结构养护

第 1 章 土建结构检查与评定

1.1 检查频率及流程

1.1.1 检查分类及频率

桥梁检查的目的是为了加强辽河大桥的管理工作,保持其具有完好的工作状态,并延长其使用寿命。根据本桥的实际情况,按照检查的范围、深度、方式和检查结果的用途等的不同,桥梁检查可归纳为下列三类,即经常检查、定期检查和特殊检查。根据辽河大桥养护工作的特点,制定辽河大桥的检查分类,见表2-1-1。

辽河大桥的检查分类及频率 表2-1-1

检查类型	检查时机及频率
初始检查	首次养护前,大修、改造完成后
日常巡查	日巡视每日一次,夜巡视每日一次
经常检查	一般每月1次,但支座和阻尼器每季度1次。风雨季应根据实际情况适当增加检查次数
定期检查	一般每年1次,铺装的破损和车辙检查每季度1次。在经常检查中发现桥梁重要部(构)件的缺损明显达到三、四、五类技术状况时,应立即安排定期检查
专项检查	桥梁出现交通事故等特殊事件后、在定期检查中难以判明损坏原因及程度的桥梁、桥梁技术状况为四类或五类者、拟通过加固手段提高荷载等级的桥梁应执行专门检查。当技术状况为三类时,每3年至少进行一次专项检查;当技术状况为一类或二类时,每5年可根据情况进行一次专项检查
应急检查	自然灾害或认为事故发生且导致桥梁出现灾害性损伤时,应执行应急检查

辽河大桥检查内容见表2-1-2。

辽河大桥的检查内容 表2-1-2

检查类型		工作内容
初始检查		全面检查
日常巡查	日巡查	桥面状况、伸缩缝处是否跳车,栏杆、护栏、标志、标线是否异常,桥面积水、结构状况、设备状况、监测报警,斜拉索和主梁振动
	夜巡查	标志、标线是否正常,全桥或斜拉索振动及桥面障碍物情况
经常检查		基准点、工作基点和变形观测点是否被破坏,墩台与基础、主梁、斜拉索、钢箱梁、伸缩缝、附属设施的病害情况
		桥面铺装的破损及车辙
		支座与阻尼器

检查类型	工作内容
定期检查	监测控制网的复测
	沉降与几何线形的监测
	钢箱梁、墩塔与基础、斜拉索、支座、阻尼器、伸缩缝、桥面铺装的抗滑性能和平整度、附属设施病害情况
	桥面铺装的破损及车辙
专项检查	根据需要确定检查项目
应急检查	根据突发事件引起损伤情况确定

注:本表中列出检查频率的总体要求,具体要求见后续章节中详细内容。

1) 初始检查

在桥梁竣工后、首次养护前或经过大修、改造后,需要进行一次全面的检查。

2) 日常巡查

在"养护规范"规定的三个层次的检查外,根据大桥运营养护的需求,增加日常巡查。日常巡查是经常检查的有力补充,通过昼夜巡查,加大检查频率,从而能及时发现结构的异常状况,及时进行相应的处理。

由专职巡视人员对桥面行车道范围内各种结构物、作业保护区等进行日常巡视,及时准确地掌握桥面设施完好状况、车辆通行状况、养护作业状况、机电设备状况等,认真做好记录。日常巡查目的是为了建立一套完整的养护基础资料,及时了解斜拉桥各部件及桥梁设施的安全运营情况,及早发现可能出现的突发事件,为进一步经常检查和特殊检查提供依据。巡视中遇特殊情况,应立即上报值班室进行处理。

3) 经常检查

经常检查主要指对桥面设施、上部结构、下部结构及附属构造物的技术状况进行的检查,旨在确保结构功能正常,使结构能得到及时的养护和保养或紧急处理,对需要检修和一些重大问题作出报告。

专职工程技术人员对桥面系、结构部件、附属设施及养护作业等进行经常性检查,以便及时发现损伤并采取保养维修措施。检查内容为外观检查,主要包括钢结构箱梁、桥面、斜拉索、主塔、混凝土箱梁等表观病害检查。填写检查记录表、缺陷等级类型、维修工程量及养护建议,提交养护部门限期处理,并整理归档。

当经常检查中发现重要部(构)件明显达到三、四、五类技术状况时,应立即安排定期检查。

4) 定期检查

定期检查为评定桥梁使用功能、制订管理养护计划提供基本数据,对桥梁主体结构及其附属构造物技术状况进行的全面检查,它为桥梁养护管理系统搜集结构技术状况提供动态数据。

定期检查由经过培训的具有五年以上实践经验的工程技术人员担任,目的是通过对结构物进行全面系统地检查,建立补充完善结构养护管理档案,对结构的损坏作出评估,评定结构件和整体结构的技术状况,确定改进工作和特别检查需求,并确定结构维修、加固或更换的优先排序。以近距离外观检测为主,辅以必要的测量仪器设备,必须接近和进入各部件仔细检查其功能及材料的缺损情况。定期检查要比经常检查的内容更全面、更深入、更详细。定期检查结果主要从损坏状况、结构与构件的技术状况和改进工作等方面进行评定。可根据设施状况和结构类型等适当增加检查次数。

当定期检查评定为四、五类技术状况，或通过定期检查难以判别结构重要构件（或部位）损坏原因及程度时，应立即安排实施特殊检查和维修加固处理。

5）特殊检查

特殊检查是查清桥梁的病害原因、破损程度、承载能力、抗灾能力，确定桥梁技术状况的工作。特殊检查分为专门检查和应急检查。

因各种特殊原因由专业技术人员依据一定的物理、化学或无破损检测手段对桥梁一个或多个组成部分进行全面察看、测强、测伤或测缺，旨在找到损坏的明确原因、程度和范围，确定桥梁的技术状态，以采取相应的加固、改造措施。分析损坏所造成的后果以及潜在缺陷可能给结构带来的危险，为评定桥梁的耐久性、承载能力以及确定维修工作的实施提供依据。

6）专门检查

根据经常检查和定期检查的结果，对需要进一步判明损坏原因、缺损程度或使用能力的桥梁，针对病害进行专门的现场试验检测、验算与分析等鉴定工作。专门检查根据经常检查和定期检查的结果，针对病害进行专门的现场试验检测、验算与分析等鉴定工作，并提出拟加固维修手段。建议当技术状况为三类及以下时，每年至少进行一次检查；当技术状况为一、二类时，每3年至少进行一次检查。

7）应急检查

当桥梁受到灾害性损伤后，为了查明破损状况，采取应急措施，组织恢复交通，对结构进行详细检查和鉴定工作。极端事件发生后应立即进行一次检测，并与监测数据相结合，评估桥梁技术状况。极端事件主要包括地震、洪水、风灾、火灾、重车过桥等。

1.1.2　检查工作流程

1）经常检查工作流程

经常检查的主要要求如下：

（1）检查并掌握桥梁一般性病害及缺损的现状及发展变化情况；

（2）检查重要构（部）件，如钢箱梁、索塔和索等的技术状况，如存在明显缺损，要及时上报并采取进一步措施；

（3）目视检查并判断桥梁使用性能与技术状况，如桥梁线形、基础变位、桥面铺装、防撞设施、伸缩缝和支座等是否存在影响桥梁使用功能与结构安全的明显异常现象；

（4）排查防洪、冲刷等方面可能存在的安全隐患；

（5）发生洪水、雪灾、地震等突发性灾害后，立即安排检查桥梁受损情况，并对其安全性和适用性做出初步判断。

辽河大桥经常检查工作流程见图2-1-1。

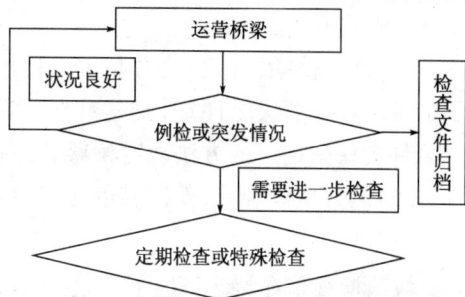

图 2-1-1　辽河大桥经常检查工作流程图

2）定期检查工作流程

定期检查工作流程见图2-1-2。

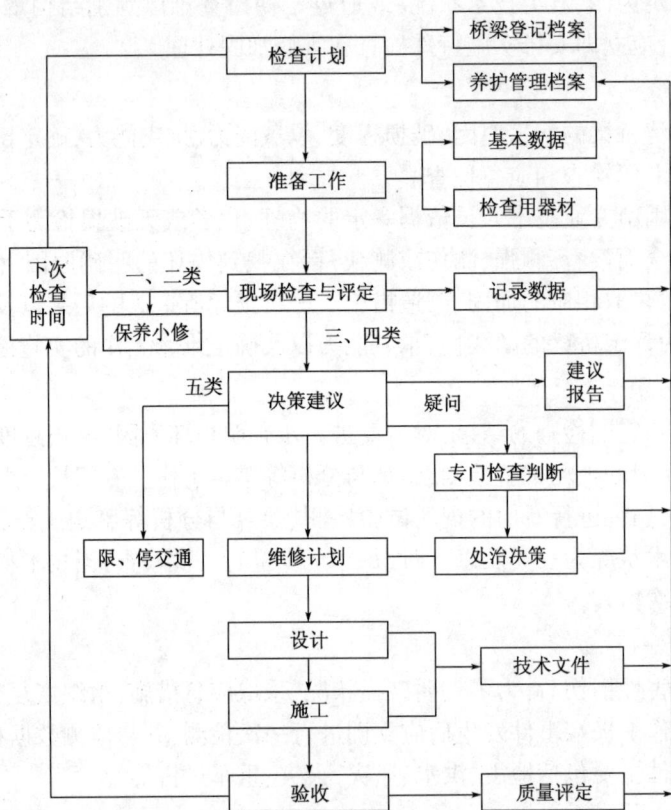

图2-1-2　辽河大桥定期检查工作流程图

定期检查主要要求如下：

（1）全面检查并详细记录桥梁的病害及缺损的现状及发展变化情况；

（2）通过目视检查并借助必要的仪器设备或工具，定量化测量和描述病害及缺损的大小、范围等特征数据；

（3）依据病害及缺损严重程度，推断其对桥梁结构安全和使用功能的影响；

（4）依据历年检查（或监测）结果及其发展变化情况，推断病害及缺损发展变化趋势及其可能造成的不利影响；

（5）评定桥梁构（部）件和桥梁总体的技术状况等级，尤其要注重对桥梁主要承重构件和重要部件的技术状况评定，当这些构（部）件的技术状况等级明显偏低时，采用依据重要构（部）件的一票定级的方法确定桥梁总体技术状况；

（6）制订桥梁维修、养护或进一步检测评定计划。

3）特殊检查工作流程

特殊检查是在特定情况下对桥梁技术状况进行鉴定，以查清桥梁的病害成因、破损程度、实际承载能力或抗灾能力等。检查内容包括桥梁表观详细检查、结构（或构件）线形与尺寸量测、材质状况检测、使用荷载情况调查和结构性能测试等诸多工作内容。特殊检查是科学评价桥梁病害及缺损成因,判断其对结构使用与安全的影响,进一步采取有效处理措施的主要手段。其主要工作要求如下:

(1)通过人工目视检查并借助仪器设备,全面详细的检查、量测、记录并描述桥梁的表观质量状况;

(2)采用无损或局部破损检测方法,使用专用仪器设备,对混凝土、钢材和防护材料等进行材料性能与组成等技术参数的检测与分析;

(3)测量桥跨结构钢箱梁线形和基础、墩、柱、塔等的几何变位;

(4)量测结构和构件的几何尺寸,测量钢筋保护层厚度、桥面铺装厚度等关键尺寸、参数;

(5)预应力结构中预应力体系质量状况的检测与调查;

(6)测试分析桥梁的固有模态参数、动力特性和响应特征;

(7)结构整体工作性能的测试与分析;

(8)桥梁承载性能荷载试验;

(9)检算分析桥梁的承载力与安全状况;

(10)分析判断桥梁的适用性与安全性,提出维修或加固等处治措施建议。

辽河大桥特殊检查工作流程见图2-1-3。

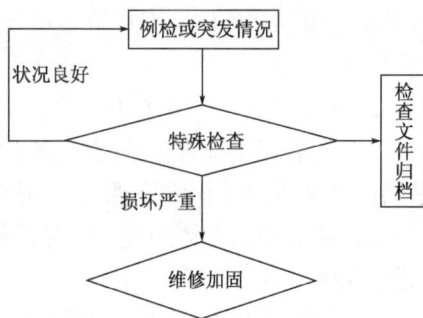

图2-1-3 辽河大桥特殊检查工作流程图

4)技术档案管理

技术资料包括建设期间的技术资料及日常管理和检查、养护维修等各方面的资料。具体包括:全套设计文件与竣工文件,桥梁主要材料性能资料,施工记录、日志,施工技术总结,有关的试验研究报告,历次测试资料及报告,日常管理及养护维修工作记录,交通量记录,超重车过桥、超高船只过桥及其他记录等等。

应设专人对技术资料进行管理,管理工作应按国家关于科技档案管理的有关条文办理。应建立计算机数据库,将分类资料存盘,以便于检索。

1.2 病害检查记录细则

本节对辽河大桥的常见病害记录方法及各病害需要记录的信息进行规定,规定的规则适用于经常检查、定期检查、特殊检查的表观病害记录部分,可根据各层次检查的内容和深度进行调整。

1.2.1 检查的实施

1)检查计划与准备

(1)负责的检查工程师应根据管辖区内登记的桥梁基本数据表(桥梁卡片),制订年度桥梁检查实施计划,其内容包括:

①按巡检路线列出需要检查的桥梁清单。

②实施进度。

③需临时租用的检查用车、船或工作架等辅助设备。

④预算费用。

(2)检查组必须事先准备和携带下列文件:

①桥梁检查清单。

②桥梁基本数据表。新建桥梁应根据技术档案事前登记好基本数据表,最近经过专门检验或维修的桥梁,其内容必须事先登记在基本数据表内。

③桥梁检查记录表。包括本次用的和上次(最近的)记录的检查数据表。本次用的表应事先将表头的基本数据填好。

(3)检查组应配备基本的设备和器材。除附加设备可根据需要就地就近临时租用外,其余是检查组应常备的基本设备和器材。还必须配备一辆厢式小货车(能装载伸缩梯)作为检查组专用车。

2)检查记录与提交文件

(1)所有原始检查记录,必须按桥梁检查数据表的格式填写清楚。缺损状态描述尽可能采用标准术语,并用简图和照片来阐明结构或构件典型的缺损状态。

(2)应有两张总体照片。一张是桥梁正面照,在低桩号侧引道中心拍摄;另一张为桥梁立面照,在桥梁右侧拍摄。

(3)检查完成后,应将本次检查情况登记在桥梁检查清单和桥梁基本数据表内。

(4)检查组应提交下列文件:

①桥梁基本数据表,本次用的和上次的桥梁检查数据表以及桥梁检查清单,本次检查记录简图和照片。

②建议报告。有以下几类:

a.桥梁的维修与改善计划清单,包括维修或改善的项目、拟用维修方式和时间等。

b.要求补充检验的报告。

c.限制或停止交通的建议报告。

1.2.2 检查顺序

为了防止漏检部件和统一记录次序,要求按以下顺序进行检查:

(1)按路线里程增长方向,从右至左顺序检查,见图2-1-4。

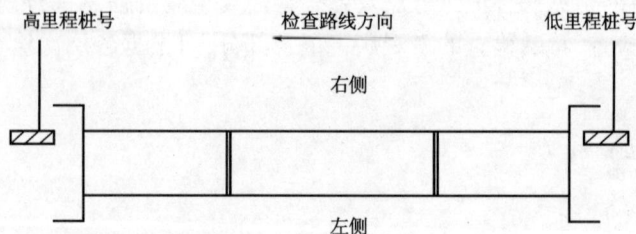

图 2-1-4 检查顺序示意图

(2)从下往上顺序检查。首先检查下部结构和基础冲刷,同时检查上部结构的底面和侧面,然后顺序检查支座、钢箱梁内部,最后检查桥面系统。桥梁主体结构检查完成后,调查整治构造物的状况。

(3)在检查结构缺损状况过程中,同时校核桥梁结构的基本数据是否符合实际。

1.2.3 构件的缺损名称与性状

1)沥青桥面铺装的缺损名称与性状

(1)高低差:在与结构物连接部位的高低差。

(2)凸凹:沿纵断方向周期性的波即搓板,或表面的鼓包,如铺装表面的局部超填。

(3)车辙:横断方向的波,即横断方向的凸凹,车轮通过频率较高的地方产生规则的凹槽。

(4)泛油:在铺装表面沥青渗出的状态。

(5)松散:由于行驶车轮的作用,铺装表面的细骨料慢慢地脱离,表面呈现锯齿式的粗糙状态。

(6)磨光:铺装被行驶的车轮所细磨,形成平滑的状态。

(7)坑槽:铺装层局部脱落而产生的洞穴或长槽。

(8)桥头跳车:桥梁两端路基下沉而造成行车颠跳。

(9)线状裂缝:横车道方向,或在其纵断方向,几乎沿直线伸展的裂缝。

(10)网状裂缝:裂缝形成相互联结的网状或格子状。

2)混凝土构件的缺损名称与性状

(1)蜂窝:混凝土局部疏松,砂浆少,石子多,石子之间出现空隙,形成蜂窝状孔洞的现象。

(2)麻面:混凝土表面局部缺浆、粗糙,或有许多小凹坑,但无钢筋外露现象。

(3)空洞:混凝土内部有空隙,局部没有混凝土,或蜂窝特别大的现象。它常发生在钢筋密集处或预留孔洞和预埋件处。

(4)裂缝:在中间存留缝隙或不存留缝隙的两处以上不完全分离的现象。

(5)剥落:混凝土表面的砂、水泥浆脱落,粗骨料外露的现象。如果严重时则形成骨料及包着骨料的砂浆一起脱落,或混凝土表面灰浆成片状的脱落。

(6)露筋:钢筋混凝土内的主筋、箍筋等没有被混凝土包裹而外露的现象。

3)钢构件的缺损名称与性状

(1)涂层劣化:涂层变色、褪色、白化,出现气泡、起皱、脱落等现象。

(2)锈蚀:钢构件表面发生部分氧化皮、涂层出现剥落,或出现点蚀现象,严重的有锈蚀成洞现象。

(3)焊缝开裂:焊缝部位涂层出现裂纹,严重的出现较多裂缝,构件出现变形。

(4)铆钉(螺栓)损失:铆钉(螺栓)损坏、松动、丢失。

(5)结构裂缝:钢构件由于疲劳等原因出现的裂缝,截面削弱。

(6)变位、移动、下沉、倾斜。

(7)异状挠曲,过大振动。

1.2.4 损坏位置描述规则

损坏位置描述可以应用下述规则:

（1）斜拉索编号说明：斜拉索分左幅、右幅，分别用 L、R 表示；营口塔（南塔）、盘锦塔（北塔），分别用 S、N 表示；靠河侧面、岸侧面，分别用 H、A 表示；以索塔起始位置，向两边依次编号 1~14（例如 RNH10 斜拉索，即主桥右幅盘锦塔靠河侧第 10 根斜拉索）。斜拉索锚头分钢箱梁、塔端两部分，分别用 G、T 表示，其余编号与斜拉索编号相同（例如 GRNH10 锚头，即钢箱梁部分主桥右幅盘锦塔靠河侧第 10 根斜拉索锚头）。拉索编号如图 2-1-5 所示。

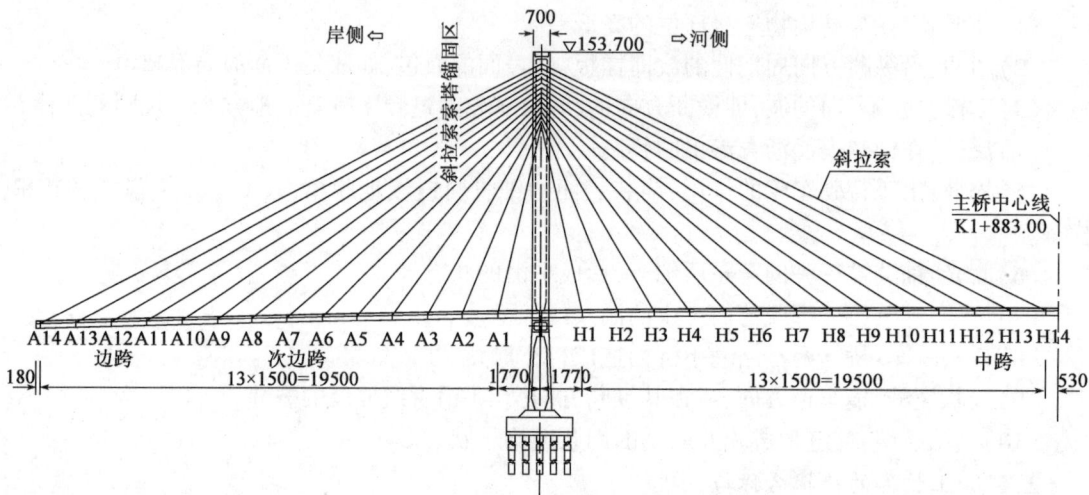

图 2-1-5 拉索编号示意图（尺寸单位：cm）

（2）对给定构件的损坏位置，可以用右侧面（R）、左侧面（L）、高桩号侧面（H）、低桩号侧面（S）、上面（up）、底面（dw）等来描述损坏出现的具体构件面。

（3）对于构件任一面上的损坏位置，可以采用跨中、支点处、中部、端部、顶部、底部等加以详细说明。

1.2.5 推广使用信息化手段

桥梁养护要逐渐由传统方式向智能化养护转变，为此在辽河大桥养护中，逐渐推广使用"辽河大桥养护管理系统"，逐步采用定制化的桥梁检测信息系统代替纸质记录工作的检查方式，规范大桥检测的常见病害记录方法和病害信息。

"辽河大桥养护管理系统"中桥梁检测系统由基础数据导入、移动终端数据采集、桥检数据导出、桥检报告生成四大功能模块组成。

移动采集终端首先将桥梁检测采集运行时所需要的基础数据、字典数据等，从桥梁管理系统中导入到移动采集终端；然后将现场检测采集的信息、图片、声音等多媒体数据进行存储管理；最后将桥梁检测采集的数据通过后台服务软件导出到服务器数据库中，生成检测报告。

"辽河大桥养护管理系统"为大桥管养工作建立一个信息输入、储存、调用的可视化平台，实现对大桥的智能化管养，从而提高养护管理的效率，加强大桥监管力度，保证大桥的安全运营。

辽河大桥检测系统如图 2-1-6 所示。

图 2-1-6　辽河大桥检测系统

1.3　经常检查技术和方法

辽河大桥的经常检查除"养护规范"中规定的内容外,增加日常巡视内容,具体如下。

1.3.1　日常巡视

明确日常巡视的内容和方法,以及所应填写的"日常巡检表"。大桥的日常巡视由辽河大桥养护项目部技术人员负责,安排养护工作人员巡检。巡检周期为日巡每日一次,夜巡每日一次,特殊情况下增加巡视次数。

每次检查应填写的"日常巡检表"(表2-1-3),其内容和项目主要有:

(1)时间:指巡视时的时间。

(2)温度:填表时的大气温度,用气温计读取。

(3)气候状况:主要指是否为雨天、雪天、冰雹等。

(4)风力:当时风力,可结合天气预报情况填写。

(5)能见度:主要在雾天等能见度差时填写。

(6)其他:主要指有无特殊自然现象,如地震、雷电等。

(7)交通状况:填写有无堵车及有无特载车辆通过等。

(8)斜拉索及锚固区:主要观察拉索有无较大异常变形,有无异常弯曲及扭曲,锚固区有无明显损伤,斜拉索防护和密封处有无破损。检查锚头附近是否有渗水痕迹,检查密封橡胶有无破损。

(9)主塔:主要观察主塔有无明显倾斜变形,塔身有无大面积锈蚀痕迹,有无大面积损伤。

(10)钢箱梁:主要观察钢箱梁有无明显变形扭曲,在大风大雨时应适时观察,另应注意钢桥面板有无局部坑槽损坏或锈蚀。

（11）护栏：主要注意观察分隔带、防撞护栏有无被车撞及剐蹭痕迹，或者是否有大面积掉皮锈迹等病害。

日 常 巡 检 表 　　　　　　　　　　　　表2-1-3

项目部名称：　　　　　　　　　　　　　　　　　　　　　　　　记录编号：

基本信息	桥梁名称：			辽河大桥里程桩号：		
	天气：	温度： ℃	湿度： %	风力： 级		风向：
项目		巡查情况描述		处理结果		照片编号
索塔	□无异常 □有异常					
斜拉索	□无异常 □有异常					
桥面系	□无异常 □有异常					
通车环境	□无异常 □有异常					
机电设施	□无异常 □有异常					
引桥	□无异常 □有异常					

记录：　　　　　审核：　　　　　　　　　日期：　年　月　日　时　分

注：本表适用于日常检查，包括索塔、斜拉索、引桥结构、桥面系、通车环境、照明设施运行、机电设施运行、桥面作业情况、特殊情况检查，对异常状况进行拍照取证。

（12）标志物：观察标志物是否清晰完好。

（13）桥面铺装：主要注意ERS桥面铺装是否完好，有无破损。查看桥面铺装是否平整，有无车辙坑槽，桥面排水设施有无损坏堵塞。

（14）伸缩缝：伸缩缝是否填塞、破损，过车时有无异常响动。

（15）其他：除上述列项之外的病害。

（16）附件情况：如遇有明显的病害应用照相机和记录纸将病害情况完整地记录下来，并附在检查表后，填明附件情况。

（17）检查人员签名后备案。

检查人员所需配置的必要工具主要有：巡逻车、卷尺、风力仪、直尺、温度计、照相机、记录卡及纸笔等。每次巡查完毕后应及时整理归档，如有重大病害应及时向有关领导汇报。应编写周报告，将上周日巡查情况总结提交给主管部门。对于可疑病害，应加强观测，严密监视病害的发展情况，及时报请有关部门研究紧急对策及处理措施。

1.3.2 经常检查

经常检查是指在日常巡视检查的基础上作进一步的检查，其范围更全面一些，以目测辅以简单的检测工具进行。检查周期为每月度 1 次,风雨季应适当增加检查次数。当场填写"辽河大桥经常检查记录表",登记所检查各项目的缺损类型、缺损状况,测量缺损范围并绘制简单的缺损图,提出相应的养护措施,并尽可能估计出养护所需的工作量,对小修小养的部件提出养护计划并尽快组织实施。检查记录表格中也列出病害对应的标度,可依照《公路桥涵养护规范》(JTG H1—2004)中相关内容确定标度,为桥梁技术状况评定做准备。当遇到三、四类技术状况的病害时,应向有关领导逐级汇报,以确定养护技术方案与养护施工计划,以便尽快完成对病害的修复工作。

每次检查均应完整填写检查表格(表 2-1-4 ~ 表 2-1-13),如果没有也应写明无。如果表格中不能写明病害原因或并描述不清楚,检查表格均可设附页,但附页数应在备注中写明。本手册中仅列出主要检查表格,养护工作时可根据实际情况在此基础上加以增补。

桥梁基本状况卡片   表 2-1-4

试验室名称: 记录编号:

1	路线编号		2	路线名称		3	路线等级	一级
4	桥梁编号		5	桥梁名称	辽河大桥	6	桥位桩号	
7	下穿通道名		8	设计荷载	公路—Ⅰ级	9	建成时年(年月)	2010-9
10	弯斜坡度		11	养护单位		12	桥面铺装	沥青混凝土
13	桥长(m)	3326	14	桥下净高(m)		15	桥面总宽(m)	
16	车行道宽(m)		17	清洁状况评分		18	保养小修评分	

上部构造	19		主桥 37 ~ 41 孔,引桥 1 ~ 36、42 ~ 77 孔				
	20	形式	主桥:双塔双索面钢箱梁斜拉桥;引桥:预应力混凝土连续箱梁				
	21	跨径布置(m)	21×30＋15×40＋62.3＋152.7＋436＋152.7＋62.3＋15×40＋21×30				
	22	材料	□钢箱梁　　□预应力混凝土				

下部构造	23	墩台号	38、39 索塔	37、40 墩	1 ~ 6 墩、71 ~ 76 墩	7 ~ 30 墩、47 ~ 70 墩	31 ~ 36 墩、42 ~ 46 墩	0 号台、77 号台
	24	式样	瘦钻石形	□	双柱式	倒花瓶形	薄壁空心墩	□
	25	材料	预应力混凝土	钢筋混凝土	钢筋混凝土	钢筋混凝土	钢筋混凝土	□
	26	基础形式	钻孔群桩基础	桩基础	桩基础	桩基础	桩基础	□

27	伸缩缝	□模数式　□梳齿式	28	支座形式	□拉压钢支座　□盆式橡胶

桥梁立面图

桥梁照片	桥面正面照片		立面照片		上部照片		下部照片	
左幅梁数				右幅梁数				

记录:　　　　　　　　　　复核:　　　　　　日期:　　　年　　月　　日

上部结构箱梁检查评定表   表 2-1-5

试验室名称：   记录编号：

基本信息	桥梁名称：			辽河大桥里程桩号：	
	天气：	温度：　　℃	湿度：　　%	风力：　级	风向：
序号	构件编号	病 害 类 型		病害描述 (性质、范围、程度等)	标度 (1~5)	照片编号
1		□渗水泛碱　　□蜂窝麻面 □剥落掉角　　□空洞孔洞 □保护层厚　　□钢筋锈蚀 □混凝土碳化　□混凝土强度 □裂缝　　　　□跨中挠度 □结构变位　　□预应力损失				
2		□渗水泛碱　　□蜂窝麻面 □剥落掉角　　□空洞孔洞 □保护层厚　　□钢筋锈蚀 □混凝土碳化　□混凝土强度 □裂缝　　　　□跨中挠度 □结构变位　　□预应力损失				
3		□渗水泛碱　　□蜂窝麻面 □剥落掉角　　□空洞孔洞 □保护层厚　　□钢筋锈蚀 □混凝土碳化　□混凝土强度 □裂缝　　　　□跨中挠度 □结构变位　　□预应力损失				
4		□渗水泛碱　　□蜂窝麻面 □剥落掉角　　□空洞孔洞 □保护层厚　　□钢筋锈蚀 □混凝土碳化　□混凝土强度 □裂缝　　　　□跨中挠度 □结构变位　　□预应力损失				
5		□渗水泛碱　　□蜂窝麻面 □剥落掉角　　□空洞孔洞 □保护层厚　　□钢筋锈蚀 □混凝土碳化　□混凝土强度 □裂缝　　　　□跨中挠度 □结构变位　　□预应力损失				
6		□渗水泛碱　　□蜂窝麻面 □剥落掉角　　□空洞孔洞 □保护层厚　　□钢筋锈蚀 □混凝土碳化　□混凝土强度 □裂缝　　　　□跨中挠度 □结构变位　　□预应力损失				

记录：　　　　　　　　　　复核：　　　　　　　　日期：　　年　　月　　日

上部结构钢梁桥检查评定表

表 2-1-6

试验室名称：   记录编号：

基本信息	桥梁名称：			辽河大桥里程桩号：		
	天气：	温度：　℃	湿度：　%	风力：　级	风向：	
序号	构件编号	病 害 类 型		病害描述 （性质、范围、程度等）	标度（1~5）	照片编号
1		□涂层劣化　□锈蚀 □焊缝开裂　□铆钉损失 □构件裂缝　□跨中挠度 □构件变形　□结构变位				
2		□涂层劣化　□锈蚀 □焊缝开裂　□铆钉损失 □构件裂缝　□跨中挠度 □构件变形　□结构变位				
3		□涂层劣化　□锈蚀 □焊缝开裂　□铆钉损失 □构件裂缝　□跨中挠度 □构件变形　□结构变位				
4		□涂层劣化　□锈蚀 □焊缝开裂　□铆钉损失 □构件裂缝　□跨中挠度 □构件变形　□结构变位				
5		□涂层劣化　□锈蚀 □焊缝开裂　□铆钉损失 □构件裂缝　□跨中挠度 □构件变形　□结构变位				
6		□涂层劣化　□锈蚀 □焊缝开裂　□铆钉损失 □构件裂缝　□跨中挠度 □构件变形　□结构变位				
7		□涂层劣化　□锈蚀 □焊缝开裂　□铆钉损失 □构件裂缝　□跨中挠度 □构件变形　□结构变位				
8		□涂层劣化　□锈蚀 □焊缝开裂　□铆钉损失 □构件裂缝　□跨中挠度 □构件变形　□结构变位				
9		□涂层劣化　□锈蚀 □焊缝开裂　□铆钉损失 □构件裂缝　□跨中挠度 □构件变形　□结构变位				
10		□涂层劣化　□锈蚀 □焊缝开裂　□铆钉损失 □构件裂缝　□跨中挠度 □构件变形　□结构变位				

记录：   复核：   日期：　　年　　月　　日

斜拉索及护套检查评定表 表2-1-7

试验室名称： 记录编号：

基本信息	桥梁名称：				辽河大桥里程桩号：		
	天气：	温度： ℃	湿度： %		风力： 级	风向：	
序号	构件编号	病害类型			病害描述（性质、范围、程度等）	标度(1~5)	照片编号
1		□斜拉索	□拉索锈蚀、断丝 □滑移变位 □涂层损坏 □护套内的材料老化、变质 □锚固区损坏 □拉索线形异常				
		□护套	□漆膜损坏 □护套裂缝 □护套锈蚀 □防护套破损 □护套上端浆液离析 □渗水				
2		□斜拉索	□拉索锈蚀、断丝 □滑移变位 □涂层损坏 □护套内的材料老化、变质 □锚固区损坏 □拉索线形异常				
		□护套	□漆膜损坏 □护套裂缝 □护套锈蚀 □防护套破损 □护套上端浆液离析 □渗水				
3		□斜拉索	□拉索锈蚀、断丝 □滑移变位 □涂层损坏 □护套内的材料老化、变质 □锚固区损坏 □拉索线形异常				
		□护套	□漆膜损坏 □护套裂缝 □护套锈蚀 □防护套破损 □护套上端浆液离析 □渗水				
4		□斜拉索	□拉索锈蚀、断丝 □滑移变位 □涂层损坏 □护套内的材料老化、变质 □锚固区损坏 □拉索线形异常				
		□护套	□漆膜损坏 □护套裂缝 □护套锈蚀 □防护套破损 □护套上端浆液离析 □渗水				
5		□斜拉索	□拉索锈蚀、断丝 □滑移变位 □涂层损坏 □护套内的材料老化、变质 □锚固区损坏 □拉索线形异常				
		□护套	□漆膜损坏 □护套裂缝 □护套锈蚀 □防护套破损 □护套上端浆液离析 □渗水				

记录： 复核： 日期： 年 月 日

索塔检查评定表 表2-1-8

试验室名称： 记录编号：

基本信息	桥梁名称：		辽河大桥里程桩号：			
	天气：	温度： ℃	湿度： %	风力： 级	风向：	
序号	构件编号	病害类型	病害描述（性质、范围、程度等）		标度（1~5）	照片编号
1		□倾斜变形 □裂缝 □沉降 □锚固区渗水				
2		□倾斜变形 □裂缝 □沉降 □锚固区渗水				
3		□倾斜变形 □裂缝 □沉降 □锚固区渗水				
4		□倾斜变形 □裂缝 □沉降 □锚固区渗水				
5		□倾斜变形 □裂缝 □沉降 □锚固区渗水				
6		□倾斜变形 □裂缝 □沉降 □锚固区渗水				
7		□倾斜变形 □裂缝 □沉降 □锚固区渗水				
8		□倾斜变形 □裂缝 □沉降 □锚固区渗水				
9		□倾斜变形 □裂缝 □沉降 □锚固区渗水				
10		□倾斜变形 □裂缝 □沉降 □锚固区渗水				

记录： 复核： 日期： 年 月 日

锚具检查评定表 表2-1-9

试验室名称： 记录编号：

基本信息	桥梁名称：			辽河大桥里程桩号：		
	天气：	温度： ℃	湿度： %	风力： 级		风向：
序号	构件编号	病 害 类 型	病害描述 （性质、范围、程度等）		标度 （1～5）	照片编号
1		□锚杯积水 □锚具内潮湿 □防锈漆结块 □锚具锈蚀 □减震装置损坏				
2		□锚杯积水 □锚具内潮湿 □防锈漆结块 □锚具锈蚀 □减震装置损坏				
3		□锚杯积水 □锚具内潮湿 □防锈漆结块 □锚具锈蚀 □减震装置损坏				
4		□锚杯积水 □锚具内潮湿 □防锈漆结块 □锚具锈蚀 □减震装置损坏				
5		□锚杯积水 □锚具内潮湿 □防锈漆结块 □锚具锈蚀 □减震装置损坏				
6		□锚杯积水 □锚具内潮湿 □防锈漆结块 □锚具锈蚀 □减震装置损坏				
7		□锚杯积水 □锚具内潮湿 □防锈漆结块 □锚具锈蚀 □减震装置损坏				
8		□锚杯积水 □锚具内潮湿 □防锈漆结块 □锚具锈蚀 □减震装置损坏				

记录： 复核： 日期： 年 月 日

支座检查评定表

表 2-1-10

试验室名称：　　　　　　　　　　　　　　　　　　　　　　记录编号：

基本信息	桥梁名称：				辽河大桥里程桩号：		
	天气：	温度：　　℃	湿度：　　%		风力：　　级	风向：	
序号	构件编号	病　害　类　型			病害描述	标度 (1～5)	照片编号
1	第　孔 第　号墩、台 第　号支座	□橡胶支座	□板式支座老化、开裂 □板式支座缺陷 □板式支座串动、脱空、剪切超限 □盆式支座组件损坏 □聚四氟乙烯滑板磨损 □盆式支座位移、转角超限				
		□钢支座	□组件或功能缺陷 □磨损裂缝 □位移、转角超限				
2	第　孔 第　号墩、台 第　号支座	□橡胶支座	□板式支座老化、开裂 □板式支座缺陷 □板式支座串动、脱空、剪切超限 □盆式支座组件损坏 □聚四氟乙烯滑板磨损 □盆式支座位移、转角超限				
		□钢支座	□组件或功能缺陷 □磨损裂缝 □位移、转角超限				
3	第　孔 第　号墩、台 第　号支座	□橡胶支座	□板式支座老化、开裂 □板式支座缺陷 □板式支座串动、脱空、剪切超限 □盆式支座组件损坏 □聚四氟乙烯滑板磨损 □盆式支座位移、转角超限				
		□钢支座	□组件或功能缺陷 □磨损裂缝 □位移、转角超限				
4	第　孔 第　号墩、台 第　号支座	□橡胶支座	□板式支座老化、开裂 □板式支座缺陷 □板式支座串动、脱空、剪切超限 □盆式支座组件损坏 □聚四氟乙烯滑板磨损 □盆式支座位移、转角超限				
		□钢支座	□组件或功能缺陷 □磨损裂缝 □位移、转角超限				

记录：　　　　　　　　　　　复核：　　　　　　日期：　　　年　　月　　日

桥面系(伸缩缝)检查评定表   表 2-1-11

试验室名称：   记录编号：

基本信息	桥梁名称：				辽河大桥里程桩号：		
	天气：	温度：　℃		湿度：　%	风力：　级	风向：	

序号	调查构件	构件编号	病害类型		病害描述 (性质、范围、程度等)	标度 (1~5)	照片编号
1	伸缩缝		□凹凸不平　□破损 □锚固区缺陷　□失效		开口值：　cm		
2			□凹凸不平　□破损 □锚固区缺陷　□失效		开口值：　cm		
3			□凹凸不平　□破损 □锚固区缺陷　□失效		开口值：　cm		
4			□凹凸不平　□破损 □锚固区缺陷　□失效		开口值：　cm		
5			□凹凸不平　□破损 □锚固区缺陷　□失效		开口值：　cm		
6			□凹凸不平　□破损 □锚固区缺陷　□失效		开口值：　cm		
7			□凹凸不平　□破损 □锚固区缺陷　□失效		开口值：　cm		
8			□凹凸不平　□破损 □锚固区缺陷　□失效		开口值：　cm		
9			□凹凸不平　□破损 □锚固区缺陷　□失效		开口值：　cm		
10			□凹凸不平　□破损 □锚固区缺陷　□失效		开口值：　cm		
11			□凹凸不平　□破损 □锚固区缺陷　□失效		开口值：　cm		
12			□凹凸不平　□破损 □锚固区缺陷　□失效		开口值：　cm		

记录：   复核：   日期：　　年　月　日

下部主要构件评定表   表2-1-12

基本信息	桥梁名称：		辽河大桥里程桩号：		
	天气：	温度：　℃　　湿度：　%	风力：　级	风向：	

序号	构件编号	病 害 类 型	病害描述（性质、范围、程度等）	标度（1~5）	照片编号
1		□蜂窝麻面　　□剥落露筋 □空洞孔洞　　□钢筋锈蚀 □混凝土碳化腐蚀　□磨损 □圬工砌体缺陷　□位移 □裂缝　□破损　□桥头跳车 □台背排水　　□冲空、淘空 □冲蚀　　　　□河底铺砌损坏 □沉降　　　　□滑移和倾斜			
2		□蜂窝麻面　　□剥落露筋 □空洞孔洞　　□钢筋锈蚀 □混凝土碳化腐蚀　□磨损 □圬工砌体缺陷　□位移 □裂缝　□破损　□桥头跳车 □台背排水　　□冲空、淘空 □冲蚀　　　　□河底铺砌损坏 □沉降　　　　□滑移和倾斜			
3		□蜂窝麻面　　□剥落露筋 □空洞孔洞　　□钢筋锈蚀 □混凝土碳化腐蚀　□磨损 □圬工砌体缺陷　□位移 □裂缝　□破损　□桥头跳车 □台背排水　　□冲空、淘空 □冲蚀　　　　□河底铺砌损坏 □沉降　　　　□滑移和倾斜			
4		□蜂窝麻面　　□剥落露筋 □空洞孔洞　　□钢筋锈蚀 □混凝土碳化腐蚀　□磨损 □圬工砌体缺陷　□位移 □裂缝　□破损　□桥头跳车 □台背排水　　□冲空、淘空 □冲蚀　　　　□河底铺砌损坏 □沉降　　　　□滑移和倾斜			
5		□蜂窝麻面　　□剥落露筋 □空洞孔洞　　□钢筋锈蚀 □混凝土碳化腐蚀　□磨损 □圬工砌体缺陷　□位移 □裂缝　□破损　□桥头跳车 □台背排水　　□冲空、淘空 □冲蚀　　　　□河底铺砌损坏 □沉降　　　　□滑移和倾斜			

记录：　　　　　　　　　复核：　　　　　　　　　日期：　年　月　日

注：包括(桥墩、盖梁和系梁、桥台、台帽、基础)部件。

桥面系(沥青)检查评定表 表 2-1-13

试验室名称： 记录编号：

基本信息	桥梁名称：				辽河大桥里程桩号：		
	天气：	温度： ℃	湿度： %		风力： 级	风向：	
序号	调查构件	构件编号	病害类型		病害描述(性质、范围、程度等)	标度(1~5)	照片编号
1	沥青铺装调查		□变形 □拥包 □车辙 □不平				
			□泛油 □泛油 □磨光				
			□破损 □松散露骨 □坑槽				
			□裂缝 □龟裂 □块裂 □横、纵缝				
2			□变形 □拥包 □车辙 □不平				
			□泛油 □泛油 □磨光				
			□破损 □松散露骨 □坑槽				
			□裂缝 □龟裂 □块裂 □横、纵缝				
3			□变形 □拥包 □车辙 □不平				
			□泛油 □泛油 □磨光				
			□破损 □松散露骨 □坑槽				
			□裂缝 □龟裂 □块裂 □横、纵缝				
4			□变形 □拥包 □车辙 □不平				
			□泛油 □泛油 □磨光				
			□破损 □松散露骨 □坑槽				
			□裂缝 □龟裂 □块裂 □横、纵缝				
5			□变形 □拥包 □车辙 □不平				
			□泛油 □泛油 □磨光				
			□破损 □松散露骨 □坑槽				
			□裂缝 □龟裂 □块裂 □横、纵缝				
6			□变形 □拥包 □车辙 □不平				
			□泛油 □泛油 □磨光				
			□破损 □松散露骨 □坑槽				
			□裂缝 □龟裂 □块裂 □横、纵缝				
7	钢护栏		□撞坏缺失 □破损 □缺失				
8	防撞墙		□撞坏缺失 □破损 □缺失				
9	防排水		□排水不畅 □泄水管、引水槽缺陷				
10	照明标志		□污损、损坏 □标志脱落、缺失 □照明设施缺失				

记录： 复核： 日期： 年 月 日

1.3.3　斜拉桥经常检查

1)拉索系统(拉索、锚固区)检查

斜拉桥的斜拉索系统(图2-1-7)是承重结构的主要组成部分,其检查与养护维修工作至关重要。拉索采用扇形布置,梁上拉索锚固点横向间距30.94m,斜拉索在主梁上的标准索距为15.0m。第一对拉索至塔梁交叉点为17.7m。采用双层HDPE护套的镀锌平行钢丝拉索体系。拉索规格按A14~A1、H14~H1顺序分别为211丝4根,187丝3根,151丝3根,121丝3根,151丝1根。拉索最长237.662m,最短72.935m。斜拉索系统的组成包括:斜拉索、斜拉索锚具、钢套筒、聚氨酯发泡密封材料等,斜拉索采用PE钢绞线。

(1)应检查斜拉索系统是否受到锈蚀。特别容易锈蚀的部位有:斜拉索锚具内,锚固区与加劲梁间的间隙内(不易涂漆且会沿缝渗水),减振装置与斜拉索连接部位等。对这些易锈蚀的部位应当特别仔细检查。

(2)检查斜拉索锚固区有无松动、锈蚀等,斜拉索受力是否均匀,各紧固件有无松动等。

(3)应经常检查塔内是否干燥清洁。检查塔上斜拉索锚头的密封状况,锚筒有无掉漆和生锈等。发现问题,应及时采取涂装等措施加以养护维修。

图2-1-7　拉索系统照片

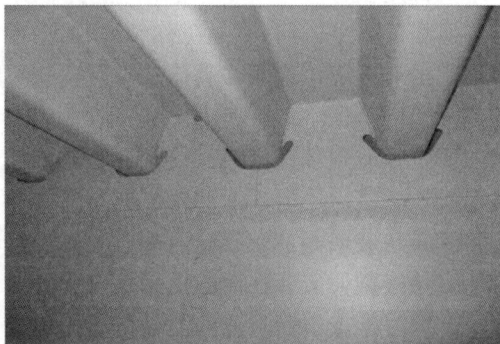

(4)斜拉索索体振幅观测。

应经常检查斜拉索索体的振幅,如发现异常振动,应及时记录当时风速风向、气温、行车流量、车辆荷载状况,以及拉索阻尼器等设施的相关状态。拉索振动宜长期观测,总结其原因,并采取相应处治措施。

2)钢箱梁的检查

钢箱梁经常检查(图2-1-8)时,应对易发生问题的位置进行如下抽查:

图2-1-8　钢箱梁内检查照片

(1)钢箱梁的锈蚀问题应特别注意观察和检查,应防止钢箱梁局部积水、油污等,若发现

油漆表面有严重油腻污染时,要及时清洗干净;若发现钢箱梁油漆涂装表面有裂缝、起泡、皱皮,有部分锈迹,或有撞损等,应及时补漆,以防锈蚀扩大。

(2)钢箱梁节段 U 肋及其他构件连接的螺栓结合点,应经常检查,当用铁锤轻敲时发觉有震动,则螺栓松动,要按有关技术标准和设计要求进行补拧。损坏的螺栓应及时更换,并涂色记录,注明更换的位置和数量。

(3)对于焊缝,其重要次序是施工节段间焊缝、钢箱梁与斜拉索锚箱焊接处、U 肋与顶板连接处、行车道处顶板,及其他工厂焊缝。应注意对焊缝加以检查,观察焊接处是否出现裂纹,如发现有裂缝等问题,要分析原因,提出养护维修对策。

(4)注意检查钢箱梁内部有无积水,如有积水应找到雨水进入点,并分析原因,及时维修。

图 2-1-9　混凝土索塔照片

3)主塔和基础的检查

辽河大桥索塔采用钻石型混凝土索塔(图 2-1-9),设置一道下横梁。索塔全高150.2m,为变截面箱型截面。主塔系统包括塔顶和主塔身、塔墩和基础等部分组成,该系统(图 2-1-9)是辽河大桥的重要组成部分,受力以压弯为主。辽河大桥桥塔结构布置如图 2-1-10 所示。

主塔身和主塔系统的检查。检查塔身和上、中、下系梁有无裂缝以及裂缝扩展状况。当裂缝肉眼可见且宽度小于 0.15mm 时,应采用环氧树脂封闭;若发现裂缝宽度大于 0.15mm 时,应予以重视,分析原因,并采取相应维修方法。

(1)发现裂缝后应做的检查监视工作。

①在每一条裂缝的起点或终点与裂缝相垂直,以红油漆划线作记号。

②进行裂缝编号。

③量出裂缝的部位、走向、宽度、长度、分布情况及特征,用坐标绘制裂缝展示图,记录检查日期及气温。

④用带刻度的放大镜在固定地点测量裂缝宽度。

⑤深度检查。

⑥塔、墩台两侧有明显对称裂缝时,应检查裂缝是否内外贯通。方法:将裂缝清洗封闭,并在适当的对应部位两侧安装压浆嘴,从一侧压浆嘴通入压缩空气,在另一侧压浆嘴上抹肥皂水或唾液。

⑦选择适当部位,作灰块或剥离测标,注明设置日期。测标做法:先将该部位混凝土表面凿毛、洗净,然后用1:2 水泥砂浆或石膏在裂缝上抹成 10~15mm 的方形或圆形灰块,或用石膏将细条状玻璃固定在裂缝两侧,裂缝处玻璃断面应较小。

⑧检查宽大裂缝在活载作用下有无开合现象。检查方法:在裂缝处安装千分表测量。

⑨同时检查裂缝附近的混凝土有无疏松剥落、空洞蜂窝等不良现象。

(2)裂缝深度检查方法参见"第5篇　养护技术"相关内容。

(3)视裂缝发展情况作定期检查。

①对照记录和标记,观测裂缝长度、宽度和深度发展情况。

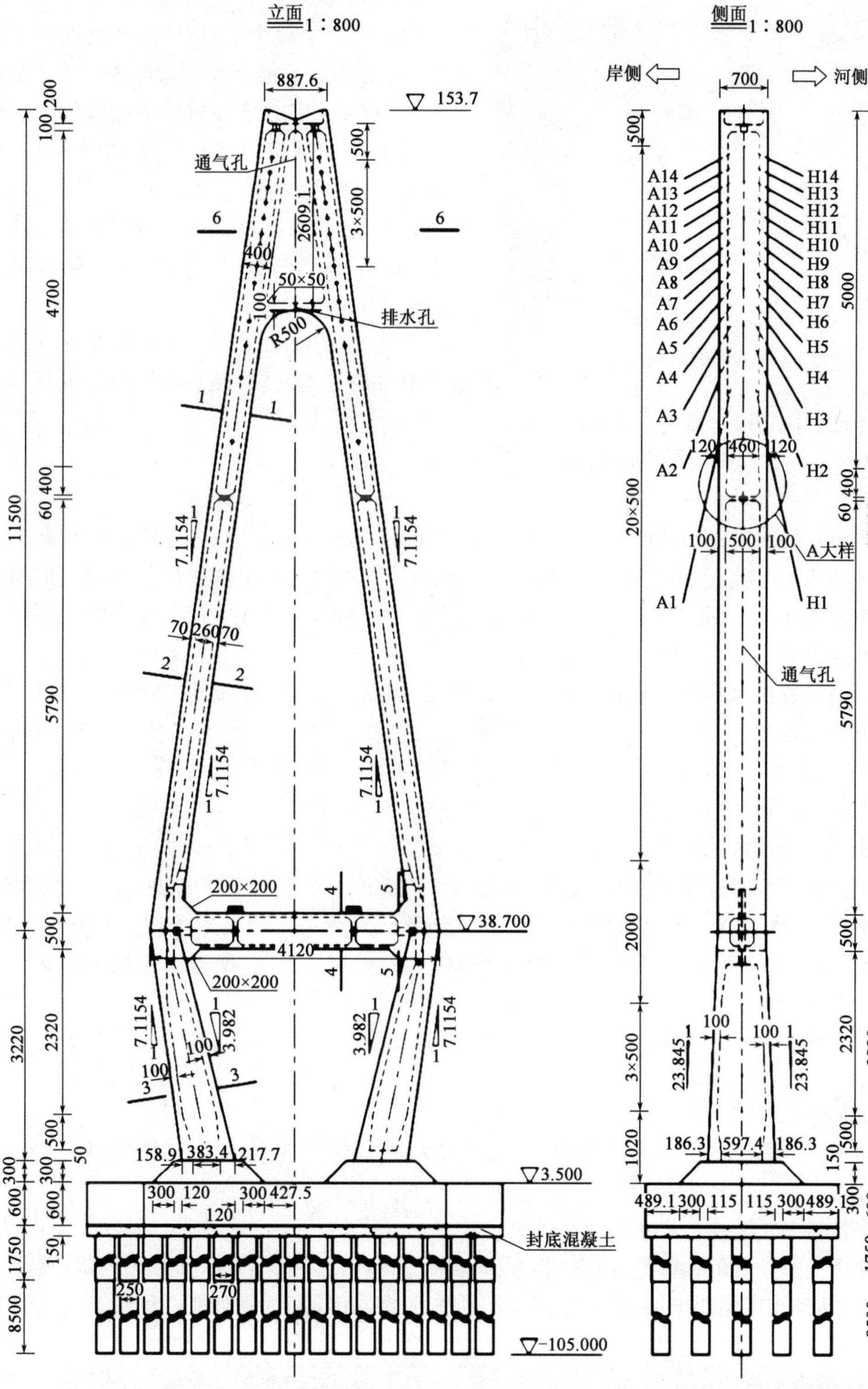

图 2-1-10 辽河大桥桥塔结构布置图(尺寸单位:cm;高程单位:m)

图 2-1-11　索塔预应力钢筋崩出

②观测测标是否开裂和折断。

③如有新裂缝产生,应按前述处理。

(4)预应力钢筋外崩现象检查。

类似桥型,斜拉索在桥塔锚固区位置多采用"井"字形环向预应力,预应力钢筋多采用 JL 螺纹钢筋,在预应力灌浆不饱满的情况下,容易发生崩出现象(图 2-1-11),应加强对塔柱环向预应力钢筋的检查,如发现崩出,应及时联系设计单位,商讨对策。

桥塔基础的检查。应注意检查桥塔基础钢围堰有无明显的冲刷、倾斜或不均匀沉降。一旦发现问题,应及时养护、维修和补救。

(5)应经常检查塔顶避雷针和景观等是否完好。

4)钢桥面铺装的检查

辽河大桥桥面行车道桥面铺装为 56mm 以及 60mm 厚的 ERS 铺装系统[即采用环氧黏结碎石层(EBCL)+树脂沥青混凝土(RA05)+SMA 的结构组合,其中树脂沥青混凝土的厚度分别为 2.5cm 和 2.1cm,沥青玛蹄脂碎石 SMA 的厚度为 3.5cm,在 RA05 层表面设防水黏结层];检修道铺设 30mm 厚的沥青砂。

桥面铺装直接承受交通荷载,易受气候、日光、雨水等自然因素的影响而产生各种病害。检查的主要内容如下:

(1)检查桥面是否出现油污、松散、裂缝、拥包、车辙、推移和桥面积水等。

(2)检查桥面的强度。

5)支座和伸缩缝的检查

钢箱梁采用耐腐蚀球型支座,规格为 KLGZ-LP1500(DX)、KLGZ-LP6000(SX)、NSQZ4000(DX)、NSQZ9000(DX)、NSQZ22500(DX),支座应符合《球型支座技术条件》(GB/T 17955—2000)的要求,KLGZ-LP1500(DX)、KLGZ-LP6000(SX)为拉压支座,所有支座均为耐寒型盆式支座。

主桥过渡墩处伸缩缝参照 1200 模数式伸缩缝设计,伸缩缝预留槽内浇筑 C50 聚丙烯纤维混凝土。

(1)桥梁支座的检查

①斜拉桥的各类支座。大桥的养护维修人员应熟知各类支座的特性、构造以及它们各自所起的作用。

②斜拉桥各类支座的检查与养护维修:

a.检查支座位置的偏差是否超过容许值;锚螺杆有无剪切变形;螺帽有无松动;各紧固件有无锈蚀;活动支座是否灵活,要检查记录活动支座的位移量,并核对其位移量是否与预期值相符。活动支座位移量应每月检查记录一次,在最高和最低温度变化的时候,应加密检查记录次数,每周检查一次。

b.检查支座的金属构件,如锚固螺栓、上下座板、上下盆等是否锈蚀。一旦发现锈蚀,应及时除锈并涂刷油漆。

（2）伸缩缝的检查

伸缩缝常见损坏情况的检查。堵漏胶皮的老化、脱落；凹槽内填入其他硬物，不能自由伸缩；钢板的腐蚀、断裂；与主结构连接及连动的固定；活动横梁的破坏、缝处桥面破损等。

6）附属设施的检查

（1）桥面排水的检查

桥面排水的排水系统和管道是否顺畅，是否有积水和污垢，以及锈蚀。

（2）栏杆、防撞栏和分隔带、检修道护栏及灯柱的检查

①辽河大桥的防撞栏和分隔带及灯柱灯座是钢构件，检修道护栏是不锈钢构件。这些构件检查是否出现被车辆冲撞、被人偷拆或锈蚀等造成部件缺损。

②防撞栏和分隔带、检修道护栏及灯柱、灯座是否出现损坏，水平杆件要能自由伸缩，油漆是否有麻点、脱皮。

（3）交通标志、标线、航空及航道标志、照明及景观灯设施等的检查

①在引桥处，应设立明显的设计荷载等级标志，以免超重车辆不经允许擅自驶入桥上；在桥梁行车道应画出明显的分车道标线，以便车辆分道行驶，互不侵入反向车道。这些标志或标线会随使用时间的推移而损坏或磨耗，应定期检查并及时涂刷整新，始终保持其清晰明亮，让行人和驾驶员、乘客有安全感，减少交通事故。

②航道标志包括在主梁侧面悬挂载有通航净空数据的标志牌和主航道的航标，应经常检查并保持这些标志牌上的字迹清晰可辨。

③应保持桥上的所有照明设备及景观灯始终处于完好状态。一旦损坏或失灵，必须及时维修或更换。

（4）避雷设施检查

在索塔顶端设置避雷针，每个索塔设1枚，通过索塔内钢筋连接到桩底接地极，其防雷等级为一级。

对暴露在大气中的避雷装置及其下引线应每年检查1次以上（如雨季、秋季），并应定期（如两年）做防锈处理，但在刷油漆时切忌误刷其尖端部分。

（5）调治构造物的检查

①对需要添建和改建调治构造物时，应先查明每年河床与调治构造物的变化，并作记录。其内容如下：

a.桥位处河床状况：包括河槽对桥梁的相对位置、宽度、弯曲状况、河滩宽度、土质；有无沙洲、冲积层、支流、水塘和冲刷坑，以及植物覆盖和航行情况。

b.调治构造物的工作状况，是否能正常发挥调治功能，着重检查桥下有无冲刷及淤泥发生。

②经常巡视并及时清除调治构造物上的漂浮物，如杂草、荆棘等。

③斜拉桥的两个主塔基础的钢围堰易受到洪水冲刷与波浪或漂流物冲击，若钢围堰及北岸坡脚发生局部坍塌破坏时，应及时抛压片石防护。

（6）检修车、绕塔平台

经常检查检修车运行是否正常。定期维护保持电机、滑轮、轨道等构件的正常使用；清除轨道、齿轮的油泥，保证滑动顺畅；对金属构件定期进行除锈、防腐处理；经常检查金属构件是

否有开焊等病害。

（7）阻尼器

在经常检查过程中，应通过观察，检查阻尼器外观有无漏油、油漆剥落、外壳破损；阻尼器运行有无异响。检查与阻尼器支座连接台座有无裂纹，松动。

1.3.4 引桥经常检查

辽河大桥引桥为30m和40m跨径的预应力钢筋混凝土连续箱梁（图2-1-12），箱梁均采用单箱双室截面，其经常检查要点如下。

图2-1-12 箱梁底面照片

（1）检查有无伸缩缝破损、卡死或伸缩异常，连接件是否松动。

（2）检查桥面泄水孔管道是否破损，有无堵塞。

（3）检查防撞钢护栏及钢筋混凝土防撞墙上的钢管扶手有无锈蚀，是否歪斜、扭曲、变形，其伸缩是否自由等。

（4）检查标志、标线是否完好。

（5）检查桥面铺装是否平整，有无裂缝、坑槽、波浪、碎边等。

（6）桥面与引道路面衔接处，是否有路面沉陷，致使桥头产生"跳车"。

（7）检查支座功能是否完好，组件是否完整、清洁。

（8）检查翼墙（侧墙、耳墙）有无开裂、剥落、风化和异常变形。

（9）检查锥坡、护坡有否局部塌陷、缺损。

（10）桥面是否清洁，有无杂物堆积。

如构件损坏严重，可参见"定期检查要点"以确定损坏状况，检查时填写前述相关表格。

1.3.5 接线道路的经常检查

1）日巡查

（1）实施及频率

由路桥养护工区实施，每天不少于1次（遇严重雨雪天气，改为特殊检查）。

（2）巡查方法

每次不少于2人，穿戴反光背心上路巡查，控制车速，必要时可停车检查。注意掌握道路技术状况，填写日巡查记录表。发现路面有坑槽等影响行车安全的病害，应尽快采取安全疏导措施。

（3）主要内容

路面：各种病害的详细情况；病害是否危及行车安全；路面的各种杂物、污损情况等。

路基：路肩上的杂物情况；路肩压顶破碎、下沉情况。

沿线设施：包括防撞护栏、中央分隔带活动护栏等防护设施缺少、损坏或变形情况；标志的损坏或变形情况；标线的污秽和缺损情况。

2）夜巡查

（1）实施及频率

由路桥养护工区实施，每天不少于1次。

（2）巡查方法

每次2人，穿戴反光背心上路巡查，控制车速，开启警示灯具，必要时可停车检查。注意掌握各种标志、标线以及灯具的技术状况，填写夜巡查记录表。

（3）主要内容

主要巡视标志、标线、轮廓标、反光道钉、分流桶等的反光情况和完好状况，以及互通的夜间照明情况。

1.3.6 经常性检查所需仪器设备清单

经常检查用设备和器材见表2-1-14。

经常检查用设备和器材 表2-1-14

安全、保护用品	检测仪具	工具、器材	附加设备
警告标志 警告信号灯 反光背心 安全帽 安全带 工作服 防滑鞋 雨靴 水裤 救生衣 救生索 防护眼镜 其他劳保用品	照相机 长焦镜头 广角镜头 闪光灯 望远镜 测距仪 风速仪 温湿度仪 100m钢卷尺 2～3m钢卷尺 1～2m木折尺 30～50m水尺 垂球测绳 量角器（大号） 测量记录本 记录文件夹	电筒（强光） 特种铅笔 喷雾筒漆 彩色粉笔 器具箱 工具袋 文件包 其他文具	软梯 伸缩梯 充气皮艇 工作船 拼装式悬挂作业架 桥梁专用检查作业架 专用检查作业车

1.3.7 经常检查报告的编写方法

经常检查报告应包含以下内容：

（1）概述本次经常检查的一般情况，包括桥梁的基本情况、检查的组织、时间、背景和工作过程等。

（2）目前桥梁技术状况的描述，包括现场调查、检查的内容，以及检查结果和桥梁技术状

况初步评价等。

(3)根据检查结果给出是否需要进一步检查,以及对养护提出建议。

1.4 定期检查技术和方法

定期检查是指大桥养护管理过程中系统、深入地采集其结构技术状况动态数据而做的有关工作,定期检查为评定其使用功能、制订养护维修计划提供基本数据。定期检查内容包括一些经常检查的内容,但定期检查比经常检查的内容更全面、深入、详细。定期检查时应填写表2-1-15 ~ 表2-1-23。

索塔倾斜测量墩台沉降表   表 2-1-15

试验室名称: 记录编号:

基本信息	桥梁名称:			辽河大桥里程桩号:		
	天气:	温度: ℃	湿度: %	风力: 级		风向:
序号	构件编号	测点位置	X	Y	Z	备 注
1						
2						
3						
4						
5						
6						
7						
8						
9						
10						
11						
12						
13						
14						
15						
16						
17						
18						
19						
20						
21						
22						
23						

记录: 复核: 日期: 年   月   日

桥梁恒载挠度及监测点测量记录表

表2-1-16

试验室名称：　　　　　　　　　　　　　　　　　　　　　　　　　　记录编号：

基本信息	桥梁名称：			辽河大桥里程桩号：		
	天气：	温度：　℃	湿度：　%	风力：　级		风向：

序号	构件编号	测点位置	高差(m)	上拱挠度(mm)	
1		0			
		L/2			
		L			
2		0			
		L/2			
		L			
3		0			
		L/2			
		L			
4		0			
		L/2			
		L			
5		0			
		L/2			
		L			
6		0			
		L/2			
		L			
7		0			
		L/2			
		L			
8		0			
		L/2			
		L			

记录：　　　　　　　　　　复核：　　　　　　　　日期：　　年　月　日

注：计算公式：上拱挠度 = $(0+L)/2 - L/2$。

桥面、墩台顶、河床高程测量表
表 2-1-17

试验室名称：　　　　　　　　　　　　　　　　　　　　　　　记录编号：

基本信息		桥梁名称：		辽河大桥里程桩号：			
		天气：	温度：　℃	湿度：　%	风力：　级	风向：	

序号	测点位置	水准尺读数(m)		高差(m)		高程(m)	备　注
		后视	前视	+	−		
1							
2							
3							
4							
5							
6							
7							
8							
9							
10							
11							
12							
13							
14							
15							
16							
17							

记录：　　　　　　　　　　复核：　　　　　　　日期：　　年　月　日

钢筋锈蚀电位检测记录表   表 2-1-18

试验室名称：   记录编号：

基本信息	桥梁名称：			辽河大桥里程桩号：				
	天气：		温度： ℃	湿度： %		风力： 级		风向：
测区行数		基点编号		存储文件号			温度	℃
测区位置示意图								
测点编号								
读数								
测点编号								
读数								
测点编号								
读数								
测点编号								
读数								
测点编号								
读数								
测点编号								
读数								
测点编号								
读数								
测点编号								
读数								

记录：   复核：   日期：   年   月   日

混凝土电阻率检测记录表 表 2-1-19

试验室名称：　　　　　　　　　　　　　　　　　　　　　　　　记录编号：

基本信息	桥梁名称：			辽河大桥里程桩号：			
	天气：	温度：　　℃	湿度：　　%	风力：　级		风向：	
测区行数		基点编号		存储文件号		温度	℃

测区位置示意图							
测点编号							
读数							
测点编号							
读数							
测点编号							
读数							
测点编号							
读数							
测点编号							
读数							
测点编号							
读数							
测点编号							
读数							
测点编号							
读数							

记录：　　　　　　　　　复核：　　　　　　　日期：　　年　　月　　日

超声波焊缝探伤检测记录表

表 2-1-20

试验室名称：

记录编号：

基本信息	桥梁名称：			辽河大桥里程桩号：		
	天气：	温度： ℃	湿度： %	风力： 级		风向：

现场编号	缺陷位置	长度(m)	照片	备注

记录：　　　　　　　　复核：　　　　　日期：　　年　　月　　日

斜拉索频率检测   表 2-1-21

项目部名称：   记录编号：

基本信息	桥梁名称：				辽河大桥里程桩号：		
	天气：	温度：　℃		湿度：　%	风力：　级		风向：

序号	构件编号	文件名	实测频率(Hz)	推算频率(Hz)	高度(m)	照片	备注
1							
2							
3							
4							
5							
6							
7							
8							
9							
10							
11							
12							
13							
14							
15							
16							
17							
18							
19							
20							
21							
22							
23							

记录：   复核：   日期：   年   月   日

表2-1-22

混凝土箱梁裂缝展开图

试验室名称：　　　　　　　　　　　　　　　　　　　　记录编号：

桥梁名称：　　　　　　　　辽河大桥里程桩号：　　　　　　　　构件编号：

翼缘板　腹板□底板□顶板　腹板　翼缘板

记录：　　　　　　　　　　　　　复核：　　　　　　　　　日期：　　　年　　月　　日

表 2-1-23

构件几何尺寸绘制图

试验室名称：

桥梁名称：

记录编号：

构件编号：

辽河大桥里程桩号：

记录：   复核：

日期：   年   月   日

1.4.1　定期检查重点和频率

（1）有关辽河大桥定期检查的建议周期如下：

①在辽河大桥建成通车后，进行一次全面检查；

②随后五年内应每年检查一次；

③运营稳定后，一般以一年为周期检查一次，桥梁工程师可视大桥的技术状况，确定每1～5年检查一次。每次检查应选择温度影响较小的时段，且历次检查应选择相同的时间段，以每年度的5～10月为宜。

（2）斜拉桥检查重点。

①检查桥跨结构异常变形、振动；检查结构空间形态变化。

②检查支座各组件的功能、完整性，包括抗拉支座、垫石是否完好等。

③检测钢结构构件的扭曲变形、局部损伤、焊接裂纹等。

④检查主塔内外表观，包括沉降、倾斜，塔身有无裂缝、露筋等病害。锚固区、承压板四周及塔壁牛腿混凝土有无开裂、剥落等。

⑤检查斜拉索包索端、锚头、锚具、护套、拉索保护层以及上口防水措施等，观察渗水、锈蚀等现象以及减震措施状况。

⑥检查伸缩装置包括伸缩缝是否堵塞、失效，有无跳车现象；各组件是否完好、松动；锚固区有无局部破损；有无异常响声或伸缩量等。

⑦检查阻尼器、除湿机等主要设备的功能及设置参数，判断其是否正常发挥功能。

⑧对施工过程中采取特殊技术措施的部位进行检查。

⑨检测频率：在无损检测工作频率的技术要求基础上，增加每三年完成全部斜拉索探伤以及动力特性测量4次/年。

（3）连续箱梁桥检查重点及频率。

①箱梁钢束区、桥墩混凝土有无裂缝、渗水、表面风化、剥落、露筋和钢筋锈蚀。

②箱梁跨中位置底板有无横向裂缝；桥墩位置附近箱梁顶板有无横向裂缝、腹板有无斜向裂缝；变截面处腹板有无竖向裂缝。

③桥头部位是否沉降。

④检测频率：桥墩、桥台的沉降为1次/年；主桥线形1次/年；跨中挠度为2次/年；受拉区裂缝观测为1次/年。

（4）在经常检查中发现的重要构件病害状况为三、四类时，应立即安排一次检查。

1.4.2　斜拉桥定期检查

1）拉索系统检查

辽河大桥每索塔每索面有14对索，共有斜拉索112根，斜拉索采用高密度聚乙烯保护层保护。由于恒荷载的改变，温度变化或斜拉索锈蚀等原因，会导致斜拉索索力变化。而个别索力变化必然会使邻近斜拉索内力重分配，同时也会使钢箱梁段应力状态改变。

（1）斜拉索索力测量

①定期对斜拉索索力进行测量。索力应每年检查4次。

②慎重对待斜拉索索力的调整。测量后若发现斜拉索索力与开通运营时的数据(或与前次的数据)相差较大,则应仔细探明原因,并采取相应的措施。

对是否需要调整斜拉索索力,应持谨慎态度。因使用不同的测量方法检测斜拉索索力,可能有5%的差别,再加上施工安装斜拉索时的索力误差,所以,不同时间、采用不同方法的测试结果差别在10%以内,当属正常。即使个别斜拉索索力差别较大(如20%),若加劲梁线形良好,仍可不调整斜拉索索力。

(2)斜拉索阻尼器检查

每半年在大风及雨天等气候条件对斜拉索减振效果进行检查,每年对斜拉索减振器进行一次检查,如发现减振器装置损坏,应及时更换或修理。

(3)下导管锚固区检查

每半年对斜拉索导管内的积水情况进行一次开管检查,发现积水应及时排除,同时对导管进行除湿并封闭。

2)钢箱梁检查

(1)变形观测

在长期运营中,由于斜拉索松弛、恒载重量的改变以及活荷载的长期作用,会导致钢箱梁线形的变化。这种变化积累到一定程度便会影响使用功能和美观,必须定期检查并予以关注,并与斜拉索索力检查综合考虑。

斜拉桥建成后每年选择当年平均最高和最低气温对钢箱梁进行一次线形观测,并将观测的线形绘制成图,与设计线形进行比较,发现异常,及时报告。

将钢箱梁的测量标志分别设置在钢箱梁断面及主塔上。用全站仪或 GPS 同时测量这些测量标志和基准点的读数,分别计算出这些测量标志当时的高程。将本次得到的高程与竣工测量得到的高程相比,就可衡量钢箱梁线形的变化情况。

在进行线形测量时,斜拉桥上宜无活荷载,无风(三级风以下),且在温度变化不大的时段进行。

(2)钢箱梁裂缝的检查

在定期检查中应检查所有焊缝的状况,重点检查锚箱与腹板连接的焊缝、横隔板与腹板连接的焊缝、横隔板与顶板连接的焊缝、桥面板的横向和纵向对接焊缝、顶底板与 U 肋的焊缝、腹板与顶底板的连接焊缝等附近是否出现开裂。

(3)高强度螺栓的检查

钢箱梁节段间的 U 肋连接采用高强度螺栓,而高强度螺栓在使用过程中,由于高应力和交替荷载的作用,可能会产生延迟断裂的风险,因此应进行定期检查,确定其是否处于健康状态。在定期检查过程中,采用0.3kg 小锤敲击螺母,根据其颤动的程度判断螺栓是否松动。在检查高强度螺栓时,如发现螺母垫圈流下锈水,一般说明螺栓已经出现裂缝,应细致检查。

(4)防腐涂层检查

辽河大桥钢结构外表面及非封闭环境内表面涂装方案按大气区腐蚀种类为 C5 - M 级别选用长效型(15 ~ 25 年)涂层配套体系。但由于防腐涂层长期暴露于腐蚀环境下,引起各种物理和化学性能的衰变,可能使其失去原有的性能,部分或全部失去对钢结构金属材料的保护作用。防腐涂层的损坏主要表现包括涂层的失效、老化、化学侵蚀。在定期检查过程中,应详细检查涂装的粉化、起泡、裂缝、脱落和钢结构腐蚀等病害。

采用除湿防护的钢箱梁,应每月检查一次除湿机的运转情况及钢箱内空气干湿度。对钢箱梁锈蚀应及时进行防腐处理。

3）主塔和基础的检查

由于辽河大桥处于辽河入海口,海洋空气中的氯离子对大桥混凝土结构具有较强的腐蚀作用,而这种腐蚀作用的前期看来是很微小的,但不及时处置,随着时间的推移,后期发展速度会呈几何级增长,因此,要一丝不苟地做好混凝土结构的检查和保护工作。主塔和基础的检查内容如下:

（1）主塔的变位观测

可利用辽河大桥施工时的高程控制网,在最佳的观测时刻利用全站仪按三角高程或极坐标观测法四测回观测,也可利用 GPS 观测。应在通车后第一年每三个月观测一次,随后五年内每年观测一次,运营稳定后每 4～5 年观测一次。并将每次观测数据与竣工测试值相比较。对测点应永久性固定和保护。

（2）主塔塔身的裂缝及钢筋锈蚀监测

当定期检查时（如每两年一次）,若发现塔身有微裂缝应连续跟踪观测,当裂缝肉眼可见,且小于 0.15mm 时,应采用环氧树脂封闭;当裂缝宽大于 0.15mm 时,应灌注环氧树脂浆予以维修,并应分析原因,考虑是否采用补强措施。特别对于塔上拉索锚固区,梁底部及塔墩与基础连接处,应注意加强监测。塔身内钢筋是否锈蚀可选择易观测的塔根一侧,使用钢筋锈蚀仪进行跟踪监测。

（3）主塔塔身的应力观测

可用塔身表面安置的应变计测试读取。

（4）主塔塔身锚具锚固区环向预应力观测

可用塔身上设置的挂篮等平台,定期检查锚具及环向预应力的状况。

（5）主塔各典型截面观测

桥梁建成三年内每季度,其后每半年对主塔各典型截面、斜拉索锚座进行一次裂缝观测,对发现的裂缝应测量其宽度和长度,记录其位置,当裂缝宽度大于 0.2mm 或拉索锚座混凝土出现龟裂等病害时,应及时向上级主管部门报告。对小于 0.2mm 的裂缝应及时进行封闭,并跟踪观测其变化情况。进行裂缝观测时,应同时对拉索锚座钢垫板锈蚀情况进行检查,对已发生的锈蚀应及时进行防腐处理。

（6）塔顶偏位及基础沉降观测

桥梁建成一年内,每季度选择当季度平均最高气温和最低气温对主塔进行一次塔顶偏位观测,并做好记录;第二年起,每年选择当年平均最高和最低气温对主塔进行一次塔顶偏位观测,并做好记录;斜拉桥建成三年内每半年,其后每年应进行一次索塔基础沉降观测,并作记录。对沉降观测中发现的异常情况,及时向原设计单位和主管部门报告。

（7）混凝土外观检查

桥塔及基础混凝土结构体积较大,在制作过程中,很容易产生毛细裂缝,如不及时封闭,往往是氯离子侵蚀的突破口,为此,在大桥运营中,应仔细反复检查,如有发现,根据不同裂缝情况,可分别采用环氧类胶脂或甲基丙烯酸胶、微膨胀水泥、新型的毛细裂缝修补液等进行封闭,

再涂刷有机硅材料,使有机硅与混凝土发生化学作用,由牢固的化学键形成憎水密封层,起到加强保护的作用。

混凝土外观检查,可广泛采用榔头敲击的方式判断混凝土是否存在空鼓,锈胀等劣化现象。

(8)加强浪溅区的混凝土观察

河水对混凝土的侵蚀,作用最大的区域是浪溅区,所以钢筋保护层以浪溅区最厚。浪溅区混凝土钢筋保护层一般5cm,预应力钢筋保护层相对厚一些。经常检查和定期检查中不能掉以轻心,要加强观察混凝土的碳化程度,发现病害,及时处置。

4)钢桥面铺装的检查

(1)桥面检查的目的是采用各种仪器设备对桥面状况各种指标进行检测,以了解当时的桥面状况,作为制定养护处治方案的依据,并为建立桥面管理系统积累数据,以便进行科学的管理。

(2)桥面检查的内容与频率。桥面检查包括桥面破损状况、桥面结构强度、桥面平整度及桥面抗滑能力(图2-1-13)四项内容。桥面检查频率:桥面的四项指标每年进行一次全面检查。路面检测车进行桥面测试如图2-1-14所示。

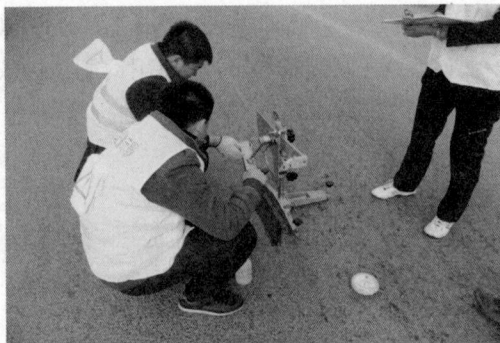

图2-1-13　沥青混凝土面层摩擦系数测试　　　　图2-1-14　路面检测车进行桥面测试

(3)桥面破损状况检查。有关桥面破损分类见表2-1-24。

沥青桥面破损分类分级表　　　　　　　　　　　　　　　　表2-1-24

损坏类型		分级	外 观 描 述	分级指标	计量单位
I 裂 缝 类	1. 龟裂	轻 中 重	初期龟裂,缝细,无散落,裂区无变形; 裂块明显,缝较宽,无或轻散落或轻度变形; 裂块破碎,缝宽,散落重,变形明显,须待修	块度:20~50cm 块度:<20cm 块度:<20cm	m²
	2. 不规则裂缝	轻 重	缝细,不散落或轻微散落; 块度大缝宽,散落,裂块小	块度:>100m 块度:50~100m	m²
	3. 纵裂	轻 重	缝壁无散落或轻微散落,无或少支缝; 缝壁散落重,支缝多	缝宽:≤5mm 缝宽:>5mm	长度×0.2m
	4. 横裂	轻 重	缝壁无散落或轻微散落,无或少支缝; 缝壁散落重,支缝多	缝宽:≤5mm 缝宽:>5mm	长度×0.2m

	损坏类型	分级	外 观 描 述	分级指标	计量单位
Ⅱ松散类	1.坑槽	轻 重	坑浅,面积较小(<1m²); 坑浅,面积较大(>1m²)	坑深:≤25mm 坑深:>25mm	m²
	2.松散	轻 重	细集料散失,路面磨损,路表粗麻; 粗集料散失,多量微坑,表处剥落		m²
Ⅲ变形类	1.沉陷	轻 重	深度较浅; 变形较深	深度:≤25mm 深度:>25mm	m²
	2.车辙	轻 重	波峰波谷高差小; 波峰波谷高差大	深度:≤25mm 深度:>25mm	长度×0.2m
	3.波浪拥包	轻 重	路表呈现沥青膜,发亮; 镜面,有轮印	高差:≤25mm 深度:>25mm	
Ⅳ其他类	1.泛油				m²
	2.修补		划伤、烧伤		m²
	3.事故				m²

5)支座和伸缩缝的检查

(1)伸缩缝的检查

主桥过渡墩处伸缩缝参照1200模数式伸缩缝设计。由于伸缩缝更换困难且影响交通,因此对它的养护、检查应给予足够的重视,确保其在设计使用年限内正常使用。

为避免伸缩机构损坏,伸缩缝使用过程中不准有任何物体进入伸缩机构内,阻碍伸缩缝的伸缩;经常保持伸缩缝间清洁。

定期检查每年进行一次,在气温较低和较高季节进行。日常检查应每周进行,以便及时发现伸缩缝是否被阻塞、滑动支座有无脱落、不锈钢滑板有无损坏、平行钢梁之间的间距是否均匀等。同时也要重视随时检查、随时清理维护。

定期检查应由专业技术人员负责实施。

①主检部件

a.密封条

检查时,对伸缩缝间隙粗略清扫一次,检查密封条的污染、老化、硫化对接、损坏情况、密封条与型钢的连接、密封性。

b.滑动原件

检查滑动面的污染、磨损、表面损伤、松动、滑动、锈蚀情况。

c.滑动支座和滑动弹簧

检查滑动支座和滑动弹簧的位置、损伤、裂缝、预紧情况。

d.防锈

车行道的防锈层自通车后短期内即被磨去,但不影响寿命,须检查下列部位的防锈层:伸缩缝的下表面、嵌密封条的凹槽部位。

e. 承载结构

检查承载构件,特别是焊缝连接处是否有裂缝,检查机械连接是否稳固。

中间梁与承载梁的连接、型钢对接焊缝、控制机构、边梁的锚固、承载箱下的混凝土状态,承载梁是否可以移动。

②目视部件(检查频率:每年4次)

a. 密封条

检验时,对伸缩缝间隙粗略清扫一次,注意检查密封条的污染、损坏、密封条与型钢的连接、密封性、间缝的均匀性。

b. 滑动原件

检查滑动面的磨损、表面损伤、松动。

c. 滑动支座和滑动弹簧

检查滑动件的位置是否正确、是否损坏、重点检查混凝土侧的伸缩缝部件。

d. 防锈

行车道的防锈层自通车后短期内即被磨去,需检查伸缩缝下表面的防锈层。

e. 承载结构

检查承载构件,特别是焊缝连接处是否有裂缝、检查机械是否稳固、中间梁与承载梁的连接、型钢对接焊缝、承载梁下的混凝土。

f. 重车道过伸缩缝

重车通过伸缩缝时声音有无异常。

g. 中间梁的间距

中间梁间距是否均匀,有无平面弯曲。

(2)主桥支座维护

主桥钢箱梁采用耐蚀球型支座,规格为 KLGZ-LP1500(DX)、KLGZ-LP6000(SX)、NSQZ4000(DX)、NSQZ9000(DX)、NSQZ22500(DX),其中 KLGZ-LP1500(DX)、KLGZ-LP6000(SX)为拉压支座,所有支座均为耐寒型盆式支座。

①竖向支座

应严格地进行支座定期检查工作,维护防腐保护层,监视支座滑移面材料的磨耗情况,具体要求见表2-1-25,根据检查结果确定是否更换支座材料。

竖向支座检查项目及方法   表2-1-25

检查内容	检查频率	养护措施
将上部盖罩和基部护罩拆下测量上下,四氟乙烯"H"形突起物高度; 测量横桥向滑动面不锈钢底板与下底面母板之间 PTFE 的厚度; 测量支座横向位移	每年一次	当滑动面高度降至1mm,即应更换聚四氟乙烯; 更换是项特定的技术工作,必须由专业人员进行
检查上部盖罩和基部护罩的完整情况	每年一次	记录完整性检查情况,如出现孔洞或压扁现象,则应更换上部盖罩和基部护罩

检查内容	检查频率	养护措施
检查锈蚀情况	每年一次	记录锈蚀检查情况； 防腐涂层系统如有损坏或逐渐锈蚀,应根据防腐系统修补工艺进行恢复； 所有拉环孔或记数孔、洞均应填满硅脂油
不锈钢合金表面	每年一次	应保证不锈钢合金表面无尘和碎块物体;用清洁柔软无研磨剂的布擦拭干净
测量顶部球形母板与底板之间的转动角度	每月一次	测量四周距离

②横向抗风支座

应严格地进行横向抗风支座定期检查工作,维护防腐保护层,监视支座滑移面材料的磨耗情况,具体要求见表2-1-26,应根据检查结果作出是否更换支座材料的决定。

横向支座检查项目及方法　　　　　　　　　　表2-1-26

检查内容	检查频率	养护措施
测量"H"形突起物	每年一次	1. 记录测量结果； 2. 当"H"形突起物降至6mm,应更换
检查盖罩的完整情况	每年一次	1. 记录完整检查情况； 2. 如出现孔洞或压扁现象,则应更换盖罩
检查锈蚀情况	每年一次	1. 记录锈蚀检查情况； 2. 防腐涂层系统如有损坏或逐渐锈蚀,应根据防腐系统修补工艺进行恢复
测量缝隙宽度	每月一次	

6)附属设施检查

应依据制造商的维护方法详细检查阻尼器有无病害。定期检查中应检查检修车、绕塔平台的技术状况。

定期检查中发现的各种缺损均应在现场用油漆等将其范围及日期标记清楚,并应作静态或动态影像记录,附病害状况说明。桥梁定期检查后应编制下列文件:桥梁定期检查原始数据,包括人工检查(测)数据和监测系统数据的原始数据(包括检查方法、检查过程、其他与检查相关的资料);典型缺陷和病害的照片(或录像)及说明。缺陷状况的描述应采用专业标准术语,并配合病害照片或录像资料等,说明缺陷的部位、类型、性质、范围、数量和程度等。检查时填写相关表格。

7)斜拉桥结构动力特性定期检查

(1)动力特性变化的效应。由斜拉桥结构动力特性的变化可间接评判结构的损伤程度,因此应定期测量结构动力特性及振型变化。

(2)动力特性的测量。

①定期测量动力特性变化的主要内容有:

　　a.钢箱梁动力特性,如振型、频率等;

　　b.主塔动力特性,如振型、频率等;

　　c.斜拉索动力特性,如振型、频率等。

　　②测量结构动力特性的方法:利用环境振动作为振源,将低频加速度计放置在测试断面上,拾取加速度信号。用多通道磁带记录仪记录信号,用频谱分析仪进行分析,可以分别给出钢箱梁,主塔,斜拉索各自的前几阶频率、振型、阻尼。动力特性测量时应尽可能封闭桥上交通,实在不能封闭也应限制重载车辆过桥,只可允许少量小轿车通行,否则记录到的信号不便分析。

　　③桥跨结构的竖向振动可以分解为竖向和扭转两种参量,所以测点应布置在加劲梁的测量断面上,于上下游两防撞栏处同时安置两台竖向振动加速度计进行测量。把其输出相加作为竖向参量,输出相减作为扭转振动参量。而对于桥跨结构横向振动,也可类似的分解为横向和扭转两种参量,在同一测量断面上布置水平振动加速度计测量,一个放在顶板,一个放在梁底。

　　④索、梁、塔的测量应分开进行。为便于确定振型,应选择一个断面作为参考断面。每次测量时,这个断面上的加速度计应该保持不变,而其余断面上的加速度计应予以移动。每组主要构件应能得到十阶以上的频率和振型。

　　(3)动力特性变化的测量是一项技术含量较高的工作,建议由专门从事此类工作并且有一定业绩的研究单位进行。

1.4.3　引桥定期检查

　　检查顺序为首先检查柱式桥墩表面外观质量,有无竖向裂缝;接着检查上部结构现浇箱梁;然后检查支座;最后检查桥面系。对桥梁主体结构应着重检查跨中、1/4 跨径及支点处等受力不利部位。桥梁各构件检查要点如下所列,检查相应部位并填写桥梁定期检查表。对于较严重或现场难于判断的桥梁病害应拍摄照片说明。

　　1)桥墩与基础检查重点

　　辽河大桥桥型采用柱式桥墩,重点检查桥墩顶部与支座底板接触部位混凝土有无压碎、开裂、露筋等;柱式桥墩墩身有无竖向裂缝;墩台顶面是否清洁、有无泥土杂物堆积、滋生草木,伸缩缝处是否漏水;混凝土墩台帽梁有无风化、腐蚀、开裂、剥落、露筋等。

　　钻孔桩基础,检查有无滑动、倾斜或下沉现象。

　　台背填土有无沉降裂缝或挤压隆起。

　　2)桥梁上部主体结构检查重点

　　混凝土结构是否有裂缝、剥落、露筋、蜂窝麻面、表面沉积和钢筋锈蚀状况。

　　桥跨结构是否有异常变形、声音、振动或不正常移动。应特别注意对桥梁主体结构跨中、1/4 跨径及支点处等受力不利部位、应力集中区、截面突变处,结构薄弱部位及容易发生损坏部位的重点检查。主要检查这些部位是否出现裂缝、明显挠度变形或位移。

　　3)桥梁支座检查重点

　　辽河大桥采用盆式橡胶支座,重点检查支座功能是否完好,组件是否完整、清洁,橡胶有无变形、老化、断裂、错位现象。

另外,由于支座变形或其他因素的影响,支座上、下部结构也可能出现异常,所以应尽可能同时检查。

4)伸缩缝的检查重点

主要检查橡胶件的剥离、损坏或老化状况;锚固螺栓是否失效,伸缩缝是否下陷或凸起,伸缩是否自由。检查伸缩缝本身是否漏水。

在检查时,应注意是否存在下述情况:

(1)伸缩缝与填料间有凹凸不平;

(2)铺装和填料间凹凸不平;

(3)漏水;

(4)填料表面剥落、裂缝、下陷;

(5)行车时有冲击和异常声音;

(6)伸缩缝卡死或伸缩缝异常、开裂损坏或老化,支座异常;

(7)桥面板端部破损;

(8)接缝周围铺装下陷,产生裂缝;

(9)橡胶接缝的缝料剥落、下陷、缺角、固定物固定不够,封层脱落,接头处漏水;

(10)纵缝和横缝连接不良、排水不畅、有漏水,车辆行驶时滑溜。

5)排水检查

检查排水设施是否破损、缺件或堵塞,有无桥面积水和桥下漏水现象。注意现有排水系统是否合理。

排水设施常见缺陷有:

(1)管道破坏,损伤。在外界作用影响下而产生局部破裂、损伤,出现洞穴而产生漏水;

(2)管体脱落。主要是由于接头连接不牢而产生掉落,失去排水作用;

(3)管内有泥石杂物堵塞,从而排水不畅,水流不通;

(4)管口有泥石杂物堆积。

6)护栏检查

波形钢护栏及钢筋混凝土护栏上的钢管扶手有无锈蚀,是否歪斜、扭曲、变形,焊接断面有无削弱和裂纹。另外,还应注意其伸缩是否自由。

7)桥面附属设施的检查

检查标志牌是否醒目齐全,是否完整无损,过桥管线是否有漏水、漏油、漏气等现象。

8)翼墙、耳墙检查

检查翼墙有无开裂、剥落、风化和异常变形(包括鼓肚、倾斜、滑动等),耳墙有无双向剪切缝。注意翼墙上或近旁的灌木杂草引起的砌体松动,漏水等。

9)锥坡、护坡的检查

检查锥坡、护坡有无滑坍、沉陷等造成的坡顶高度显著下降,检查锥坡、护坡等表面有无开裂、坑洞、剥落。

10）桥头引道的检查

检查桥面与引道路面衔接处路面有无沉陷导致的桥头产生"跳车"；检查引道路面是否损坏，产生积水、渗水，出现坑槽，高低不平；检查引道两边的挡土墙、翼墙、护栏等有无变形、破坏或缺损，护坡、锥坡溜坡有无因受洪水冲刷而发生冲空、坍塌或产生缺口。

1.4.4　接线道路定期检查

依据《公路路基路面现场测试规程》（JTG E60—2008）和《公路技术状况评定标准》（JTG H20—2007）中的相关技术要求，主要针对路基、路面、桥梁构造物和沿线设施四部分，采用专用仪器进行定期检查，及时发现各种病害，为制定预防性养护措施提供决策依据。其中，路面包括路面损坏、平整度、车辙、抗滑性能、结构强度等各项路用性能，桥梁构造物包括桥梁和涵洞。

1）路基

检查频率：每年4、10月（雨季前后）分别进行1次。

检查方法：以徒步目视检查为主，必要时采用专用仪器。数据以100m（人工检测）为单位保存。主要检查路面是否坍塌。

2）路面

检查频率：路面损坏状况、平整度、车辙三项检查每年一次，抗滑性能检查每两年一次，路面结构强度检查频率根据相关技术规范要求进行。

检查方法：采用专用仪器检查。

检查内容：

（1）路面损坏状况采用自动化快速检测方法，纵向连续进行检测，横向宽度不得小于车道宽度的70%，数据以10m（人工检测100m）为单位保存，结果采用计算机自动识别。

（2）路面平整度采用高精度断面仪或快速检测设备进行，数据以20m为单位保存。

（3）路面车辙采用快速检测设备进行，车辙深度以10m为单位保存。

（4）路面抗滑性能采用基于横向力系数的检测设备进行，横向力系数以20m为单位保存。

（5）路面结构强度采用自动检测设备进行，检查范围可控制在养护里程的20%以内，数据以20m为单位保存。

3）沿线设施

检查频率：对结构物、监控、通信设施每年组织1次。

检查方法：对结构物和交通安全设施由各专业技术人员采用不同的专用仪器设备进行，绿化以目视检查为主。数据以100m（人工检测）为单位保存。

交通安全设施检查内容：各类护栏的污秽、缺损、损坏或变形情况；隔离栅的污秽、损坏或变形情况；可变情报板是否能正常工作；标志标线设置、磨损、污秽等情况。

1.4.5　定期检查所用仪器设备清单

定期检查所用设备和器材，见表2-1-27。

定期检查所用设备和器材　　　　　　　　表2-1-27

安全、保护用品	检 测 仪 具	工具、器材	附 加 设 备
警告标志 警告信号灯 反光背心 安全帽 安全带 工作服 防滑鞋 雨靴 水裤 救生衣 救生索 防护眼镜 其他劳保用品	照相机 长焦镜头 广角镜头 闪光灯 望远镜 测距仪 风速仪 温湿度仪 刻度放大镜 地质罗盘 100m钢卷尺 2～3m钢卷尺 1～2m木折尺 30～50m水尺 垂球测绳 测量花杆 全站仪 GPS 水准仪及塔尺 水平尺 量角器(大号) 测量记录本 记录文件夹	电筒(强光) 扁刮刀 地质锤 地铲 铁锹 钢丝刷 油漆刷 特种铅笔 喷雾筒漆 彩色粉笔 器具箱 工具袋 文件包 其他文具	软梯 伸缩梯 充气皮艇 工作船 拼装式悬挂作业架 桥梁专用检查作业架 专用检查作业车 路面检测车 路灯车

1.4.6　定期检查报告的编写方法

定期检查报告应提供病害检查方法、病害状况、桥梁技术等级评定、检查结论,以及下一步的相关工作建议,应进行的养护工作是否需要特殊检查。

每次定期检查的原始记录及计算结果均应存档保管,并应填写"定期检查记录表",检查表可有附页,并注明检查人、记录人、计算人、复核人及定期检查负责人。定期检查共有表格10个,每个表格代表一个检查项目,各个表格均可有插页、附页和照片,但均应在备注中注明附页情况。每次定期检查完毕后,提出定期检查报告,检查报告包括如下几项内容:

(1)定期检查结果综述,附上辽河大桥定期检查数据表。

(2)典型损伤和病害的照片及说明,应附上桥梁两张总体照片,并对桥梁结构技术状况评定。

(3)实地判断缺损原因,估定维修范围及方法,拟用的维修方案,估计费用和实施时间。

(4)对难以判断缺损原因和程度的结构和构件,提出进一步特殊检查(专项检查)的项目及要求。

(5)当桥梁结构某些构件损坏严重、危及安全运营时,应及时提出暂时限制交通的建议报告。

(6)根据桥梁结构的技术状况,建议下次检查的具体时间。

1.5 技术状况评定方法

桥梁的技术状况评定主要依据《公路桥梁技术状况评定标准》(JTG/T H21—2011)进行。由于辽河大桥规模较大,建议将主桥与引桥分开,单独进行评定。

公路桥梁技术状况评定包括桥梁构件、部件、桥面系、上部结构、下部结构和全桥评定。公路桥梁技术状况评定应采用分层综合评定与5类桥梁单项控制指标相结合的方法,先对桥梁各构件进行评定,然后对桥梁各部件进行评定,再对桥面系、上部结构和下部结构分别进行评定,最后进行桥梁总体技术状况的评定。

桥梁技术状况评定计算方法见《公路桥梁技术状况评定标准》(JTG/T H21—2011)第4章相关内容。技术状况评定依据桥梁日常巡查、经常检查、定期检查、监测、养护等资料,通过对桥梁各部件、构件的技术状况进行综合评定,确定其技术状况等级,提出相应的养护措施。建议主桥斜拉桥和引桥每1年1次,或在重大突发事件发生后进行。

1.5.1 斜拉桥主要构件技术状况评定

1)斜拉索

拉索锈蚀、断丝评定标准见表2-1-28;滑移变位评定标准见表2-1-29;涂层损坏评定标准见表2-1-30;护套内的材料老化变质评定标准见表2-1-31;锚固区损坏评定标准见表2-1-32;拉索线形异常评定标准见表2-1-33。

拉索锈蚀、断丝评定标准　　　　　　　表2-1-28

标度	评定标准
	定性描述
1	完好
2	钢丝有极少量锈蚀
3	钢丝少量锈蚀,钢丝无断裂
4	钢丝较多锈蚀或损坏,钢丝断裂,截面出现削弱
5	钢索裸露,钢丝大量严重锈蚀或损坏,钢丝断裂,主梁出现严重变形,造成安全隐患

滑移变位评定标准　　　　　　　表2-1-29

标度	评定标准
	定性描述
1	完好
2	—
3	—
4	斜拉索出现异常位移变形,且无法复位
5	斜拉索异常位移变形过大,导致桥面线形、纵向位移伸缩量出现显著异常,结构振动或摇晃显著,影响结构安全

涂层损坏评定标准　　　　表2-1-30

标度	评定标准	
	定性描述	定量描述
1	完好	—
2	涂层有轻微损坏、裂纹、起皮或剥落	累计面积≤单处面积的10%，单处面积≤0.5m²
3	较大范围涂层有损坏、裂纹、起皮、剥落	累计面积>构件面积的10%且≤构件面积的20%，单处面积≤1.0m²
4	大范围涂层有损坏、裂纹、起皮或剥落	累计面积>构件面积的20%，单处面积>1.0m²

护套内的材料老化变质评定标准　　　　表2-1-31

标度	评定标准
	定性描述
1	完好
2	护套内的材料轻微老化，表面有脏污
3	护套内的材料老化变形
4	护套内的材料老化变形，并有破裂现象，局部还造成渗水

锚固区损坏评定标准　　　　表2-1-32

标度	评定标准
	定性描述
1	完好
2	个别锚头或锚拉板出现轻微破损
3	个别锚头出现破损、松动或出现不密封现象，但未造成拉索锈蚀，个别锚拉板出现疲劳损伤状况
4	较多锚头或锚拉板出现破损、松动或裂缝，锚头锈蚀，锚固区有明显的受力裂缝
5	较多锚头或锚拉板出现严重破损、松动、裂缝，锚头积水锈蚀严重，锚固区有明显的受力裂缝，且缝宽>0.2mm

拉索线形异常评定标准　　　　表2-1-33

标度	评定标准
	定性描述
1	完好
2	—
3	—
4	拉索线形出现明显异常或有异常声音
5	拉索线形出现显著异常，桥面线形出现显著异常，结构振动摇晃明显，主梁出现严重变形

2）斜拉索护套

漆膜损坏评定标准见表2-1-34；护套裂缝评定标准见表2-1-35；护套锈蚀评定标准见表2-1-36；防护层破损评定标准见表2-1-37；护套上端浆液离析评定标准见表2-1-38；渗水评定标准见表2-1-39。

漆膜损坏评定标准

表 2-1-34

标度	评定标准	
	定性描述	定量描述
1	各部分油漆均匀平光、完整、色泽鲜明	—
2	油漆变色、轻微损坏、裂纹、起皮或剥落	累计失效面积≤构件面积的10%
3	较大范围涂层有轻微损坏、裂纹、起皮或剥落	累计失效面积≥构件面积的10%且≤构件面积的20%
4	大范围涂层有轻微损坏、裂纹、起皮或剥落	累计失效面积＞构件面积的20%

护套裂缝评定标准

表 2-1-35

标度	评定标准
	定性描述
1	完好
2	PE 管或金属管轻微胀裂,未造成渗水等;或热熔 PE 护套轻微开裂,未造成其他影响,符合相关要求
3	PE 管或金属管胀裂,出现较多纵向裂缝,造成渗水,钢丝有锈迹或护套内有氧化物,钢束截面削弱,但在规范范围内;或热熔 PE 护套产生环状开裂或层断,造成渗水,导致钢丝锈蚀,但在规范范围内
4	PE 管或金属管胀裂,出现很多纵向裂缝,渗水造成钢丝锈蚀和护套内有氧化物,钢束截面削弱超出规范范围;或热熔 PE 护套产生严重环状开裂或层断,造成渗水,导致钢丝锈蚀超出规范范围

护套锈蚀评定标准

表 2-1-36

标度	评定标准
	定性描述
1	完好
2	护套表面发生轻微锈蚀,并且少部分氧化皮或油漆层已经剥落
3	护套表面部分发生锈蚀,并且部分氧化皮或油漆层已经剥落
4	护套表面发生锈蚀,有大量点蚀现象,氧化皮或油漆层因锈蚀而部分剥落或可以刮除

防护层破损评定标准

表 2-1-37

标度	评定标准
	定性描述
1	完好
2	个别防护层轻微老化或破损
3	个别防护层老化、破损、松动
4	部分防护层老化、破损、裂纹或积水,造成局部渗水或锈蚀;个别护筒甚至脱落

护套上端浆液离析评定标准

表 2-1-38

标度	评定标准	
	定性描述	定量描述
1	完好	—
2	—	—
3	局部离析	≤10% 的浆液没有凝固
4	局部离析,浆液有流动性	＞10% 的浆液没有凝固

渗 水 评 定 标 准　　　　　　表2-1-39

标度	评 定 标 准
	定 性 描 述
1	完好
2	个别护套轻微渗水
3	个别护套明显渗水;个别渗水处伴有锈蚀
4	多处护套明显渗水,渗水处伴有锈蚀

3) 主梁

构件变形评定标准见表2-1-40;锈蚀评定标准见表2-1-41;跨中挠度评定标准见表2-1-42;裂缝评定标准见表2-1-43;涂层劣化评定标准见表2-1-44;焊缝开裂评定标准见表2-1-45;铆钉(螺栓)损失评定标准见表2-1-46;结构变位评定标准见表2-1-47。

结 构 变 形 评 定 标 准　　　　　　表2-1-40

标度	评 定 标 准	
	定 性 描 述	定 量 描 述
1	完好	—
2	—	—
3	钢构件轻微变形	钢材料构件竖向弯曲矢度≤跨度的1/1500,或钢材料纵梁、横梁横向弯曲矢度≤杆件自由长度的1/8000
4	钢构件明显变形	钢材料构件竖向弯曲矢度>跨度的1/1500且≤跨度的1/1000,或钢材料纵梁、横梁横向弯曲矢度>杆件自由长度的1/8000且≤杆件自由长度的1/5000
5	钢构件严重变形,结构振动或摇晃显著,有不正常移动	钢材料构件竖向弯曲矢度>跨度的1/1000,或钢材料纵梁、横梁横向弯曲矢度>杆件自由长度的1/5000

锈 蚀 评 定 标 准　　　　　　表2-1-41

标度	评 定 标 准	
	定 性 描 述	定 量 描 述
1	完好	—
2	构件表面锈蚀,且部分氧化皮或油漆层剥落	锈蚀累计面积≤构件面积的2%
3	构件表面有较多点蚀现象,氧化皮、油漆层因锈蚀而部分剥落或可以刮除,出现锈蚀成洞现象	锈蚀累计面积>构件面积的2%。且≤构件面积的5%,或锈蚀孔洞≤2个,孔洞直径≤30mm,边缘完好,或腹板、横隔板孔洞直径≤50mm
4	构件表面有严重的点蚀现象,氧化皮或油漆层因锈蚀而全面剥离,较多部位被锈蚀成洞,影响构件安全	锈蚀累计面积>构件面积的5%,或锈蚀孔洞>2个,孔洞直径>30mm,或腹板、横隔板孔洞直径>50mm

跨中挠度评定标准   表 2-1-42

标度	评定标准	
	定性描述	定量描述
1	完好	—
2	—	—
3	跨中挠度未大于限值	跨中最大挠度≤计算跨径的1/600
4	跨中挠度大于限值	跨中最大挠度>计算跨径的1/600且≤计算跨径的1/400
5	跨中挠度大于限值,主梁严重变形,梁体出现严重病害,有不正常移动并影响结构安全	跨中最大挠度>计算跨径的1/400

裂 缝 评 定 标 准   表 2-1-43

标度	评定标准	
	定性描述	定量描述
1	完好	—
2	钢构件出现极少量细小裂纹	—
3	钢构件出现较多细小裂缝,截面削弱	主梁、纵横梁受拉翼缘边裂缝长度≤3mm,或受拉翼缘焊接盖板端部裂缝长度≤10mm
4	钢构件出现较多裂缝,截面削弱	主梁、纵横梁受拉翼缘边裂缝长度>3mm且≤5mm,或受拉翼缘焊接盖板端部裂缝长度>10mm且≤20mm
5	钢构件出现严重裂缝,主梁变形,截面削弱,造成严重安全隐患	主梁、纵横梁受拉翼缘边裂缝长度>5mm,或受拉翼缘焊接盖板端部裂缝长度>20mm

涂层劣化评定标准   表 2-1-44

标度	评定标准	
	定性描述	定量描述
1	完好	—
2	涂层个别位置出现流痕、气泡、白化、漆膜发黏、针孔、起皱或皱纹、表面粉化、变色起皮、脱落等缺陷	累计面积≤构件面积的10%
3	涂层出现较多严重流痕、气泡、白化、漆膜发黏、针孔、起皱或皱纹、表面粉化、变色起皮、脱落等缺陷	累计面积>构件面积的10%且≤构件面积的50%
4	涂层出现严重流痕、气泡、白化、漆膜发黏、针孔、起皱或皱纹、表面粉化、变色起皮、脱落等缺陷	累计面积>构件面积的50%

焊缝开裂评定标准   表 2-1-45

标度	评定标准	
	定性描述	定量描述
1	完好	—
2	焊缝部位涂层有少量裂纹	—

标度	评定标准	
	定性描述	定量描述
3	焊缝部位涂层有大量裂纹,受拉翼缘边焊缝存在裂缝,其他部位焊缝无裂缝	主梁、纵横梁受拉翼缘边焊缝开裂长度≤5mm
4	主要构件焊缝出现较多裂缝,构件出现变形	主梁、纵横梁受拉翼缘边焊缝开裂长度>5mm且≤10mm,其他位置焊缝开裂长度≤5mm
5	主要构件焊缝存在大量裂缝甚至完全开裂,主要构件存在明显的变形,变形大于规范值	主梁、纵横梁受拉翼缘边焊缝开裂长度>10mm,其他位置焊缝开裂长度>5mm

铆钉(螺栓)损失评定标准   表 2-1-46

标度	评定标准	
	定性描述	定量描述
1	完好	—
2	铆钉(螺栓)少量损坏、松动或丢失,造成联结部位铆钉(螺栓)失效	损坏、失效数量≤总量的1%
3	铆钉(螺栓)有较多损坏、松动或丢失,造成联结部位铆钉(螺栓)失效	损坏、失效数量>总量的1%且≤总量的10%
4	主要构件铆钉(螺栓)有较多损坏、松动或丢失,造成联结部位铆钉(螺栓)失效,构件出现明显变形	损坏、失效数量>总量的10%且≤总量的30%
5	主要构件铆钉(螺栓)有大量损坏、松动或丢失,造成联结部位铆钉(螺栓)失效,主要构件存在明显的永久变形,变形大于规范值	损坏、失效数量>总量的30%

结构变位评定标准   表 2-1-47

标度	评定标准
	定性描述
1	完好
2	—
3	横向联结件出现松动,纵向接缝开裂较大
4	主要构件存在明显的永久变形,变形小于或等于规范值,或桥面竖向呈波形
5	主要构件存在明显的永久变形,变形大于规范值,结构振动或摇晃显著、有不正常移动

4)索塔

倾斜变形评定标准见表2-1-48;裂缝评定标准见表2-1-49;沉降评定标准见表2-1-50;锚固区渗水评定标准见表2-1-51;蜂窝、麻面评定标准见表2-1-52;剥落、露筋评定标准见表2-1-53;钢筋锈蚀评定标准见表2-1-54;基础冲刷评定标准见表2-1-55。

倾斜变形评定标准　　　　　　　　　　　　　表 2-1-48

标度	评 定 标 准
	定 性 描 述
1	无倾斜变形
2	—
3	有倾斜变形现象或存在扭转现象,但情况较轻微,不影响结构安全
4	存在倾斜变形或存在扭转,两塔不对称变位,存在安全隐患
5	索塔出现明显倾斜,或两塔不对称变位严重,造成主梁出现严重变形,严重影响结构安全

裂 缝 评 定 标 准　　　　　　　　　　　　　表 2-1-49

标度	评 定 标 准	
	定 性 描 述	定 量 描 述
1	完好,无裂缝	—
2	网状裂缝:局部网状裂缝	网状裂缝:累计面积≤构件面积的20%,单处面积≤1.0m²
	其他裂缝:有少量裂缝,缝宽未超限	其他裂缝:缝长≤截面尺寸的1/3
3	网状裂缝:局部网状裂缝	网状裂缝:累计面积>构件面积的20%,单处面积>1.0m²
	其他裂缝:有大量裂缝,缝宽未超限	其他裂缝:缝长>截面尺寸的1/3 且≤截面尺寸的2/3,间距≥20cm
4	有大量裂缝,缝宽超限	缝宽>限值,缝长>截面尺寸的2/3,间距<20cm

沉 降 评 定 标 准　　　　　　　　　　　　　表 2-1-50

标度	评 定 标 准
	定 性 描 述
1	完好
2	—
3	索塔有小幅度沉降,但沉降稳定
4	索塔沉降较大,但沉降稳定
5	索塔沉降量异常且不稳定,或索塔基础出现严重沉降或位移

锚固区渗水评定标准　　　　　　　　　　　　　表 2-1-51

标度	评 定 标 准
	定 性 描 述
1	完好
2	锚固区有轻微渗水
3	锚固区有局部明显渗水,渗水量较大
4	锚固区多处有明显渗水,渗水量大;个别渗水处伴有晶体析出或锈蚀,流膏处混凝土松散

蜂窝、麻面评定标准   表 2-1-52

标度	评定标准	
	定性描述	定量描述
1	完好	—
2	局部蜂窝麻面	累计面积≤构件面积的20%，单处面积≤3.0m²
3	大面积蜂窝麻面	累计面积＞构件面积的20%，单处面积＞3.0m²

剥落、露筋评定标准   表 2-1-53

标度	评定标准	
	定性描述	定量描述
1	完好	—
2	局部混凝土剥落或露筋	累计面积≤构件面积的3%，或单处面积≤0.5m²
3	较大范围混凝土剥落或露筋	累计面积＞构件面积的3%且≤构件面积的10%，单处面积＞0.5m²
4	大范围混凝土剥落或露筋	累计面积＞构件面积的10%，单处面积＞0.5m²

钢筋锈蚀评定标准   表 2-1-54

标度	评定标准	
	定性描述	定量描述
1	完好，无锈蚀现象	钢筋锈蚀电位水平≤0mV且≥−200mV；或电阻率＞20000Ω·cm
2	有锈蚀现象，混凝土表面有沿钢筋的裂缝或混凝土表面有锈迹	钢筋锈蚀电位水平为−200mV且≥−400mV；或电阻率≥10000Ω·cm且≤20000Ω·cm
3	钢筋锈蚀，主筋锈蚀或混凝土表面保护层剥落	钢筋锈蚀电位水平＜−400mV且≥−500mV，或电阻率≥5000Ω·cm且＜10000Ω·cm
4	钢筋严重锈蚀，混凝土表面开裂严重	钢筋锈蚀电位水平为＜−500mV，或电阻率＜5000Ω·cm

基础冲刷评定标准   表 2-1-55

标度	评定标准
	定性描述
1	完好
2	基础基本无局部冲刷现象
3	基础出现局部冲刷现象，程度较轻
4	基础出现较严重局部冲刷现象
5	基础出现严重局部冲刷现象，基础不稳定，出现严重滑动、下沉、位移、倾斜等现象

5）锚具

锚杯积水评定标准见表 2-1-56；锚具内潮湿评定标准见表 2-1-57；防锈油结块评定标准见表 2-1-58；锚具锈蚀评定标准见表 2-1-59。

锚杯积水评定标准   表 2-1-56

标度	评 定 标 准
	定 性 描 述
1	完好,锚杯无积水
2	锚杯积水较少,空气湿度较大
3	锚杯积水严重,空气湿度很大

锚具内潮湿评定标准   表 2-1-57

标度	评 定 标 准	
	定 性 描 述	定 量 描 述
1	完好,空气干燥	—
2	锚具内有少量水汽,空气较潮湿	湿度≤40
3	锚具内水汽较多,空气潮湿,锚具锈蚀	湿度>40%且≤50%
4	锚具内空气潮湿,造成锚具严重锈蚀	湿度>50%

防锈油结块评定标准   表 2-1-58

标度	评 定 标 准
	定 性 描 述
1	防锈油无结块
2	防锈油有少量结块
3	防锈油结块面积较大

锚具锈蚀评定标准   表 2-1-59

标度	评 定 标 准
	定 性 描 述
1	完好
2	个别锚具轻微锈蚀
3	部分锚具锈蚀、疲劳或损坏等,个别处有少量点蚀现象,氧化皮或油漆层因锈蚀而部分剥落或者可以刮除
4	锚具锈蚀、疲劳或损坏等严重,防护普遍开裂,并大量脱落,表面普遍有点蚀现象,氧化皮或油漆层因锈蚀而全面剥离

6)减震装置

减震装置损坏评定标准见表 2-1-60。

减震装置损坏评定标准   表 2-1-60

标度	评 定 标 准
	定 性 描 述
1	完好
2	减震装置极个别处轻微损坏
3	减震装置出现较多处损坏,部分功能失效

1.5.2　引桥上部结构构件技术状况评定

辽河大桥引桥为预应力混凝土连续箱梁,上部承重构件和上部一般构件评定指标及分级评定标准:蜂窝、麻面评定标准见表2-1-61;剥落、掉角评定标准见表2-1-62;空洞、孔洞评定标准见表2-1-63;混凝土保护层厚度评定标准见表2-1-64;钢筋锈蚀评定标准见表2-1-65;混凝土碳化评定标准见表2-1-66;混凝土强度评定标准见表2-1-67;跨中挠度评定标准见表2-1-68;结构变位评定标准见表2-1-69;预应力构件损伤(锚头、钢绞线、齿板等)评定标准见表2-1-70;连续梁桥裂缝评定标见表2-1-71。

蜂窝、麻面评定标准　　表2-1-61

标度	评定标准	
	定性描述	定量描述
1	完好,无蜂窝麻面	—
2	较大面积蜂窝麻面	累计面积≤构件面积的50%
3	大面积蜂窝麻面	累计面积>构件面积的50%

剥落、掉角评定标准　　表2-1-62

标度	评定标准	
	定性描述	定量描述
1	完好,无剥落、掉角	—
2	局部混凝土剥落或掉角	累计面积≤构件面积的5%,或单处面积≤0.5m²
3	较大范围混凝土剥落或掉角	累计面积>构件面积的5%,且<构件面积的10%,或单处面积>0.5m²且<1.0m²
4	大范围混凝土剥落或掉角	累计面积≥构件面积的10%,或单处面积≥1.0m²

空洞、孔洞评定标准　　表2-1-63

标度	评定标准	
	定性描述	定量描述
1	完好,无空洞、孔洞	—
2	局部混凝土空洞、孔洞	累计面积≤构件面积的5%,或单处面积≤0.5m²
3	较大范围混凝土空洞、孔洞	累计面积>构件面积的5%且<构件面积的10%,或单处面积>0.5%且<1.0m²
4	大范围混凝土空洞、孔洞	累计面积≥构件面积的10%,或单处面积≥1.0m²

混凝土保护层厚度评定标准　　表2-1-64

标度	评定标准
	定性描述
1	完好
2	承重构件混凝土保护层厚度符合要求,对钢筋耐久性有轻度影响
3	承重构件混凝土保护层厚度不足,对钢筋耐久性有较大影响,造成钢筋锈蚀
4	承重构件混凝土保护层厚度严重不足,对钢筋耐久性有很大影响,钢筋失去碱性保护,发生较严重锈蚀

钢筋锈蚀评定标准 表 2-1-65

标度	评定标准	
	定性描述	定量描述
1	完好	承重构件钢筋锈蚀电位水平为 0 ~ -2000mV,或电阻率 >20000Ω·cm
2	承重构件有轻微锈蚀现象	承重构件钢筋锈蚀电位水平为 -200 ~ -300mV,或电阻率为 15000~20000Ω·cm
3	承重构件钢筋发生锈蚀,混凝土表面有沿钢筋的裂缝或混凝土表面有锈迹	承重构件钢筋锈蚀电位水平为 -300 ~ -400mV,或电阻率为 10000~15000Ω·cm
4	承重构件钢筋锈蚀引起混凝土剥落,钢筋裸露,表面膨胀性锈蚀层显著	承重构件钢筋锈蚀电位水平为 -400 ~ -500mV,或电阻率为 5000~100000Ω·cm
5	承重构件大量钢筋锈蚀引起混凝土剥落,部分钢筋屈服或锈断,混凝土表面严重开裂,影响结构安全	承重构件钢筋锈蚀 111 位水平 < -500mV,或电阻率 <5000Ω·cm

混凝土碳化评定标准 表 2-1-66

标度	评定标准
	定性描述
1	完好
2	承重构件有少量碳化现象,且所有碳化深度均小于混凝土保护
3	承重构件的主要受力部位部分位置出现碳化现象,局部碳化深度大于混凝土保护层厚度,混凝土表面少量胶凝料松散粉化
4	承重构件的主要受力部位全部测点碳化且碳化深度大于混凝土保护层厚度,混凝土表面胶凝料大量松散粉化

混凝土强度评定标准 表 2-1-67

标度	评定标准	
	定性描述	定量描述
1	承重构件混凝土强度处于良好状态	承重构件混凝土推定强度均质系数 $K_{bt} \geq 0.95$,平均强度均质系数 $K_{bm} \geq 1.00$
2	承重构件混凝土强度处于较好状态	承重构件混凝土推定强度均质系数 $0.95 > K_{bt} \geq 0.90$,平均强度均质系数 $K_{bm} \geq 0.95$
3	承重构件混凝土强度处于较差状态,造成承重构件出现缺损现象	承重构件混凝土推定强度均质系数 $0.90 > K_{bt} \geq 0.80$,平均强度均质系数 $K_{bm} \geq 0.90$
4	承重构件混凝土强度处于很差状态,造成承重构件出现较严重缺损或变形现象	承重构件混凝土推定强度均质系数 $0.80 > K_{bt} \geq 0.70$,平均强度均质系数 $K_{bm} \geq 0.85$
5	承重构件混凝土强度处于非常差的状态,造成承重构件严重变形、位移、失稳等现象,显著影响承载力和行车安全	承重构件混凝土推定强度均质系数 $K_{bt} < 0.70$,平均强度均质系数 $K_{bm} < 0.85$

跨中挠度评定标准   表 2-1-68

标度	评定标准	
	定性描述	定量描述
1	完好	—
2	较好,梁体无明显变形	—
3	出现明显下挠,挠度小于限值,或个别构件出现弯曲变形,行车稍感振动或摇晃	跨中最大挠度≤计算跨径的1/1000;悬臂端最大挠度≤悬臂长度的1/500
4	出现显著下挠,挠度接近限值,或构件存在明显的永久变形,变形小于或等于规范值,梁板出现较严重病害	跨中最大挠度>计算跨径的1/1000且≤计算跨径的1/600;悬臂端最大挠度>悬臂长度的1/500且≤悬臂长度的1/300
5	挠度或其他变形大于限值,造成结构出现明显的永久变形,梁板出现严重病害,显著影响承载力和行车安全	跨中最大挠度>计算跨径的1/600;悬臂端最大挠度>悬臂长度的1/300

结构变位评定标准   表 2-1-69

标度	评定标准
	定性描述
1	完好
2	较好,结构无明显位移
3	横向联结件松动,纵向接缝开裂较大
4	边梁有横移或外倾现象,行车振动或摇晃明显,有异常声音
5	构件有严重的横向位移,存在失稳现象,结构振动或摇晃显著

预应力构件损伤评定标准   表 2-1-70

标度	评定标准
	定性描述
1	完好
2	锚头、钢绞线等无明显缺陷
3	钢绞线裸露出现极个别断丝现象,或锚头出现开裂等现象,或齿板位置处出现部分裂缝,裂缝未超限
4	部分钢绞线断裂或失效,或锚头开裂较严重但未完全失效,或齿板位置处裂缝严重,裂缝超限
5	预应力钢绞线大量断裂,预应力损耗严重,或锚头损坏失效,梁板出现严重变形

连续梁桥裂缝评定标准   表 2-1-71

标度	评定标准	
	定性描述	定量描述
1	无裂缝	—
2	局部出现网状裂缝,或主梁出现少量轻微裂缝,缝宽未超限	网状裂缝累计面积≤构建面积的20%,单处面积≤1.0m² ,或主梁裂缝缝长在截面尺寸的1/3
3	出现大面积网状裂缝,或主梁出现横向裂缝(钢筋混凝土梁),或顺主筋方向出现纵向裂缝,或出现斜裂缝、水平裂缝、竖向裂缝等,缝宽未超限	网状裂缝累计面积>构件面积的20%,单处面积或主梁缝长>截面尺寸的1/3且≤截面尺寸的1/2

标度	评定标准	
	定性描述	定量描述
4	主梁控制截面出现较多横向裂缝(钢筋混凝土梁 >，或顺主筋方向出现严重纵向裂缝并伴有钢筋锈蚀等，或出现斜裂缝、水平裂缝、竖向裂缝等裂缝缝宽超限	主梁裂缝缝长 > 截面尺寸的1/2，间距 < 30cm
5	主梁控制截面出现大量结构性裂缝，裂缝大多贯通，且缝宽严重超限，主梁出现变形	主梁裂缝缝宽 > 1.0mm，间距 < 20cm

1.5.3 桥梁下部结构构件技术状况评定

1）桥墩

（1）墩身评定指标及分级评定标准

蜂窝、麻面评定标准见表2-1-72；剥落、露筋评定标准见表2-1-73；空洞、孔洞评定标准见表2-1-74；钢筋锈蚀评定标准见表2-1-75；混凝土碳化、腐蚀评定标准见表2-1-76；磨损评定标准见表2-1-77；位移评定标准见表2-1-78；裂缝评定标准见表2-1-79。

蜂窝、麻面评定标准　　　　　　　　　　表2-1-72

标度	评定标准	
	定性描述	定量描述
1	完好	
2	轻微蜂窝、麻面	累计面积 ≤ 构件面积的20%，单处面积 ≤ 1.0m²
3	较多蜂窝、麻面	累计面积 > 构件面积的20%，单处面积 > 1.0m²

剥落、露筋评定标准　　　　　　　　　　表2-1-73

标度	评定标准	
	定性描述	定量描述
1	完好	—
2	局部混凝土剥落、露筋	累计面积 ≤ 构件面积的3%，单处面积 ≤ 0.5m²
3	较大范围混凝土剥落、露筋	累计面积 > 构件面积的3%且 ≤ 构件面积的10%，单处面积 ≤ 1.0m²
4	大范围混凝土剥落、露筋	累计面积 > 构件面积的10%，单处面积 > 1.0m²

空洞、孔洞评定标准　　　　　　　　　　表2-1-74

标度	评定标准	
	定性描述	定量描述
1	完好	—
2	局部空洞、孔洞	累计面积 ≤ 构件面积的3%，单处面积 ≤ 0.5m²
3	较大范围空洞、孔洞	累计面积 > 构件面积的3%且 ≤ 构件面积的10%，单处面积 ≤ 0.5m² 或最大深度 ≤ 25mm
4	大范围空洞、孔洞	累计面积 > 构件面积10%，单处面积 > 0.5m² 或最大深度 > 25mm

钢筋锈蚀评定标准 表 2-1-75

标度	评定标准
	定 性 描 述
1	完好
2	有锈蚀现象
3	钢筋锈蚀,混凝土表面有沿主筋方向的裂缝或混凝土表面有锈迹
4	大量主筋锈蚀,混凝土表面保护层剥落,钢筋裸露,甚至出现主筋锈断现象
5	钢筋严重锈蚀,主筋锈断,混凝土表面开裂严重,出现严重滑动或倾斜等现象

混凝土碳化、腐蚀评定标准 表 2-1-76

标度	评定标准
	定 性 描 述
1	无碳化现象
2	有少量碳化或腐蚀现象,且所有碳化深度均小于混凝土保护层厚度
3	部分位置出现碳化现象,局部碳化深度大于混凝土保护层厚度,混凝土表面少量胶凝料松散粉化,或构件受强酸性液体或气体腐蚀,造成混凝土受到腐蚀,或钢筋出现少量锈蚀,或有冻融现象,造成混凝土出现胀裂
4	大部分位置碳化,碳化深度大于混凝土保护层厚度,混凝土表面胶凝料大量松散粉化,或构件受强酸性液体或气体腐蚀,造成混凝土腐蚀或钢筋大量锈蚀,或有冻融现象,造成混凝土严重胀裂

磨损评定标准 表 2-1-77

标度	评定标准	
	定 性 描 述	定 量 描 述
1	完好	—
2	有磨损现象,个别部位表面磨耗,粗集料显露	累计面积≤构件面积的5%
3	较大范围有磨损、缩颈现象,并出现露筋或锈蚀	累计面积＞构件面积的5%且≤构件面积的20%
4	大范围有磨损、缩颈现象,混凝土剥蚀,大范围出现露筋现象,裸露钢筋锈蚀	累计面积＞构件面积的20%

位移评定标准 表 2-1-78

标度	评定标准
	定 性 描 述
1	完好
2	—
3	桥墩出现轻微下沉、倾斜滑动等,发展缓慢或趋向稳定
4	桥墩出现滑动、下沉、倾斜,变形小于或等于规范值
5	桥墩不稳定,出现严重滑动、下沉、位移、倾斜现象,造成结构和桥面变形过大,变形大于规范值或不能正常行车

注:简支梁墩台允许沉降——均匀总沉降值(不包括施工中沉降):$2.0\sqrt{L}$cm;相邻墩台均匀沉降差值(不包括施工中沉降):$1.0\sqrt{L}$cm;顶面水平位移:$0.5\sqrt{L}$cm。L 为相邻墩台间最小跨径长度,以米计。跨径小于25m时,仍以25m计。

裂 缝 评 定 标 准

表 2-1-79

标度	评 定 标 准	
	定 性 描 述	定 量 描 述
1	完好,无裂缝	—
2	网状裂缝:局部网状裂缝	网状裂缝:累计面积≤构件面积的20%,单处面积≤1.0m²
	墩身的水平裂缝:较少裂缝,缝宽未超限	墩身的水平裂缝:缝长≤墩身直径或墩身宽度的1/8
	竖向裂缝:较少裂缝,缝宽未超限	竖向裂缝:缝长≤截面尺寸的1/5
	不等高的墩盖梁上的竖向裂缝:较少裂缝,缝宽未超限	不等高的墩盖梁上的竖向裂缝:缝长≤截面尺寸的1/3
	悬臂桥墩角隅处的裂缝:较少裂缝,缝宽未超限	悬臂桥墩角隅处的裂缝:缝长≤截面尺寸的1/3
	镶面石突出的裂缝:局部开裂	镶面石突出的裂缝:累计面积≤构件面积的10%,单处面积≤0.5m²
3	网状裂缝:局部网状裂缝	网状裂缝:累计面积>构件表面积的20%,单处面积>1.02
	从基础向上发展至墩身的裂缝:较多裂缝,缝宽未超限	从基础向上发展至墩身的裂缝:缝长≤截面尺寸的1/3,间距≥50cm
	墩身的水平裂缝:较多裂缝,缝宽未超限	墩身的水平裂缝:缝长>墩身直径或墩身宽度的1/8且≤墩身直径或墩身宽度的1/2
	墩身的剪切破坏:较多裂缝,缝宽未超限	墩身的剪切破坏:缝长≤截面尺寸的1/3
	竖向裂缝:较多裂缝,缝宽未超限	竖向裂缝:缝长>截面尺寸的1/5且≤截面尺寸的1/3,间距≥30cm
	不等高的墩盖梁上的竖向裂缝:较多裂缝,缝宽未超限	不等高的墩盖梁上的竖向裂缝:缝长>截面尺寸的1/3且≤截面尺寸的2/3
	悬臂桥墩角隅处的裂缝:较多裂缝,缝宽未超限	悬臂桥墩角隅处的裂缝:缝长>截面尺寸的1/3且≤截面尺寸的1/2
	镶面石突出的裂缝:局部开裂,少量裂缝宽度超限	镶面石突出的裂缝:累计面积>构件面积的10%且≤构件面积的20%,单处面积≤1.0m²
4	从基础向上发展至墩身的裂缝:存在大量裂缝,缝宽大多超限	从基础向上发展至墩身的裂缝:缝长>截面尺寸的1/3,间距<50cm
	墩身的水平裂缝:存在大量裂缝,缝宽大多超限	墩身的水平裂缝:缝长>墩身直径或墩身宽度的1/2
	墩身的剪切破坏:缝宽超限	墩身的剪切破坏:缝长>截面尺寸的1/3
	竖向裂缝:存在大量裂缝,缝宽大多超限	竖向裂缝:缝长>截面尺寸的1/3,间距<30cm
	悬臂桥墩角隅处的裂缝:缝宽超限	悬臂桥墩角隅处的裂缝:缝长>截面尺寸的1/2
	不等高的墩盖梁上的竖向裂缝:存在大量裂缝,缝宽大多超限,少部分混凝土出现剥落、露筋	不等高的墩盖梁上的竖向裂缝:缝长>截面尺寸的2/3
	镶面石突出的裂缝:多处开裂,裂缝宽度大多超限	镶面石突出的裂缝:累计面积>构件面积的20%
5	桥墩出现结构性裂缝,缝宽超限,裂缝有开合现象,桥墩变形失稳	—

（2）盖梁和系梁评定指标及分级评定标准

裂缝评定标准见表2-1-80。

裂 缝 评 定 标 准 表2-1-80

标度	评定标准	
	定 性 描 述	定 量 描 述
1	完好,无裂缝	—
2	网状裂缝:局部网状开裂	网状裂缝:累计面积≤构件面积的20%,单处面积≤1.0m²
	墩帽顶面水平裂缝:少量裂缝,缝宽未超限	墩帽顶面水平裂缝:缝长≤截面尺寸的1/3
	由支承垫石从下向上发展的裂缝:缝宽未超限	由支承垫石从下向上发展的裂缝:缝长≤截面尺寸的1/3
	盖梁自上而下的垂直裂缝:缝宽未超限	盖梁自上而下的垂直裂缝:缝长≤截面尺寸的1/5,间距>80cm
3	网状裂缝:局部网裂	网状裂缝:累计面积>构件面积的20%单处面积>1.0m²
	墩帽顶面水平裂缝:缝宽未超限	墩帽顶面水平裂缝:缝长>截面尺寸的1/3且≤截面尺寸的2/3,间距≥20cm
	由支承垫石从下向上发展的裂缝:缝宽未超限	由支承垫石从下向上发展的裂缝:缝长>截面尺寸的1/3且在截面尺寸的2/3
	盖梁自上而下的垂直裂缝:缝宽未超限	盖梁自上而下的垂直裂缝:缝长>截面尺寸的1/5且≤截面尺寸的1/3,间距≥50cm
4	墩帽顶面水平裂缝:存在大量裂缝,缝宽超限	墩帽顶面水平裂缝:缝长>截面尺寸的2/3,间距<20cm
	由支承垫石从下向上发展的裂缝:存在大量裂缝,缝宽超限	由支承垫石从下向上发展的裂缝:缝长>截面尺寸的2/3
	盖梁自上而下的垂直裂缝:裂缝贯通,缝宽超限	盖梁自上而下的垂直裂缝:缝长>1/3截面尺寸,间距<50cm

2）桥台

（1）台身评定指标及分级评定标准

剥落评定标准见表2-1-81;空洞、孔洞评定标准见表2-1-82;磨损评定标准见表2-1-83;混凝土碳化、腐蚀评定标准见表2-1-84;桥头跳车评定标准见表2-1-85;台背排水状况评定标准见表2-1-86;位移评定标准见表2-1-87;裂缝评定标准见表2-1-88。

剥 落 评 定 标 准 表2-1-81

标度	评定标准	
	定 性 描 述	定 量 描 述
1	完好	—
2	局部混凝土剥落	累计面积≤构件面积的5%,单处面积≤0.5m²
3	较大范围混凝土剥落	累计面积>构件面积的5%且≤构件面积的20%,单处面积≤1.0m²
4	大范围混凝土剥落	累计面积>构件面积的20%,单处面积>1.0m²

空洞、孔洞评定标准　　表 2-1-82

标度	评定标准	
	定性描述	定量描述
1	完好	—
2	局部空洞、孔洞	累计面积≤构件面积的5%，单处面积≤0.5m²
3	较大范围空洞、孔洞	累计面积>构件面积的5%且≤构件面积的20%，单处面积≤1.0m²或深度≤25mm
4	大范围空洞、孔洞	累计面积>构件面积的20%，单处面积>1.0m²或深度>25mm

磨损评定标准　　表 2-1-83

标度	评定标准	
	定性描述	定量描述
1	完好	—
2	出现磨损，个别部位表面磨耗，粗集料显露	累计面积≤构件面积的10%
3	大范围有磨损，粗集料显露	累计面积>构件面积的10%

混凝土碳化、腐蚀评定标准　　表 2-1-84

标度	评定标准
	定性描述
1	完好
2	有局部碳化或腐蚀现象，且所有碳化深度均小于混凝土保护层厚度
3	大部分出现碳化或腐蚀现象，局部碳化深度大于混凝土保护层厚度，混凝土表面少量胶凝料松散粉化

桥头跳车评定标准　　表 2-1-85

标度	评定标准	
	定性描述	定量描述
1	完好	—
2	台背路面轻微沉降，有轻度跳车现象	沉降值≤2cm
3	台背路面沉降较大，桥头跳车明显	沉降值>2cm且≤5cm
4	台背路面明显沉降，桥头跳车严重	沉降值>5cm

台背排水状况评定标准　　表 2-1-86

标度	评定标准
	定性描述
1	完好
2	台背排水不良，造成桥台被渗水污染
3	台背填土排水不畅，填土出现膨胀或冻胀现象，造成挤压隆起，变形发展较快
4	台背填土排水不畅，填土出现膨胀或冻胀现象，造成台身、翼墙等构件出现大面积鼓肚或砌体松动，甚至出现严重变形

位 移 评 定 标 准   表 2-1-87

标度	评 定 标 准
	定 性 描 述
1	完好
2	—
3	出现轻微下沉、倾斜滑动,发展缓慢或趋向稳定
4	桥台出现滑动、下沉、倾斜、冻拔等,台背填土有沉降裂缝或挤压隆起,变形发展较快,变形小于或等于规范值
5	桥台不稳定,出现严重滑动、下沉、位移、倾斜、冻拔等,造成结构和桥面变形过大,变形大于规范值或不能正常行车

裂 缝 评 定 标 准   表 2-1-88

标度	评 定 标 准	
	定 性 描 述	定 量 描 述
1	完好,无裂缝	—
2	网状裂缝:局部网状开裂	网状裂缝:累计面积在构件面积的20%,单处面积≤1.0m²
	从基础向上发展至台身的裂缝:缝宽未超限	从基础向上发展至台身的裂缝:缝长在截面尺寸1/5
	台身的水平裂缝:缝宽未超限	台身的水平裂缝:缝长为台身宽的1/8
	竖向裂缝:缝宽未超限	竖向裂缝:缝长在截面尺寸的1/3
	翼墙和前墙断裂的裂缝:出现开裂,缝宽未超限	翼墙和前墙断裂的裂缝:缝长在截面尺寸的1/3
	镶面石突出的裂缝:局部开裂	镶面石突出的裂缝:累计面积在构件面积的10%,单处面积≤0.5m²
3	网状裂缝:局部网状裂缝	网状裂缝:累计面积>构件面积的20%,单处面积>1.0m²
	从基础向上发展至台身的裂缝:缝宽未超限	从基础向上发展至台身的裂缝:缝长>截面尺寸的1/5且≤截面尺寸的1/3,间距≥20cm
	台身的水平裂缝:缝宽未超限	台身的水平裂缝:缝长>台身宽的1/8且≤台身宽的1/2
	竖向裂缝:缝宽未超限	竖向裂缝:缝长>截面尺寸的1/3且≤截面尺寸的1/2,间距≥20cm
	翼墙和前墙断裂的裂缝:出现开裂,缝宽超限	翼墙和前墙断裂的裂缝:缝长>截面尺寸的1/3且≤截面尺寸的2/3
	镶面石突出的裂缝:局部开裂	镶面石突出的裂缝:累计面积>构件面积的10%,单处面积>1.0m²
4	从基础向上发展至台身的裂缝:重点部位缝宽超限	从基础向上发展至台身的裂缝:缝长>截面尺寸的1/3,间距<20cm
	台身的水平裂缝:重点部位缝宽超限	台身的水平裂缝:缝长>台身宽的1/2
	竖向裂缝:重点部位缝宽超限	竖向裂缝:缝长>截面尺寸的1/2,间距<20cm
	翼墙和前墙断裂的裂缝:出现开裂,缝宽超限	翼墙和前墙断裂的裂缝:缝长>截面尺寸的2/3,缝宽>1.0mm
5	桥台出现结构性裂缝,桥台变形失稳	缝宽>1.0mm,缝长>台身宽的2/3

（2）台帽评定指标及分级评定标准

破损评定标准见表 2-1-89；混凝土碳化、腐蚀评定标准见表 2-1-90；裂缝评定标准见表 2-1-91。

破 损 评 定 标 准　　　　　　　　表 2-1-89

标度	评定标准	
	定性描述	定量描述
1	完好	—
2	局部混凝土剥落、磨损等	累计面积≤构件面积的10%，单处面积≤0.5m²
3	较大范围混凝土剥落、磨损等	累计面积＞构件面积的10%且≤构件面积的20%，单处面积≤1.0m²
4	大范围混凝土剥落、磨损等	累计面积≥构件面积的20%，单处面积＞1.0m²

混凝土碳化、腐蚀评定标准　　　　　　　　表 2-1-90

标度	评定标准
	定性描述
1	无碳化现象
2	有局部碳化或腐蚀现象，且所有碳化深度均小于混凝土保护层厚度
3	大部分出现碳化或腐蚀现象，局部碳化深度大于混凝土保护层厚度，混凝土表面松散粉化

裂 缝 评 定 标 准　　　　　　　　表 2-1-91

标度	评定标准	
	定性描述	定量描述
1	完好，无裂缝	—
2	由支承垫石从下向上发展的裂缝：缝宽未超限	由支承垫石从下向上发展的裂缝：缝长≤截面尺寸的2/3
	台帽自上而下的垂直裂缝：缝宽未超限	台帽自上而下的垂直裂缝：缝长≤截面尺寸的2/3，间距≥20cm
3	由支承垫石从下向上发展的裂缝：缝宽超限	由支承垫石从下向上发展的裂缝：缝长＞截面尺寸的2/3
	台帽自上而下的垂直裂缝：缝宽超限	台帽自上而下的垂直裂缝：缝宽＞限值且≤1.0mm，缝长＞截面尺寸的2/3，间距＜20cm
4	台帽自上而下的垂直裂缝：缝宽超限	台帽自上而下的垂直裂缝：缝宽＞1.0mm，缝长＞截面尺寸的2/3，间距＜20cm

3）基础

冲刷、淘空评定标准见表 2-1-92；剥落、露筋评定标准见表 2-1-93；冲蚀评定标准见表 2-1-94；河底铺砌损坏评定标准见表 2-1-95；沉降评定标准见表 2-1-96；滑移和倾斜评定标准见表 2-1-97；裂缝评定标准见表 2-1-98。

冲刷、淘空评定标准　　　　表 2-1-92

标度	评定标准	
	定性描述	定量描述
1	完好	—
2	基础无冲蚀现象,表面长有青苔、杂草	—
3	基础有局部冲蚀现象,部分外露,但未露出基底	基础冲空面积≤10%
4	浅基础冲空,露出底面,冲刷深度大于设计值	基础冲空面积>10%且≤20%
5	冲刷深度大于设计值,地基失效,承载力降低,或桥台岸坡滑移或基础无法修复	基础冲空面积>20%

剥落、露筋评定标准　　　　表 2-1-93

标度	评定标准	
	定性描述	定量描述
1	完好	—
2	承台出现少量剥落、露筋、锈蚀现象,或基础少量混凝土剥落	累计面积≤构件面积的3%,单处面积≤0.25m²
3	承台较大范围出现剥落、露筋、锈蚀现象,或基础小范围出现剥落、露筋、锈蚀现象	剥落、露筋累计面积>构件面积的3%且≤构件面积的10%,单处面积>0.25m²且≤1.0m²
4	承台大范围出现严重剥落、露筋、锈蚀现象,且混凝土出现严重锈蚀裂缝或基础较大范围出现剥落、露筋,主筋严重锈蚀	剥落、露筋累计面积>构件面积的10%且≤构件面积的20%,单处面积>1.0m²
5	基础大量剥落、露筋且主筋有锈断现象,基础失稳	基础剥落、露筋累计面积>构件面积的20%,单处面积>1.0m²

冲蚀评定标准　　　　表 2-1-94

标度	评定标准	
	定性描述	定量描述
1	完好	—
2	基础或承台有轻微磨损、腐蚀现象,个别部位表面磨耗,粗集料显露	累计面积≤构件面积的3%
3	基础或承台大范围被侵蚀,有磨损、缩颈、露筋或者环状冻裂现象,或桩基顶面出现较大空洞	累计面积>构件面积的10%且≤构件面积的10%
4	混凝土腐蚀或钢筋大量锈蚀并有锈断现象;或有严重冻融现象,造成大面积混凝土胀裂	累计面积>构件面积的10%

河底铺砌损坏评定标准　　　　表 2-1-95

标度	评定标准
	定性描述
1	河底铺砌完好,无冲刷现象
2	河底铺砌局部轻微冲刷或损坏
3	河底铺砌冲刷较重或损坏严重
4	河底铺砌出现严重冲刷,淘空或损坏

沉 降 评 定 标 准   表 2-1-96

标度	评 定 标 准
	定 性 描 述
1	完好
2	—
3	出现轻微的下沉,发展缓慢或下沉趋于稳定
4	出现下沉现象,沉降量小于或等于规范值
5	基础不稳定,下沉现象严重,沉降量大于规范值,造成上部结构和桥面系变形过大

注:简支梁基础允许沉降——均匀总沉降值(不包括施工中沉降):$2.0\sqrt{L}$cm;相邻墩台均匀沉降差值(不包括施工中沉降):$1.0\sqrt{L}$cm;L为相邻墩台间最小跨径长度,以米计;跨径小于25m时,仍以25m计。

滑移和倾斜评定标准   表 2-1-97

标度	评 定 标 准
	定 性 描 述
1	完好
2	—
3	出现滑移或倾斜,导致支座和墩台支承面轻微损坏,或导致伸缩装置破坏、接缝减小、伸缩机能受损,但发展缓慢或下沉趋于稳定
4	基础出现滑移或倾斜,导致支座和墩台支承面被严重破坏,或导致伸缩装置破坏、接缝减小、伸缩机能完全丧失,或滑移量过大,梁端与胸墙紧贴
5	滑移量过大导致前墙破坏或局部破碎、压曲,或基础不稳定,滑移或倾斜现象严重,或导致梁体从支承面上滑落

裂 缝 评 定 标 准   表 2-1-98

标度	评 定 标 准	
	定 性 描 述	定 量 描 述
1	完好	—
2	结构应力异常,出现剪切裂缝,缝宽未超限	缝长≤截面尺寸的1/3
3	结构应力异常,出现剪切裂缝,缝宽未超限	缝长>截面尺寸的1/3且≤截面尺寸的1/2
4	结构应力异常,出现剪切裂缝或混凝土出现碎裂	缝宽>限值且≤1.0mm,缝长>截面尺寸的1/2
5	结构应力异常,出现剪切裂缝,裂缝贯通,基础处于失稳状态,或基础出现结构性裂缝甚至断裂	缝宽>1.0mm,缝长>截面尺寸的1/2

4)翼墙、耳墙

破损评定标准见表 2-1-99;位移评定标准见表 2-1-100;鼓肚、砌体松动评定标准见表 2-1-101;裂缝评定标准见表 2-1-102。

破 损 评 定 标 准

表 2-1-99

标度	评定标准	
	定 性 描 述	定 量 描 述
1	完好	—
2	局部混凝土出现空洞、孔洞、剥落,或砖石表面小块脱落	累计面积≤构件面积的5%,单处面积≤0.5m²
3	较大范围混凝土或砖石出现空洞、孔洞、剥落	累计面积>构件面积的5%且≤构件面积的20%,单处面积≤1.0m²
4	大范围混凝土或砖石出现空洞、孔洞、剥落	累计面积>构件面积的20%

位 移 评 定 标 准

表 2-1-100

标度	评定标准
	定 性 描 述
1	完好
2	—
3	存在明显的永久变形,但无明显的外倾、下沉,或出现填料损失,但仍可起到挡土的作用
4	有下沉、滑动现象,造成翼墙断裂,外倾失稳,砌体变形,部分倒塌,或填料严重流失,失去挡土功能

鼓 肚 、砌 体 松 动 评 定 标 准

表 2-1-101

标度	评定标准
	定 性 描 述
1	完好
2	局部鼓肚,砌体松动
3	大面积鼓肚,砌体松动
4	大面积鼓肚,砌体松动,甚至出现严重渗漏

裂 缝 评 定 标 准

表 2-1-102

标度	评定标准	
	定 性 描 述	定 量 描 述
1	完好或有轻微网裂	网裂总面积≤10%
2	较多网裂。出现个别裂缝,缝宽未超限	网裂总面积>10%
3	出现多处裂缝,未贯通,缝宽超限,或翼墙或耳墙有断裂,与前墙脱开	—
4	出现通缝,裂缝超限,或翼墙或耳墙断裂,与前墙完全脱开	—

5) 锥坡、护坡

缺陷评定标准见表 2-1-103;冲刷评定标准见表 2-1-104。

缺 陷 评 定 标 准   表 2-1-103

标度	评 定 标 准		
	定 性 描 述		定 量 描 述
1	完好		—
2	铺砌面局部隆起、凹陷、开裂,砌缝砂浆脱落,或局部铺砌面下滑,坡角损坏		缺陷面积≤10%
3	铺砌面出现大面积隆起、凹陷、开裂,砌缝砂浆脱落		缺陷面积>10%且≤20%
4	出现孔洞,破损等,丧失锥坡、护坡功能,或锥坡体和坡脚损坏严重,大面积滑坡、坍塌、坡顶下降较大,锥坡、护坡作用明显降低		缺陷面积>20%

冲 刷 评 定 标 准   表 2-1-104

标度	评 定 标 准
	定 性 描 述
1	完好
2	局部冲成浅坑
3	坡脚局部冲蚀,冲成深坑、沟或槽
4	锥坡体和坡脚冲蚀严重,基础有淘空现象

6)河床及调治构造物

(1)河床评定指标及分级评定标准

堵塞评定标准见表2-1-105;冲刷评定标准见表2-1-106;河床变迁评定标准见表2-1-107。

堵 塞 评 定 标 准   表 2-105

标度	评 定 标 准
	定 性 描 述
1	完好
2	局部有漂流物,堵塞河道
3	多处有漂流物堵塞河道
4	河道被完全堵塞

冲 刷 评 定 标 准   表 2-1-106

标度	评 定 标 准
	定 性 描 述
1	河床稳定,无冲刷现象
2	局部轻微冲刷
3	冲刷较重,墩台底有淘空现象,防护体损坏严重
4	河床压缩,出现严重冲刷淘空,危及桥梁安全

河床变迁评定标准   表 2-1-107

标度	评 定 标 准
	定 性 描 述
1	完好
2	局部轻微淤积
3	河床淤泥严重,河床扩宽有变迁趋势
4	已出现变迁、扩宽现象,并有发展趋势

(2)调治构造物评定指标及分级评定标准

损坏评定标准见表 2-1-108;冲刷、变形评定标准见表 2-1-109。

损 坏 评 定 标 准   表 2-1-108

标度	评 定 标 准
	定 性 描 述
1	完好
2	构造物局部断裂,砌体松动、鼓肚、凹陷或灰浆脱落
3	表面出现大面积损坏或坡脚局部损坏
4	需要设置但没有设置调治构造物者

冲刷、变形评定标准   表 2-1-109

标度	评 定 标 准
	定 性 描 述
1	完好
2	边坡局部下滑,基础局部冲空
3	边坡大面积下滑,构造物出现下沉、倾斜,局部坍塌
4	构造物出现下沉、倾斜、坍塌,基础冲蚀严重

1.6 特殊检查技术和方法

对桥梁结构有损害的意外情况发生时或发生后的观测和检查,以及对建桥或运营阶段有较大缺陷的修复部位的检查均称为特殊检查。

特殊检查应根据斜拉桥破损状况和性质,采用适当的设备,以及现场勘探、试验等特殊手段和科学分析方法,查明桥梁的破损情况和承载力,确定桥梁的技术状况,找出破损和病害的原因,以便采取相应的加固、改善和修复措施。

特殊检查分为应急检查和专项检查两类。

在无紧急事件发生,特大桥特殊检查作为一种定期检查的深入,每年应进行一次特殊检查。

1.6.1 应急检查

当桥梁遭受洪水、风灾、滑坡、地震、火灾、船舶或重大漂浮物撞击、超载车辆自行通过等自然

灾害或事故后,应立即对斜拉桥结构作详细检查。查明破损状况,采取应急措施,尽快恢复交通。

1)船只等大型漂浮物撞击后的检查

(1)检查内容

若发生失控船只和大型漂浮物撞击主塔墩、承台,应立即做详细检查,并认真调查肇事船只和大型漂浮物的吨位、撞击速度、方向和高度,估算撞击力的大小。根据估算的撞击力对整体结构进行分析,判断结构有无功能降低的迹象。

(2)检查方法

用肉眼观察受撞部位的损伤情况。混凝土表层有无破碎和开裂,是否有构造钢筋或受力钢筋暴露。如有破碎,应对破碎范围大小、程度及所在位置作出描述;如有开裂,应对裂缝的数量、分布情况及所在位置做出描述。

最后,可用无损探伤仪器对被撞区域进行超声波无损探伤,判断混凝土内部是否产生损伤,并用脉动方法测定主塔墩动力特性的变化,所测基频的阶次尽可能高,结合相应振型来判断主塔墩受撞后的损伤程度。当然,此项检查技术复杂,需要较多经验,应由专门机构承担并提出报告。

2)洪水期和洪水过后的检查

(1)在接近或超过设计洪水期时应进行必要的水文观测,掌握洪水动态,并与当地气象、水文部门取得密切联系,对洪水期的雨水、洪水水流速度、流量、水位高、浪高和壅水等水情状况进行监测和记录,并应注意积累和保存监测资料,作为以后制定大桥改善和维修加固措施的依据。

(2)水位观测。可借助设在主桥桥墩上的固定水位标尺或水准仪进行观测。

(3)流速观测。一般用流速仪测速,也可用浮标法或泥沙颗粒起动法测速。

(4)做好排洪、泄洪等防范工作。每年汛期前应进行一次预防水毁的技术检查,检查对象包括桥墩台、调治构造物等。

(5)洪水过后对大桥排水设施、冲刷对主塔和桥墩及基础有无产生影响等进行及时详细检查,如有破损或病害,应立即修复。

3)风灾期和风灾过后的检查

(1)台风风速观测

接到台风即将到来的预报时,应起动设在桥上的台风风速观测仪,自动记录风速随时间变化的历程曲线,可得到最大风速以及来风的方向与加劲梁的攻角。

(2)大桥各部位的台风响应观测与分析

在台风来临之前,在中跨跨中加劲梁上安装加速度计及位移计,台风到来后自动记录加劲梁的加速度和振幅随时间的响应历程。台风过后对记录到的信号进行频谱分析,确定结构在本次台风期的最大响应。

通过对上述信号的频谱分析,可以得到结构的最大响应,为验算结构的有关特性提供依据。

(3)主塔偏移

通过安放在主塔的传感器测量主塔偏移,记录塔顶偏移的时间历程。台风过后对记录进行分析,确定分析结果。

(4)斜拉索系统

台风过后,必须检查斜拉索系统是否有损坏。主要内容包括:主塔有无不可恢复的偏移,斜拉索风振状况。

(5)支座情况

台风过后,必须检查各支座是否处于正常位置和完好状态,即必须检查前述各支座,它们应处于设计要求的工作状态。

(6)钢箱梁情况

台风过后,应仔细应查看桥面、伸缩缝、钢箱梁与伸缩缝连接处周围、风嘴等部位是否有裂缝或较大的变形。

(7)桥上附加电器、通信、安全检测系统、照明管线情况等

应仔细检查桥上各种附加电器,诸如路灯、塔柱射灯、塔内照明设施、箱内照明设施、航空障碍灯、避雷设施、安全标志等是否完好、有效。

(8)检查报告

上述各项检查有的是在台风期间进行,有的是在台风过后进行,每项检查都应有检查报告,并按统一的格式填报,见表2-1-110。

台风检查记录　　　　　　　　　　　　　表2-1-110

台风起止时间		年 月 日 时 分至 年 月 日 时 分		
风速	瞬时最大风速(km/h)	加劲梁外观		
	平均风速(km/h)	体外束		
	持续时间(h)	主塔偏移	顺桥向(mm)	
响应	钢箱梁最大动应变(με)		横桥向(mm)	
	钢箱梁平均动应变(με)	斜拉索系统	斜拉索	
	最大水平挠度(mm)			
	最大竖向挠度(mm)		其他	
	持续时间(h)	桥上附属设施		
情况描述:				

检查记录人:　　　　　　　　　　负责人:

4)地震过后的检查

接到即将有地震发生的预报时,应立即起动安装在主塔基础上的地震记录仪,连续记录地震加速度、结构幅值等结构效应参数。地震过后应对结构进行全面检查,并对破损处提出相应的修补加固措施。

（1）外观检查

地震，特别是烈度在 6 度及其以上的地震，会导致斜拉桥斜拉索部分大幅度摆动和主塔振动，斜拉桥的塔、索、梁各部位处在一个强烈的耦合振动过程中，常常会使斜拉桥的有些部位损坏。因此，每当地震过后，一定要认真全面查看斜拉桥各部位的完好性。检查的主要内容有：桥面沥青混凝土、桥面伸缩缝和加劲梁是否完好；梁段之间的接缝是否完好；各支座是否偏离原位或遭到损坏；斜拉索索本身及加劲梁的连接是否完好；体外索是否完好；主塔身是否损坏。

（2）防震设施检查

辽河大桥的防震设施有：主塔处设置纵向约束钢索限制主梁位移；主塔钢箱梁装有黏滞阻尼器。地震过后应立即对这几处设施进行检查，看其是否已经破坏。如已破坏，则应及时进行修复或更换。同时，还应检查与这几处连接的梁体结构混凝土是否有损伤。如受损严重的，则应对其进行修补加固。

（3）测算地震响应和加速度谱

地震过后，应立即对设置在主塔根部的固定地震观测台进行检查。将记录到的地震反应（如加速度或位移）时程曲线送至分析中心进行分析。分析出桥址的最大地震加速度和持续时间。根据记录分析得到的最大加速度对结构进行地震响应分析，得出各关键部位的最大响应，如位移、内力等。分析应考虑几何非线性、弹塑性的影响。

根据实测时程曲线进行频谱分析，得出加速度谱，即不同频率对应的加速度。此项分析，包括地震观测台的设置，应委托专门的研究机构或检测机构进行。

5）火灾过后的检查

（1）火灾过后必须检查。若因行驶在桥上的油车或其他运载易燃物品的车辆发生意外等原因引起火灾，火灾后，一定要仔细检查。查清火灾原因，确定受火灾影响的范围和部位。

（2）检查的主要内容如下：

①火灾影响范围内的桥面、伸缩缝及钢箱梁内外对应处是否受损。

②火灾影响范围内的各根拉索及其有关连接件是否受损，拉索拉力有无变化。

③如果火灾发生处的斜拉索系统损坏严重，还要进一步查看斜拉索的钢丝是否也受到损伤。

④查看桥面中央分隔带或其他部位的通信及照明管线、安全监测系统等是否有效。

（3）对损伤部位尽快修理。

对损伤部位应尽快作如下处理：

①桥面或钢箱梁若有损伤应及时修补。

②伸缩缝若有损伤，应予以修复或更换。

③斜拉索及其有关连接件防护烧脱者应做防腐处理。

④如有断丝和损坏的零部件，应予以更换。

⑤对火灾影响范围内的各索索力进行测定。将此次测定值与前次定期观测的结果相比较，看是否有较大变化，并分析变化原因，再进一步考虑是否更换索或调整索力。

⑥了解火情,分析判断火灾所造成的损伤程度,确定检查深度。

6)超重车辆过桥和通过后的检查

超重车辆过桥应按前述的各项规定办理。事先必须经过有关部门的检算、批准,应该单独过桥,按指定的路线进行,并禁止其他车辆同时通行。在超重车辆行进过程中和通过以后都必须进行必要的观测。

(1)行进过程中的检查。在行进过程中,主要应对主桥挠度、桥面线形变化和裂缝开展情况进行跟踪测量。测量方法:在桥中跨跨中及1/4、3/4跨分别设置光电挠度测点,竖起靶子,当超重车辆通过时,光电挠度计的主机可快速记录每一步的信号,当超重车离开桥后,将得到3条位移—时间曲线。从曲线中可查出最大挠度。

(2)超重车辆离桥后的检查。超重车辆驶离主桥半小时后,首先应当对桥面线形变化进行测量,看是否留下残余挠度;然后组织桥梁养护人员查看桥面及钢箱梁箱内有无可见的裂缝,斜拉索与钢箱梁相连的钢锚箱之间有无裂缝、伸缩缝有无损坏。如有损坏,应组织有关专家讨论修补或其他处理方案。如有条件,还应当对斜拉索、钢箱梁及拉索锚固区等进行力学检查,判断重载车辆过桥是否对大桥产生不利影响。还应对锚固区钢箱梁顶板、桥墩、台及支座等进行检查。

7)各种事故后的结构验算

(1)结构检算方法和目的

在地震、超重车辆过桥、船只等漂浮物撞击桥墩以及桥上行驶的车辆撞击主塔或斜拉索等后,除进行前述有关条款的检查外,还应对结构进行检算。验算的方法是将外力(地震力、撞击力等)加在相应的位置,用有限元方法对结构进行整体分析,确定结构在这些意外荷载作用下的内力状态,并把这些附加内力同结构恒荷载内力叠加,然后再与材料的设计强度或结构刚度对比,确定结构的使用功能是否仍能满足要求。

(2)用动力特性变化作故障诊断

在发生各种事故后,亦应对相应状态下结构的动力特性及响应进行计算,以评判这些意外事故是否会引起故障发生,对可能发生故障的部位进行仔细测量,用动力特性的变化来进行故障诊断。

8)应急(特殊)检查报告的编写

(1)特殊检查的报告

承担特殊检查的单位及负责检查的工程师应按合同规定的内容及时完成检查任务,并作出检查报告。检查报告应包括下列主要内容:

①概述检查的一般情况,包括桥梁的基本情况、检查的组织、时间、背景和工作过程等。

②目前桥梁技术状况的描述,包括现场调查、试验与检测项目及方法、检测数据与分析结果和桥梁技术状况评价等。

③详细阐述检查部位的损坏原因及程度,并提出结构部件和总体的修理、加固或改善的建议方案。

(2)特殊检查的项目及内容

①结构验算、水文验算。

②用精密仪器对病害进行现场调查和实验室分析：混凝土裂缝外观及显微镜调查、混凝土碳化检测、氯离子滴定试验、钢筋锈蚀、湿度调查、强度测试、结构分析；斜拉索变位、断裂及锈蚀状态调查；钢结构超声波探伤；桥面防水层状况调查；桥面铺装状况调查。

如有缺陷，应及时养护修理；当发生异常现象时，应加强观测，严密监视，并记录发展情况，研究紧急对策及处理措施。

（3）检查后的结构检算、结论

如果桥梁构件损坏严重，斜拉桥维修加固又较难实施，应组织有关专家对加固和改善方案评审会商，确定出最优方案后组织有经验的施工队伍实施加固维修。

如有局部损坏对斜拉桥结构整体性能有影响或经过 20 年后对本斜拉桥的实际使用状况不明确，可根据实际结构技术状况对斜拉桥进行结构验算或承载能力试验鉴定。

桥梁结构验算，应按实际断面尺寸及缺损情况、材料的实际强度和弹性模量、地基实际容许承载力和水文条件进行计算，并按现行《公路桥涵设计通用规范》和《公路旧桥承载能力鉴定办法》有关条文办理。

1.6.2　专项检查

对进一步需要判明损坏原因、缺损程度或使用能力的桥梁，要求针对病害进行专门的现场试验检测、验算分析等鉴定工作，以便采取有效的养护措施。需进行专门检查和检验的三种情况如下：

（1）有必要使用特殊设备或专门技术对定期检查作补充时；

（2）在进行复杂和昂贵的维修之前，需查出定期检查中未能发现的损坏情况时；

（3）需要使用特殊仪器或需作特别详细记录的检查，拟评定结构实际状况时。

专项检查主要内容包括：桥梁表观详细检查、结构（或构件）线形与尺寸量测、材质状况检测、使用荷载情况和结构性能测试等。专项检查是科学评价桥梁病害及缺损成因，判断其对结构使用与安全影响，进一步采取有效处理措施的主要手段。其主要的项目包括：

（1）桥梁几何形态参数的测定；

（2）桥梁结构恒载变异状况调查；

（3）桥梁结构构件的材质强度检测与评定；

（4）混凝土中钢筋锈蚀电位的检测；

（5）混凝土中氯离子含量的测定；

（6）混凝土电阻率的检测；

（7）混凝土碳化状况的检测；

（8）混凝土结构钢筋分布状况的调查；

（9）桥梁结构固有模态参数的测定；

（10）桥梁墩台与基础变位情况调查；

（11）地基与基础的检验。

专项检查报告应包含的主要内容：

（1）概述专项检查的一般情况，包括桥梁的基本情况、实施原因、检查的组织、时间、背景和工作过程等。

(2)目前桥梁技术状况的描述,包括现场调查、试验与检测项目及方法、检测数据与分析结果,以及桥梁技术状况评价等。

(3)详细阐述检查部位的损坏原因及程度,并提出结构部件和总体的修理、加固或改善的建议方案。

专项检查由辽河大桥授权的专职桥梁养护主管工程师主持,委托公路桥梁检测中心或具有这种能力的科研设计单位、工作咨询单位,签订特殊检查合同后实施。

1.6.3 静、动荷载试验

对需要对静、动荷载试验的情况、试验内容及试验实施单位条件加以要求。

(1)需要进行静、动载荷载试验的情况

一般投入运营的斜拉桥,在下述情况下需进行承载力鉴定:

①大跨度斜拉桥通车前需通过荷载试验进行承载力鉴定,以判断设计与施工质量是否满足设计文件和规范的承载力要求,并建立档案,以备养护维修使用;

②按维修养护计划运营一定年限后,进行承载力状况鉴定;

③船舶和车辆撞击、地震、台风等突发事件后进行承载状况鉴定;

④加固、改造后的斜拉桥也应进行承载力鉴定;

⑤超过设计荷载等级的车辆过桥时,也需借助承载力鉴定认可,方能通行。

(2)静、动载荷载试验内容

承载能力试验分为静力荷载试验和动力荷载试验,试验评定方法应按照《公路桥梁承载能力检测评定规程》(JTG/T J21—2011)或《大跨径混凝土桥梁试验方法》有关内容实施。

荷载试验是取得桥梁承载力数据最直接、最可靠的方法。一般情况下,荷载试验取值均按标准设计活载取值或使用等代设计荷载。加载的位置按影响线加载位置确定,上桥荷载均需事先称重。

对于受损伤的桥梁,可针对受损跨或受损局部加载,以确定损伤是否带来承载力的折减。

对于特种超重荷载过桥的荷载试验,可用特种荷载所施用的平板车,按其实际荷载分级加载,或采用枕木、水箱等模拟轴距及轴重分级加载。

进行荷载试验的桥梁,一般也需进行桥梁状态调整和理论计算,以便和实测数据对比。

通过荷载试验取得部件应力、挠度和自振特性数据。

(3)静、动载荷载试验实施单位要求

辽河大桥静、动载荷载试验的实施应由具有公路工程检测甲级资质的单位来完成,并具有相关经验和业绩,以确保试验质量和成效。

1.6.4 特殊检查应配置的仪器设备

特殊检查所用的设备和器材见表2-1-111。

特殊检查所用的设备和器材 表 2-1-111

安全、保护用品	检 测 仪 具	工具、器材	附 加 设 备
警告标志 警告信号灯 反光背心 安全帽 安全带 工作服 防滑鞋 雨靴 水裤 救生衣 救生索 防护眼镜 其他劳保用品	照相机 长焦镜头 广角镜头 闪光灯 望远镜 刻度放大镜 地质罗盘 100m钢卷尺 2~3m钢卷尺 1~2m木折尺 30~50m水尺 垂球测绳 测量花杆 水准仪及塔尺 水平尺 全站仪 GPS 焊缝探伤仪 无线动测仪 测距仪 风速仪 温湿度仪 钢筋探测仪 氯离子测试仪 量角器(大号) 测量记录本 记录文件夹	电筒(强光) 扁刮刀 地质锤 地铲 铁锹 钢丝刷 油漆刷 特种铅笔 喷雾筒漆 彩色粉笔 器具箱 工具袋 文件包 其他文具	软梯 伸缩梯 充气皮艇 工作船 拼装式悬挂作业架 桥梁专用检查作业架 专用检查作业车 路灯车 试验加载车

134

第 ② 章　土建结构维修养护

2.1　养护分类与管理

1)养护分类

桥梁的养护按其工程性质、规模大小、技术难易程度划分为防护养护工程、小修保养工程、中修工程、大修工程、专项工程五类。各类养护工程分别包括下列内容:

(1)防护养护工程:对管养范围内的斜拉桥各部件进行防护性养护,避免发生容易产生和反复出现的病害避免发生。它通常是由桥梁专门养护部门在年度预防性养护定额经费内,按年(季)度安排计划,并组织实施。

(2)小修保养工程:对管养范围内的斜拉桥及其工程设施进行预防性保养和修补其轻微损坏部分,使其经常保持完好状态。它通常是由大桥养护项目部在年度小修保养定额经费内,按月(旬)排计划,是经常进行的工作。

(3)中修工程:对管养范围内斜拉桥及其工程设施的一般性磨损和局部损坏进行定期的修理加固,以恢复原状的小型工程项目。它通常是由大桥养护项目部按年(季)安排计划并组织实施。

(4)大修工程:对管养范围内的斜拉桥及其工程设施的较大损坏进行周期性的综合修理,如重新进行一次防腐涂装工程,以全面恢复到原设计标准;或在原技术等级范围内进行局部改善和个别增建,如更换部分拉索,以逐步提高公路通行能力的工程项目。它通常是大桥养护项目部提出,经上级主管部门批准,经设计并根据批准的年度计划和工程预算来组织实施的工作。

(5)专项工程:对于大桥结构工程、沿线设施及当年发生的较大风毁或水毁的抢修和修复工程,可列为专项工程办理。对风毁或水毁当年不能完全修复的项目,视其规模大小,列入下一年度的中修、大修或改善工程计划内完成。养护费优先用于阻断交通的桥梁结构修复工程。

2)养护工程的管理

养护工程的管理计划、设计预算、招标、施工质量和安全、经济核算、检查验收、工程决算和技术档案等管理工作,应按辽河大桥养护项目部和交通运输部现行有关规定办理。

3)养护工作的总体原则

养护工作的总体原则是"预防为主,防治结合",养护工作的初期阶段以预防性养护为主,重视随检随修;养护工作的中长期以小修保养为主,辅以局部中修;通过科学养护,尽可能地推迟严重病害的产生,减少大修工程。

2.2 斜拉桥维修养护

2.2.1 钢箱梁养护

钢箱梁的养护工作主要包括钢箱梁的防腐和钢箱梁裂缝等缺陷的维修。

1）钢箱梁的锈蚀

（1）钢铁表面锈蚀的构成及原因。

桥梁用钢的表面经常附着一层很薄的水汽,其中的氧气很容易氧化金属,化学反应使钢铁锈蚀。另外,还有电化学腐蚀反应也生成 Fe_2O_3（即铁锈）。

辽河大桥钢箱梁地处辽河入海口,空气中湿度较大,钢梁表面经常有水汽,易发生电化学腐蚀。因此,辽河大桥养护管理部门应对钢箱梁的养护引起足够重视,作好日常水汽测定,如有多少天高湿度,什么时间湿度最高,如何合理使用钢梁防腐涂料品种和方法加强涂装养护。

（2）钢梁锈蚀的种类与生锈的部位和原因。

依据对钢梁锈蚀的检验,大致可将钢锈分为:银锈、浮锈、黄锈、褐锈、黑块锈或夹层锈、麻孔锈、氧化皮形成的锈皮疱瘩等种类。

按钢梁锈蚀程度分类,大致可分为五类,见表 2-2-1 所示。

钢梁锈蚀程度分类表   表 2-2-1

类 别 号	锈蚀程度	现　　象
一类	基本无锈蚀	钢材表面显现金属或黑色金属光泽
二类	轻微锈蚀	钢材表面有一层浮粉的银锈,局部有黄锈,只稍加处理表面就可进行涂漆
三类	基本锈蚀	钢材表面形成黑锈粉
四类	较严重锈蚀	钢材表面全部有黑褐色锈层,并有轻度麻孔锈坑
五类	严重锈蚀	钢材表面油漆脱落,全部表面有较多的疏松黑块锈和麻点坑

对于钢箱梁易积水的部位,要特别注意排水且防止水分进入其内,因为钢铁表面附着氧化皮起阴极作用,铁本身为阳极,避免遇水汽发生电化学腐蚀。

在养护维修时,喷砂、喷丸后应立即涂上磷化底漆或其他水性无机硅酸锌涂料封闭及保护。因喷砂后钢铁表面已成金属面,若经雨水潮湿,一夜之间会形成褐色锈层,锈层内含有水分,表面若涂上油漆,锈蚀继续在里面蔓延扩大,致使漆膜脱落。

钢材表面若沾有碱、酸、盐或其他化学介质及污垢物时,必须彻底清除干净,否则会导致漆膜皂化变质,使涂层失去保护性并增快钢铁的锈蚀。

另外,钢箱梁外表面的油漆涂层经过日晒雨淋,涂膜逐渐老化,失去保护钢铁作用,水汽渗透入内,漆膜表面透出黄色锈斑或条纹锈斑。

2）钢箱梁生锈后表面除锈方法及质量标准

对于钢箱梁表面的铁锈、氧化皮、旧漆皮、污垢、泥土等,可采用的除锈方法有:机械除锈、化学除锈、喷砂除锈、喷丸除锈、高压水喷射除锈、水砂混合除锈、手工除锈等。

除锈以后,钢箱梁表面的质量应达到以下标准:

(1)应将钢箱梁表面的氧化皮、锈蚀层、旧漆层以及使钢箱梁产生油垢或带有化学腐蚀性的物质一律清除干净,显出灰白色金属表面。

(2)使用手工和机械方法进行除锈工作时,不得损伤钢铁表面,不得留有锤痕、砍印、裂口等。

(3)若使用有机溶剂配制的脱漆剂处理旧漆皮,严禁用硫酸、盐酸等在钢箱梁上除锈;不允许使用碱液脱除旧漆皮;也不允许高温火焰焚烧锈层及旧漆皮。

3)运营中钢箱梁防腐处理的方法

当斜拉桥运营 10 年以后,可以采用的防腐处理方法有涂装、电镀锌、铬、搪瓷,喷涂金属锡、锌、铝、铬等,或喷涂塑料粉末等,这些方法中,国内外常用的钢梁防腐方法还是用油漆涂装为主。对于易锈部位应经常检修保养,大面积除锈及油漆涂装应在钢箱梁使用 15 年前后分批大修处理。运营养护中,若发生突发事件,使钢箱梁外部膜局部损伤,应立即补救维修。

4)钢箱梁的保养与维修

经常清除钢结构的表面污垢,保持构件清洁,特别应注意节点、转角、钢板搭接处等易积聚污垢的部位。清除的污垢不要扫入泄水孔或排水槽中,以免造成堵塞。应保持钢箱梁内部干燥无积水,若发现积水应检查水源,并及时排出积水。

钢构件受到冲击造成局部弯曲时,应研究其危害程度,并采取相应措施。

对于焊接连接的构件,焊缝处若发现裂纹、未熔合、夹渣、未填满、弧坑等缺陷时,应进行补焊,焊后的焊缝应随即铲磨匀顺。当发现钢箱梁裂缝后,需要调查研究裂缝原因,不得盲目补焊,可先采取在裂缝端部钻孔防止继续开裂,并进一步观察。

普通螺栓或高强度螺栓连接的构件,若发现松动应及时拧紧,对于高强度螺栓必须施加设计的预拉应力。高强度螺栓的拧紧或更换应符合下列规定:

①高强度螺栓的施工预拉力应符合设计要求,欠拧值或超拧值均不应超过规定值的10%;②对大型节点,同时更换的数量不得超过该节点螺栓总数的10%,对螺栓少的节点应逐个更换;③在一个连接处(或节点)少量更换的螺栓,其螺母及垫圈的材质、规格、强度等级应与原桥上使用的相同,原则上不得混用。

2.2.2　斜拉索系统养护

本桥斜拉索采用双层 HDPE 护套的镀锌平行钢丝斜拉索,斜拉索外表面采用双层 HDPE 护套,双层 HDPE 护套间设置隔离层,可有效释放外层护套的应力,降低内护套应力,避免护套因应力疲劳开裂;索体钢丝间注防腐油脂,全封闭防腐,完全杜绝因毛细作用和意外的进水造成索体钢丝的腐蚀;斜拉索采用在工厂制作的成品索,这样四层防护在出厂时全部完成,可有效避免运输及施工过程中的钢丝腐蚀。

若遇偶发事故,斜拉索 HDPE 防护层局部破损,应及时维修补强。

(1)维修补强或重新防腐所采取的措施

①要由有资质的专业施工队伍进行防腐维修作业,以保证质量。

②在修补或重新作防护处理时,防护材料和方法不一定沿用初始的,可采用新品种和新技术,以达到防腐效果。

③质量保障和检验:

a. 外观检验:涂装外观平整光滑、无针孔、气泡、裂缝、流挂、缺漏等缺陷,颜色符合供货方的标准色卡,徒手揩拭后无油污。

b. 涂膜厚度检验,应达到维修设计厚度要求。

(2)斜拉桥斜拉索锚固区防腐方法及措施

①钢套筒及密封部位的防护:主要用聚氨酯发泡材料密封,不留凹槽。这些部位包括主塔、钢箱梁上斜拉索钢套筒内、斜拉索锚固区内等。

②特殊部位。如桥面 2.2m 处斜拉索不锈钢套筒边缘密封聚氨酯胶等;钢箱梁内锚筒底部螺栓、锚具等,应注意检查和防护。

(3)斜拉索及附件维修补强或重新防腐所采取的措施

①要由有资质的专业防腐维修专业队伍进行作业,以保证质量。

②在修补或重新进行防腐处理时,防腐材料和方法不一定沿用初始的,可采用新品种和新技术,以达到防腐效果。并注意从外观、开裂、脱落等方面进行质量检验。

③除对 HDPE 防护套关注 10 年的寿命周期外,对斜拉索附件及连接结合部位的聚氨酯发泡材料密封处每年要定期检查,一旦发现不满或很少时,应及时加涂密封胶。

(4)斜拉索系统的养护维修

①定期对斜拉索系统各零部件进行维修保养。

②清查斜拉索已腐蚀的钢丝数及其腐蚀程度。当腐蚀根数和受腐蚀的程度等级叠加后相当于断丝根数超过总丝数时,应更换此索。

③当斜拉索的冷铸锚头发生裂缝和破损时,也应该更换此索。

④若需要更换拉索,应委托专业单位进行,不在本手册中详细描述。

⑤根据对斜拉索的检查结果,做好相应的养护维修工作,紧固或更换斜拉索的锚具等;将斜拉索锚头与钢套筒间的缝隙填满;清除污垢和积水等。对密封部件应及时抽检。

⑥斜拉索上安装的油压阻尼减振器及橡胶块易因拉索疲劳而损坏,应特别注意检查,一旦发现减振器漏油严重时,应及时更换油缸。

2.2.3 墩塔和基础的养护

1)主塔养护维修要点

(1)需要进行经常性地保养与维护,保持钢锚箱及斜拉索锚固区内清洁、无油污及尘垢、无杂物和积水;照明、通风设备及其他设备及标志完好无缺。

(2)主塔混凝土结构部分应无裂缝,当发现裂缝时应作详细记录,记录内容包括裂缝部位、走向、宽度及深度。必要时请专家分析裂缝产生原因,对宽度不小于 0.15mm 的裂缝采用压注环氧胶液,对宽度小于 0.15mm 的裂缝采取封闭处理。当裂缝涉及结构受力时,应进一步检测混凝土强度,进行深入结构的验算分析。必要时进行线形检测和荷载试验。

(3)如发现斜拉索钢锚箱裂缝发展,不得随意补焊,可以先采用 φ6 ~ φ8mm 钻孔止裂,钻孔必须钻掉裂缝尖端部分。如裂缝不进一步发展,就可以不再做进一步处理。如发现裂缝进一步扩展,需经业内专家研究,选择确定加固方案(高强度螺栓连接或补焊)。补焊时气温要高于 10℃,先预计刨去的范围和深度,研究补焊程序,并由取得焊接资格证的焊工实施。最好

采用热量较小的 CO_2 气体保护焊,焊后进行探伤,补焊最好一次完成,构件较大、较厚时应考虑预热。

(4)塔身、承台混凝土劣化、保护层脱落等缺陷的处理。

混凝土水化反应产生过饱和 $Ca(OH)_2$ 溶液,形成较强的碱度,钢筋在此状态形成一层致密的碱性钝化膜,对锈蚀呈惰性状态。大气中 CO_2 与游离 $Ca(OH)_2$ 反应使混凝土中性化。钝化膜消失,钢筋开始锈蚀。严重时钢筋锈蚀层膨胀,使保护层脱落。如此时有氯离子存在,则进一步加速钢筋锈蚀。混凝土的中性化,即碳化使混凝土失去耐久性,进而产生混凝土破坏、钢筋锈蚀。对于桥龄在十年左右或以上的桥,尤其在海洋大气下和浪溅区的桥塔混凝土应进行碳化检测和缺陷普查。

桥塔设计之初应加保护涂层,最初考虑涂层厚度不够或涂层失效的应采取补救措施,重新涂装。

2)主塔养护周期及方法

(1)主塔的防腐

主塔的钢筋混凝土结构若发现开裂,必须进行裂缝封闭和防腐处理。具体方法为:防腐涂层可用环氧封闭漆、厚浆环氧漆及丙烯酸厚浆面漆等。可分为4道涂刷,涂膜层总厚 $260\mu m$ 以上。也可以依据主塔所用原来涂料,经过实践检验有耐久性后,经研究判断可继续使用。

(2)主塔的防腐周期及注意问题

主塔表面所用涂层防腐周期为20年。若遇意外损伤事件,混凝土保护层或防腐层局部破损,应及时处理修补。修补涂层时可选择新品种和新技术,不受原设计技术的制约,但不得与原涂层相冲突。涂刷防腐层时,为保证质量,应由具有专业资质的队伍承担该项工作。

3)主塔基础的防腐周期及方法

主塔基础钢筋混凝土结构位于水面和水下时,应及时检查混凝土是否开裂。若有裂缝,应及时进行处理。一般涂刷水玻璃或环氧树脂,以免水汽进入结构内部,使钢筋发生锈蚀。

2.2.4 桥面铺装的养护

辽河大桥主桥钢桥面铺装采用双层铺装结构,行车道桥面铺装为56mm 以及60mm 厚的 ERS 桥面铺装系统;检修道铺设30mm 厚的沥青砂。

1)钢桥面铺装的预防性保养的方法

(1)钢桥面的防腐蚀涂装

钢桥面防腐涂装施工工艺,见表2-2-2。

(2)工程控制与检测

①原材料质量控制,包括磨料质量控制,涂料质量控制。

②工序质量控制。

③安全措施。

④质量检查和验收标准。表面清理后桥面板无可见油污、杂物及附着物;抛丸除锈时表面

清洁度达到 ISO 国家标准 Sa2.5 级或《涂装前钢材表面锈蚀等级和除锈等级》（GB/T 8923—1988）标准；采用粗糙度比较样板或用仪器直接测量表面粗糙度，要求达到 Rz40 ~ 80μm，标准参照《涂装前钢材表面粗糙度等级的评定》（GB/T 13288—1991）或《轮廓法触针式表面粗糙度测量仪 轮廓记录仪及中线制轮廓计》（GB 6062—1985）；采用磁性干膜测厚仪测试油漆干膜厚度，要求达到 60 ~ 80μm，标准参照《磁性基体上非磁性覆盖层 覆盖层厚度测量 磁性法》（GB/T 4956—2003）；漆膜附着力采用拉开法测定，要求不小于 3MPa，标准参照《色漆和清漆 拉开法附着力试验》（GB/T 5210—2006）；用目测或放大镜检验，漆膜要求连续、平整、无漏涂、针孔、气泡等缺陷。

钢桥面防腐涂装工艺试验表

表 2-2-2

项　　目	工艺名称	工艺参数	施工要求	检验方法	目　标　值
表面清理	除油、除杂物		溶剂除油、机械除油	目测	无可见油污及杂质
抛丸	抛丸除锈及表面粗糙化		达到工艺要求	检查表面清洁度，测量表面粗糙度	Sa2.5Rz40 ~ 80μm
机械打磨			用打磨机打磨	进行标准样板对照检测	St3.0 级
环氧富锌底漆喷漆		空气压力 0.3 ~ 0.6MPa，喷嘴压力 15MPa，喷嘴直径 0.46mm	高压无气喷涂，喷涂时采用湿膜卡控制厚度	干膜测厚	60 ~ 80μm
				外观	无缺陷

2）钢桥面铺装裂缝的处治

鉴于钢桥面沥青铺装的特殊性，任何小的缺陷（如细小裂缝、局部的微破损）在应力与腐蚀介质（成的溶液）的共同作用下将迅速扩展，如果不能及时发现或者发现后不及时处治，这些小的缺陷便会很快发展成大的病害。因此，贯彻"及时发现并修复，消灭隐患于未然"的工作方针，对于钢桥面浇注式沥青铺装的病害处理是非常重要的。

沥青铺装层的裂缝有多种形式，应根据裂缝产生的不同情况采取相应的养护措施。裂缝处治是日常维护的工作重点，一般根据裂缝的严重性，做到"即裂即填""即裂即补"。

裂纹（宽度小于 2 mm 的裂缝）：采用"切缝"，然后再"灌缝"的措施。具体做法为：首先用性质温和的清洁剂对细小裂缝处进行清洗，确保裂缝部位清洁、干净，然后根据需要进行切缝，再灌注聚合物黏结剂或用密封胶填充缝隙。

裂缝：此类裂缝往往表现为铺装表面的开裂，水暂时还没有进入铺装体系内部。具体的处治方法为：①对宽度为 2 ~ 4 mm 的裂缝，采用"灌缝"措施，可用注入环氧树脂胶或密封胶的方法进行处理；②对宽度大于 4mm 的裂缝，采用"填缝"措施，宜注入环氧沥青黏结料或灌注柔性填缝料或沥青玛蹄脂胶泥进行处理。

局部开裂或分布相对较集中的裂缝：采用"打补丁"的方法，即局部挖除，重新铺装。具体方法为：首先根据开裂的面积和形状，将修补面积向四周适当扩展 50 ~ 100 mm，形成相对规则

140

的长方形或正方形,以消除"隐性滑移"的影响,然后用细铜丝刷刷除不稳定的颗粒,用较宽的
鬃毛刷扫清灰尘,必要时用湿拖把擦拭,最后铺筑新的沥青铺装。

施工接缝开裂:如果接缝材料脱落,则用火枪加热并除去接缝料。清洗缝隙,然后检查是
否仍有污迹存在。如有污损,则除去附近的沥青玛蹄脂,然后浇注接缝材料进行修复。

3)钢桥面铺装局部修复

随着钢桥面铺装服务年限的增加和铺装材料的逐年劣化,沥青铺装层在使用过程中将
不可避免地出现一些较为严重的病害,如局部的拥包推移、车辙、泛油以及松散龟裂等。对
于这类钢桥面铺装病害,常采用将已出现病害的局部铺装铲除,再用与原铺装层结构相同
的材料或把原铺装层材料稍作改进后再行填补的方法处理。虽然这种处理方法在一定程
度上延缓了病害的发展速度,但并不能从根本上解决问题。这种修复方法无法阻止不断发
展的车辙、横向推挤及开裂等病害,这时采取分车道封闭交通铣刨罩面修复就显得非常必
要了。通过铣刨罩面既可以铲除桥面车辙或表面不平整等病害,又可以恢复铺装的结构和使
用功能。

用铣刨机对现有桥面破损路段按计划分车道进行铣刨,每次铣刨时,封闭该施工车道和相
邻车道紧靠施工区域的局部路段,其余车道则开放交通。由于原沥青铺装层的日常维修和高
温车辙、推移,可能导致现有沥青层厚度严重不均,为控制铣刨的合理厚度,铣刨施工前,先按
每3m一个横断面,打方孔量测铺装厚度,并绘出横断面图,确定每一断面特征点的铣刨厚度。
为防止水汽侵蚀钢板,量测铺装层厚度后应立即用沥青胶泥回填。按处治方案,铣刨厚度控制
在铣刨到原有铺装层剩余厚度以内。桥面铣刨后,如果铺装裂缝没有贯穿至钢桥面板,铣刨后
剩余铺装使用性能较好,只需对铣刨路段进行清理后加铺新的沥青玛蹄脂即可;如果铺装裂缝
开裂至钢桥面板,并且铣刨后发现剩余铺装使用性能存在明显劣化,则应由人工凿除残留沥青
玛蹄脂和防水黏结层,然后加铺新的沥青玛蹄脂层。

4)桥面油污清洗

由于运输车辆油污泄漏、事故等原因,桥面经常会有油污,降低桥面摩擦,影响行车安全和
美观。当出现油污时,可采用干燥、炉灰渣等粉末状颗粒,覆盖油污,并搅拌后清除,再用水清
洗(图2-2-1)。

图2-2-1　清洗桥面油污

2.2.5 支座、伸缩缝及附属设施养护

1）支座的养护与维修

支座的养护与维修的原则是应该确保支座能保持预期的受力和变形性能。为此,支座性能的检查工作应在支座正式投入使用时就对支座的受力状态和变位性能进行初次检查,以此作为支座正常使用的原始记录。通常在支座的每次检查之前,应将支座仔细清理干净,并对每次检查的结果做认真的记录。在支座检查过程中,首先应检查支座是否有损伤发生(包括支座防腐油漆)。如果没有发现可见的损伤,支座的位置也处于正常范围内,此时应测量支座的实际位置。结合支座当前使用状态(温度、收缩、徐变、荷载状态)下的实际位置与理论位置的偏差,做好记录。如果发现有可见的损伤或位置的偏差、变形或裂缝等现象,应做记录,并对支座的位移、变形和转动情况进行详细的测量,并报告上级主管部门,以便对支座采取维修和更换措施。

（1）日常养护

支座的日常养护工作如下:

①支座各部应保持完整、清洁,每半年至少清扫一次,清除支座周围的油污、垃圾,防止积水、积雪,保证支座正常工作;每年进行一次定期检查和养护。

②及时拧紧支座各部接合螺栓,使支承垫板平整、牢固;对松动螺栓上油紧固。

③应防止橡胶支座接触油污引起老化、变质,用棉纱清理不锈钢板等。

④球型支座、盆式橡胶支座的防尘罩,应维护完好,防止尘埃落入或雨、雪渗入支座内。

⑤支座与梁底、支座与砂浆垫层之间的接触面应平整,梁体位移及转角应不受阻碍,记录位移、转角值;检查支座位移、转角是否正常;支座垫板与锚螺栓应紧密接触,不得有锈蚀;支座垫层上如有积水,应立即清除。

⑥支座或支座组件如有缺陷或产生故障不能正常工作时,应及时予以修整或更换。

（2）支座维修

支座在使用期间,应每年定期进行一次检查及养护维修。主要进行以下维修工作:

①检查支座锚栓有无剪断,支座橡胶密封圈有无龟裂和老化;有问题应及时更换。

②检查支座相对位移是否均匀,并逐个检查支座的位移量,有问题应及时维修。

③清除支座附近的杂物及灰尘,并用棉丝仔细擦净不锈钢滑板表面的灰尘。

④松动锚栓螺母,清洗上油,以免螺母锈死。

⑤校核并定点检查支座高度变化,以便校核支座内聚四氟乙烯板的磨耗情况,当支座高度变化超过 3mm 时,应考虑是否需要更换聚四氟乙烯板。

根据经验,对聚四氟乙烯板的磨耗情况,应重点检查聚四氟乙烯板的外露高度 h_0:

a. 当 $h_0 \geq 1mm$ 时,支座正常;

b. 当 $0.5mm \leq h_0 < 1.0mm$ 时,应每年测量高度变化;

c. 当 $0.2mm \leq h_0 < 0.5mm$ 时,应缩短检查期限,或更换,或经专家鉴定;

d. 当 $h_0 < 0.2mm$ 时,应立即更换,或经专家鉴定。

⑥定期对支座钢件的表面(除不锈钢板和聚四氟乙烯板表面外)的"金属喷涂 + 重防腐涂料封闭"涂装体系进行检查,超过有效保护期应重涂,以满足辽河大桥防腐要求。重防腐体系

技术参数,见表2-2-3。

重防腐体系技术参数 表2-2-3

防腐体系类型	重防腐体系		
防腐体系有效保护期	15 年		
前处理	喷砂/抛丸,清洁度 $Sa2.5$、粗糙度 40~70μm		
热喷涂铝镁合金	≥150μm		
涂装层数	3 涂层		
各涂层涂装道数	2~3 道		
涂层厚度	≥300μm		
涂料品种	底涂层	环氧富锌重防腐底漆	
	中涂层	环氧云铁重防腐中涂漆	
	面涂层	高级脂肪族聚氨酯半光磁漆	

⑦定期对支座与上、下部结构连接件(着重于螺纹部分)的涂层进行检查,在连接件中,锚固螺栓和套筒的处理厚度为 6~8μm。支座使用一定年限后,应现场对其进行冷维护。

2)伸缩缝的养护

伸缩缝应经常养护,如清除碎石、泥土杂物;拧紧螺栓,并加油保护;修理个别损坏部分等,使其发挥正常作用。若有损坏或功能失效,要及时修理或更换。

(1)修补前应查明原因,采用行之有效的、与之相适应的修补方法。修补工作要依据缺陷的程度,或部分修补,或部分以致全部更换。

(2)当铺装层破坏时,要凿除破损部位,重新铺筑。凿除破损部位要划线切割(或竖凿)。清扫旧料后再铺装新面层。当采用混凝土浇筑时,要采用快干水泥并注意新旧接缝要保持平整,对铺筑部分要加以初期养护。

(3)当梳齿断裂或出现裂缝后,要采取焊接方法进行修补。

(4)桥面伸缩缝的修补或更换应封闭交通。

(5)伸缩缝养护维修作业步骤如下:

①经养护人员检查和有关资料的证实,梳齿式伸缩缝和异型钢单缝伸缩装置有混凝土表层龟裂、混凝土碎裂、锚固筋裸露或断裂、型钢变形、断裂、止水带脱落和撕裂等现象。

②作业人员到达作业区域后必须严格按预先制订的"日常养护占道交通安全方案"进行安全作业区域的隔离围护。

③安全作业区域隔离围护的设置,必须顺交通流方向进行。

④处理混凝土表层宽度小于 0.15mm 的裂缝,采用涂结构胶封闭方法处理。

⑤处理混凝土小面积缺损的方法,可直接在清理表面后使用 C50 混凝土或快硬混凝土进行修补,并在 4h 后开放交通。

⑥处理螺母松动:首先清理螺栓孔内的杂物。使用扭力扳手将松动的螺母进行紧固。灌入拌和好的环氧树脂(环氧树脂牌号为:6101、固化剂牌号为:T31、配合比例为 5:1)进行密封,待其固化。在施工温度 20℃ 左右,固化时间约为 4h 左右方可开放交通。

⑦处理大小齿板跳动的方法是:依次松开大小齿板上的螺母,依次打开大小齿板。检查橡

胶止水带、不锈钢滑板、混凝土层、网片筋、锚固筋的损坏情况。用环氧树脂或快速混凝土填补凹混凝土处。盖上橡胶止水带，将大小齿板依次盖上，锁紧螺母。养护4h后开放交通。安全作业区域隔离围护撤除时，必须逆交通流方向进行。

3）桥面栏杆、护栏养护维修

（1）防撞护栏常见缺陷和损伤

公路桥梁的防撞护栏属于安全防护设施，暴露在自然环境条件下，易受到人为或车辆的撞击，出现各种各样的缺陷或损伤是不可避免的。主要缺陷有：

①撞坏：多数是在交通事故中由车辆冲撞所致，也有的是车辆在运输超宽物件时不慎碰坏等。

②缺损：缺乏养护管理，金属锈蚀，或者被人偷拆，造成个别部件缺损。

③变形过大：金属栏杆或护栏的部件虽未造成破坏或缺损，但变形过大，如立柱局部变形或钢质波形板变形过大等。

④腐蚀：金属栏杆或护栏，一旦油漆脱落又长期未重新涂刷，将会受到自然环境的侵蚀，使金属腐蚀。

（2）防撞护栏的养护维修

为了保证行人和车辆的安全，护栏必须始终处于完好状态，如有以上缺陷时，应迅速采取相应的措施进行修复。

桥梁的栏杆、护栏损坏虽然不妨碍交通，但影响桥容，使通行缺少安全感，降低通行的舒适水平。因此，对损坏的桥梁栏杆要及时修理，同时，也要平时加强对栏杆的养护工作。

要使栏杆经常保持完好状态，水平杆件要能自由伸缩。如栏杆已撞坏，要及时重新安装；如有缺损，应及时补齐；金属栏杆要经常刷漆养护，如发现油漆有麻点、脱皮，应重新刷漆；桥头端柱和导向柱，油漆要鲜明，并经常校正纠偏。

4）照明系统工程构件的养护

（1）照明灯柱及底座。运营时应对照明灯柱及底座板的连接螺栓和法兰盘进行养护，注意防腐处理。

（2）防撞护栏及路缘带的防腐与养护。应注意检查螺栓连接是否松动，并注意防腐油漆涂装的质量和色泽有无问题，一旦发现问题，应及时处理，保持桥面钢构件的质量与美观。

（3）标志不正或脱落，应扶正并固定或重新更换。

2.2.6 除湿设施的检查与维护

辽河大桥钢箱梁内部共放置了8台除湿机，并利用两侧贯通全长的U形肋作为通风孔，运营养护管理时，应注意监控除湿机的正常工作，一旦遇到故障，应立即修复，以保持钢箱梁内较低的湿度，达到长效防腐效果。

辽河大桥钢箱梁内除湿系统（图2-2-2）主要由除湿机、混合加压箱、风机、管路等设备组成，通过电气控制，实现设备就地控制和远程自动控制。

1）维护保养要求

除湿设备的保养见图2-2-3、图2-2-4。维护保养具体要求如下：

（1）除湿设备应处于一个密闭、干燥、低尘的空间环境中，在规定的空间内，除湿系统产生的干燥空气，其相对湿度应保持能够达到设计对空间环境湿度的控制要求。

（2）除湿系统的进风管、排风管、循环风管等管道应保持畅通，无泄漏、无阻塞、无损坏现象。排风管口冷凝水不应有倒流的现象。

（3）各功能风阀开关位置应保持正确，电动风阀开关控制应保持完好有效。

（4）除湿系统的各风机、传动机构应保持无异常声音、异常震动、异味的运行状态。

（5）除湿机应在环境湿度设定的控制范围内，应能可靠地进行自动启动或停机。

（6）除湿设备空气过滤网应保持畅通状态，对出现过滤网堵塞报警提示，应及时更换过滤网，保证机组正常运行状态，提高机组工作效率。

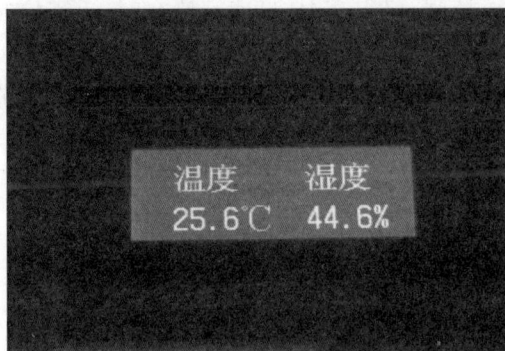

图 2-2-2　钢箱梁内除湿系统

图 2-2-3　钢箱梁内除湿机保养

图 2-2-4　钢箱梁内除湿机清洁保养

2）运行技术标准

（1）维护技术标准

①辽河大桥箱钢梁内相对湿度控制标准：小于或等于 45% RH。

②除湿系统风量检测应符合竣工验收调试设定的技术标准。

③除湿机组设备维护质量应基本符合原设备的技术要求。

④除湿机远程控制系统应保持完好、可靠、准确。

（2）安全运行技术标准

①除湿系统额定工作电压：机组采用三相交流电源（220/380V），现场远程 PLC 控制系统

采用 220V UPS 电源以作为失电支持。

②过载短路保护:除湿机、混合加压箱、管道风机均应有独立、完好可靠的过载、短路保护装置。

③高温保护:除湿机的电加热装置运行温度在 170℃ 时,应能自动切断除湿机组的工作电源。

④停机保护:除湿机在正常情况下停机,机组的再生风机、除湿转轮,应处于延时运行状态,对电加热装置进行冷却运行,当低于设定温度 60℃ 时风机自动停机。

⑤系统接地保护:除湿系统各机组的金属外壳和通风管道的金属部分均应可靠接地,接地方式应符合供电系统规定要求。

⑥远程报警提示:除湿系统各机组总开关失电、掉闸、机组高温、过滤网堵塞时,远程控制系统应准确响应报警提示。

⑦压差开关设定参数:应符合除湿机现场调试设定值要求(设定原则:应与过滤网介质疏密度相配合,一般设定在 250~350MPa 之间)。

⑧除湿机组完好率标准:90%。

3)维护检查的方法与内容

(1)日常远程查阅

①浏览查阅除湿系统远程监控界面,结合气象温湿度和钢箱梁环境温湿度,观察、判断除湿系统当前工作状态,并做好当班运行日志记录。

②出现界面过滤网更换报警提示,及时落实过滤网更换工作。

③出现界面故障报警提示,及时落实报修工作。

④夜间发生上述情况,当值人员落实停机工作措施。

(2)季度维护与技术检测

①除湿机

除湿机季度维护工作,见表 2-2-4。

除湿机季度维护工作表　　　　　　　　　表 2-2-4

序　号	维护项目	维护工作内容、方法
1	运行状态	检查显示数据、检测工作电流
2	现场控制	检查控制柜内元件及柜面指示灯完好情况
3	远程控制	检查主机分合闸、新风控制功能
4	报警装置	模拟失电、堵塞状态,检查功能响应情况
5	设备维护	消除电气与机械异常症状
6	电器控制	检查控制柜各类电器元件状态,消除运行隐患,落实控制柜除尘保洁工作

②混合加压箱

混合加压箱季度维护工作,见表 2-2-5。

③管道风机

管道风机季度维护工作,见表 2-2-6。

混合加压箱季度维护工作表 表 2-2-5

序 号	维护项目	维护工作内容、方法
1	运行状态	观察判断机组工作状态,消除异常症状
2	现场控制	环境与设备的保洁工作,消除电器与机械异常症状

管道风机季度维护工作表 表 2-2-6

序 号	维护项目	维护工作内容、方法
1	运行状态	现场观察风机工作状态,消除异常症状
2	设备维护	进行环境与设备保洁工作
3	电器控制	检查控制柜中的各类电器元件,消除运行隐患,进行除尘保洁工作

(3)年度解体维护保养

①除湿机

除湿机年度维护工作,见表 2-2-7。

除湿机年度维护工作表 表 2-2-7

序 号	维 护 项 目	维护工作内容、方法
1	除湿转轮部件	进行蜂网除尘保洁工作
2	转轮传动装置	检查微型电机、传动带、带轮润滑情况
3	处理风机	检查电机绝缘、工作电流检测、轴承
4	再生风机	检查电机绝缘、工作电流检测、轴承
5	加热器装置	检查、检测绝缘、直流电阻、隔热情况
6	箱体结构	消除风管泄漏,进行附加装置及其内部保洁
7	机组运行	检查是否基本符合维护(参考值)标准
8	接地装置	检查本机组接地干线是否完好可靠

②混合加压箱

混合加压箱年度维护工作,见表 2-2-8。

混合加压箱年度维护工作表 表 2-2-8

序 号	维 护 项 目	维护工作内容、方法
1	电动机	检查电机绝缘、工作电流检测、轴承
2	传动部件	检查传动带、带轮、轴座及润滑情况
3	传动机构	检查紧固驱动和被动部件,调整传动带张力,消除异常声音
4	箱体结构	检查、消除风管泄漏,进行附加装置及其内部保洁

③管道风机

管道风机年度维护工作,见表 2-2-9。

(4)除湿机维护作业注意事项

①除湿机设备及周边环境应保持清洁,无纸、棉、木、油及其他可燃物。

管道风机年度维护工作表　　　　　　　　　　　表 2-2-9

序　号	维护项目	维护工作内容、方法
1	电动机	检查电机绝缘、工作电流检测、轴承
2	风机结构	检查电机绝缘、工作电流检测、轴承
3	流量检测	检查机组铭牌额定标准
4	接地装置	检查本机组接地干线是否完好可靠

②在维护检修工作中,作业人员应注意工作站位和使用工具、配件的摆放,作业人员严禁站立在设备箱体和通风管路上。

③对除湿机进行开箱检修保养工作之前,必须切断电源,并确认电源已被切断,才能进行相关工作。

④通风管道、箱体的拆装过程中,作业人员必须带好工作手套。

⑤整机在安装过程中,应做好对设备内部器件的安装规范环节的检查。在投入运行之前还须检查外部结构和其他装置的位置,确认无误,才能投入试运行工作。

⑥投入试运行的除湿设备应注意机械运行情况,无振动和异响,检查电器控制状态的显示值是否正常,并检测三相工作电流。

2.2.7　阻尼器保养与维修

1)斜拉索外置式阻尼器

斜拉桥斜拉索外置式黏性剪切型阻尼减振器(VSD)置于斜拉索与桥面之间,由索夹、上容器、下容器和下支座立柱组成。

外置式减振器在服务期内的检查、日常维护保养(图 2-2-5)包括如下两部分。

图 2-2-5　阻尼器维护

(1)结构的防腐和损伤处理

①定期(每月)对外置式减振器进行巡察,观察外置式减振器结构部分的状况,特别是对连接部件进行观察,每隔半年了解连接螺栓有无松动,索夹处的 PE 护套是否完好,结构构件有无机械性损伤。

②每 10 年对外置式减振器暴露在外的部分进行一次表面涂装处理,对日常和定期检查发

现的减振器外表面局部损伤进行局部修补、涂装处理。

③对松动的螺栓进行拧紧,对锈蚀严重的螺栓进行更换,对相应的机械性损伤进行处理。

(2)减振性能检测

①定期(每月)对外置式减振器进行巡察,观察外置式减振器的工作状况,特别是观察索的振幅是否过大,即:外置式减振器上下箱体的相对位移是否大于2cm。

②在大的风雨天对外置式减振器的工作状况进行观察:索的振幅是否过大,即外置式减振器上下箱体的相对位移是否大于2cm。

③每3年对外置式减振器的减振性能进行一次抽查,测试外置式减振器的减振效果。

2)主塔钢箱梁阻尼器

辽河大桥主塔钢箱梁装有黏滞阻尼器,该设备具有阻尼、限位两个作用,阻尼限位 $S_{max} = \pm 500mm$,设计最大阻尼力 $f_{max} = \pm 2400kN$,最大位移量 $S_{max} = \pm 600mm$,设计最大限位力 $f_{max} = \pm 35000kN$。阻尼器的维护、保养要注意以下几点:

阻尼器各部位应保持完整、清洁,每半年至少清扫一次,清除阻尼器周围的油污、垃圾,防止积水、积雪,保证阻尼器正常工作。对设备每季度保养一次,加油时应注意选用《无黏结预应力筋用防腐润滑脂》(JG/T 430—2014)2号建筑脂;严禁对阻尼器的不锈钢护套进行敲击和碰撞。

应根据阻尼器产品的自身特点,参考制造单位的意见进行阻尼器的日常保养与维修。

2.2.8　避雷装置的检查与维护

避雷针与整座大桥的金属构件和混凝土内的钢筋连接在一起直通河底,构成了大桥的防雷系统,保护大桥主塔和桥体结构不被雷击损坏。

1)一般要求

(1)避雷针检查维护频率:避雷针检查维护频率为1次/月。

(2)避雷针检查维护作业人员必须持有合格有效的《低压电工》特种作业操作证。

(3)作业前作业人员必须穿好工作服、电工鞋,戴好安全帽、绝缘手套、安全带。

(4)项目负责人向作业人员进行安全和技术交底,并做好交底记录。

(5)检查维护作业前,项目负责人告知值班室作业内容、作业地点和作业范围,值班室应立即将此信息告知监控中心。

(6)监控中心根据桥面情况决定是否允许上桥作业。

2)避雷针检查维护作业

(1)作业人员到达作业点,将车辆停靠在紧急停车带上。作业人员必须严格按要求进行安全围护。

(2)塔内登梯时应注意以下事项:

①携带的工具、物品应放置在完好牢固的工具袋内。

②登垂直梯时应双手协调,切勿单手爬梯;登梯时应集中思想慢行,切勿大意;登梯时上、下人员要相互关照,切勿相互催促快行。

③到塔顶后,作业人员必须带好安全带再爬上梯子。

④作业人员爬上塔顶围墙前必须将安全带扣在钢梯上,并检查是否牢固可靠。

⑤作业人员检查避雷针,是否牢靠联通。

⑥作业人员同时对避雷针及附属设施进行清洁。

(3)检查维护结束后,作业人员按原路返回桥面,安全维护后迅速离开现场。

(4)作业人员当日填写好避雷针检查维护记录表。

3)避雷针检查维护记录表

避雷针检查维护记录表,见表2-2-10。

避雷针检查维护记录表　　　　　　　　　表2-2-10

编 号	位 置	检查维护情况	检 查 人	日 期
1				
2				
3				
4				

2.3 引桥维修养护

2.3.1 上部承重构件养护

1)日常养护与小修

(1)预应力钢筋混凝土箱梁,应保持箱内通风,以减少因箱内外温度相差过大可能引起的结构裂缝。

(2)在技术经济许可的条件下,对混凝土构件进行防腐蚀涂层,提高混凝土构件的耐久性。

2)桥梁上部结构的维修养护

(1)如发现构件剥落露筋等现象,应将钢筋的锈迹清除,并把松动的保护层凿去;如损坏面积不大,可用环氧砂浆修补;如损坏面积过大,可喷注高强度等级水泥砂浆。

(2)预应力钢筋混凝土的箱梁,应保持箱内通风,以减少因箱内外温度相差过大可能引起的裂缝。

(3)钢筋混凝土构件应防止水的渗漏。除地表水外,还应防止空气中的水汽渗入混凝土,以免影响钢筋。特别注意海水中镁的成分易随水汽渗入混凝土,而使钢筋锈蚀。要保持桥面的排水设备和防水层完好。

(4)应注意观察受拉区的裂缝,视裂缝大小,分别采用下列处理方法:

①裂缝宽度在允许范围内,应进行封闭处理,一般进行涂刷水玻璃或环氧树脂。

②当裂缝肉眼可见且宽度小于0.15mm时,应采用环氧树脂封闭。

③如裂缝发展严重时,应查明原因,通过计算,加固或更换构件。加固方法有:

a.在梁底添置钢筋,即将提高抗弯能力的钢筋固定在梁的主筋上。

b.采用在梁底粘贴钢板方法加固,即将钢板用化学黏结剂粘贴在梁(板)的下面,以提高梁(板)的承载能力。

c.采用体外预应力的方法加固。

(5)连续箱梁的可能病害主要为产生的裂缝。裂缝的成因:

①弯曲裂缝:设计不当,施工欠佳,二次应力和超载。

②剪切裂缝:预应力不足,二次应力,温度影响和超载。

③由错误的内应力分布产生的裂缝:设计时各种应力考虑不周,某些假设不正确,腹板竖向预应力比假设的低,施加三向预应力操作不当等。

④支承产生的裂缝:支座偏离过大。

⑤温度应力引起的裂缝:因温度梯度影响引起的裂缝。

⑥锚固处或锚头附近的裂缝。

⑦底部力筋竖向曲率引起的裂缝:力筋线型偏位。

⑧主筋不直引起的裂缝。

(6)维修养护。

①封闭裂缝,灌注环氧树脂或环氧砂浆。

②弯曲裂缝维修:

a.调节支座标高。

b.补加永久性预应力。

③剪切裂缝的修理:加做竖向预应力筋,以承受腹板剪力,减少裂缝。

2.3.2　桥面铺装的养护

1)日常养护与小修

桥面系统保持整洁,桥面的泄水管要及时清扫、疏通,有损坏要及时修理,保证桥面排水通畅。

2)桥面铺装的维修养护

当桥面铺装出现破损、坑槽、开裂等时,应及时修补;当桥面铺装出现影响行车安全的病害时,应该采取限行措施,并修复乃至更换桥面铺装。

2.3.3　墩台和基础的养护

1)日常养护与小修

(1)桥梁上下游各1.5倍桥长,但不大于500m的范围内,应做到:

①河床要适时地进行疏浚,每次洪水过后,应及时清理河床上的漂浮物和沉积物,使水流顺利宣泄。

②不得任意修建对桥梁有害的水工建筑物,必须修建时,应采取必要的桥梁防护措施。

(2)墩台表面必须保持清洁,要及时清除青苔、杂草、荆棘。

2)墩台及基础的维修养护

(1)墩台的养护

对墩台基础养护应贯彻"预防为主,防治结合"的方针,定期检修,以确保使用安全。墩台

养护的主要内容如下：

①混凝土表面发生侵蚀剥落、蜂窝麻面等病害，应及时将周围凿毛洗净，用水泥砂浆抹平。

②梁式桥墩台顶面没有流水坡或坡面凹凸不平、有裂缝时，应及时铺填水泥砂或混凝土，做成横向坡度以利排水。

③在技术经济许可的条件下，对混凝土构件进行防腐蚀涂层，提高混凝土构件的耐久性。

（2）墩台基础的维修

①基础局部冲空的处理：

a. 水深在3m以下的可筑草袋围堰或板桩围堰，将水抽空，如无法将水抽空，可先浇水下混凝土封底后再抽，抽水后用砌石或混凝土填补冲空部分；对水下部分基础的修补，也可采取不抽水而把钢筋混凝土薄壁套箱围堰下沉到损坏处附近河底，在套箱与桥墩处浇筑水下混凝土以包裹损坏或冲空处。

b. 水深在3m以上时，可在四周打板桩或其他方法作坝围堰，灌注水下混凝土防护；也可以麻袋盛装干硬性混凝土，每袋装量为麻袋容积的2/3，通过潜水作业，分层填塞混凝土冲空部分，并注意比基础每边边缘宽0.4m。

c. 当基础置于风化岩石上，基础外缘已被掏空时，应及时清除表面严重风化部分。在浅水时填以混凝土，并将周围风化地基用水泥砂浆封闭。

②防撞的处理：

为了防止船只及各种漂流物对墩身基础的撞击破坏，可在基础前设置防撞墩。

③基础水平及垂直位移的容许值：

a. 墩台的均匀总沉降值（不包括施工中的沉降），不超过 $2.0\sqrt{L}$ cm。

b. 相邻两墩台的均匀总沉降值的差值不超过 $1.0\sqrt{L}$ cm。

c. 墩顶的水平位移不超过 $0.5\sqrt{L}$ cm。

注：L 为相邻墩台间最小跨径长度，以 m 计，跨径小于25m仍以25m计。

d. 桩、柱式柔性墩台的沉降，以及基桩承台上的墩台顶面水平位移值，可视具体情况确定，以确保正常使用为原则。

④对基础承载力不足的处理：

a. 对刚性实体式，可在基础周围加混凝土，扩大基础承压面，注意新老混凝土的结合。

b. 对桩基可在基础周围加钻孔灌注桩，或打入钢筋混凝土桩，并扩大原承台，将部分压力传递到新增桩基上。

c. 在墩台基础之下，向墩台中心斜向打孔或打入压浆管，在一定压力下压注水泥砂浆、加热的沥青、土的固结剂等提高地基承载能力，加固范围及深度应通过计算确定。

3）墩台身的维修

（1）对表面风化的处理：混凝土表面出现风化，当深度不超过3cm时，可用20号水泥砂浆进行修复；当深度超过3cm时，可架模板浇筑钢筋混凝土包裹。

（2）对墩台变形的处理：如果是台背填土遇水膨胀使桥台变形，应挖去膨胀土，检修排水设施，填以砂砾土，修好损坏部位。

（3）处理由于温度应力，局部应力集中，或施工质量不良等造成的破坏。

①由于温度应力,局部应力集中,或施工质量不良等原因产生裂缝,裂缝宽度在允许范围内,应进行封闭处理,一般进行涂刷水玻璃或环氧树脂。

②当裂缝宽度大于规范限值时,应采取压力灌浆法灌注环氧树脂胶或环氧砂浆。

③由于活动支座失灵,造成墩台拉裂,应修复或更换支座,并处理裂缝。

④由于墩台不均匀沉降而产生的自下而上的裂缝,应先加固基础,再视裂缝发展程度,确定灌缝或加固墩台。

⑤先检查裂缝发生的原因,加固基础,如果裂缝贯穿墩台可用混凝土围带或套箍法进行加固。

(4)对桥台滑移的处理:

①对因墩台尺寸不足,难以承受背土压力而往桥孔方向产生倾斜或滑移的埋置式桥台,可采用修筑撑壁法进行加固。

②增建辅助挡土墙加固:对于因桥台台背水平土压力太大而引起的桥台倾斜,应设法减少桥台后壁土壤压力,可在台背加建一挡土墙,以增强挡土能力。

③减轻荷载法。筑于软土地基上的桥台,常由于填土较高,而受到较大侧向压力作用,从而使桥台产生前移,以致发生倾斜。此时,一般可更换台背填土,减小土压力,即采用减轻桥台基础所受荷载的方法进行加固。

4)挡土墙的维修养护

(1)挡土墙裂缝的处理:对圬工挡土墙的裂缝、断缝,可先将裂缝凿毛,向缝中填水泥砂浆;如果是混凝土挡土墙,可用环氧砂浆黏接。

(2)对风化的处理:砌石、混凝土或钢筋混凝土挡土墙表面出现风化剥落,应先将风化表面凿除,喷涂水泥砂浆保护层,防止剥落恶化。

(3)泄水孔的养护:挡土墙的泄水孔,应保持畅通,若畅通有困难,应根据地下水情况,增设泄水孔,或加建墙后排水设施。墙后回填土必须分层夯实。

2.3.4 支座、伸缩缝及附属设施养护

1)日常养护与小修

(1)伸缩缝的养护,桥面伸缩缝直接承受桥面荷载,要经常注意养护,及时清除缝内塞进杂物,保证其发挥正常作用。

(2)桥头引道保持平整和正常排水。对桥头衔接处下沉的路面填补修理,使之连接平顺,不致产生跳车。

(3)支座养护,对支座各部分应保持完整、清洁,及时清除杂物,保持梁跨自由伸缩。固定支座应维护锚栓坚固,支承垫板要平整坚密,及时拧紧结合螺栓。经常清扫污水,防止橡胶支座老化。

(4)护栏及扶手保持清洁,应每年油饰一次。如有损坏,及时修补。防撞墙清洗作业见图2-2-6。

(5)桥面安全设施的养护,沿线标志牌及板面柱有污染及时清洗。路面标线应每四年重划一次,因施工或其他原因损坏标线路段应及时恢复。支柱和板面如有松动或损坏,应及时加固或修复。

图 2-2-6　防撞墙清洗作业

2) 伸缩缝的维修养护

(1) 伸缩缝破损的主要原因

①随着交通量的增加和汽车载重量的增大,对伸缩缝的撞击及反复荷载作用也增大。因材料的磨损和疲劳,以及混凝土桥面板或梁的结合强度不够,造成伸缩缝装置损坏。

②伸缩缝接头部分为对接时,环氧树脂砂浆的剥落、断损、填料硬化与部分脱落是伸缩缝全面破损的原因。

③大跨径桥、斜桥、弯桥的伸缩缝因结构形式、固定方式与梁不吻合,也会造成伸缩缝损坏。

④由于安装施工不当,伸缩缝装置和桥面板或与桥台胸墙产生垂直错位,增大车轮的冲击力,也是伸缩缝和桥面板破坏的原因。

(2) 伸缩缝的养护与维修

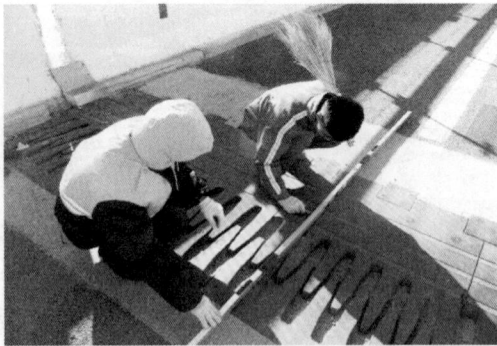

图 2-2-7　梳齿板伸缩缝保养

①伸缩缝的养护

桥面伸缩缝要注意经常养护,使其发挥正常作用,缝内塞进杂物时要及时清除(图 2-2-7)。

②伸缩缝缺陷的修补与更换

a. 修补前应查明原因,采用行之有效的、与之相适应的修补方法,修补工作要依据缺陷的程度,或部分修补,或部分以至全部更换。

b. 桥面伸缩缝的修补或更换工作一般不断绝交通,可采用半边施工,半边通行车辆;或白天使用盖板,夜间施工时限制车辆通行等方法。总之,要尽量缩短工期,保证修补质量。

3) 支座的维修养护

(1) 支座养护

①对支座各部分应保持完整、清洁,要扫除杂物,保持梁跨自由伸缩。

②对固定支座应检查锚栓坚固程度,支承垫板要平整坚密,及时拧紧接合螺栓。

③经常清扫污水,排除墩台帽积水,防止橡胶支座因老化、变质而失去梁的自由伸缩作用。

（2）支座维修

①支座如有缺陷或产生故障时，应分别予以修整或更换，橡胶支座老化应立即更换。

②支座座板翘起、扭曲、断裂时，应予更换或补充，焊缝开裂应予整修。

③梁支点有承压不均匀时，应进行调整。

④如需要抬高支座时，可根据抬高量的大小选用下列几种方法：

a.垫入钢板（50mm以内）或铸钢板（50～300mm）。

b.更换较高橡胶板支座。

c.就地灌注高强钢筋混凝土垫块，厚度不小于200mm。

4）桥头引道的维修养护

根据桥梁检查的情况，应采取相应的养护维修措施：

（1）采取修整措施，保证引道平整和正常排水。

（2）对桥头衔接处下沉的路面填补修理，使之连接平顺，不致产生跳车。

（3）挡墙、护栏等结构物产生损坏时，应及时按原结构进行修补或更换。

（4）护坡或溜坡受洪水冲空或破坏时应采取措施修补，同时采取相应的维护措施。

（5）引道上的涵管或水渠等应按涵洞的要求进行养护，顶部出现损坏时应采取与路面损坏相同的方法进行维修。

5）桥面排水设施的维修养护（图2-2-8）

（1）桥面的泄水管要及时清扫、疏通。

（2）泄水管损坏要及时修理，接头不牢、已掉落的要重新安装接上，损坏严重的要予以更换。

（3）引水槽破裂的要重新修理，长度不足时予以接长。当槽口太小，不能满足排水需要时要扩大。

图2-2-8　桥梁排水管保养

2.4　易损构件更换

不能与主结构等寿命，易受腐蚀、损伤的构件称为易损件。当部分构件出现难以修复的病害时，需要对其进行更换。本斜拉桥的易损构件主要有：支座、伸缩缝及桥面附属设施等。

2.4.1　伸缩缝的更换

伸缩缝受行车冲击的影响较大，桥面维修养护不当也是其损坏的主要原因。现在使用的伸缩缝一般的生命周期为15年，如损坏严重，应提前更换。伸缩缝的密封条、橡胶板如有老化、损坏、漏水、漏渣时应进行更换，既可以用原型号，也可以用新型产品，只要经过论证，新产品的性能符合使用要求即可。

伸缩缝的更换首先要选型合理，满足桥跨结构由于温度、混凝土收缩、徐变等引起的变形需要，安装时要求具有良好的平整度、防水、防尘，使行车平稳、不漏水，同时应考虑使用寿命长、价格适宜、便于养护与更换。当更换位移量较大的伸缩缝时，应与原设计单位或建设单位

协商,进行伸缩缝的选型与更换。更换时应在气温 10~20℃进行。

2.4.2 附属设施的更换

大桥桥面附属设施包括栏杆、灯柱、防撞设施、梁底检查车、塔内检查爬梯和抽湿机等。如果这些附属设施腐蚀严重或意外损坏,应修理或局部更换或全部更换。

2.4.3 桥面铺装层的更换

因为桥面铺装层的理论设计寿命周期一般为 10 年左右,但钢桥桥面铺装一般保修期仅有 2 年,如遇严重破损应及时修补或更换。

1)桥面铺装层的更换

桥面铺装层在使用过程中除正常磨耗外,还容易产生其他病害,如龟裂、破碎等。这些病害虽然不会一开始就大面积发生,但若病害位置增多,不容易修补得很平整,行车会产生颠簸,同时也影响桥面的外观。因此当破损位置较多时,应当对整个桥面铺装层予以更换。

2)更换桥面应注意的问题

更换桥面时应注意如下问题:已破损的铺装层应铲除干净;应分向更换,不得同时关闭 2 个方向的车道;应尽可能缩短更换时间;按原桥面设计、施工工艺进行更换。铺装层更换的施工单位应是有经验和业绩的公司,业主应当聘请监理工程师对其进行质量、投资、进度控制监督。

2.5 接线道路养护

2.5.1 养护内容

接线道路养护,见表 2-2-11。

接线道路养护工作内容　　　　　　　　表 2-2-11

项目	内容	频率要求	频率依据	单位	标准/要求	应用规范
路面	路况巡视检查	1 次/d	公路养护技术规范	次	检查设施损坏,及时发现问题	公路养护技术规范 JTG H10—2009
	清扫	1 次/d	公路养护技术规范	次	无积尘、无杂物堆积	公路养护技术规范 JTG H10—2009
	捡拾路面抛洒物	1 次/d	公路桥涵养护规范	次	无大块废弃物	公路桥涵养护规范 JTG H11—2004
	维修	0.1%		m²	无坑槽、无拥包、无沉陷翻浆、裂缝及时处理等	公路沥青路面养护技术规范 JTJ 073.2—2001
防撞墙	日常检查	1 次/d	公路养护技术规范	次	检查设施是否损坏,及时发现问题	公路养护技术规范 JTG H10—2009

续上表

项目	内容	频率要求	频率依据	单位	标准/要求	应用规范
防撞墙	防撞墙定期检查	1次/月	公路养护技术规范	次	立柱固定状况、下沉、倾斜、弯曲、钢板污染、变形、损坏等情况	公路养护技术规范 JTG H10—2009
	防撞墙清洗	1次/月		次	不影响其诱导视线功能和不损害道路美观	公路养护技术规范 JTG H10—2009
	防撞墙修复加固	2%/年		米	按原有的形式和种类进行修复加固	公路养护技术规范 JTG H10—2009
边沟	巡查	5次/月	公路养护技术规范	次	雨天检查	公路养护技术规范 JTG H10—2009
	全面检查	1次/月	公路养护技术规范	次	汛期前全面检查	公路养护技术规范 JTG H10—2009
	清理保洁	3次/年	公路养护技术规范	次	清除淤塞和杂草	公路养护技术规范 JTG H10—2009
护坡	全面检查	1次/月	公路养护技术规范	次	暴雨后检查边坡是否完整	公路养护技术规范 JTG H10—2009
	修补缺口	3次/年	公路养护技术规范	次	有缺口及时用黏结性良好的土按批准后的方案修补	公路养护技术规范 JTG H10—2009
挡土墙	全面检查	1次/月	公路养护技术规范	次	暴雨后检查挡墙是否完整	公路养护技术规范 JTG H10—2009
	修补缺	3次/年	公路养护技术规范	次	有缺口及时按批准后的方案修补	公路养护技术规范 JTG H10—2009

2.5.2　维修材料要求

沥青路面的养护维修材料主要有道路石油沥青、乳化沥青、液体石油沥青、改性沥青、改性乳化沥青等沥青材料,各种规格的粗集料、细集料、填料等砂石材料,以及纤维稳定剂。

各种维修养护材料均必须进行必要的试验,不符合要求的不得使用。材料的技术要求应符合《公路沥青路面设计规范》(JTG D50—2006)、《公路沥青路面施工技术规范》(JTG F40—2004);材料试验应遵照《公路工程沥青及沥青混合料试验规程》(JTJ 052—2000)、《公路工程岩石试验规程》(JTG E41—2005)、《公路工程集料试验规程》(JTG E42—2005)中的规定执行。

2.5.3　日常养护维修的要求

1)一般规定

应进行经常性和预防性的日常养护,保持路面经常处于良好的技术状态。对于出现的各类病害,必须及时、快速处理。要求做到"随检随修"。发现直接危及正常交通和行车安全的病害,应立即修复或采取临时过渡措施。根据实际需要配置适用的机具设备,建立适当的材料

准备,并组织可靠的养护材料供应网络,确保路面养护作业正常进行。必须对路面养护作业人员事先进行专门的安全教育和养护作业培训。

日常养护工作程序应符合下列要求:

(1)建立完善的巡视检查制度和技术检测系统,建立完善的信息网络,及时、准确地掌握路面状况及相关信息,科学评价路面使用品质,合理安排养护项目;

(2)树立高度的交通服务意识和安全意识,在路面养护作业中应满足正常行车的需要,尽量避免完全封闭交通;

(3)严格按照有关技术规范和标准进行养护作业,宜采取机械化养护作业,迅速、高效地处理各类路面损害和障碍;

(4)不断探索和应用新材料、新设备、新技术、新工艺,提高养护作业的时效性、机动性、安全性和可靠性。

2)巡查和检测

应坚持巡视检查制度,及时发现路面及其附属设施的损坏情况和可能影响交通的路障,以便养护部门及时、合理地安排维修和清理,尽快恢复路面正常使用状态。

应进行路面破损、平整度、车辙、抗滑性能和结构强度的检测,以及必要的专项技术检测。同时,应注意采集、利用气象信息和交通信息等相关信息。

3)清扫和排水

应对路面上的尘土、落叶、杂物等进行清扫,保持高速公路良好的运行环境。并应保持排水畅通,路面无积水。

除了定期的日常养护作业外,还应根据路面污染的特殊情况,及时进行不定期的特殊清扫作业。

4)排障和清理

管理机构应建立完善的应急抢险机制,全天候值班,随时掌握、分析各类相关信息,做好各种应急抢险准备工作。应根据实际需要配置必要的排障、抢险、救援设备和可靠的通信指挥设施,对排障、抢险、救援人员进行专门的业务培训,并预先制定排障、抢险、救援作业程序。

排障作业结束后,应尽快清理现场;发现路面及附属设施受到损害的,应尽快修复。

5)除雪和防滑

除雪和防滑是路面冬季养护的重点。应根据历年气象记录资料、气象预报、路面结构、沿线条件等,事先制订切合实际的工作计划、作业规程,落实人员和设备,并按实际需要储备防冻、防滑材料。

路面除雪应以机械作业为主,人工作业为辅。当路面上的压实雪、融化的雪水、未及时排除的雨水可能形成冰冻层时,应及时采取防滑措施。

除雪和防滑作业应不分昼夜快速进行,作业现场必须实行统一指挥,并落实安全作业措施和交通控制措施。

2.5.4 常见病害的修补方法

1)路面裂缝的修补方法

路面裂缝是沥青路面常见的病害之一,尤其在早期破坏中表现突出。造成大桥接线沥青路面裂缝的成因可能比较多,有半刚性基层的反射性裂缝、综合原因形成的横向裂缝(图 2-2-9)、自上而下的表面裂缝、自下而上的疲劳裂缝、车辙裂缝、沉降裂缝、构造物接头裂缝等。引线路面纵向裂缝如图 2-2-10 所示。

图 2-2-9　引线路面横向裂缝

图 2-2-10　引线路面纵向裂缝

针对不同原因形成的路面裂缝,应采取不同的修补方法。

(1)在高温季节不能愈合的轻微裂缝,可采用以下两种方法进行处治:

①将有裂缝的路段清扫干净并均匀喷洒少量沥青(在低温、潮湿季节宜喷洒乳化沥青),再匀撒一层 2~5mm 的干燥洁净石屑或细砂,最后用轻型压路机将集料碾压。

②沿裂缝涂刷少量稠度较低的沥青。

(2)对于宽度在 5mm 以上的纵向或横向裂缝,处治方法如下:先除去已松动的裂缝边缘,用热拌沥青混合料填入并捣实。

(3)对于大面积裂缝(如网裂),若基层强度尚好,可通过技术经济比较选用如下方法:

①加铺 3~6mm 厚的乳化沥青稀浆封层;

②直接加铺沥青混合料上封层,或先铺土工合成材料后,再加铺沥青混合料上封层;

③进行改性沥青薄层罩面;

④对于因土基、基层强度不足引起的严重龟裂,应先处治好基层,再重做面层。

2)路面麻面、松散处治方法

麻面不仅影响路面的外观,也是造成路面松散破坏的主要原因之一。小麻面常常积水,在行车的作用下会导致路面松散破坏。松散是沥青路面中较为严重的一种病害。为了做到防微杜渐,当路面出现麻面时就应及时予以处治,尽量避免松散病害的发生。

针对不同原因造成的麻面、松散病害,应采取不同的处治方法。

(1)对于因沥青用量偏少而造成的松散,处治方法如下:先收集已松动的集料,待气温超过 15℃时按 0.8~1.0kg/m² 用量喷洒沥青、匀撒 3~5mm 干燥洁净的石屑或粗砂,用轻型压路机压实。

(2)对于因沥青老化失去黏结性或与酸性集料间的黏附性不良而造成的松散,应将松散部分全部挖除,再重做面层。

重做面层时,应注意沥青油温不得过高、不再使用酸性集料。缺乏碱性集料时,应在沥青中掺入抗剥落剂、增黏剂或使用干燥的生石灰、消石灰、水泥等表面活性物质作为填料的一

部分。

3)路面磨光的处治方法

公路抗滑能力降低直接影响其路用性能的发挥,路面磨光直接导致其抗滑能力大幅下降。路面磨光存在两种情况,一是因路面石料棱角磨掉而光滑,二是道路表面经过行车作用而整体磨光。

针对不同原因形成的路面磨光,应采取不同的处治方法。

(1)对于因已磨光引起的抗滑能力降低、路面集料棱角磨掉而光滑的路面,处治方法如下:采用表面功能恢复自动设备处理;直接用铣刨机恢复其表面粗糙度。

表面功能恢复自动设备处理:此种方法是通过机械作用,将沥青路面表面剔掉一层,让沥青路面重新裸露出集料的棱角,形成较为粗糙的纹理构造,提高路面抗滑能力。处理深度通常为 5～10mm。

铣刨机恢复其表面粗糙度:此种方法也是通过机械作用,不同的是将沥青路面表面铣掉一层,重新塑造路面粗糙的纹理构造,达到提高路面抗滑能力的目的。处理深度通常可根据需要调整,可采取部分铣刨或全部铣刨。

(2)对于表面过于光滑、抗滑性能特别差的路段,处治方法如下:3～6mm 厚的乳化沥青稀浆封层或改性沥青薄层罩面处治。

4)沥青路面拥包的处治方法

沥青路面拥包产生的原因有:施工时操作不慎造成沥青漏洒、沥青用量过多、细集料集中、基层局部含水量过大、基层局部强度不足或水稳性不好等。较常见且需要及时处理的有两种较严重拥包:因沥青过多或细集料集中而产生的、因基层局部强度不足或水稳性不好使基层松软而产生的。

针对不同原因形成的路面拥包,应采取不同的处治方法。

(1)对于因沥青过多或细集料集中而产生的较严重拥包,处治方法如下:应用机械将拥包剔除并低于路表约 10mm,清扫干净后重铺沥青混合料面层。

(2)对于因基层局部强度不足或水稳性不好,使基层松软而产生的较严重拥包,应先处治好基层,再重做面层。

5)路面泛油的处治方法

公路沥青路面的泛油病害主要产生在行车道上,超车道上的泛油病害很少。行车道上的泛油病害主要表现为间隔式和条片状,而且间隔距离常大于条片的长度。一般来讲,连续泛油和整个行车道全面泛油的现象不多。

针对不同程度的泛油病害,应采取不同的处治方法。

(1)对于轻微泛油的路段,处治方法如下:撒 3～5mm 的干燥洁净的石屑或粗砂,行车碾压。

(2)对于泛油较重的路段,处治方法如下:先撒 5～10mm 的干燥洁净的碎石,压路机碾压,稳定后再撒 3～5mm 的干燥洁净的石屑或粗砂,行车碾压。

(3)对于泛油严重的路段,处治方法如下:先铣刨清除含油量过高的软层,再重做面层。

6)路面坑槽的处治方法

沥青路面水损坏是沥青路面产生各种病害的主要原因。水损坏可直接导致沥青面层产生坑槽,不仅在表面层产生,也可能在表面层和中面层同时产生。因基层局部强度不足也可使基层破坏而形成的坑槽。

针对不同形式的坑槽病害,应采取不同的处治方法。

(1)对于基层完好、仅面层有坑槽时,处治方法如下:优先采用现场热再生技术;也可采用传统的人工、小型机具方法。

现场热再生技术:是一种新技术和新工艺,需要特殊机具,可以在不打碎石料的前提下做到新旧混合料的融合,并在接缝处进行整体化处理,是一种资源节约、循环利用的新途径。

传统处治方法:按照"圆洞方补、斜洞正补"的原则,划出区域开凿至坑底稳定部分,完全清理后涂刷黏层沥青,再填入新的沥青混合料并整平,用小型压实机具压实。

(2)对于因基层局部强度不足等使基层破坏而形成的坑槽,应先处治好基层,再重做面层。

7)路面啃边的处治方法

路面啃边病害处治方法如下:

(1)对于因基层沉陷而形成的啃边,先对路面边缘基层局部加强,再恢复面层。

(2)对于因路面边缘面层破损而形成的啃边,可先挖除破损部分,在接茬处涂刷适量黏结沥青,用沥青混合料进行填补并整平压实。

8)沥青路面脱皮的处治方法

沥青路面脱皮产生的主要原因是封层与面层之间或面层与底基层之间黏结不良,降低了层间的抗剪强度,在行车荷载的水平作用力的作用下,所产生的剪应力使面层产生了推移。路面泛油期间未及时处理,气温略微回降,沥青黏度将增加,在行车作用下容易导致层间结合不好的脱皮病害产生。

具体处治方法如下:

(1)对于面层与上封层之间因黏结不好而产生的脱皮,应先清除脱落、松动的面层,再重新做上封层。

(2)对于面层层间因黏结不好而产生的脱皮,先清除脱落、松动的面层,在下层沥青面上涂刷黏结沥青,再重新做沥青层。

(3)对于面层与基层之间因黏结不良而产生的脱皮,先清除脱落、松动的面层,分析黏结不良的原因,针对不同情况,再行处理。

9)路面沉陷的处治方法

沥青路面出现沉陷只是一种表面现象,根本原因是土基或基层强度不足。因密实度不够,含有淤泥、泥质岩或路基位于稻田、水网区,地下水位较高等均可造成土基或基层的软弱,从而导致路面出现沉陷。桥头跳车是较为普遍的现象,其原因是桥台台后的路堤填土下沉所致。

具体处治方法如下。

(1)对于因路基不均匀沉降而引起的局部路面沉陷,若路面略有下沉、无破损或仅有少量轻微裂缝,可直接填补压实补平;若路面破损严重、形成坑槽,按照坑槽维修方法进行。

(2)对于桥涵台背因填土不实出现的不均匀沉降,可采用注浆加固处理;或挖除沥青面层,加铺基层后重做面层。

（3）对于因土基或基层结构遭到破坏而引起的路面沉陷，应先处治好基层，再重做面层。

10）路面车辙的处治方法

车辙是公路沥青路面最常见的损坏现象。与开裂、水损坏相比，车辙的危害性最大，直接威胁交通安全，而且维修困难。因为其不仅发生在表面，也经常危及中下面层。具体处治方法如下。

（1）对于因车辆行驶推移而产生的车辙，先切削或铣刨清除，再重铺沥青面层。

（2）对于因横向推移形成的波形车辙，将凸出部分削除，在波谷部分填补沥青混合料找平、压实。

（3）对于因基层强度不足、水稳性不好，使基层局部下沉而造成的车辙，应先处治好基层，再重做面层。

11）沥青路面波浪、搓板的处治方法

沥青路面波浪、搓板病害产生的主要原因有面层和基层两方面。因基层原因而出现的波浪或搓板，在处治上难度要大一些。薄沥青面层的平整度在很大程度上取决于基层的平整度，基层的此类病害势必反映到面层上，此时只有将基层的缺陷处治好，才能保证面层的病害得以根除。

具体处治方法如下。

（1）属于面层原因形成的波浪或搓板，对于轻微的，可在波谷喷洒沥青，并均匀撒布适当粒径集料，找平后压实；起伏较大的，顺行车方向将凸出部分铣刨并低于路表约 10mm，均匀撒布一层适当粒径的矿料，找平并压实；严重、大面积的，应将面层全部挖除，然后重铺面层。

（2）对于因基层强度不足、水稳性不好而造成的波浪或搓板，应先处治好基层，再重做面层。

12）路面翻浆的处治方法

路面翻浆主要原因有冻胀和潮湿两种。大桥接线路面工程的翻浆可能多数属于潮湿所引起的病害，且多发生在雨季。土质、气温和水是造成路面翻浆的三大主要因素。因此，处治时应综合考虑，采取加强路基排水、换土等多种措施进行。

具体处治方法如下。

（1）对于因冬季基层中水结冰引起的冻胀，春融季节化冻而引起的翻浆，可采取如下处治方法之一：

①换填砂粒；

②局部发生翻浆的路段，可采用打石灰梅花桩或水泥砂砾桩的办法加以改善。

（2）对于因基层水稳定性不良或含水量过大造成的翻浆，处治方法如下：挖去面层及基层全部松软的部分，晾干或适当换填基层材料，分层填补并压实，最后恢复面层。

第 3 章　交通安全设施及沿线设施的维护

3.1　主要工作内容

（1）维修、更换防撞栏及活动护栏；
（2）维修、更换隔离栅；
（3）轮廓标的更换、补缺、清洗；
（4）清洁、维修标志，标线补划；
（5）限高门架，结构部位破损的维护。
交通安全设施检查记录表，交通标志、标线检查记录表分别见表2-3-1、表2-3-2。

交通安全设施检查记录表

表2-3-1

项目部名称：　　　　　　　　　　　　　　　　　　　　　　　　　记录编号：

| 检查时间： | 年　月　日：　　至： | | 温度：℃ | |
| 位置：K　+　~K　+　（E、W）幅 | | | 天气： | |

序号	检查项目		检查结果	缺陷位置、数量	备　注
1	钢结构护栏	型钢有无损坏、立柱有无变形			
2		钢丝绳、紧固件有无松弛			
3		油漆损坏及锈蚀			
4		污染状况			
5	混凝土防撞护栏	钢结构部件的油漆损坏及锈蚀程度			
6		混凝土有无破碎			
7		污染状况			
8	桥区隔离栅	油漆有无损坏、脱落			
9		钢结构有无锈蚀			
10		网片有无破损，立柱有无松动			
11	栏杆	油漆有无损坏、脱落			
12		有无锈蚀			
13	其他				

检查负责人：　　　　　　　　　　　　　　　　　　　　　　　　　记录人：

交通标志、标线检查记录表　　　　　　　表 2-3-2

项目部名称：　　　　　　　　　　　　　　　　　　　　记录编号：

检查时间：			年　月　日：　　 至：		温度：　　　℃		
位置：K　+　~K　+　(E、W)幅					天气：		
序号		检查项目	检查结果	缺陷位置、数量	备　注		
1	交通标志	支柱的变形、损坏情况					
2		油漆及反光材料的褪色、剥落情况					
3		油漆损坏及锈蚀					
4		反光标志的反射性能					
5		基础有无裂纹、底座螺栓有无松动、腐蚀					
6		有无缺损					
7		污染状况					
8	交通标线	油漆褪色、脱落情况					
9		污染状况					
10		突起路标反射性能、有无缺损					
11		轮廓标有无污秽、变形、损坏					
12		突起路标、轮廓标有无缺损					
13	其他						

检查负责人：　　　　　　　　　　　　　　　　　　　记录人：

3.2　养　护　要　求

(1)各项设施完备无缺损,标志标线反光效果显著,护栏线形顺畅,隔离栅无破损;
(2)人口密集区隔离栅和防落网完整无损。

3.3　交通标志的维护与更新

1)检查
检查分为日常检查和定期检查,其内容如下：
(1)交通标志是否被沿线的树木、广告牌等遮挡;
(2)牌面及支柱的变形、损坏、污物及腐蚀情况;
(3)反光膜的破损、剥落及反光材料的反光性能;
(4)基础及底座的下沉或变位;
(5)缺失情况。

2)维修保养
在上述检查工作的基础上,采取适当的处理措施,具体如下：
(1)标志如有污物或贴有广告、启事等,应尽快将其清洗干净。
(2)反光膜如有脱落或擦痕,面积较少时可修剪相应大小的膜片刷补;如反光膜脱落或标志破损严重,指示内容辨别性明显降低时,应重新覆膜或更换新标志。
(3)标志牌变形、支柱弯曲倾斜或松动的,应尽快加以修复。

(4)标志牌破损严重、反光性能下降或缺失的,应予以更换或补充。

(5)如标志设置重复,有碍交通或设置地点和指示内容不适当时,应经批准后进行必要的变更。

(6)如有树木、广告牌等遮挡标志时,应清除有碍标志显示的部分,或者在规定的范围内变更标志的地点、位置等。

3.4　交通标线的维护与更新

1)路面标线

路面标线可用路标漆、塑胶标带和其他材料制作,其材料应具备以下特性:耐久、防滑、耐磨耗、耐腐蚀,与路面黏结性好;在各种气候条件下具有较好的辨认性;便于施工且对人畜无害。

对于导向箭头和文字标记等路面标线,其维修保养的主要内容如下:

(1)标线污物影响辨认时,应结合日常检查进行清扫或冲洗;

(2)标线磨损严重、影响辨认时,应重新喷刷或加以修复;

(3)重新喷刷油漆时,应避免与原标线错位;

(4)路面进行局部修理,使路面标线局部缺损或被覆盖,可用人工方法进行修补或喷刷。

2)立面标记

应保持立面标记颜色鲜明、醒目,并经常清除标记表面污秽,如标记褪色或油漆剥落,应及时重新涂刷。

3)突起路标

应经常清扫凸起部位周围的杂物,清除反光玻璃表面的污秽,保持路标的反光性能。对松动的路标应及时加以紧固,保持路标的反射角度;对损坏或丢失的路标应及时加以修复或更换。

4)边线轮廓标

其维修保养的主要内容如下:

(1)反光色块剥落时,应及时补贴;

(2)清除标柱立面污秽和遮挡轮廓标的杂草、树木和物体;

(3)油漆剥落的,应重新涂刷;

(4)标柱倾斜或松动的应予以扶正,变形、损坏的应尽快加以修复;

(5)丢失轮廓标的部位应及时补充。

3.5　交通安全防护设施的养护维修

1)护栏

每半年对护栏连接部螺栓进行拧固,补齐缺损螺栓;及时修补护栏表面损坏的油漆,及时贴补脱落的反光膜;及时更换表面锈蚀严重的金属护栏;定期清洗护栏表面,酌情重新修补油漆损坏严重部分。

2)隔离栅

定期清洗,及时、重点清刷污物严重部位;每2~4年定期重新刷漆一次;及时修复或更换

锈蚀、松动、歪倒、缺口及损坏部分。

3）标柱

及时扶正标柱,修复或更换变形、损坏部分;及时清洗污物,及时补充缺失标柱;保持标柱位置正确,颜色鲜艳、醒目,反光效果良好。

4）路栏

及时修复变形框架;重新贴膜修补脱落的反光材料;及时更换损坏严重的路栏。

5）移动性施工标志

与交通标志维修要求相同。

6）警示灯具

专人管理守护警示灯具,按时清洁除尘;及时修复松动、脱落的警示灯具;及时更换老化元件,排除卡阻现象。

7）安全作业服(安全帽)

必须保持安全作业服颜色鲜明,及时更换油污或褪色严重的安全作业服(安全帽)。

3.6 龙门架养护

3.6.1 钢结构油漆养护

对于龙门架钢结构的养护,要加强日常巡视,发现锈蚀及时处理修复,先去除锈迹,然后按原涂装要求分层涂刷油漆。

3.6.2 基座的养护

龙门架基座的稳定是确保设施安全的前提,应重视对此类设施基座的检查并及时维修。

1）基座的检查

（1）防汛抗台风前,必须进行一次全面安全检查,暴风(雨)过后再进行一次检查,检查基座混凝土是否有裂缝、剥落等病害。

（2）检查基座锚固螺栓是否锈蚀、松动、缺损。

2）基座的维修

（1）基座锚固区混凝土出现裂缝,在不影响结构稳定的前提下,可采用水玻璃或环氧树脂进行封闭。

（2）在不影响结构稳定的前提下,对基座锚固区混凝土的起壳、剥落,可采用环氧树脂进行封闭。

（3）基座锚固区混凝土的病害影响结构稳定时,可先采用植入加强锚固筋的方法确保结构稳定,再修复混凝土结构。

（4）基座锚固螺栓发生锈蚀时,先清理锈蚀处,后涂抹黄油。

（5）基座锚固螺栓松动、缺损,必须割除受损部位后重新焊接,确保稳固。

第 4 章　保洁与除雪防滑

4.1　保　　洁

4.1.1　日常保洁

1）路面保洁

（1）清扫保洁的要求

清扫保洁对象主要有：路面、主桥检修道、中间带。

日常清扫保洁采取机械清扫与人工清扫相结合的方法，清扫车保证每天清扫两个来回，保洁工人清理杂物必须保证每天一个来回。

（2）清扫方案及路线

清扫车在上桥清扫作业时间段内，考虑到慢车道抛洒物和垃圾比较多，以慢车道清扫为主、快车道为辅，保证全桥快车道以及慢车道全覆盖清扫一次；如遇特殊情况，应增加清扫频次。

（3）特殊清扫

除了定期的清扫任务外，还应根据桥面、路面污染情况，及时进行不定期的特殊清扫保洁作业。桥面上如有妨碍交通的杂物，人工无法清扫时，应调动工程车进行清扫，以确保交通畅通。

意外事件、事故等因素造成的桥面污染，应及时清扫，以保持桥面整洁。沥青桥面被油类或化学物品污染时，先撒沙，再撒木屑或用化学中和剂进行处理，然后进行清扫，必要时再用水冲洗一遍。

2）伸缩缝的保洁

辽河大桥主桥采用型钢形伸缩缝，引桥采用梳齿形伸缩缝。伸缩缝之间止水带的杂物先用头为圆弧形的钩子钩松，在用扫帚进行清扫，不得使用金属类尖头工具。清扫出来的垃圾及时运走。

型钢形、梳齿形伸缩缝清洁保养分别如图 2-4-1、图 2-4-2 所示。

4.1.2　结构保洁

1）混凝土箱梁内部保洁

混凝土箱梁内部保洁以人工清扫为主，要求箱梁内无杂物、无严重积尘。将清扫出的垃圾运至指定地点处理。

图 2-4-1　型钢形伸缩缝清洁保养

图 2-4-2　梳齿形伸缩缝清洁保养

2）主塔内部保洁

主塔内部保洁以人工清扫为主，要求塔内无杂物、无严重积尘。将清扫出的垃圾运至指定地点处理。

3）钢箱梁内部保洁

钢箱梁内部保洁以人工清扫为主，要求箱梁内无杂物、无严重积尘。将清扫出的垃圾运至指定地点处理（图 2-4-3、图 2-4-4）。

图 2-4-3　钢箱梁内部保洁

图 2-4-4　保洁后的钢箱梁内部

4）反光标志牌保洁

一般采用高压冲洗和人工擦洗的方法进行反光标志牌的保洁，确保标志牌清洁、醒目。

5）诱导器保洁

一般采用冲洗和人工擦洗的方法进行诱导器的保洁，确保标志牌清洁、醒目。

6）龙门架保洁

一般采用高压冲洗和人工擦洗的方法进行龙门架的保洁，确保标志牌清洁、醒目。

4.2　除雪防滑

为了确保辽河大桥冰雪季节安全畅通，及时有效清除辖区内的残冰积雪，结合实际情况，制订除雪（冰）防滑应急预案。

4.2.1　组织分工

辽河大桥专业化养护由辽河大桥项目部承担,项目部成立了专门的除雪防滑领导小组,组长由项目部经理担任,副组长由各部门负责人担任,成员由各部门成员担任。

1)主要成员分工

项目部经理全面负责除雪(冰)防滑工作的组织协调、指挥调度工作,负责雪情勘察。

工程部部长现场指挥调度,具体负责机械除雪方案设计、力量组织与责任分工、除雪人员召集、现场调度除雪设备刮雪和倒运积雪,指挥撒布防滑料;指挥劳务队伍完成桥面残雪的清理;负责年度除雪(冰)防滑备料、后勤补给支出、工具及劳动保护品采购支出及费用成本统计核算。

检测部部长负责联络管理处道路交通封闭与开通工作,统计核算工作降雪等级及次数、除雪投入机械和人力数量、油料消耗费用;负责除雪(冰)设备的储存、保养、检修和元器件更换;负责租赁机械与自有设备的组合安装、调试、保养以及机械用油料储备和供应,租赁设备进场油料检查及出场油料补充;负责年度除雪设备及油料消耗费用统计;负责冬季气象信息收集;及时请示组长并向全体组员发出除雪通知;发布辖区内(冰)雪情预报预警,除雪(冰)工作影像(视频)拍摄、资料收集整理及汇总归档,负责以简报的形式向管理处综合办汇报除雪工作情况。

综合部部长负责除雪防滑期的后勤、工具储备及防滑料储备工作;负责除雪(冰)机械手和除雪人员值班休息安排及给养供应服务。

除雪防滑小组成员分别配合本部门负责人完成相应的组织、召集、调度工作。

2)各部门分工

(1)检测部:负责信息收集整理及发布;

(2)综合部:负责后勤保障;

(3)工程部:负责现场除雪工作的组织、协调、调度。

4.2.2　工作流程

收集天气情况信息→雪情勘查→确定除雪模式(全封闭、半封闭)→业主协助路政完成封闭→展开除雪→成本核算工作→总结汇报。

1)机械安排

除雪(冰)防滑设备包括:除雪铲、装载机、平地机、清雪刷、防滑料撒布轻型货车。

2)材料及工具、设施准备

防滑料、铁锹、扫帚、彩旗、导流板、标志牌、指挥车、辅助车辆等。

3)除雪防滑原则

除雪防滑总体原则"以雪为令、边下边除、先通后畅",各部门岗位"各司其职、加强保障、通力协作"。

4)除雪防滑标准

小雪12h内除净;中雪24h内除净;大雪48h内除净;暴雪72h内除净。清除桥面积雪,应

露出黑色路面及防撞墙和路缘石。

5）除雪（冰）防滑方法

由于桥梁耐久性要求，所以除雪工作以物理除雪为唯一方式，采用机械刮雪并倒运残雪、人工配合清理相结合的综合除雪防滑方法。

具体实施方式可采用半封闭交通（限制通行）除雪和全封闭交通除雪两种。

大桥除雪现场照片如图2-4-5所示。

图2-4-5　大桥除雪现场照片

4.2.3　要求

（1）除雪（冰）防滑全体人员要以雪为令。经组长通知，所有参与人员全部到大桥管理处集结待命，听从统一安排调度。

（2）安排人员24h昼夜值班，根据雪情及时启动除雪防滑方案。

（3）机械设备必须保持完好状态，操作人员必须保持最佳工作状态，以满足除雪防滑工作需要。所有人员坚守自己的工作岗位，完成工作职责。除雪机械停放到指定位置，以便统一管理。因特殊情况需离开停放地点，必须经工程部负责人批准，不准擅自撤出或调换。

（4）保证防滑料的供应和储备，以备随时使用。日常储备工作由材料管理员负责，装运及撒布由相关人员负责。

（5）充分做好除雪（冰）防滑昼夜作业、连续作业的思想准备，认真落实现场管理人员、除雪机械的备用司机、工作人员、除雪工具以及安全警示标志的准备工作，保证除雪机械设备处于完好和随时作业状态，做好除雪防滑的后勤保障工作。

（6）安全生产，文明施工。要时刻提高安全意识，加强人身与机械设备的安全。上路除雪的管理人员及工作人员必须身穿标志服，除雪机械要插彩旗，打开作业爆闪灯。要遵章行驶，调头时要注意眺望，除雪作业时严禁破坏伸缩缝、隔离带、防撞墙、监控设施、路缘石及坡道减速带等桥梁附属设施；主桥伸缩缝处由工作人员清理，禁止采用机械刮雪作业；如发生人为损坏，将承担损失赔偿责任。

第 5 章　养护机械设备仪表及使用规程

根据辽河大桥养护维修的实际情况,桥梁管养单位负责桥梁经常检查养护及综合维修工作,应按照专业化管理的需要配备相应的交通运输、机械、专用检测设备及机具,提高作业效率、强化检测技术手段,具备一定的检查、检测、日常维修施工的条件。

5.1　主要机械设备

(1)桥梁检查车;

(2)路灯车(升高 15m),主要用于公路面路灯维修工作;

(3)桥面上发生交通意外时,若有故障车辆抛锚,应准备交通清障车,配置小型车辆和大型车辆;

(4)维修用电电源:桥上应备有 50kW 的动力电源接头,或备有 50kW 的发电机;

(5)应配备空压机,用于桥梁的清理(如伸缩缝、桥面等);

(6)应在人行道设置输水管道,用于桥上维修及清洗用水;

(7)配备钢梁螺栓的电动扳手,用于施拧高强度螺栓;

(8)配备喷砂及喷漆机具,用于钢梁油漆修补;

(9)为配合桥梁检查维修或日常工作,应配备小型交通车;

(10)配备路面养护设备,包括路面综合养护车、洒水车;

(11)常用维修机械设备专用工具:20kW 电焊机、氧割设备、砂轮机、切割机、除锈机、小型千斤顶、导链、滑车、半径为 6～12mm 的钢丝绳、千斤绳、敲棍、绳索、各种扳手、撬棍、检查梯、脚手板、手推建筑斗车等。

5.2　仪 器 设 备

5.2.1　测量仪表

全站仪、精密水准仪、经纬仪、测距仪、光电挠度仪、限界测量仪、桥梁振幅检测仪、电子位移扫描仪、流速仪、测深仪、50m 及 30m 手柄式钢卷尺、500mm 钢板尺、1000mm 钢板尺、1500mm 钢板尺、千分表、百分表、2～3m 平整度直尺、5kg 台秤、钢梁油漆湿膜及干膜测厚仪、游标卡尺、敲击小锤。

5.2.2　混凝土测试仪表

回弹仪、超声仪、混凝土取芯机、钢筋锈蚀探测仪、钢筋保护层厚度探测仪、混凝土拉拔仪、

读数显微镜、放大镜、高倍望远镜、矿工灯、应急灯。

5.2.3 影像及其他仪表

照相机、摄像机、风速风向仪、雷达测速仪、温度计、湿度计、计算机、打印机、扫描仪、幻灯投影机。

5.3 量测仪器仪表使用规程

5.3.1 定期检查

各类仪器仪表须有出厂合格证或检验证。按规定,每年应由国家计量认证(CMA)单位复检一次。而有些仪器国家认证计量单位不能检验的,应由技术人员定期(如一年)进行校验。在这些检验完毕后,应在被检验的仪器仪表上贴上可应用的标志。

5.3.2 操作规程

制定各类量测仪器仪表操作规程,规范使用,防止机械、电器及人身事故发生,保证工作质量。

5.3.3 人员培训

可以将相关人员推荐至厂家、检测单位、科研单位等机构,参加常规的检测知识与技能培训,熟练掌握专业仪器。

5.4 桥梁养护专用设备

桥梁养护维修设备的购置和装备应由维修养护部门统一考虑办理。对于大型设备应集中管理,小型设备经常使用的则可适当多装备一些,小型工具应普遍装备。根据机具的运用情况建立相应台账,填写相关表格。

辽河大桥养护维修所需检测仪器设备见表2-5-1,养护部门可根据自行承担的检测及维修工作量配备,委托外部承担的工作所需设备可由承担单位自备。

辽河大桥养护维修检测所需仪器设备　　　　表2-5-1

总序号	检测项目编号					使用工具
	部位		构/部件		检测项目	
1	上部结构	01	行车道	01	桥面铺装层污损 01	反光背心、反光路锥、拖把
2					桥面铺装层病害 02	皮尺、钢卷尺、反光背心、反光路锥、照相机
3					03	贝克曼梁或自动弯沉仪;车载式颠簸累积仪;摆式摩擦因数仪和横向力系数仪

续上表

总序号	检测项目编号					使用工具
	部位		构/部件		检测项目	
4	上部结构	01	伸缩装置	02	伸缩情况检查 01	直尺、记号笔、反光背心、反光路锥
5					组件完好情况 02	数码相机
6			桥面板、混凝土箱梁、混凝土T梁	03	表面及关键受力部位病害检查 01	裂缝放大镜、裂纹观测仪、便携式超声波数显检测仪、照相机、钢筋探测仪、记号笔、钢卷尺等
7					表面病害检查 02	读数显微镜、裂纹观测仪、便携式超声波数显检测仪、照相机、钢筋探测仪、记号笔、钢卷尺等
8					连接部位病害检查 03	裂缝放大镜、裂纹观测仪、便携式超声波数显检测仪、照相机、钢筋探测仪、记号笔、钢卷尺等
9			桥面	04	伸缩调节器伸缩 01	数码相机、钢卷尺、直尺
10					线路中心及拱度 02	全站仪、水准仪、经纬仪、塔尺、棱镜、直尺、钢卷尺、数码相机
11			桥梁支座	05	组件完好情况 01	扫把、毛刷、棉纱、铲刀、小锤、照相机
12					活动支座位移量检查 02	直尺、记号笔
13	下部结构	02	桥墩	01	裂纹及外观损伤观测 01	裂缝宽度测试仪、非金属超声波探伤仪、钢卷尺、直尺、游标卡尺、记号笔、数码相机等
14					倾斜垂直度检查 02	经纬仪、标杆、铅垂线
15					沉降及周围状态检查 03	水准仪
16			基础	02	基础冲刷检查 01	望远镜、河床断面仪
17	附属设施	03	排水设施	01	畅通情况检查 01	钢钎、小锤、反光背心、安全绳
18					完好情况检查 02	钢卷尺、数码相机等
19			防护设施	02	构件完好情况检查 01	钢卷尺、数码相机、反光背心
20			照明亮化设备	03	污损锈蚀情况检查 02	钢卷尺、数码相机等
21					路灯照明检查 01	万能表、试电笔、绝缘胶布、保险丝等
22			供配电设施	04	亮化灯具检查 02	万能表、试电笔、绝缘胶布、保险丝等
23					配电柜检查 01	万能表、钳形表
24			标志、标牌、标线	05	缆线检查 02	钳形表
25					完好情况检查 01	数码相机
26			监控系统设施	06	组件完好检查 01	数码相机
27					监控系统定期巡查 02	无

续上表

总序号	检测项目编号					使用工具
	部位		构/部件		检测项目	
28	综合检测	04	单项检查	01	结构整体外观状态检查 01	数码相机、望远镜
29					桥面线形、水平及位移观测 02	精密水准仪、全站仪、棱镜等
30					动挠度 03	光电挠度仪等
31					墩顶及跨中横向振幅 04	动态试验设备
32			荷载试验	02	动载试验 01	加速度传感器、电荷放大器、智能信号采集处理和分析系统、笔记本电脑及其程序等动态测试设备
33					静载实验 02	加载设备(加载车、重物)、机械式应变仪、电阻应变仪、钢弦式应变计、连通管、百分计、挠度计、全站仪、水准式倾角仪、刻度放大镜

第 3 篇

机电设备及系统养护

第 1 章 机电设施检查与维护

1.1 总 则

大桥照明设施包括:功能照明控制柜、LED投光灯、LED护栏灯具、金卤灯投光灯、电力电缆、低压开关柜、塔顶航空障碍灯等。

大桥监控设施包括:中央计算机系统、道路能见度仪系统、情报信息发布系统、视频监控系统、电缆及光缆、通信系统、称重系统、UPS设备、电源转换、防雷接地、车辆识别、各类系统软件及应用程序等。

照明设施、监控设施应保证完好、整洁;其他设施的使用说明书应按规定进行归档。其他设施的养护作业应由通过相关岗位培训的专业人员负责。各类机电、电子设备的养护应符合使用说明书、《市政道路机电系统维护技术规程》(SZ-39—2004)以及其他相关规范条文的规定。机电及电子设备损坏或超过使用年限应予以大修或更换。

监控设施维护工区的监控值班员、设备维护员必须熟练掌握本手册的全部内容及供配电设备的工作原理,懂得供配电设备的实际操作、维护和事故处理原则,根据调度命令进行一切倒闸操作和事故处理。当通信、监控装置失灵时,值班员、维护员可以根据本手册规定的具体措施自行处理,事后应及时向领导汇报并做好记录。为确保人身和设备安全,值班员、检修员必须严格履行自己的职责,认真执行本手册。

养护过程中应将产品名称,品牌型号、供货商、联系方式等进行汇总归纳,以便于养护过程中的沟通。

1.1.1 机电设备维护周期要求

机电设备维护维修周期要求见表3-1-1。

机电设备维护周期要求表 表3-1-1

工 作 项 目	工 作 内 容	维护、维修周期
空调机维护		3月/次
接地装置维护	电气设备与接地线、接地网的连接有无松动	6月/次
	接地或接零导线有无损伤、腐蚀、断股	1年/次
	接地装置、接地电阻值是否正常	1年/次
避雷器维护	避雷器维护	6月/次
	接地电阻测试	1年/次

续上表

工 作 项 目	工 作 内 容	维护、维修周期
控制柜维护	控制柜内外清扫	6 月/次
	检查电气元件	6 月/次
	检查机械闭锁、电气闭锁	6 月/次
	检查动触头、静触头	6 月/次
	检查辅助开关	6 月/次
	检查信号灯、光字牌、电铃等	6 月/次
	检查端子排	6 月/次
	检查柜内配线	6 月/次
	继保整定	2 年/次
养护行车维护	养护行车使用手册	1 月/次
除湿设备维护	电气控制箱指示灯显示的除湿机工作状态是否正常	1 月/次
	过滤网是否有堵塞	1 月/次
	各机组运行是否有异响、异味、异常振动	1 周/次
	各管道风阀位置是否偏移	3 月/次
	除湿系统运行情况是否正常	3 月/次
	电气控制系统的工作状态是否正常	3 月/次
	除湿转轮及传动部件	3 月/次
	再生电加热器	3 月/次
	处理风机、再生风机和混合风机	3 月/次
	机组和网管的连接	6 月/次
	传感探头、控制开关	6 月/次
	电气控制箱	3 月/次
	除湿能力	3 月/次

1.1.2 电力设备巡检要求

电力设备巡检要求见表3-1-2 ~ 表3-1-4。

配电室巡检要求表　　　　　　　　表3-1-2

序号	巡视项目及要求	每班巡视	检修工作后	特定时间
1	室内环境:温度≤40℃;湿度≤90%	√		
2	室内地面无积水、墙面无渗漏水情况	√		
3	室内照明能正常开、关	√		
4	定期对设备房紧急照明进行试验并做好记录	√		

序号	巡视项目及要求	每班巡视	检修工作后	特定时间
5	进线开关柜指示电压、电流值应基本平衡； 进线电压指示电压值应在相应的电压等级位置	√		
6	信号继电器无掉牌情况	√		
7	各开关运行状况符合当日供电接线要求	√		
8	从变压器仓的观察窗听、看变压器无放电声、无闪络现象	√		夜间
9	各现场开关应在正常运行位置；时间控制开关应在自动位置	√		
10	查看变压器温度（正常干式变压器温度不超过105℃）	√		
11	查看补偿电容柜电容器外观无变形情况	√		
12	检查信号屏，确认供电系统无故障	√		

通道巡检要求表　　　　表3-1-3

序号	巡视项目及要求	每班巡视	检修工作后	特定时间
1	大桥的通道照明能正常开关点亮	√		
2	大桥的雾灯正常开关点亮	√		大雾时巡视检查

控制中心设备房巡检要求表　　　　表3-1-4

序号	巡视项目及要求	每班巡视	检修工作后	特定时间
1	室内环境：温度≤40℃；湿度≤90%。	√		
2	照明灯能正常点亮	√		
3	检查UPS显示屏，确认其工作正常	√		
4	各弱电设备工作正常	√		
5	各弱电设备柜清洁无尘	√		
6	设备房环境整洁	√		

1.2　功能照明控制柜检查维护

1.2.1　一般要求

（1）功能照明控制柜的维护将严格执行相关设备的检查规程及《电气装置安装工程施工及验收规范》的有关规定。

（2）制定各项管理制度，明确工作内容、作业程序、安全注意事项，确保照明系统的运行与安全。

（3）依照设计对人员配置的要求，落实每班日常巡视制度，建立供配电系统运行日志。

（4）及时做好各种异常运行状态的处理工作，做好各项病兆与处理记录，定期落实检查、检修制度和预防性试验项目。

（5）熟悉掌握继电保护装置设定的各项技术参数，充分保证继电保护装置工作系统，以满足继电保护工作的可靠性、选择性和实效性的要求。

1.2.2 检查维护的方式

（1）日常巡查：对供电系统运行状态进行官感判断检查，判断是否有异常现象，记录仪表技术参数，检查各柜面指示灯状态。

（2）周期检查：对电气设备使用状况进行定期检查。

（3）特殊检查：做好对阴雨、潮湿、雷雨、高温、强冷等气候状况下供电系统、设备的检查工作，并加以记录。

1.2.3 检查维护的内容

按照供配电系统日常巡查、周期检查的主要项目进行供配电设施日常巡查、定期维护和预防性试验供配电系统。并将检查维护记录到日常巡查表、定期维护表、预防性试验计划表中。

1.3 照明设施检查维护

为加强和规范辽河大桥照明设施维护管理，提高照明设施维护管理水平，根据国家相关规定特制定本标准。本标准所称照明设施，是指立于辽河大桥主干道、桥梁美化、引道灯具、照明供电的低压配电专用装置及管线及接线等附属设施。对于特殊照明设备（航标灯、航空障碍灯）可参照本标准实行检修维护。

照明设施维护工作，应贯彻安全第一，预防为主的方针；应加强对线路设备的巡视检查，找出薄弱环节，发现缺陷、事故，及时消除，做到随查随修；并认真进行定期检修，以保证线路设备的安全运行，保证照明设施功能的正常使用。

1.3.1 日常维护

1）设备小修

对管辖范围内的一切照明设施进行日常维修为小修。目的是使照明设施经常保持完好状态，确保照明设施正常使用。小修的范围是：

（1）更换损坏的灯泡、镇流器、触发器、瓷灯头、绝缘子、引下线、灯具、金具、插座等元器件。

（2）巡查和维修线路、表箱、接线井、配电设备等零星隐患。

（3）值班和故障抢修。

（4）照明设施数量的统计，检查并及时跟踪更正。

（5）灯具清洁。

（6）其他日常维修工作。

2）照明设施日常管理工作

（1）建立健全照明设施（设备）技术档案和维修档案，并切实做好照明设施（设备）维修、抢修记录。

（2）保持良好整洁的灯容灯貌,对照明设施上的乱张贴、乱涂写、乱悬挂及时进行清理,并定期对灯罩进行清扫。

（3）各类照明设施达到规定的照度和亮度标准。

（4）照明设施管理单位应对遮挡照明设施的树枝及时进行修剪,以保证照明效果。

（5）各种维修材料储备充足,保障维修(抢修)工作正常运行。

（6）非事故抢修,不得夜间亮灯时修灯。

1.3.2　巡视与检修

建立照明设施巡查制度,定时间、定路段逐级逐条巡查照明设施,做到责任到人,巡查到位,发现问题及时处理。照明设备的巡视和检修,包括以下内容:

（1）定期巡查检修:对照明设备及沿线情况做全面正常巡视检查,其目的在于经常掌握各部件运行状况,根据各部件安全运行要求,合理安排设备的检修或改造工作。

（2）特殊巡查检修:

①有重要政治活动及节假日前,应根据保供电方案对保供电范围进行巡查检修;

②在异常自然气候、灾害时(如雷雨、台风等),加强对设备的巡查检修;

③雷雨后应检查配电控制箱有无漏雨、积水现象,控制箱内绝缘有无闪络、放电现象;

④台风后应检查线路、灯具等有无松动、跌落、被其他坠落物压伤、脱落的物件。

（3）巡查新投入运行的设备情况,见表3-1-5。

设备巡视与检修周期表　　　　表3-1-5

设备名称	巡检项目	巡检周期
线路	架空线路	每季一次
	主桥线路	每年一次
	地下线路导线接头	每年一次抽查
		解开重接,根据巡查结果决定
	吊线、扳线松弛的调紧	根据巡查结果决定
配电箱	配电箱及箱内设备检查、清扫	每季一次
	负荷测量记录	每季一次
	光电控制器探头的清擦	每季一次
	接地电阻的测量	每年一次
照明器	照明器的清扫	
	主桥灯具	每季一次
	辅助灯具	每年一次
灯杆基础	外观检查	每年一次
	锈蚀抽查	每年一次

设 备 名 称	巡 检 项 目	巡 检 周 期
接线井	非全封闭接线井盖	每年一次
	全封闭接线井盖	每年一次
亮灯检修	更换失明灯泡、电器	主桥灯具每季一次
		辅助灯具每季度一次

(4)故障性巡查:查明线路设备发生故障的地点和原因,检查事故范围内的设备有无烧伤或毁坏情况。

(5)监察性巡查:部门领导和专业工程师采取不定期检查的方式进行。目的是了解线路和设备状况,检查、指导设备负责人的工作。

(6)夜班检修:是指夜班检修人员对失能设备进行夜间更换灯泡工作,保证道路照明平均亮灯率达到98%以上。

(7)应急检修值班:在正常下班后及节假日安排专人值班,专门处理道路照明设备突发事故,减低道路照明设备异常运行的影响。

(8)设施日常运行时人员考核指标:

①大桥照明设施亮灯率达到98%以上;

②全天24h受理道路照明设施故障报修,并在3个工作日内处理完毕;

③照明设施完好率达到98%以上;

④对于事故抢修,除不可抗力因素外,桥区范围45min内到达现场。

1.3.3　美化照明设备检查维护

(1)对照明设施运行、维护的管理要求:

①保证照明设施的正常运行,按照辽河大桥管理处要求统一的时间亮熄灯。亮灯按平日、一般节假日(星期五~星期六)、重大节假日的不同时段实施三级亮灯控制;

②照明设施亮灯完好率不低于95%,运行故障2h内响应,一般故障及时处理,重大故障3个工作日内处理完毕;

③保持灯具良好的周边环境,定期对灯罩进行清扫(洗),以保证照明效果;

④对照明设施进行保护管理,保证照明设施的安全运行,对发现影响到照明设施正常运行的行为予以制止,对被盗、被破坏等及时上报,并采取相应的处理措施;

⑤有足够的维修人员和设备日常运行、维护的工作人员,对常用设备应有足够的备件、备品用以日常维修;

⑥编制照明设施年度运行、维修计划;

⑦建立、健全照明设施(设备)台账、技术档案和维修档案等管理资料,并切实做好照明设施(设备)维修、抢修记录。

(2)美化照明设施一般的例行检查:

①每星期对美化照明设施的运行情况、照明效果进行一次检查,对存在故障和问题及时分

析和处理;

②每月对控制箱、线路、灯具等照明设施进行一次检查,检查开关、控制器的运行情况,测量工作电压、电流负荷参数;

③定期检查照明设施的安全情况,检查设施安装是否牢靠、有无破损,检查灯具、控制箱、线管是否绝缘、接地是否良好;

④对重点项目或事故多发点根据实际情况增加检查次数;在重点保供电期间增加检查次数,并设专人值班;

⑤做好各项工作记录,填写相应表格,作为管理资料留档。

(3)美化照明设施的日常维修。

为保证光亮工程照明设施处于良好的运行状态,确保光亮工程照明效果的完整性,并将以下工作纳入日常维修范围:

①更换损坏的灯泡、镇流器、触发器、瓷灯头、绝缘子、引下线、灯具、金具、插座等元器件;

②巡查和维修控制箱路、接线井、配电设备等零星隐患;

③值班和故障抢修;

④灯具清洁;

⑤其他日常维修工作。

(4)美化照明设施的中修。

对管辖范围内的照明设施进行重点维修,以提高照明设施完好率,具体包括以下内容:

①对有破损、松动或其他原因影响到正常运行或照明效果的灯具进行维修;

②对供电控制箱更换开关设备,供电线路检修、更换等维修工作;

③为保证照明效果而对照明设施进行迁移、调整等工作;

④其他中修项目。

1.3.4　照明设施维护参数与更换方式的确定

1)维护参数的确定

(1)照度维护系数

在照明计算中使用的维护系数为:

$$M = \frac{E}{E_0}$$

式中:E——设计照度(lx);

　　E_0——初始照度(lx)。

由于光源在使用过程中光通量下降、照明器和光源由于污染而致实际效率下降以及由于室外环境的污染程度不同,维护系数会有不同的值,即:

$$M = M_1 M_d M_w$$

式中:M_1——由于光源的老化部分的维护系数;

　　M_d——由于光源和照明器的污染部分的维护系数;

　　M_w——由于室外环境污染程度的维护系数。

照明的照度维护系数,不仅涉及光源光通量的衰减情况,而且还要考虑灯具所处的环境、照明器承受污染的性能及清扫维护周期等因素。根据有关规定,室外照明照度维护系数一般取 0.7~0.75,维护周期为 2 次/年。

(2)光通量维持率

光源在使用过程中,随着时间的推移,光通量逐渐缓慢降低。一般以光源点燃 100h 的光通量为基准,其与经过一定时间后的光通量之比,称作这时的光通量维持率 $f(t)$,计算公式如下:

$$f(t) = \frac{F(t)}{F(100)} \times 100\%$$

式中:$F(t)$——光源点燃 t 小时灯的光通量(lm);

$F(100)$——光源点燃 100 小时灯的光通量(lm)。

将光通量维持率与光源点燃时间的关系在坐标图上表示出来,称作光源的运行曲线。光通量的维持率越高,经过时间的变化越小,初期设备费和电力费就越少。通常当出现光颜色明显改变、光度显著降低、不再启动的情况时,则认为气体放电光源已达到其使用寿命极限,此时标志着光源达到其终了寿命,其光源光通量低于额定光通量的 80%。

(3)亮灯率

以开始使用时的灯数为基准,其与经过一定时间后还保留点亮的灯数之比,称作亮灯率 $n(t)$,计算公式如下:

$$n(t) = \frac{N(t)}{N(0)} \times 100\%$$

式中:$N(t)$——点燃 t 时间后亮灯灯数;

$N(0)$——初期点灯时的灯数。

将点灯时间与亮灯率之间的关系在坐标图上表示出来,称作亮灯率曲线。

亮灯率曲线对于确定光源的更换时间和维修供应计划提供了有效依据。

2)更换方式的确定

换灯方式有个别更换、个别集团更换和集团更换等三种。

(1)个别更换方式,就是光源在使用时如果有灯不亮,即采取直接进行更换的方式,这是换灯方式中最经济的方式。这种方式适用在特定周期内更换次数多而规模小的照明设施和使用时间短的照明设施中。

(2)个别集团更换方式,就是对初期不亮的光源随时予以更换(个别集团更换方式);在适当时期当不亮的灯数开始显示出增加的倾向时,则将新、旧光源全部更换(集团更换方式)。最普通的光源的更换方式是在一般场所使用灯具,其集团更换期为五年一次。

(3)集团更换方式就是不亮光源数在达到维修期间(时间)或达到预定不亮灯数以前并不进行光源的更换,待达到维修时间时全部进行更换的方式。这种方式适用于难以更换灯的场所和新、旧光源混在一起使美观成为问题的场所,一般费用高。

辽河大桥灯具种类繁多、数量庞大,维护者应根据设备的具体情况决定最为经济的换灯方式。

1.4　航空障碍灯检查维护

1.4.1　主要参数

航空障碍灯参数,见表 3-1-6。

航空障碍灯参数表

表 3-1-6

白色高光强 A 型障碍灯		红色中光强 B 型障碍灯	
型号	PLZ－3JLHKC	型号	PLZ－3JLR/Ⅱ PLZ－3JLR/ZK/Ⅱ
FAA 分类	L－856	FAA 分类	L－864/885
有效光强	2000~200000cd	有效光强	不小于 2000cd
闪光频率	40 次/min	闪光频率	20~60 次/min
光源寿命	1 亿次	光源寿命	闪光 80000h
供电方式	AC220V	供电方式	AC220V
功耗	500W	功耗	小于 50W

1.4.2　一般要求

(1)航空障碍灯完整、牢固、安全。

(2)灯具、控制箱必须完好无损、无积尘、无锈蚀。

(3)同步触发器必须处于良好的工作状态。

(4)控制箱内各部件动作性能保持良好。

(5)各接地金属构件的连接必须良好。

(6)各接地金属构件的接地电阻数值必须符合小于 1Ω 的技术标准。

(7)航空障碍灯检查维护频率为 1 次/月。

1.4.3　检查维护作业

(1)航空障碍灯检查维护作业人员必须持有合格有效的低压电工特种作业操作证。

(2)作业前作业人员必须穿好工作服、电工鞋,戴好安全帽、纱手套、安全带。

(3)项目负责人向作业人员进行安全和技术交底,并做好交底记录。检查维护作业前,项目负责人告知值班室作业内容、作业地点和作业范围,值班室应立即将此信息告知监控中心。

(4)监控中心根据桥面情况决定是否允许上桥作业。

(5)作业人员到达作业点,将车辆停靠在紧急停车带上。作业人员必须严格按"日常养护占道交通安全方案"实施安全围护。

(6)作业人员在确保来车方向无车辆时,方可穿越桥面进入作业点。

(7)塔内登梯时应注意以下事项:携带的工具、物品应放置在完好牢固的工具袋内;登垂直梯时应双手协调,切勿单手爬梯;登梯时应集中思想慢行,切勿大意;登梯时上、下人员要相

互关照,切勿相互催促快行。

(8)到塔顶后,作业人员必须戴上安全带爬上梯子。

(9)作业人员开始对航空障碍灯进行检查维护。

(10)检查维护结束后,作业人员按原路返回桥面,在确保来车方向无车辆时,撤离安全维护后迅速离开现场。作业人员当日填写好航空障碍灯检查维护记录表(表3-1-7)。

航空障碍灯检查维护记录表　　　　　　表3-1-7

序号	项　目	方　法	检查情况
1	频闪灯具	外表保洁	
2	稳压电源、闪光控制、声光报警等	检查、试验、更换	
3	光电控制器	检查、试验、更换	
4	灯具、附件螺栓完整、牢固、安全检查	抽检20%	
5	开关、接触器电源线路	检查,发现问题及时处理	
6	二次回路及电器螺丝	检查、紧固	
7	控制系统配电箱	保洁、检查,发现问题及时处理	
8	光控同步触发完好	试验、更换	

1.5　直流屏及 UPS 设备维护

1.5.1　直流系统的运行与维护要求

1)设备运行维护管理的一般规定

(1)直流电源系统设备的运行维护工作按设备管理权限划分。

(2)运行主管单位每年应对所辖运行直流电源系统进行检查评价,落实直流电源系统设备缺陷检查,综合分析直流电源系统存在问题,正确做出设备状态评估,提出技术改造和检修意见。

(3)现场运行规程中应有直流电源系统运行维护和事故处理等有关内容,并应符合系统实际情况。

(4)运行单位应有直流系统维护管理制度。

(5)对直流系统进行定期维护工作应纳入年度、月度工作计划。

(6)运行人员对发现的直流系统缺陷,应按维护管理职责和权限及时处理或上报。

(7)具备两组蓄电池的直流系统应采用母线分段运行方式,每段母线应分别采用独立的蓄电池组供电,并在两段直流母线之间设联络开关或刀闸,正常运行时该联络开关或刀闸应处于断开位置。

(8)直流熔断器和空气断路器应采用质量合格的产品,其熔断体或定值应按有关规定分级配置和整定,并定期进行核对,防止因其不正确动作而扩大事故。

(9)直流电源系统同一条支路中熔断器与空气断路器不应混用,尤其不应在空气断路器的上级使用熔断器。防止在回路故障时失去动作选择性。严禁直流回路使用交流空气断路器。

2）阀控蓄电池（组）的运行及维护

（1）阀控蓄电池组正常应以浮充电方式运行，浮充电压值应控制为$(2.23\sim2.28)V\times N$，一般宜控制在$2.25\ V\times N$（25℃时）；均衡充电电压宜控制为$(2.30\sim2.35)V\times N$。

（2）运行中的阀控蓄电池组主要监视蓄电池组的端电压值、浮充电流值、每节单体蓄电池的电压值、运行环境温度、蓄电池组及直流母线的对地电阻值和绝缘状态等。

（3）阀控蓄电池在运行中电压偏差值及放电终止电压值应符合表3-1-8的规定。

阀控蓄电池在运行中电压偏差值及放电终止电压值的规定　　　　表3-1-8

阀控密封铅酸蓄电池	标称电压（V）		
	2	6	12
运行中的电压偏差值（V）	±0.05	±0.15	±0.3
开路电压最大最小电压差值（V）	0.03	0.04	0.06
放电终止电压值（V）	1.80	5.40（1.80×3）	10.80（1.80×6）

（4）在巡视中应检查蓄电池的单体电压值，连接片有无松动和腐蚀现象，壳体有无渗漏和变形，极柱与安全阀周围是否有酸雾溢出，绝缘电阻是否下降，蓄电池通风散热是否良好，温度是否过高等。

（5）阀控蓄电池组的充放电。

①采用额定电流进行恒流充电，当蓄电池组端电压上升到$(2.3\sim2.35)V\times N$限压值时，自动或手动转为恒压充电；

②在$(2.3\sim2.35)V\times N$的恒压充电下，充电电流逐渐减少，当充电电流减少至额定电流1/10时，充电装置的倒计时开始起动，当整定的倒计时结束时，充电装置将自动或手动转为正常的浮充电方式运行。浮充电电压值宜控制为$(2.23\sim2.28)V\times N$；

③为了弥补运行中因浮充电流调整不当造成的欠充，根据需要可以进行补充充电，使蓄电池组处于满容量。其程序为：恒流限压充电—恒压充电—浮充电。补充充电应合理掌握，在必要时进行，防止频繁充电影响蓄电池质量和寿命。

（6）阀控蓄电池的核对性放电。

长期处于限压限流的浮充电运行方式或只限压不限流的运行方式，无法判断蓄电池的现有容量、内部是否失水或干枯。通过核对性放电，可以发现蓄电池容量缺陷。

①一组阀控蓄电池组的核对性放电。

全站仅有一组蓄电池时，不应退出运行，也不应进行全核对性放电，只允许用I_{10}电流放出其额定容量的50%。在放电过程中，蓄电池组的端电压不应低于$2V\times N$。放电后，应立即用I_{10}电流进行限压充电—恒压充电—浮充电。反复放充2~3次，蓄电池容量可以得到恢复。

②阀控蓄电池组的核对性放电周期。

新安装的阀控蓄电池组在验收时应进行核对性充放电，以后每2~3年应进行一次核对性充放电，运行6年以后的阀控蓄电池组，宜每年进行一次核对性充放电。

③备用搁置的阀控蓄电池，每3个月进行一次补充充电。

（7）阀控蓄电池的浮充电电压值应随环境温度变化而修正，其基准温度为25℃，修正值为

±1℃时3mV,即当温度每升高1℃,单体电压为2V的阀控蓄电池浮充电电压值应降低3mV,反之应提高3mV;阀控蓄电池的运行温度宜保持在5~30℃,最高不应超过35℃。

(8)根据现场实际情况,应定期对阀控蓄电池组进行外壳清洁工作。

(9)当交流电源中断不能及时恢复,使蓄电池组放出容量超过其额定容量的20%及以上时,在恢复交流电源供电后,应立即手动或自动启动充电装置,按照制造厂规定的正常充电方法对蓄电池组进行补充充电,或按恒流限压充电—恒压充电—浮充电方式对蓄电池组进行充电。

(10)蓄电池室的温度宜保持在5~30℃,最高不应超过35℃,并应通风良好。

(11)蓄电池室应照明充足,并应使用防爆灯;凡安装在台架上的蓄电池组,应有防震措施。

(12)应定期检查蓄电池室调温设备及门窗情况。每月应检查蓄电池室通风、照明及消防设施。

3)充电装置的运行监视

(1)应定期对充电装置进行如下检查:检测交流输入电压、直流输出电压、直流输出电流等的各表计显示是否正确,运行声音有无异常,各保护信号是否正常,绝缘状态是否良好。

(2)交流电源中断,蓄电池组将不间断地向直流母线供电,应及时调整控制母线电压,确保控制母线电压值稳定。当蓄电池组放出容量超过其额定容量的20%及以上时,恢复交流电源供电后,应立即手动启动或自动启动充电装置,按照制造厂规定的正常充电方法对蓄电池组进行补充充电,或按恒流限压充电—恒压充电—浮充电方式对蓄电池组进行充电。

(3)维护人员应定期对充电装置进行检查和维护工作,并应按照有关规定项目进行定期检测。

(4)应定期对充电装置输出电压、电流精度、整定参数、指示仪表进行校对。

(5)宜定期对稳压、稳流、稳波系数和高频开关电源型充电装置的均流不平衡度等参数进行测试。

1.5.2　直流系统巡视与故障处理

1)直流系统正常巡视检查项目

(1)蓄电池室通风、照明及消防设备完好,温度符合要求,无易燃、易爆物品。

(2)蓄电池组外观清洁,无短路、无接地。

(3)各连片连接牢靠无松动,端子无生盐,并涂有中性凡士林。

(4)蓄电池外壳无裂纹、漏液,呼吸器无堵塞,密封良好,电解液液面高度在合格范围。

(5)蓄电池极板无龟裂、弯曲、变形、硫化和短路,极板颜色正常,无欠充电、过充电,电解液温度不超过35℃。

(6)典型蓄电池电压、密度在合格范围内。

(7)充电装置交流输入电压、直流输出电压、电流正常,表计指示正确,保护的声、光信号正常,运行声音无异常。

(8)直流控制母线、动力母线电压值在规定范围内,浮充电流值符合规定。

(9)直流系统的绝缘状况良好。

（10）各支路的运行监视信号完好、指示正常，熔断器无熔断，自动空气开关位置正确。

2）直流系统特殊巡视检查项目

（1）新安装、检修、改造后的直流系统投运后，应进行特殊巡视。

（2）蓄电池核对性充放电期间应进行特殊巡视。

（3）直流系统出现交、直流失压、直流接地、熔断器熔断等异常现象处理后，应进行特殊巡视。

（4）出现自动空气开关脱扣、熔断器熔断等异常现象后，应巡视保护范围内各直流回路元件有无过热、损坏和明显故障现象。

3）直流系统的故障及处理

（1）阀控密封铅酸蓄电池壳体变形，充电电流过大、充电电压超过 $2.4V \times N$、内部有短路或局部放电、温升超标、安全阀动作失灵等原因造成内部压力升高，导致壳体变形。处理方法是减小充电电流，降低充电电压，检查安全阀是否堵死。

（2）运行中浮充电压正常，但一放电，电压很快下降到终止电压值。一般原因是蓄电池内部失水干涸、电解物质变质；处理方法是更换蓄电池。

（3）220V 直流系统两极对地电压绝对值差超过 40V 或绝缘能力降低到 $25k\Omega$ 以下，48V 直流系统任一极对地电压有明显变化时，应视为直流系统接地。

（4）直流系统接地后，应立即查明原因，根据接地选线装置指示或当日工作情况、天气和直流系统绝缘状况，找出接地故障点，并尽快消除故障。

（5）使用拉路法查找直流接地时，至少应由两人进行，断开直流时间不得超过 3s。

（6）推拉检查应先推拉容易接地的回路，依次推拉事故照明、防误闭锁装置回路、户外合闸回路、户内合闸回路、6～10kV 控制回路、其他控制回路、主控制室信号回路、主控制室控制回路、整流装置和蓄电池回路。

（7）蓄电池组熔断器熔断后，应立即检查处理，并采取相应措施，防止直流母线失电。

（8）直流储能装置电容器击穿或容量不足时，必须及时进行更换。

（9）当直流充电装置内部出现故障跳闸时，应及时启动备用充电装置代替故障充电装置运行，并及时调整好运行参数。

（10）直流电源系统设备发生短路、交流或直流失压时，应迅速查明原因，消除故障，投入备用设备或采取其他措施尽快恢复直流系统正常运行。

（11）蓄电池组发生爆炸、开路时，应迅速将蓄电池总熔断器或空气断路器断开，投入备用设备或采取其他措施及时消除故障，恢复正常运行方式。如无备用蓄电池组，在事故处理期间只能利用充电装置带直流系统负荷运行，且充电装置不满足断路器合闸容量要求时，应临时断开合闸回路电源，待事故处理后及时恢复其运行。

4）直流电源系统设备更新改造和报废

（1）如果直流电源系统设备在运行中缺陷严重、控制失灵、参数误差严重超标、异常和故障频繁、技术性能落后等，不能保证正常可靠运行时，无修复价值的设备应对其进行技术改造或更换。

（2）阀控蓄电池组以 I_{10} 进行恒流放电电流，只要其中一个蓄电池放电终止到 1.9V 时，即

停止放电。在三次充放电循环之内,若达不到额定容量值的80%,则此组蓄电池容量严重不足,应部分或全部报废并更换,但应避免新旧蓄电池混用。

1.5.3 UPS系统设备的管理维护

UPS系统日常保养见图3-1-1,具体要求如下:

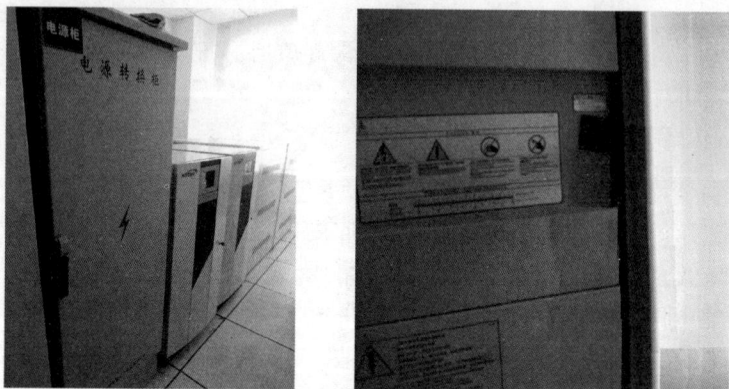

图3-1-1 UPS系统日常保养

(1)UPS开关机顺序:在使用时应首先给UPS供电,使其处于旁路工作状态,然后再逐个打开负载,这样就避免了负载电流对UPS的冲击,使UPS的使用寿命得以延长。关机顺序可以看作是开机顺序的逆过程,首先逐个关闭负载,再将UPS关闭。

(2)UPS开机准备:首先需要确认输入市电连线的极性是否正确,以确保人身安全。注意负载总功率不能大于UPS的额定功率。应避免UPS工作在过载状态下,以保证UPS能够正常工作。

(3)UPS使用环境:UPS对环境温度的要求通常在0~4℃。UPS的使用环境要求清洁、少尘、干燥,灰尘和潮湿的环境会引起UPS工作不正常。而UPS电池组对温度要求较高,标准使用温度为25℃,平时最好不要超出15~30℃这个范围。温度过低不但会减小电池组的容量,还会进一步影响UPS的使用寿命。UPS的防磁能力不好,不应把强磁性物体放在UPS上,否则会导致UPS工作不正常或损坏机器。

(4)UPS电池组维护:UPS的电池组需要定期进行充放电。如果使用的是免维护的吸收式电解液系统电池,在正常使用时不会产生任何气体,但是如果用户使用不当而造成电池组过量充电就会产生气体,并出现电池组内压增大的情况,严重时会使电池鼓胀、变形、漏液甚至破裂,如果发现这种现象,应立即更换电池组。

(5)注意人身安全:由于UPS的电池组电压很高,对人体存在一定的电击危险,所以在装卸导电连接条和输出线时应具有安全保障,采用的工具应绝缘,特别是输出接点更应设置好,防止触电。

(6)UPS充电电压:在UPS的充电过程中,如果充电电压过高会导致电池组的过量充电,反之则会造成电池组的充电不足。当充电电压不正常时,可能会使电池产生错误配置数据。因此在安装电池组时,一定要注意电池规格和数量的正确性,不同规格、不同品牌的电池应尽量避免混用,外接充电器也最好不要采用低价、劣质产品。

（7）UPS 充电电流：与 UPS 的电压要求类似，在对 UPS 电池组进行充放电时应尽量避免过大的电流通过。虽然有时 UPS 的电池组可以接受一定程度的大电流，但在实际操作中还是应该尽量避免大电流，否则会使电池极板变形，导致电池内阻增大，严重时电池容量将会严重下降，导致电池组寿命大幅缩短。

（8）UPS 放电深度：UPS 的放电深度对电池使用寿命的影响也是非常大的，电池放电深度越深，其循环使用次数就越少，因此在使用时应避免电池的深度放电。虽然有些品牌的 UPS 具有放电保护功能，但是如果 UPS 处于轻载放电或空载放电的情况下，也会让电池深度放电，从而影响电池组的使用寿命。

（9）UPS 负载大小：UPS 的负载能力选择额定负载的 50%~80% 为最佳。

1.6 中央计算机系统维护保养

1.6.1 主要维护要求

1）计算机硬件系统工作状况良好

（1）计算机板卡、端口接插件连接紧固。

（2）计算机及相关设备工作电压、辅助供电设施正常。

（3）网络交换机设备工作正常，排线规范，链路通畅。

2）服务器、通信机、网管机工作状况良好

（1）主服务器及其运行的服务器程序工作状况正常，磁盘镜像功能正常，与备用服务器热切换功能正常。

（2）通信客户机及其运行的通信服务程序工作状况正常，通信机与其他客户机通信正常。

（3）网管机工作状况正常，对交换机的监控正常。

3）监控系统软件工作状况良好

（1）各客户机的监控软件功能正常，能按设计要求运行。具体包括：通信服务程序、数据库程序、客户应用操作程序运行是否正常，功能实现是否达到设计要求：

①通信机采样时间可调，正常情况下时间秒数符合设计要求；

②客户机能正确迅速显示交通流量的变化；

③客户机自检程序正常，能正确、迅速显示外场设备的故障状态。

（2）各计算机的运行速度正常，CPU 占有率、内存资源占有率、网络带宽占有率均在正常范围内。

4）中央监控局域网系统安全

（1）网内客户机登陆、操作需要用户名、密码。不同权限用户严格区分，使用不同的用户名和密码登录。

（2）计算机局域网入口访问操作严格受限，并处于防火墙后，禁止未经授权的网络连接。

（3）密切监视计算机局域网工作情况，监视有无异常进程。

（4）严格按照规程进行病毒防治，定期查杀病毒。

5)综合显示屏功能正常

(1)综合显示屏能正确无误的显示各类监控数据,如设备状态信息、交通流量数据。

(2)显示屏 LED 显示管功能正常,无暗点、无缺色。

(3)投影屏 DLP 显示清晰,显示亮度足够,画面分割功能正常。

1.6.2　具体维护保养内容要求

计算机系统维护工作,见表3-1-9。

计算机系统维护工作表

表 3-1-9

序号	维护保养内容	常规方法
1	柜内设备及板卡检查、清洁	检查时保证良好接地,防止静电对设备造成损害
2	服务器性能检查,运行速度、CPU 占用率、资源占用率检查	通过系统任务管理工具检查
3	检查网管工作站,判断网络互连功能正常与否,网段内是否有拥塞	通过网管监测软件
4	检查综合显示屏 LED 显示有无暗点、缺损	观察
5	检查综合显示屏显示数据是否正确,刷新是否及时,数据显示、刷新与客户机是否同步	观察
6	各工作站工作情况检查,包括软件运行速度,指令响应情况	观察
7	重要设备电源的部分电压、电流检查	万用表测量
8	风扇等散热辅助设备检查	检查箱内温度,风扇转速
9	各计算机运行时的病毒防治及异常进程检查	用专用杀毒软件
10	各类报表打印功能检查	检查打印结果
11	监控局域网网内时钟是否同步	与标准时钟对比
12	中控室主要设备联合接地电阻测试	用接地电阻仪测试

1.7　视频监视系统维护保养

1.7.1　外场摄像设备功能要求

(1)保证外场摄像头及控制箱体的稳固性,摄像设备具有防水、防振动、防干扰功能。

(2)外场摄像头的摄像功能正常:

①检查全方位摄像机云台转动的转角是否达到设计要求,水平转角不应低于340°,垂直转角在 −60°~ +15°之间。云台转动精度达到要求,最小转动角度在5°以内;

②摄像头的可视视距,追踪运动车辆的转动速度、聚焦速度应达到设计要求;

③供电开关电源供电电压正常。

1.7.2　控制中心控制功能完好性

(1)控制中心图像远程控制功能、键盘控制摄像头转动功能、键盘控制摄像头聚、变焦正常。

（2）控制中心内监视器图像质量应达到设计要求。图像质量不低于四级,灰度不低于八级。

（3）DLP 投影屏显示质量、显示分辨率、显示亮度应达到 DLP 摄影屏的设计要求。

（4）数字硬盘录像机录、回放功能正常,存储容量足够,回放视频清晰。

（5）检查视频切换功能,保证用键盘、视频监控程序均能快速切换。

（6）视频设备与其他设备联动正常。

视频监控系统维护保养有关图片如图 3-1-2 ~ 图 3-1-5 所示。

图 3-1-2　监控中心

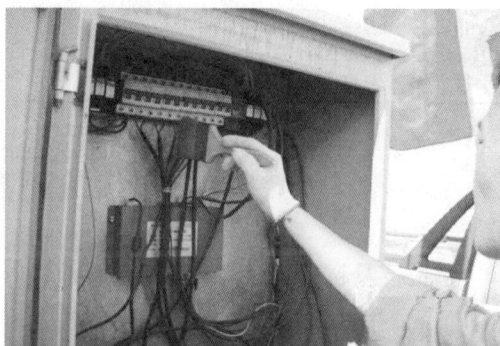

图 3-1-3　摄像系统保养

图 3-1-4　桥上摄像设备

图 3-1-5　视频光端机日常保养

1.7.3　具体维护保养内容及要求

视频监视系统维护保养,见表 3-1-10。

视频监视系统维护保养 表 3-1-10

序号	维护保养内容	常 规 方 法
1	外场设备、摄像机罩壳密闭性检查及清洁除尘	现场保养
2	摄像机云台转动功能,定位精度小于 5°	现场试验观察
3	摄像机聚、变焦检查	观察,变焦时间不应大于 6.5s,
4	摄像机可观察视距检查	观察

序号	维护保养内容	常 规 方 法
5	测试视频切换与画面分割功能	所有摄像头都应能快速切换并在监视器上形成组合画面
6	DLP 图像清晰度、亮度检查	清晰度、亮度符合设备技术参数说明
7	监视器画面灰度检查,灰度不低于八级	对比灰度卡
8	硬盘录像机录像功能检查,回放已录内容,并检查画面清晰度	观察回放画面
9	测试与紧急电话接警等其他设备联动的能力	模拟接警进行测试
10	测试视频光端机发送功率	使用光功率计,比较是否达到设计要求
11	室内监视器、录像机设备清洁	人工擦拭

1.8　情报板及超高检测器系统维护保养

情报板及超高检测器系统主要维护保养要求如下:

(1)情报板、限速板的显示屏及立柱稳固、无抖晃。超高检测器立柱、支架稳固,无抖晃,显示屏及控制箱体防尘防水效果可靠。

(2)情报板、限速板显示内容、功能正常:

①LED 信息显示屏发光亮度符合设计标准,并可自动调节光亮度;

②情报板 LED 显示无闪烁,像素管无暗点;

③情报板、限速板可视距离、可视角度达到设计要求;

④情报板、限速板显示内容或数值正确。

(3)情报板远程自检功能正常,能快速接收控制命令,对命令的响应时间不大于5s。

(4)超高检测器发射及接收端保持清洁、无污物,检测器控制箱体工作电压达到要求,超高检测器发送、接收探头轴线偏移在设计许可范围内,超高检测器的响应时间、检测灵敏度应达到设计要求。

情报板及监控照片如图 3-1-6 所示。情报板及超高检测器系统具体维护保养内容及要求见表 3-1-11。

图 3-1-6　情报板及监控照片

具体维护保养内容及要求　　　　　　　　　　　　　　表 3-1-11

序号	检 测 内 容	常 规 方 法
1	情报板、超高检测器外场箱体是否紧固,有无受潮	现场检查
2	情报板命令发送测试,自检测试,观察各项指标是否正常	用专用自检程序检查
3	检查外场 LED 显示屏是否有屏闪、暗点	观察
4	观察外场 LED 显示屏光控功能是否正常	观察
5	检查情报板应急播放内容功能是否正常	模拟试验
6	检查超高检测器发射和受光部光轴是否对齐,是否有污损	现场检测
7	观察超高检测器对车辆检测的响应时间是否符合设计要求	模拟试验
8	观察超高检测器的灵敏度是否达到设计要求	现场调试
9	检查超高报警器的报警信号功能是否正常	模拟报警

1.9　通信系统维护保养

1.9.1　无线通信系统

（1）检查各无线直放站工作状态,测试各项技术指标是否符合设备技术标准及设计要求。

（2）定期清洁基地台、手持台,检查天线接合部是否紧固,检查受话部是否污损。

（3）检查泄漏电缆的特性指标是否符合电缆型号规定,特性指标包括电缆直流情况下的电阻阻值、绝缘电阻阻值、交流情况下的阻抗、衰减特性。

（4）检查基地台与手持台通话质量,确保通话清晰。

（5）车载台与业务电话通话均应能快速接续且通话清晰。

（6）检查基地台、手持台发射功率、接收灵敏度是否符合设备说明书规定。

无线通信系统维护保养内容及要求,见表 3-1-12。

无线通信系统维护保养内容及要求　　　　　　　　　表 3-1-12

序号	维护保养内容	常 规 方 法
1	检查基地站、分基站等各类设备工作状况	检查工作状态指示灯、工作电压,辅助供电、散热措施
2	检查基地台、手持台发射功率	使用功率计测试
3	检查基地台、手持台接收灵敏度	测试
4	测试基地台、手持台通话清晰度	测试
5	检查泄漏电缆直流、交流指标	使用直流电桥、绝缘电阻仪抽测15%

1.9.2　传输通信系统

（1）定期检查传输通信系统骨干交换、传输设备,观察工作指示灯,确保主要交换设备工作正常。

（2）定期观察网关机器界面，分析网络参数和故障信息，确保主要链路工作正常。

（3）对光纤链路定期使用专用检测设备检测其全程衰减参数，保证光纤传输部分工作正常。

（4）定期使用专用检测设备检测屏蔽双绞线链路网络参数，保证电缆传输部分工作正常。

（5）定期检查其他底层交换机、光端机，检查其工作状态指示灯，确保设备工作正常。

传输通信系统维护保养内容及要求，见表3-1-13。

传输通信系统维护保养内容及要求 表 3-1-13

序号	维 修 项 目	常 规 方 法
1	骨干交换、传输设备工作状态检查	观察设备状态指示灯
2	观察网关机显示的网络参数，检查是否有异常值	观察
3	光缆接头衰减、全程衰减测试	使用 OTDR 抽测全系统 15% 光缆接头
4	屏蔽双绞线参数测试	使用网络测试仪
5	电缆绝缘电阻	使用绝缘电阻仪抽测 15%
6	电缆直流电阻	使用直流电桥法抽测 15%
7	电缆屏蔽接地	使用接地电阻仪抽测 15%

1.9.3　语音广播系统

（1）定期检查系统主要检查语音广播系统设备工作状态是否完好，所检查的设备包括广播发射机、广播呼叫站、录放卡座、扩音功放、设备监听开机装置。

（2）检查号角扬声器工作电压、工作电流是否符合要求。

（3）检查扩音广播扩音是否清晰，不失真，无杂音。

（4）检查主要扩音设备，如扩音功放输出功率是否符合设计要求。

（5）检查功放设备接地是否良好，检查屏蔽信号线接地是否良好。

（6）检查广播监控功控机工作情况是否良好。

语音广播系统维护保养内容及要求，见表3-1-14。

语音广播系统维护保养内容及要求 表 3-1-14

序号	维护保养内容	常 规 方 法
1	检查广播发射机、各类功放等各类设备工作状况	检查工作状态指示灯、工作电压，辅助供电、散热措施
2	检查广播音源工作状态	测试话筒、FM 调谐广播质量
3	检查梁道内广播距离及清晰度是否达到设计要求	使用"汉语清晰度测验记录表"中单词测试
4	检查扩音功放输出功率是否达到工作要求	使用示波器、功率计检查
5	检查扬声器馈电电流及扩音失真度是否达到设计要求	使用失真度检测仪检查

1.10 电缆、光缆检查维护

1.10.1 系统构成

在辽河大桥不同路段分别敷设4芯、12芯、36芯3种不同规格的光缆,用来满足干线传输系统、综合业务接入网、监控图像等各种需求。

1.10.2 设备维护

1)维护项目及周期

(1)日常维护

抽检沿线手孔、人孔及光电缆设施的清洁情况和安全性。

(2)定期月维护

①检查系统的防雷接地连接是否正常。

②检查光缆接头部分和接头盒,保证光缆接头盒正常安装,接头处光缆弯曲在正常范围内,光缆及接头盒外观无破损,无虫害。

③检查电缆接头部分和接线盒,保证电缆在监控外场设备的连接固定牢靠,无破损,无虫害。

④清洁光缆各备用尾纤接头、光纤连接器等,并对光缆的备用光纤进行性能参数测试。

(3)定期年维护

①每年对有光、电缆接头的人井进行抽水一次,积水严重的要经常性抽水,防止光缆、电缆接头长期浸泡水中,导致线路劣化,增加通道衰减。

②每年检查一次光、电缆的标识,对模糊或损害的标识,要及时更新。

③每年对电缆的电气性能进行一次全面的检测。检测参照《公路工程质量检验评定标准 第二分册 机电工程》(JTG F80/2—2004)的有关规定,具体包括电缆绝缘电阻、直流环阻等项目的测试。

④每年对光缆的各业务和备用光纤的性能参数做一次完整的检测,防止由于光缆性能劣化,造成误码或业务中断。检测参照《公路工程质量检验评定标准 第二分册 机电工程》(JTG F80/2—2004)的有关规定,具体包括光纤护层绝缘电阻、单模光纤接头损耗平均值、中继段单模光纤总衰耗等项目。

2)常见故障及处理

光缆、电缆作为通信系统的传输介质,其常见故障现象一般由光纤数字传输设备、监控外场设备等终端设备的通信状况所显现。当终端设备之间的通信业务中断或者出现时断时续的情况时,首先判断外界因素,如光、电缆是否受损,性能是否劣化,等等。

(1)光缆受损:

①故障现象

通信业务中断,如SDH网管出现告警,监控分中心视频图像丢失。

②处理方法

第一步,通过网管终端判断光缆受损点出现在哪个中继段。

第二步,将光时域反射计 OTDR 接入中继段的 A 端,测出 A 端与光缆受损点的距离;然后将再 OTDR 接入中继段的 B 端,测出 B 端与光缆受损点的距离;计算光缆受损桩号段。

第三步,如果光缆受损距离小于 20m,则利用光缆的余量,采用熔接机对光缆受损点进行熔接恢复。如果光缆受损距离大于 20m 以上,原有光缆的余量已不够,则对受损段的那盘光缆重新更换,两端与原来光缆接续。

第四步,对修复完的接续点损耗以及中继段损耗进行测试,保证此段光缆各项指标符合相关规范。

(2)光缆性能劣化:

①故障现象

通信业务时断时续,SDH 网管出现误码告警、性能告警等等。

②处理方法

第一步,通过网管终端判断光缆受损点出现在哪个中继段。

第二步,将中继段业务光纤的连接器用无水酒精擦洗,重新紧固光纤连接器,或者更换光纤连接器和光跳线。如果故障还出现的话,执行以下步骤。

第三步,将光时域反射计 OTDR 接入中继段的 A 端,测此中继段的衰耗以及所有接续点的接头损耗。

第四步,对超过要求范围的接头,采用熔接机进行重新熔接。

第五步,对修复完的接续点损耗以及中继段损耗进行测试,保证此段光缆各项指标符合相关规范。

(3)电缆受损:

①故障现象

通信业务中断,例如监控外场数据无法上传至监控分中心。

②处理方法

第一步,通过分中心的监控软件确定监控外场数据设备。

第二步,采用逐段测试直流电阻的方法定位故障点。将电缆一端的一对电缆对接,在电缆的另一段用万用表测试此对电缆是否有电阻。

第三步,采用电缆专用型接线端子对受损电缆进行对接恢复。

第四步,测试修复后的电缆直流环阻及绝缘电阻,保证指标符合相关规范。

第 2 章　结构监测系统维护

2.1　监测系统概况

　　辽河大桥结构监测系统针对主桥的主梁、索塔及斜拉索等构件实施长期在线监测。根据特大型斜拉桥的结构特点，对桥梁结构在正常运营状态下和一些突发性事件中的响应(内力、位移、振动等)信号进行实时、长期在线采集与管理，通过对这些信号的实时分析与处理，实现对大桥结构健康状态的在线监测，获取反映桥梁健康状况的特征信息，同时，为大桥维护管理提供技术依据，对大桥的安全可靠性作出评价。

　　辽河大桥监测系统的监测内容包括：桥址环境监测、应力监测、温度监测、振动监测、位移变形监测、索力监测、交通荷载监测、地震监测。

2.2　监测系统的测点布置

　　测点布置根据确定的监测内容及监测目的，选取重要监测截面和部位进行监测，在掌握环境、交通荷载作用下，有利于分析、计算、评估重要构件的工作状态，建立荷载源与结构响应的关系，便于进行结构的可靠度分析，同时也能够与结构设计校核；测点布置兼顾整体与局部的关系，一些测点用于整体状态监测，另一些用于局部构件监测；另外还考虑传感器布设位置及数量，用尽可能少的传感器在合适的位置获取全面、精确的结构参数信息，同时对不易到达部位或重要部位考虑适当冗余。全桥传感器总体布置见图3-2-1，各监测测点布置如下：

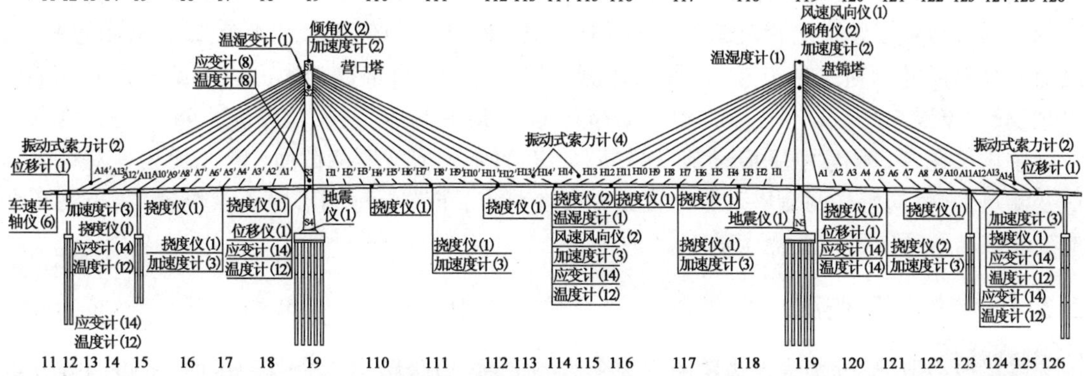

图 3-2-1　全桥传感器总体布置

2.2.1 桥梁环境参数监测

（1）风荷载监测：

①塔顶风荷载监测截面内的监测测点布置于盘锦塔顶面，布置1个测点；

②主梁主跨跨中风荷载监测截面内的监测测点布置在上、下游外侧护栏位置，每侧布置1个测点，共2个测点；

③对大桥所处位置及高程范围内的风力和风向进行监测，全桥共布置3个风荷载监测测点。

（2）空气温湿度监测：

①主跨跨中监测截面内的主梁空气温湿度监测测点布置在下游侧，布置1个测点，与风荷载监测测点位于同一位置；

②监测截面内的索塔空气温湿度监测测点布置在高程110.2m的索塔钢锚梁位置，两索塔对称布置，每索塔布置1个测点，共2个测点。全桥共布置3个空气温湿度监测测点，分别监测塔内和主梁附近空气温湿度。

2.2.2 结构温度监测

主梁上的结构温度监测截面内的测点布置为：主梁共布置7个温度监测截面，监测截面内的监测测点布置相同，每个监测截面布置12个测点，分顶板和底板布置，布置在节间，上、下游对称。顶板布置于车道位置及箱梁与风嘴结合处，上、下游每侧各布置4个，顶板共布置8个；底板分纵隔板外侧和内侧布置，每侧布置1个，上、下游每侧各布置2个，底板共布置4个。每个主梁监测截面布置12个温度测点，主梁上共布置84个温度测点。

主塔仅在营口侧索塔下横梁接合部位上方布置结构温度监测截面，上、下游塔柱对称布置温度测点，顺桥向塔柱两侧塔壁各布置2个温度测点，布置于每侧塔壁角点位置，共布置8个温度测点。全桥布置温度测点92个。

2.2.3 应变监测

主梁上的结构应变监测截面内的测点布置为：主梁共布置7个应变监测截面，监测截面内的监测测点布置相同，每个监测截面布置14个测点，分顶板和底板布置，布置在节间，上、下游对称。顶板布置于车道位置及箱梁与风嘴接合处，上、下游每侧各布置4个，顶板共布置8个；底板分纵隔板外侧和内侧布置，纵隔板外侧布置1个，内测布置2个，上、下游每侧各布置2个，底板共布置6个。每个主梁监测截面布置14个应变测点，主梁上共布置98个应变测点。

主塔仅在营口侧索塔下横梁结合部位上方布置结构应变监测截面，上、下游塔柱对称布置应变测点，顺桥向塔柱两侧塔壁各布置2个应变测点，布置于每侧塔壁角点位置，共布置8个应变测点。全桥布置应变测点106个。

2.2.4 结构振动监测

主梁振动监测：分别为次边跨跨中2个监测截面、边跨跨中2个监测截面、主跨四等分点3个截面，共7个监测截面。主梁振动监测截面以主梁跨中心线对称布置，每个监测截面在下游布置一个横向测点和一个垂向测点、下游布置一个垂向测点。用于监测主梁的结构动力响应,分析桥梁的结构动力特性。

主塔振动监测:主塔塔柱纵向水平位移将增大主梁的振动振幅,横向水平位移时将增大主梁的扭转,因此在主塔顶部布置结构振动监测截面,监测位置安装一个顺桥向加速度传感器和一个横桥向加速度传感器,监测塔柱的振动,每个塔柱的顶部布置两个测点。

主塔上共布置 4 个结构振动测点,主梁上共布置 21 个结构振动测点。

2.2.5　结构位移/变形监测

(1)支座位移监测

主梁梁端和塔梁结合处上游侧支座处各布设 1 个支座位移测点,实时监测支座位移变化,共布置支座位移测点 4 个。

(2)主梁挠度监测

在各项荷载作用下,主跨发生竖向位移,尤以主跨跨中最大,选择次边跨跨中、边跨四等分点和主跨八等分点布置主梁挠度监测截面,在主跨、边跨跨中分别布设 2 个挠度计,上、下游对称布置,其他截面分别在箱梁横桥向中心线附近布设 7 个挠度计,共布置挠度监测点 19 个。

(3)索塔倾斜监测

在两主塔塔顶断面各布设 1 个精密倾角仪,实时监测塔顶横桥向和纵桥向倾斜,反应塔顶位移,共布置索塔倾斜监测点 4 个。

2.2.6　索力监测

分别选取 A14、A14′号背索和跨中最长的 H14、H14′号拉索进行监测,测点上、下游对称布置,全桥共布置索力监测测点 8 个,监测传感器采用振动式索力计。索力计布置如图 3-2-2 所示。

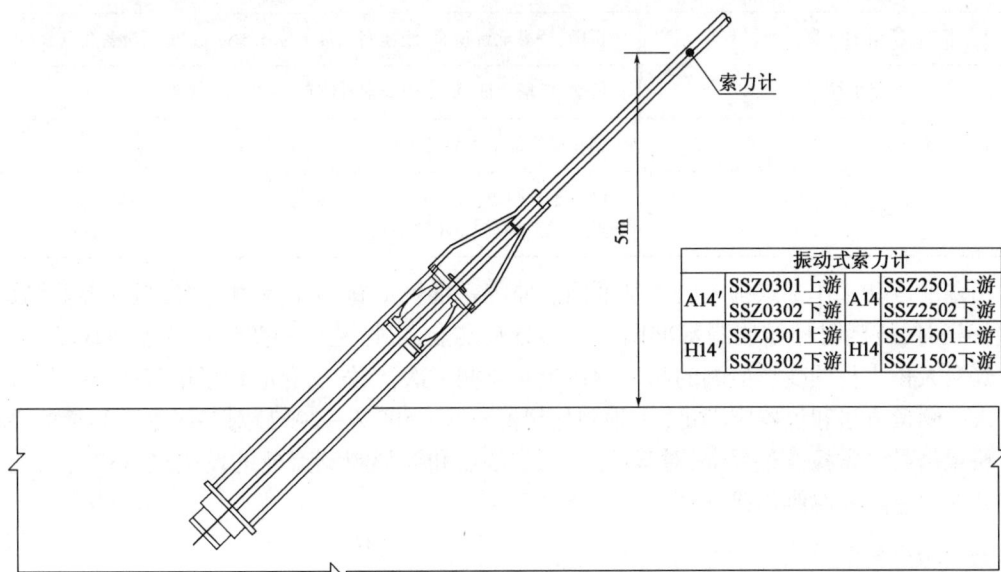

振动式索力计			
A14′	SSZ0301上游 SSZ0302下游	A14	SSZ2501上游 SSZ2502下游
H14′	SSZ0301上游 SSZ0302下游	H14	SSZ1501上游 SSZ1502下游

图 3-2-2　索力计布置示意图

2.2.7　交通荷载监测

在营口侧主梁端头的混凝土梁上布置动态称重系统(WIM),上、下游布置,每个行车道上均布设传感器,对车道的车辆类型、轴重、流量等进行监测。

2.2.8　地震监测

在两主塔的根部承台上各布置1个地震测点,共布置2个地震监测测点,监测结构在地振动及船舶撞墩时的结构响应。

2.2.9　平面和高程监测网

辽河大桥主桥结构和荷载复杂,根据相关规范要求,应及时对大桥的结构变位、基础沉降、应力、动力特性和荷载等参数进行测量。因此,应建立永久性的平面和高程控制测量网。

控制测量网点分为基准点、工作基点和变形观测点,其布设应符合下述要求:

(1)基准点:应选在变形影响区域之外的稳固可靠的位置。每个工程至少应有3个基准点。水平位移基准点应采用观测墩,垂直位移基准点宜采用双金属标或钢管标。

(2)工作基点:应选在比较稳定且方便使用的位置。水平位移监测工作基点应采用观测墩,垂直位移监测工作基点可采用钢管标。

(3)永久性观测点(也称变形观测点):应设立在能反映监测体变形特征的位置上,见表3-2-1。永久性观测点的设置应牢固可靠。

变 形 观 测 点　　　　　　　　　　表 3-2-1

	检 测 项 目	观 测 点
1	桥墩、桥塔的高程	桥墩、桥塔承台顶面(距地面或常水位0.5~2m)上下游各2点
2	桥墩、桥塔的倾斜度	桥墩、桥塔顶面(距地面或常水位0.5~2m)上下游各1点
3	主梁纵向位移	钢箱梁端部上下游各1点
4	桥面高程	沿行车道两边(靠缘石处),按每孔跨中、4/L、支点等不少于5个位置(10个点)。测点应固定于桥面板上

由基准点和工作基点构成监测基准网。监测基准网应每半年复测一次;当变形监测成果发生怀疑时,应随时检核监测基准网。由部分基准点、工作基点和变形观测点组成变形监测网。辽河大桥主桥的变形监测的频率为每半年监测1次,当发现变形趋于稳定后,亦可每年监测1次。测量方法和仪器应满足《工程测量规范》(GB 50026—2007)对二级水准测量的要求。

桥梁每月经常检查过程中,对基准点、工作基点和变形观测点处的设施进行检查,发现破坏或存在隐患应及时维修或处理。

辽河大桥监测系统采用的传感器类型包括:风速风向仪、温度计、温湿度计、振动式索力计、车速车轴仪、位移计、挠度仪、加速度计、地震仪、倾角仪、应变计。辽河大桥监测系统测点布置见表3-2-2。

辽河大桥监测系统测点布置一览表   表 3-2-2

监测类型	监测项目	传感器类型	监测部位
环境荷载源监测	环境风荷载	风速风向仪	塔顶、主跨跨中
	环境温湿度	空气温湿度计	塔内钢锚箱部位、主跨跨中
	结构温度	温度传感器	主跨跨中、次边跨跨中、索塔及辅助墩箱梁,桥面处塔柱截面
	地震动	地震传感器	索塔根部承台
	交通荷载	车速车轴仪	引桥混凝土梁
结构响应监测	结构应力	光纤光栅应变传感器	主跨跨中、次边跨跨中、索塔及辅助墩箱梁,桥面处塔柱截面
	结构变形	挠度仪	次边跨跨中、边跨 4 等分点、主跨 8 等分点
		精密倾角仪	索塔顶部
		支座位移传感器	塔梁处、主梁梁端
	斜拉索索力	振动式索力计	背跨及跨中最长索
	动力特性	加速度传感器	次边跨跨中、边跨跨中、主跨 4 等分点、索塔顶部

2.3 监测工作内容

2.3.1 日常监控

监测系统日常监控工作,主要包括结构健康状态日常监控、设备工作状态日常监控、预警信息的初步确认和通知。系统 24h 连续使用,始终处于监控状态。

1)结构健康状态日常监控

监测系统日常监控内容包括动态变形、应力应变、索力、结构温度、气象环境等。如日常监控人员发现异常情况,在做出初步确认判断后,需及时通知养护人员最终确认异常现象,以尽快采取进一步措施。日常监控人员需将监控工作记录到专门的表格和日志中。

2)预警信息的初步确认和通知

监测系统的预警包括以下两类:

(1)各监测数据的单通道初预警:通过比对各监测数据的预警阈值,超过即报警。报警一般分级别和恶劣级别两个层次,对于一般级别,应注意观察,适时通知养护评估人员;对于恶劣级别,应立即通知养护评估人员。

(2)异常事件的综合预警:通过对多个单通道初级预警信号按照预设异常事件判断预案进行比对分析,进行针对异常事件的综合预警,同时给出异常事件预警的可信度指标,对于可信度指标分值超过 70% 的需立即通知日常评估人员。

日常监控人员在初步确定预警信息后,按预定流程通知相关人员,并填写相关的工作表单,以便后期跟踪预警信息的处理情况。

2.3.2　主要监测指标阈值

预警指标是整个桥梁监测工作的基础,其阈值则是桥梁预警的前提,各项预警指标可根据检查情况对应的等级评定标准而定。因此,作为预警指标的跨中竖向位移和裂缝宽度等阈值必须有明确的量化。针对监测桥梁的实际情况,阈值可依据以下几个原则来确定:

(1)依据国家颁布的相关规范。

(2)针对辽河大桥进行分析,建立与施工监测数据、成桥试验数据的关系,研究实测数据的变化规律。

(3)充分考虑到辽河大桥自建成已运营多年及所处的自然环境,相比于桥梁的设计状态而言结构状态已退化。

由于桥梁运营监测系统在线数据采集反映了桥梁在承受车辆荷载、温度荷载等作用下的结构响应,它可以直观体现桥梁在日常运营中的适用性和安全性,因此,在遵循以上原则的基础上,在监测初期,采用"统计分析＋阈值对比"的评定方法,对监测数据进行统计分析,找出具有一定可靠度下的监测值作为实测值,然后,通过对这些监测状态量的判断评估安全状态。在监测系统运行半年左右,积累了一定的数据后,采用上一年度、月度或周监测数据对桥梁运营情况进行趋势预测,如预测值与监测值出现较大偏差,且超过荷载试验限值时,则认为某个部位或结构整体出现破坏,影响结构的安全。同时需要说明的是,阈值并不是一成不变,而是随着数据的积累而呈现出动态调整的过程。

由此所述,为完整、全面地评价当前桥梁运营状态等级,桥梁运营监测系统预警值采取分级设定原则,针对每个监测目标采集结构响应实测值大小,将桥梁运营状态划分为绿色、蓝色和红色三个状态,并相应设置二级预警值,具体见表3-2-3。

桥梁运营状态划分　　　　　　　　　　　　　表 3-2-3

桥 梁 状 态	状 态 描 述		
绿色状态	正常	安全状态	桥梁工作正常,适用性、安全性良好
蓝色状态	一级预警	异常状态 注重长期趋势	监测数据异于日常数据正常水平
红色状态	二级预警	危险状态	监测数据超过规范指定荷载效应最大值,桥梁结构安全性可能不满足要求

2.3.3　数据维护

监测数据维护工作范围为对支持系统正常运行的各类数据进行维护,主要包括以下内容:基础数据的管理与维护,人工监测数据的跟踪管理,各类文档及报告的挂接,部分人工监测数据的收集和录入。

2.3.4　监测报告编写

监测报告分月度报告和年度报告,编写内容如下:

(1)环境监测:大气温度、大气湿度。

(2)荷载监测:结构温度荷载、风荷载、交通荷载。

(3)上部结构监测：主梁挠度、主梁应变、索力。

(4)下部结构监测：索塔位移、支座位移、索塔应变。

(5)地震响应监测。

(6)突发事件。

辽河大桥监测报告对辽河大桥主桥的实时监测数据进行数据分析，得出每个月桥梁运行的情况。分析内容包括：

(1)桥梁通车数量、速度、载重情况分析。

(2)桥梁主梁应力状态分析。

(3)桥梁主塔倾角状态分析。

(4)桥梁拉索索力状态分析。

(5)主梁挠度状态分析。

(6)索塔应变分析。

(7)支座位移分析。

(8)桥梁附近周围地震状态的分析。

(9)桥梁运行突发状况的报告。

辽河大桥监测报告的编写对辽河大桥的运营及其他同类型的桥梁具有深远的意义：

(1)报告的编写为辽河大桥的运营安全提供数据上的支持。

(2)监测报告的编写为桥梁养护工作提供指导意见。

(3)监测报告，从数据分析的角度，评估辽河大桥的健康运营状态。

(4)监测报告的编写将作为历史资料留存，为今后辽河大桥的维修加固提供依据。

(5)桥梁设计方面：辽河大桥为大型斜拉桥，构造复杂，动力特性及受力状态非常复杂。设计阶段完全掌握和预测在各种运营环境和荷载条件下的力学特性和结构响应状态是困难的，因此需要进行结构监测，对成桥运营状况进行实时监测，通过报告的编写进一步验证设计计算与结构分析结果。

(6)桥梁科研方面：辽河大桥位于入海口，桥梁受环境影响还存在许多未知因素，许多方面有待进一步改进，而且结构设计中的许多理论和假定也需验证，因此需要建立结构监测系统，长期监测桥梁结构状态，通过报告的编写及数据分析为理论研究提供数据资料。

2.3.5　日常评估

监测系统日常评估工作，主要内容如下：

(1)结构健康指标预警信息管理。

(2)在线评估模型的管理。

(3)在线评估预报的编制与维护。

(4)突发事件在线评估报告的编制与维护。

(5)辅助第三方检测及科研实验。

(6)补充检测的设计和实施。

(7)检测报告的管理。

2.4 监测系统维护

监测系统主要由传感器、采集设备及计算机网络系统组成,为保证系统的正常运行及监测数据的真实有效,需要对硬件设备进行必要的维护,同时根据养护管理的需要,对软件系统进行升级完善。一般情况下监测系统配备硬件及软件维护人员,即系统操作员。

2.4.1 监测系统运营维护流程

监测系统运营维护基本流程如图 3-2-3 所示。在系统缺陷责任期内,设备硬件维修或更换由系统集成商负责。

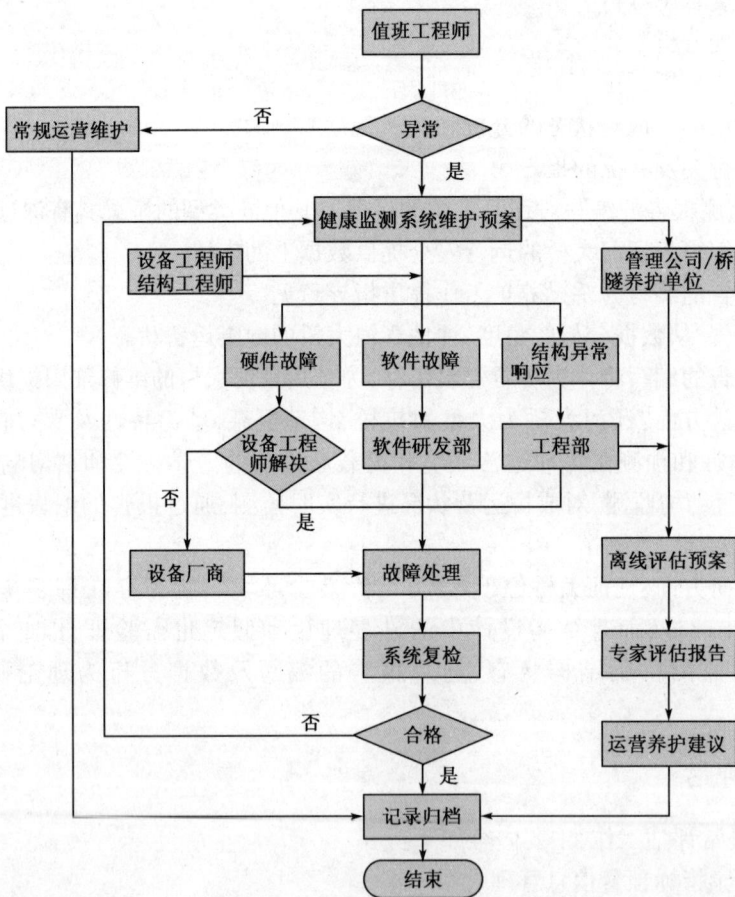

图 3-2-3 监测系统维护流程图

2.4.2 设备维护

监测系统的设备维护包括桥梁现场设备和监控中心设备的维护。为了规范日常维护工作,将日常维护内容划分为日、周、月、季和年等 5 个作业等级。

(1)日维护作业内容:对监控中心的主要机电设备的外表面进行清洁,检查显示终端反馈的系统运行是否正常。

(2)周维护作业内容:对监控中心的主要机电设备进行现场巡检、保洁。

(3)月维护作业内容:对监控中心及外场主要的机电设备和设施进行巡检;有针对性地检查设备(机柜)的内部状况,并做好清洁工作;有针对性地检查沿途机电设施的完好状况;整理系统数据库文件,并备份相关数据。

(4)季度维护作业内容:对主要设备的技术性能进行检测、校正。

(5)年维护作业内容:对主要设备和设施的技术性能进行恢复性的维护、调试、校正。

设备维护相关图片如图 3-2-4 ~ 图 3-2-10 所示。

图 3-2-4 位移计保养

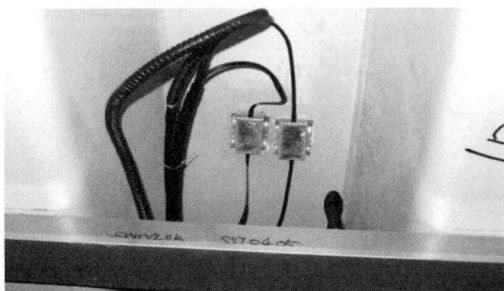

图 3-2-5 钢结构表面温度计保养

图 3-2-6 单向加速度计保养

图 3-2-7 挠度计保养

图 3-2-8 风速风向仪保养

图 3-2-9 盘锦侧索塔内温湿度计更换

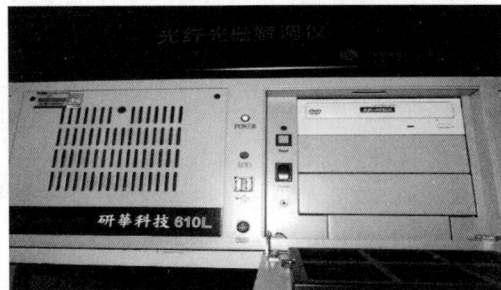

图 3-2-10 光纤光栅解调仪保养

2.4.3 故障处理

故障处理包括机房设备故障处理、现场设备故障处理,故障处理流程如图3-2-11、图3-2-12所示。

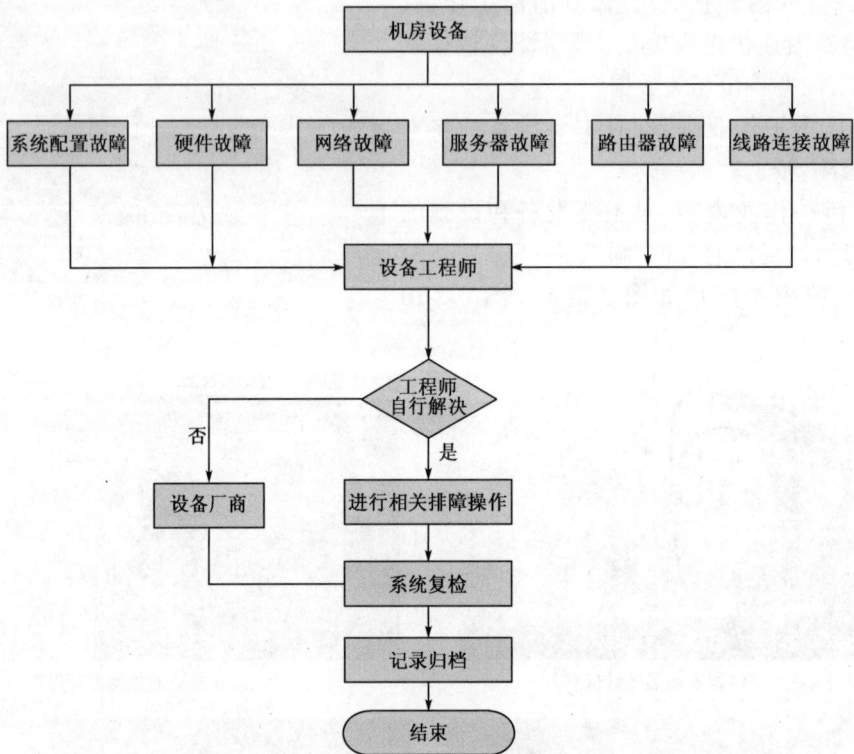

图 3-2-11　机房设备故障处理流程

2.4.4 软件子系统维护

软件子系统的日常维护工作主要有:

(1)每日使用监测软件系统实现对系统的维护,监测软件系统各应用服务的工作状态。

(2)每月重启一次 web 服务,确保监测软件系统保持高效运转。

(3)每月对所有软件模块进行功能性维护,确保软件功能正常工作。

(4)每月对系统程序、数据库、数据文件进行增量备份。

(5)在线评估月报维护,包括在线评估月度评估结果、评估报告的人工维护部分的维护,在线评估月报的打印。

(6)突发事件在线评估报告维护,包括突发事件前后结构健康状态页面和设备工作状态页面的浏览,突发事件在线评估结果的生成,突发事件在线评估报告人工维护部分的维护,突发事件在线评估报告的打印。

(7)监测系统使用月报维护,涵盖监测系统硬件和软件的月度使用情况,包括月报的编辑和系统挂接。

（8）监测系统使用年报维护,涵盖监测系统硬件和软件的年度使用情况,包括年报的编辑和系统挂接。

（9）监测系统维护的文档管理,建立一套电子文档系统,全面管理监测系统使用阶段的各类工作文档,以便更好地服务于系统的维护,方便相关信息的追溯和相关性查询。

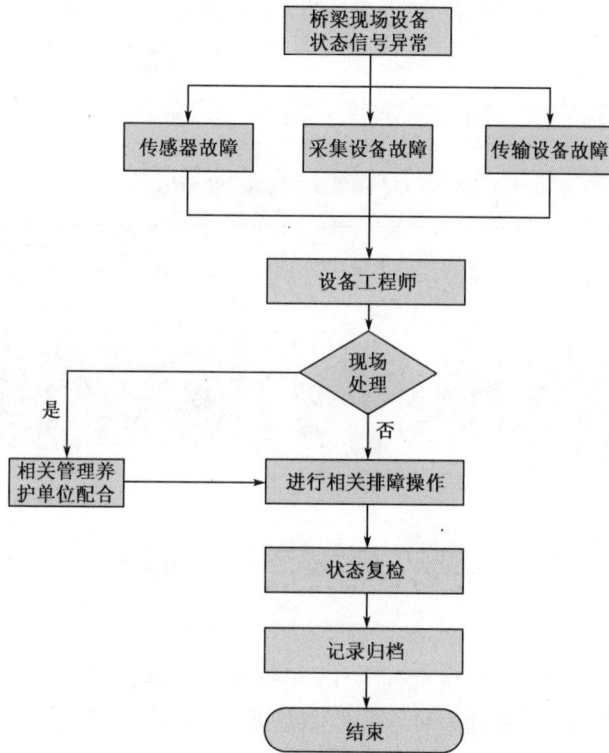

图 3-2-12　桥梁现场设备故障处理流程

2.5　大桥结构监测成果应用

辽河特大桥主桥于 2010 年 9 月 28 日正式通车,自 2013 年 7 月大桥监测系统部署完毕,开始对该桥展开结构状态进行监测数据分析,通过对传感器数据联合进行综合性对比来评估结构的状态变化。

2.5.1　主要监测数据结果

（1）斜拉索索力

斜拉索索力测点分别选取营口靠岸侧 A14、A14′号背索和跨中靠河侧最长的 H14、H14′号拉索进行监测,测点上下游对称布置,全桥索力监测测点共 8 个。南塔、北塔靠岸侧斜拉索索力分别如图 3-2-13、图 3-2-14 所示。

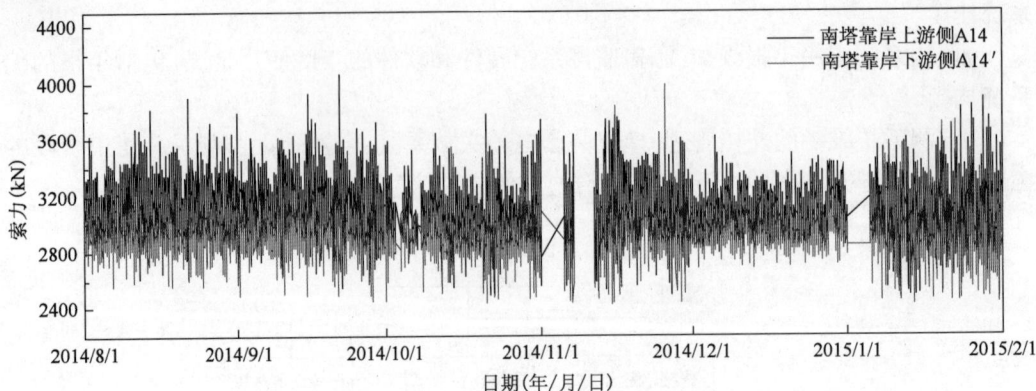

图 3-2-13　南塔靠岸侧斜拉索索力

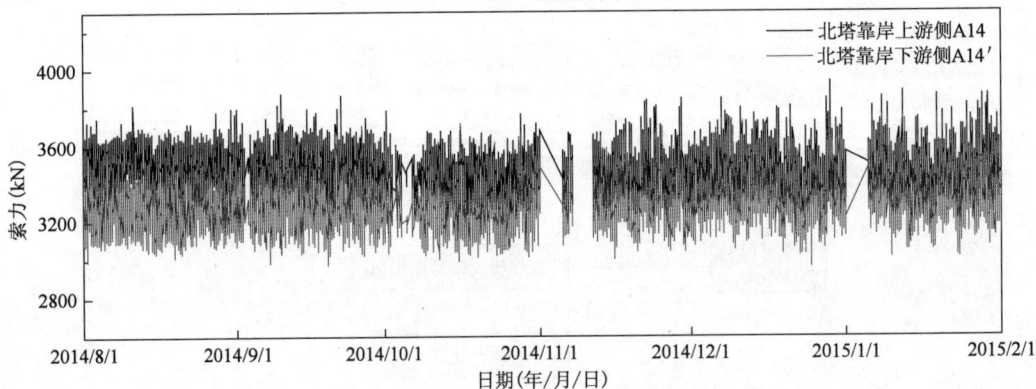

图 3-2-14　北塔靠岸侧斜拉索索力

从索力监测数据可以看出,2014 年至 2015 年斜拉索数据相对完整,之后监测数据出现两次长时间缺失,阶段性跳跃采集到短时间的监测数据。

(2)钢箱梁位移

全桥在钢箱梁共 19 个挠度监测点,用于监测钢箱梁的变形情况,分别布置在主跨跨中、主跨四分点、主跨八分点、边跨跨中、边跨四分点及次边跨跨中,2013 年至 2014 年钢箱梁主跨跨中位移监测数据如图 3-2-15 所示。

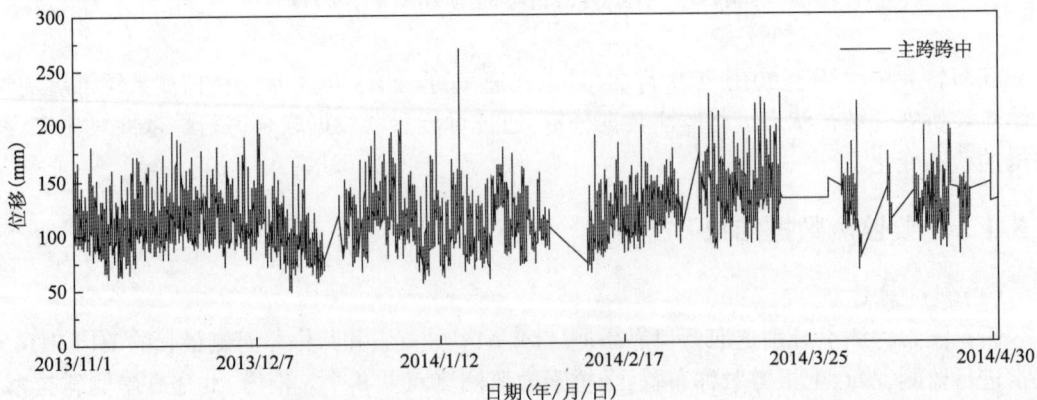

图 3-2-15　钢箱梁主跨跨中位移

从主梁监测数据可以看出,2013 年至 2014 年斜拉索数据相对完整,之后监测数据出现两次长时间缺失,阶段性跳跃采集到短时间的监测数据。

(3)钢箱梁应变

全桥钢箱梁共布置 98 个应变测点,每个监测截面布置 14 个测点,用于监测钢箱梁的变形和疲劳状况,部分截面数据如图 3-2-16、图 3-2-17 所示。

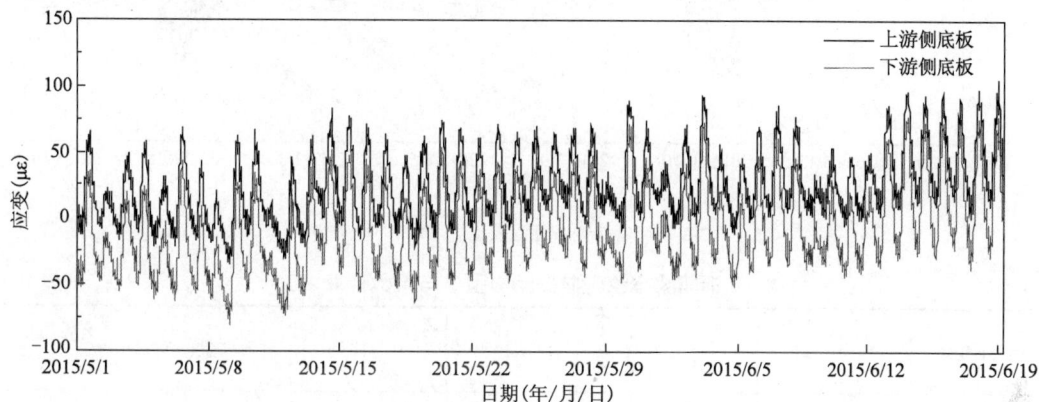

图 3-2-16 营口侧边跨跨中钢箱梁底板平均应变

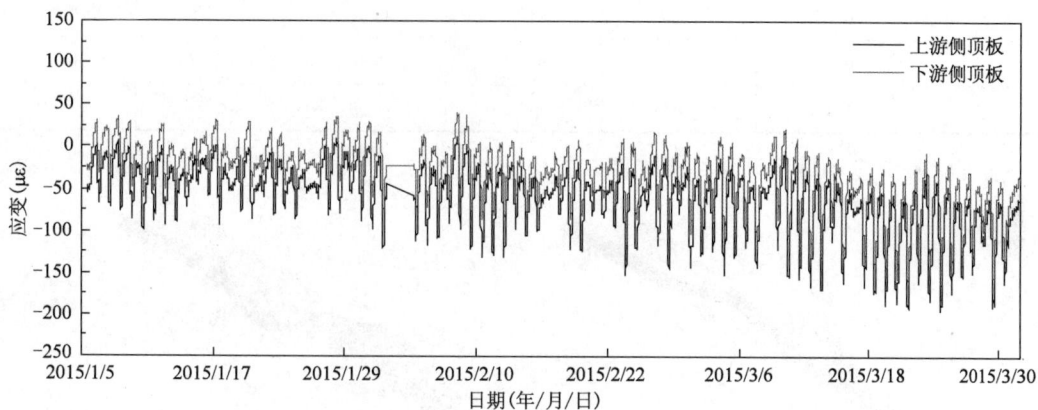

图 3-2-17 营口侧辅助墩处钢箱梁顶板平均应变

(4)索塔应变

全桥共布置 8 个索塔混凝土应变测点,仅布置在营口侧索塔,用于监测索塔混凝土应变,部分监测结果如图 3-2-18 所示。

(5)结构动力特性

斜拉桥动力特性受主梁截面性质、塔与主梁刚度比、塔梁连接方式、结构的空间几何布置形式、辅助墩的数目与位置、塔梁连接方式等多种因素影响,结构受力状态的改变将导致结构动力特性的变化。

通过建立结构动力特性计算模型,得到钢箱梁结构竖向前五阶竖向振动振型参与系数(表 3-2-4)。

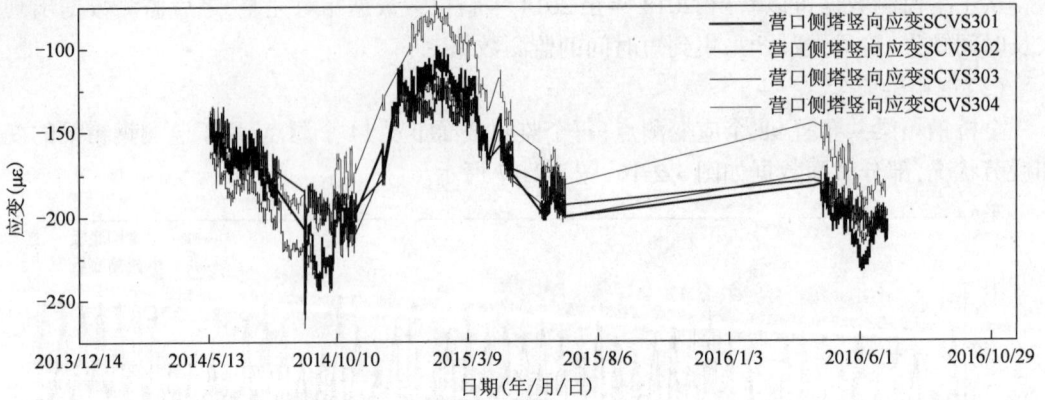

图3-2-18　营口侧塔处混凝土 S3 截面平均应变

钢箱梁理论竖向振动振型参与系数计算　　　　　　　　　　　　表3-2-4

模态阶段	频率(Hz)	周期(s)	参与因数	参与比例	有效质量(kN)	有效质量累积因数
1	0.33	3.06	1816	1.00	3.30×10^6	0.46
2	0.43	2.35	60	0.03	3670	0.46
3	0.63	1.59	559	0.31	313284	0.51
7	0.92	1.09	1750	0.96	3.06×10^6	0.93
10	1.17	0.85	681	0.38	465081	1.00

前五阶竖向振动振型计算结果如图 3-2-19 所示。

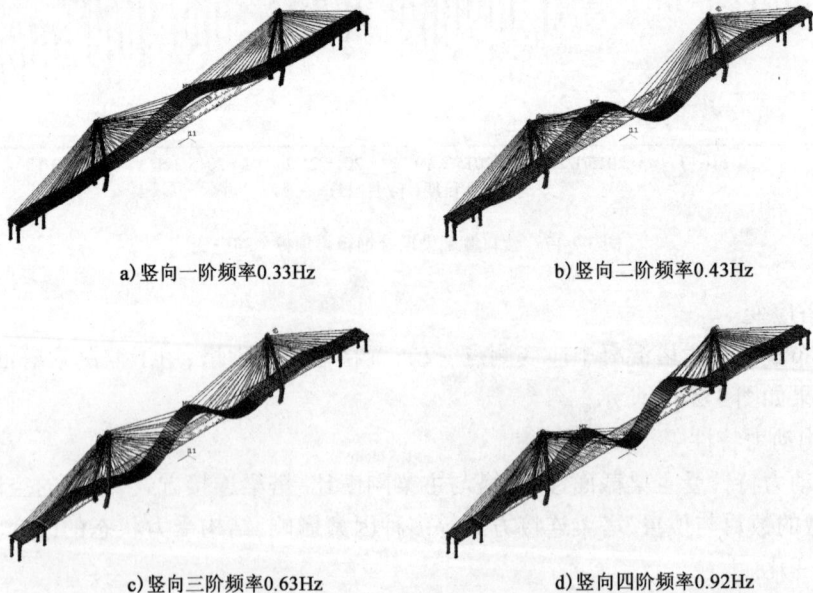

a) 竖向一阶频率0.33Hz

b) 竖向二阶频率0.43Hz

c) 竖向三阶频率0.63Hz

d) 竖向四阶频率0.92Hz

图　3-2-19

e)竖向五阶频率1.17Hz

图 3-2-19 竖向振动振型计算结果

选取 2013—2016 年主跨跨中竖向加速度时域监测数据进行结构前 4 阶竖向振动自振频率。具体如图 3-2-20 ~ 图 3-2-23 所示。

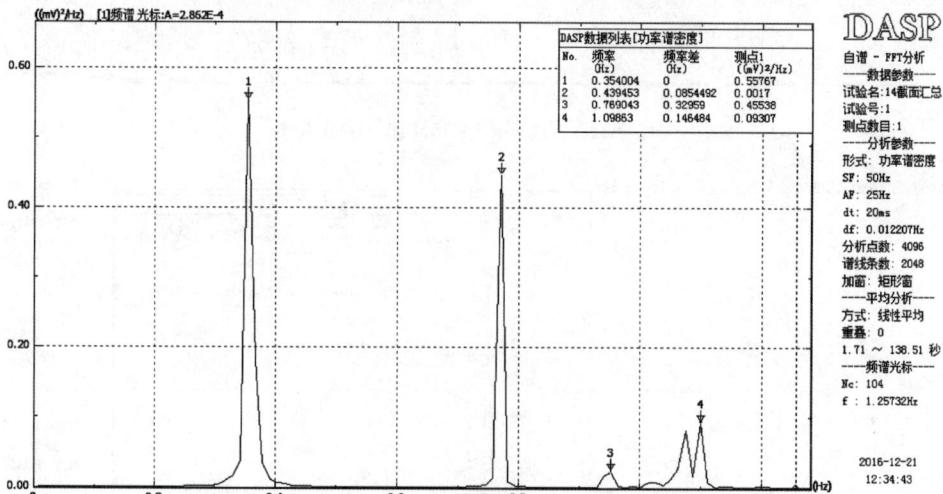

图 3-2-20 2013 年前四阶竖向振动自振频率

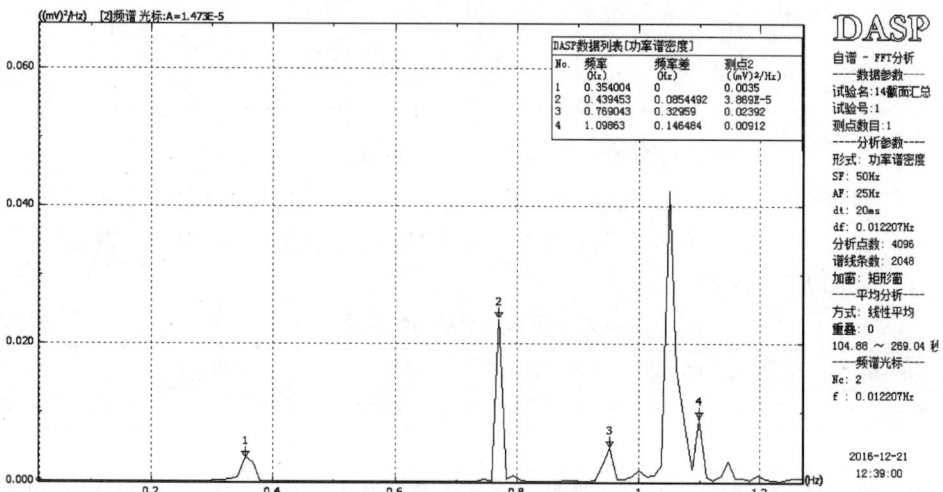

图 3-2-21 2014 年前四阶竖向振动自振频率

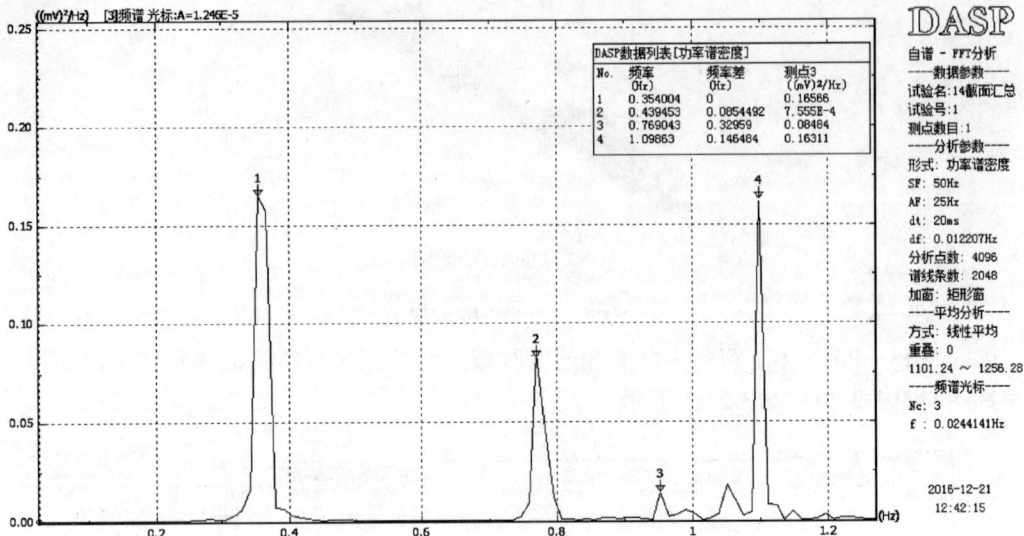

图 3-2-22　2015 年前四阶竖向振动自振频率

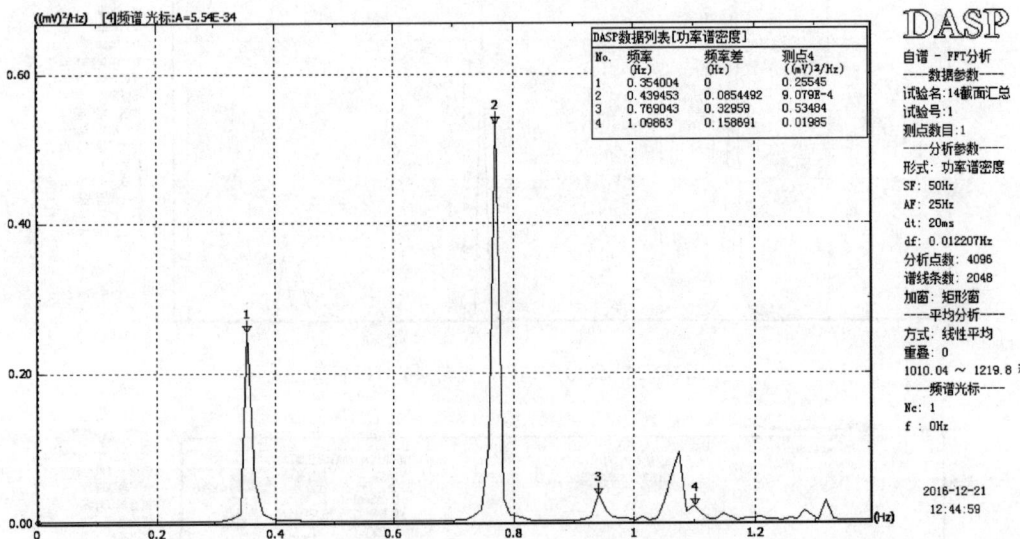

图 3-2-23　2016 年前四阶竖向振动自振频率

　　根据辽河特大桥主桥有限元动力特性计算结果,竖向二阶理论动力特性在钢箱梁竖向振动方向振动参与较少,因此竖向二阶自振频率特性识别较弱,2013—2016 年钢箱梁竖向振动频率统计结果如表 3-2-5 所示。

钢箱梁竖向振动动力特性分析　　　　　　　　　　　　表 3-2-5

竖向振动阶数	理论频率(Hz)	2013 年	2014 年	2015 年	2016 年
1	0.33	0.35	0.35	0.35	0.35
2	0.63	0.76	0.76	0.76	0.76
3	0.92	0.95	0.95	0.95	0.95
4	1.17	1.09	1.09	1.09	1.09

由结构自振频率特性可以看出,结构自振频率与有限元计算结果较为接近,并且2013—2016年间结构前四阶竖向振动频率几乎未发生改变。

2.5.2 监测数据应用

结合辽河特大桥主桥监测系统,较全面地掌握了桥址处环境与荷载对结构整体受力性能的影响。

桥址位于地震多发区,通过三向加速度传感器成功监测到多次地震信号,经与设计地震加速度对比,各方向地震加速度值均小于设计值,同时比对正常运营状态下与地震发生时结构应力、索力、挠度等监测数据结果,各次地震未对结构产生损伤影响。

通过动态称重系统实现了对交通量、车速、轴重的实时监测,建立了大桥交通安全荷载模式、结构评估等,辅助桥梁管养部门实现对超限车辆的管控,确保桥梁的安全运营。

通过实时监测斜拉索索力变化,斜拉索索力整体呈下降趋势,实测索力变化范围基本满足设计要求,结合风速风向仪与斜拉索索力的实时监测数据,对风力等级较大情况下的斜拉索索力变化情况进行了相关性分析,结构在强风作用下的索力变化情况也基本满足设计要求。

支座位移与温度监测数据体现了较好的线性相关性,结构纵向整体变形能力较为稳定。夏季高温时段通过对钢箱梁顶板温度监测数据,较好地指导了夏季沥青路面洒水养护时机。

2.6 附 图

(1)箱梁主要传感器布置图,如图3-2-24 ~ 图3-2-30 所示。

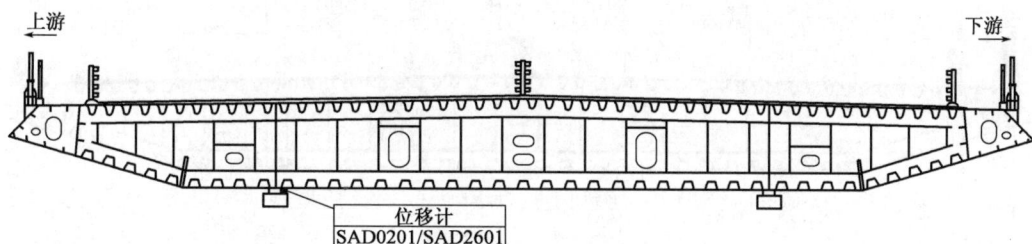

图 3-2-24 监测截面 2、26 传感器布置图

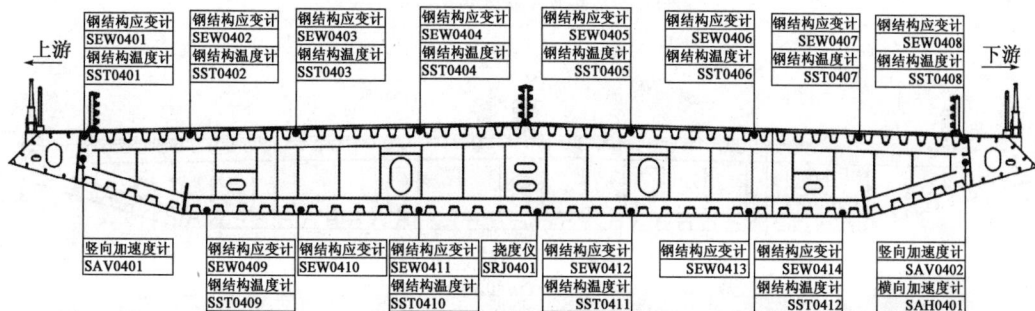

图 3-2-25 监测截面 4 传感器布置图

| 钢结构应变计 SEW0901 钢结构温度计 SST0901 | 钢结构应变计 SEW0902 钢结构温度计 SST0902 | 钢结构应变计 SEW0903 钢结构温度计 SST0903 | 钢结构应变计 SEW0904 钢结构温度计 SST0904 | 钢结构应变计 SEW0905 钢结构温度计 SST0905 | 钢结构应变计 SEW0906 钢结构温度计 SST0906 | 钢结构应变计 SEW0907 钢结构温度计 SST0907 | 钢结构应变计 SEW0908 钢结构温度计 SST0908 |

上游 / 下游

| 钢结构应变计 SEW0909 钢结构温度计 SST0909 | 钢结构应变计 SEW0910 | 位移计 SAD0910 | 钢结构应变计 SEW0911 钢结构温度计 SST0910 | 挠度计 SRJ0901 | 钢结构应变计 SEW0912 钢结构温度计 SST0911 | 钢结构应变计 SEW0913 | 钢结构应变计 SEW0914 钢结构温度计 SST0912 |

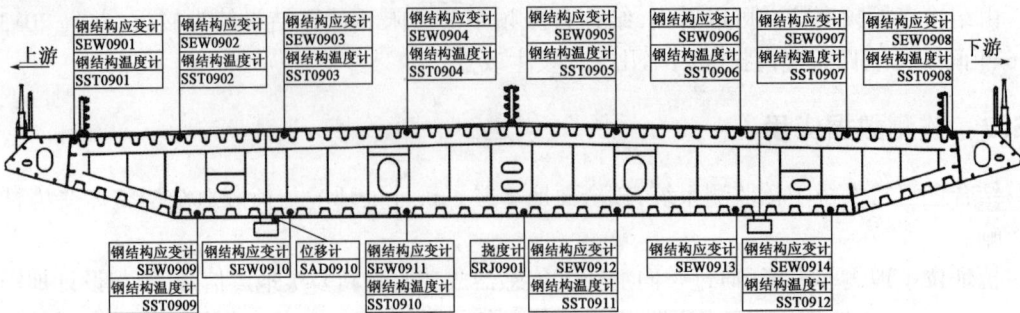

图 3-2-26　监测截面 9 传感器布置图

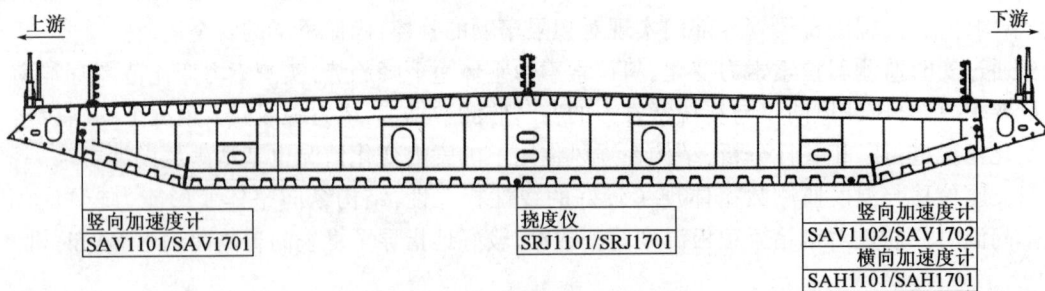

| 竖向加速度计 SAV1101/SAV1701 | 挠度仪 SRJ1101/SRJ1701 | 竖向加速度计 SAV1102/SAV1702 横向加速度计 SAH1101/SAH1701 |

图 3-2-27　监测截面 11、17 传感器布置图

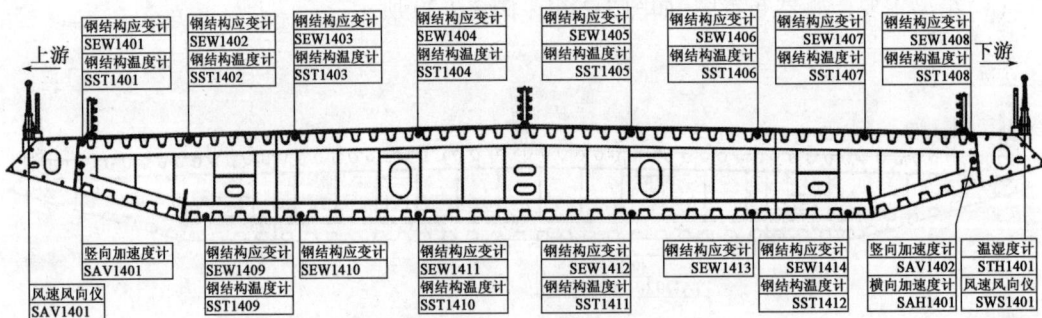

| 钢结构应变计 SEW1401 钢结构温度计 SST1401 | 钢结构应变计 SEW1402 钢结构温度计 SST1402 | 钢结构应变计 SEW1403 钢结构温度计 SST1403 | 钢结构应变计 SEW1404 钢结构温度计 SST1404 | 钢结构应变计 SEW1405 钢结构温度计 SST1405 | 钢结构应变计 SEW1406 钢结构温度计 SST1406 | 钢结构应变计 SEW1407 钢结构温度计 SST1407 | 钢结构应变计 SEW1408 钢结构温度计 SST1408 |

| 竖向加速度计 SAV1401 风速风向仪 SAV1401 | 钢结构应变计 SEW1409 钢结构温度计 SST1409 | 钢结构应变计 SEW1410 | 钢结构应变计 SEW1411 钢结构温度计 SST1410 | 钢结构应变计 SEW1412 钢结构温度计 SST1411 | 钢结构应变计 SEW1413 | 钢结构应变计 SEW1414 钢结构温度计 SST1412 | 竖向加速度计 SAV1402 横向加速度计 SAH1401 | 温湿度计 STH1401 风速风向仪 SWS1401 |

图 3-2-28　监测截面 14 传感器布置图

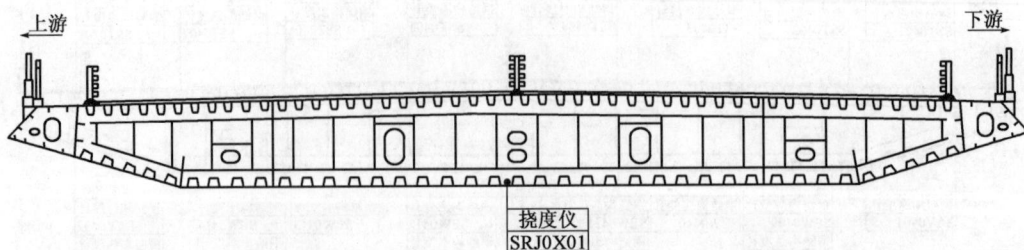

| 挠度仪 SRJ0X01 |

图 3-2-29　监测截面 6、8、10、12、16、18、20、22 传感器布置图

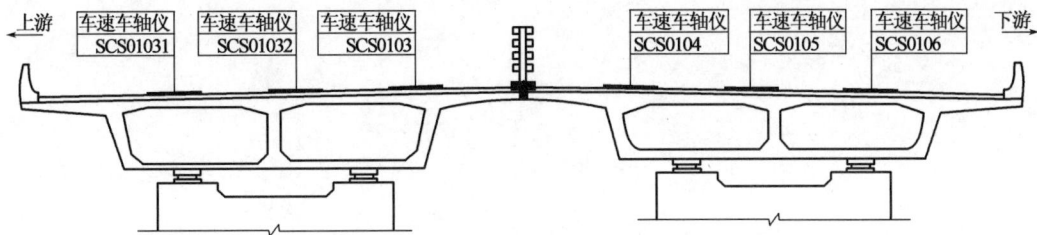

图 3-2-30　监测截面 1 传感器布置图

（2）桥塔传感器布置图，如图 3-2-31 所示。

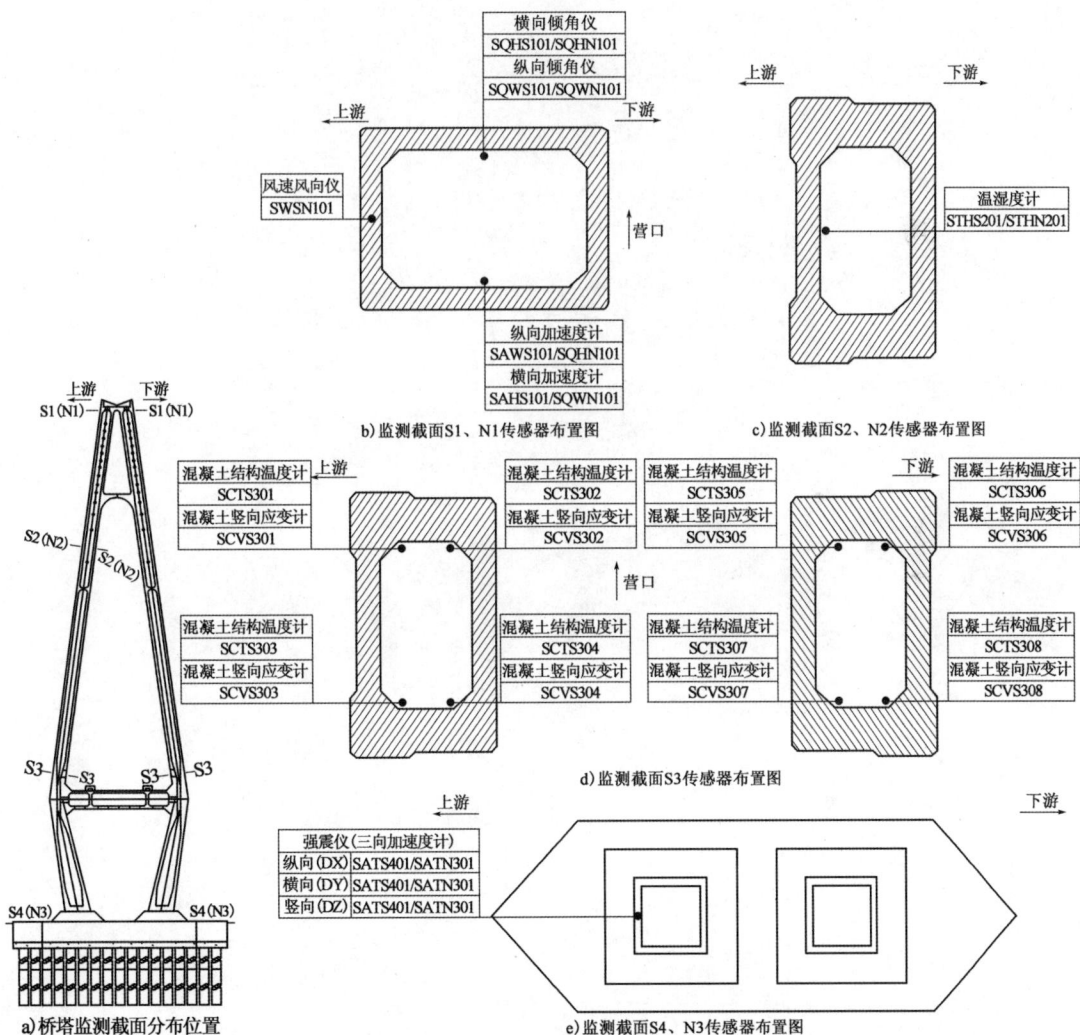

b) 监测截面 S1、N1 传感器布置图

c) 监测截面 S2、N2 传感器布置图

d) 监测截面 S3 传感器布置图

a) 桥塔监测截面分布位置

e) 监测截面 S4、N3 传感器布置图

图 3-2-31　桥塔传感器布置图

第4篇

养护管理及应急处置

第 ① 章 桥梁日常养护管理

加强桥梁的日常养护及维护管理工作,特别是保持桥面清洁、伸缩缝完好、伸缩自由,泄水孔及时疏通,结构缺陷及时处治,预防桥梁病害发生和进一步扩大,是关系桥梁安全使用的重要保证,是桥梁养护管理的重要内容。

本章主要解释桥梁日常养护管理的要求,桥梁健康管理的工作内容和对策,并对桥梁养护费用管理进行了探讨。

1.1 桥梁日常养护管理要求

1.1.1 全面加强桥梁日常养护管理

桥梁养护工作按"预防为主,防治结合"的原则,以桥面养护为中心,以承重部件为重点,加强全面养护。

1)桥梁日常养护存在的问题

(1)日常养护不到位

桥梁的日常养护、预防性养护及维护管理工作应引起重视,特别是桥面日常小修保养、排水系统的清理以及伸缩缝损坏及结构缺陷需要及时处治,否则将导致桥梁病害进一步扩大。主要问题表现以下方面:

①桥面不清洁,伸缩缝堵塞,得不到及时清理;个别桥面堆放障碍物、垃圾泥土等污物,当晴天过车时沙石尘土飞扬,雨天时桥面积水,车辆过桥时泥浆四溅。

②桥面不平整,车辆颠簸,车速降低,增加桥梁构件的疲劳,缩短桥梁使用寿命;桥头下沉,导致桥头跳车,行车不顺畅,降低了行车质量,而且由于桥头长期受到过往车辆的冲击,也将影响桥梁的使用寿命。

③桥梁构件损坏维修不及时,养护维修仅停留在桥面系,如桥栏杆、桥面铺装层、伸缩缝的一般性养护维修。深层次的如桥梁结构性病害的维修和加固等工作有待进一步开展。

④部分桥梁结构施工质量较低,造成了"先天不足"。桥梁投入运营后,所出现的变位、沉陷、空洞、裂缝等病害,在日常养护中没有及时得到弥补、治理,造成混凝土剥落、钢筋外露锈蚀,活动支座失去活动能力等,这类"小病"如不及时处理可能酿成"大病"。

(2)桥梁技术状况评定工作不到位

桥梁的日常检查、检测及技术状况评定工作不到位,不能及时对桥梁使用状况进行综合评价和及时掌握桥梁的技术状况,确定桥梁安全性和结构的稳定性,进而难以及时采取相应应对

措施。

(3)资料整理归档不到位

桥梁相关资料不完整,竣工资料不全,施工中设计变更内容不明确,实际构件与原设计有区别,设备型号、厂家等信息不全,桥梁竣工验收检测及定期检测资料不全,导致技术状况不明确等,致使在养护过程中遇到困难。

2)桥梁日常巡查

(1)准备工作

桥梁养护工程师或日常巡查员上路前要做好准备工作,确定巡查重点,带齐检查工具、器材(照相机、盒尺、粉笔、绳子、碳素笔、观测仪器等)及所需资料表格;巡查车驾驶员检查车辆,保证行驶安全。

(2)巡查要求

①上路应着安全标志服,禁止随意穿行公路,巡查车一般以不高于 40km/h 的速度靠慢车道行驶。车上人员禁止与驾驶员打闹、嬉笑,以确保行车安全。巡查停车时,驾驶员需在车后 20m 处摆放锥形交通标志,并开启警示灯。

②日常巡查人员发现病害,及时通知桥梁养护工程师;对于严重的病害,桥梁养护工程师应当日到现场查看,同时向养护分管负责人汇报。如遇到突发事件,则按照"桥梁突发事件紧急预案"流程执行。

③如有严重问题或异常情况,应及时向桥梁养护总工程师汇报,并上报业主主管领导,业主主管领导了解情况后采取相应措施处理问题。桥梁工程师对现场发现的问题可直接通知工程部负责人进行处治。

④巡查过程中要做到"观察细致,不留死角,判断准确,记录翔实,措施到位,报告及时"。日常巡查中发现的病害及现场发现的问题要认真记录到"公路桥梁巡查日志"中。

⑤桥梁日常巡查时若发现桥梁出现结构性破坏等突发事件,对安全行车造成严重影响,巡查人员应停止检查,按照"桥梁突发事件应急预案"流程执行,立即报告上级领导,同时使用安全标志进行封闭,保证通行安全,随后根据实际情况按"重大事件和紧急情况报告制度"进行上报。

⑥检查结束后,桥梁养护工程师负责汇总填写"公路桥梁巡查日志"。填写记录内容应注明巡查的起始时间,巡查路段应以大桥构造物为控制观察点,以各控制观察点为分界点,注明到达控制点的时间,且内容填写齐全完整,记录真实准确、清楚、及时,签字齐全。每月月末,把填写完整的"公路桥梁巡查日志"进行归档。

(3)桥梁日常巡查的抽检

管理部门每月对桥梁日常巡查质量进行检查,每月不少于一次,并在当日的"公路桥梁巡查日志"上签署意见。平时及每季度应对桥梁日常巡查质量进行不定期抽查,每半年不少于一次检查,并纳入养护单位工作考核。

3)桥梁日常养护管理措施的强化

(1)加强桥梁日常养护管理工作

对桥梁的缺陷和局部损坏及时处治,应依法禁止对桥位处采挖砂石、取土以及倾倒垃圾、污物、修筑堤坝等行为,以免造成桥梁基础冲刷、外露而降低桥梁承载力,以及河床压缩而影响

桥梁的泄洪能力及使用安全。桥涵构造物的日常养护维修是指经常性的养护管理工作,其内容包括以下方面:

①保证构造物表面的清洁完整,防止表面风化,并及时修理风化部分。

②保持排水设施处于良好状态。

③经常检查构造物各部分有无病害发生,当发现桥面有损坏、伸缩缝缺损、钢结构锈蚀、涂层剥落,混凝土结构上有裂缝、空洞、剥落、缺角、钢筋外露等局部缺陷或表面损伤时,必须及时修复。

④保证桥梁伸缩缝装置能自由活动,缝内无杂物。

⑤对钢结构及钢质栏杆涂刷防锈油漆,对混凝土防撞墙检查维修,保持完好状态等。

(2)加强公路超载车辆的通行管理

按照桥梁养护分类,桥头应设立醒目的限载标志,管护人员坚持日常检查,根据桥梁使用年限,确定合理的检查频率,做好记录,有重大险情及时报告主管部门。超载车辆通行桥梁,技术上应对桥梁进行必要的强度、稳定性、刚度验算,特殊情况应进行荷载试验,以确定有效的安全防护措施,确保桥梁安全。应有专人对通过桥梁的车辆进行现场引导和管理。

(3)启动预案处置突发事件

对桥梁出现意外突发性事件(水位上升超过警戒线、局部变形塌陷、桥体严重开裂)等影响交通安全的情况,应立即采取措施,设置明显的警示标志,采取封闭桥梁、限制车辆通行等紧急措施后,及时启动预案进行处置。

(4)加强桥梁技术档案和资料管理

加强桥梁建设、检查与检测、维修、加固的资料收集整理归档工作,建立健全桥梁管理系统,为桥梁使用和维修加固提供可靠的基础数据。

1.1.2　认真实施桥梁预防性养护

为更好地保持桥梁的使用性能,延长其使用寿命,从运营治理和经济技术的角度,选择适当的时机和适宜的项目,根据检测具体结果和养护标准的要求,采取保全措施,进行养护。

1)预防性养护内容

桥梁预防性养护就是在桥梁无明显病害的时候进行养护,目的是防止或减缓病害进一步发展,延长桥梁使用寿命,主要针对引起构件退化的原因进行防护。桥梁实施预防性养护主要在于发现并及时弥补桥梁及其设施的先天性不足和使用缺陷;延长桥梁及其附属设施的使用寿命,延缓大修或改造周期,降低运营管理成本;减少或杜绝由于桥梁及设施维护不当给使用者带来意外损害,避免因此引发的不必要法律纠纷。桥梁预防性养护内容包括以下几个方面:

(1)对栏杆损坏进行及时修复,修复前设立警示标志,确保车辆行人安全。

(2)封闭裂缝,采取环氧树脂混凝土封缝,压力注浆灌缝。对轻微裂缝可以采用贴纸条办法观察。

(3)修补缺损混凝土、漏筋,防止锈蚀。

(4)对保护层偏薄、混凝土空隙率大、环境湿度大的部位进行防水处理。

(5)对漏水、渗水部位进行观察并修理,增加防排水措施。

(6)对伸缩缝、支座进行清理、维护,保持干净整洁。

（7）对钢结构及金属构件进行清洁和防锈处理。

（8）对调治构造物和附属构造物进行维护修补。

2）预防性养护的预备工作

（1）高效的检测手段

桥梁预防性养护需要先进的检测手段做基础。先进的检测手段效率高，能保证桥梁检测数据的精度和科学性，处理数据、信息的能力也大大提高，提高了检测效率和质量，重视已开发和应用的集成检测技术，及时检测，评定桥梁的技术状况。

（2）机械化的养护施工方法

桥梁预防性养护采用机械化的施工方法，以保证施工高效、优质、快速完成。在养护机械和设备配置上本着经济合理、高效实用的原则，注重养护设备的专用化和小型化，不断提高机械设备率和机械作业的占有率，达到养护的高标准、高质量、高效率、高机动性。

（3）建立健全养护管理系统

进一步加快桥梁养护信息化建设进程，利用信息技术提升治理效率和服务水平。根据桥梁养护管理系统的评价结果，适时安排桥梁维修项目，全面提高桥梁水平，努力营造"畅、安、舒、美"的公路交通环境。建立健全信息搜集及预警、应急处置、应急保障和监督治理机制，提高桥梁的应急处置能力，使公路的出行保障能力和公共服务水平得到显著提升。

3）桥梁预防性养护的实施

（1）养护时机的选择

桥梁养护管理人员必须掌握桥梁结构功能失效的时间。桥梁预防性养护应在桥梁结构尚处于良好状态，或者只有某些病害先兆时进行。一旦结构损坏发生，预防性养护措施就不再是可行的选择。

（2）加强日常小修保养，及时采取中修措施

实施桥梁预防性养护除应高度重视桥梁的日常小修保养外，如当桥面出现疲劳、老化和磨损等现象时，及时采取一些经济有效的中修措施更是非常必要的。桥梁大中修或改造方案的选择，既要考虑桥梁的技术状况和特点，又要考虑养护工程投资成本。制订适当的年度养护计划，合理控制大、中修的比例。在制订年度计划时，优先安排中修，鼓励预防性养护，合理控制大修，适时进行危桥改造，实现桥梁养护发展的良性循环。

（3）将预防性养护落到实处

桥梁预防性养护要做到"三勤"，即勤查、勤治、勤督。

勤查，即加强桥梁的日常巡查、定期巡查及特殊巡查，这是做好桥梁预防性养护的前提。

①日常巡查重点放在桥面、桥底及桥梁排水设施的检查，有针对性、有目的作好巡查记录。

②定期巡查是对桥梁设施的全面检查，可分为月度巡查、季度巡查、桥梁定期检查及夜间巡查等，定期检查的目的是对桥梁作一个全面的评价及分析，以科学指导养护决策。

③特殊巡查主要指雨雪天巡查、发生自然灾害及异常情况后进行的检查，目的是对异常情况后的病害及时抢修。

勤治，就是对发现的桥梁各类病害及时处理，力求把病害险情消灭在萌芽状态，这是做好桥梁预防性养护的重点，通过对初期病害的彻底防治，杜绝病害险情的进一步发展。

勤督，就是桥梁管理部门要定期进行检查督促，一是督促巡查的真实性及齐全性，二是督

促病害处治的及时性,这是做好桥梁预防性养护的保障。

只有"三勤"工作做到位,才能将桥梁预防性养护做细、做深。桥梁预防性养护针对不同的季节、不同的设施需采取不同的养护措施。

(4)实现养护决策由经验型向科学型转变

桥梁的损坏与早期施工质量、后期交通量状况以及地理环境有密切关系。养护决策的正确与否很大程度上依赖于能否及时、真实地了解到桥梁结构状况数据,因此,桥梁结构状况调查检测的真实情况及资料的积累,对养护决策起到了决定性的作用。

在养护工作中,首先,要将建设期的施工资料整理汇总,作为桥梁养护管理的基础资料;其次,日常养护要全面加强桥梁技术状况检测评定基础性工作,定期开展桥梁技术状况调查,不断完善、更新桥梁数据库,及时掌握桥梁的使用状况。同时,桥梁病害修复的历史记录也要汇总分析,重点是病害修复前的状况、病害修复采取的措施、修复后的状况改善情况等方面。通过资料的积累,为桥梁养护和运营提供大量、及时、准确的数据信息,为公路交通的发展、科学管理和决策提供依据;最后,在桥梁状况检测过程中,逐步实现从人工检测到自动化检测,由破损类检测向无损检测的转变,建立和完善桥梁养护管理数据库,充分发挥桥梁管理信息系统及养护维修工程决策系统的作用,应用计算机技术,通过科学分析桥梁技术状况的衰减规律,使桥梁质量的检测、评估和病害分析更加快捷科学,合理制定预防性养护方案,实现养护决策由经验型向科学型转变。

(5)落实桥梁预防性养护资金

桥梁实施预防性养护更为必要,应在下达年度养护计划时,适当安排桥梁预防性养护项目。根据区域桥梁现有状况,桥梁技术状况,确定投资比例,对桥梁采取预防性养护。

1.2　桥梁健康管理

桥梁养护管理应借鉴人体预防医学护理思路,让每一位桥梁工程师成为桥梁的私人医生。通过桥梁全面诊断,对桥梁病害进行维修、改造,使桥梁质量得到良好提升,使其健康指数全面提升。桥梁养护工作的重点放在加强预防性、经常性、周期性、专业性养护上。

1.2.1　完善桥梁技术档案

桥梁养护工作中,要全面加强桥梁的日常巡查、经常检查、定期检查、特殊检查。委托桥梁专业检测机构对桥梁进行定期检测,根据桥梁定期检查结果,依据相关桥梁技术状况评定标准,科学准确评定桥梁分类,及时更新完善桥梁技术档案。档案包括桥梁基础资料、检查资料、特殊情况资料、管理资料等。实行分级专人负责,不断完善桥梁技术数据,加强安全和保密工作,重要的技术资料原件应存放本单位档案室。桥梁养护工程师调整时,应做好桥梁档案资料和数据库交接工作,单位领导和养护科负责人组织交接。桥梁技术档案表应按养护规范填报,以保证公路桥梁技术档案真实、完整、安全。

1.2.2　建立桥梁健康档案

在不断完善桥梁技术档案的基础上,建立桥梁"健康档案",包括桥梁监控档案、典型病害

诊治档案、桥梁保养档案,分类实施"重点监控""病者就医"、"健康保养",实施桥梁动态管理,提高桥梁结构安全性,确保公路桥梁安全畅通。

1)桥梁保养档案

目前辽河大桥经过系统的管养,尚处于良好状态,为一类桥,主要的工作是日常的养护保养,应建立桥梁保养档案,按养护规范要求,做好日常保养。

2)桥梁监控档案

对于辽河大桥这种北方大跨径斜拉桥,交通流量大、地位重要,在养护过程中应建立健全桥梁监控档案,为桥梁养护提供数据,也为养护管理工作提供桥梁技术状态的备案资料。

3)桥梁诊治档案

对日常检查中发现的病害,应注意随检随修,要及时记录诊治位置、内容、方法,建立桥梁诊治档案。

1.2.3 完善技术状况评定和处置对策

根据辽河大桥的结构组成,将大桥主桥、引桥,各分部件依据"桥梁评定标准"、定期检查情况,确定桥梁部件分类,按一、二、三、四、五类,实施分类管理,对症下药。

1)"重症监护,及早手术"

(1)桥梁部件"重症患者,重症监护"。对检查评定的三、四类的桥梁部件一律纳入桥梁动态监控范围。对三类桥梁部件,从确定至采取工程处治措施前,设置规范的限制措施,如限载、限速警示标志等,每周1次经常性检查,养护人员每天两次重点观察并做好记录;对四类桥梁部件,从确定至采取工程处置措施以前,设置强制限制措施,同时安排人员24h值守观测,每周1次经常性检查,特殊时段每天1次,养护人员每天2~3次重点观察并做好记录。制定应急交通组织方案,能加固的应立即采取临时加固措施。病害发展严重时应及时启动关闭交通预案,禁止车辆通行。

(2)落实危险桥梁部件动态报告制度。对已确定的危险桥梁部件在未实施改造前全部实行动态日报告或周报告制度,重大政治活动、黄金周等期间,实行桥梁动态日报告;其他时段实行动态周报告,所有报告均以电子邮件形式上报,以保证报告的时效性;桥梁部件、构件发生突发事件的,实行动态应急报告制度,随时向管理处报告有关情况,确保情况及时掌握,措施落实到位。

(3)"重症患者及早手术"。对四、五类桥梁部件及时进行改造,实施中,结合实际情况,精心搞好规划设计,改造项目的设计、施工、监理单位均应实行公开招投标,精心组织实施,抓好现场施工作业控制、交通安全控制等施工中的每一个环节,严把材料、设备进场关、工序控制关、监理旁站关、交竣工验收关等重要关口,确保施工质量、施工安全和道路畅通。

2)"重点监控,多职护理"

桥梁养护工作中,严格执行交通运输部"公路桥梁养护工作制度""桥梁养护技术规范"等法规,认真贯彻上级桥梁养护管理相关文件精神,实施桥梁重点部件、构件重点监控管理,做到及时发现问题,及时采取管制措施,及时进行病害处置,确保桥梁安全、健康运营。

(1)落实桥梁监控方案。监控方案一是要落实桥梁管养责任人,养护单位领导要分工负责桥梁重点部件,形成良好的合作机制;二是,要落实好监控程序,明确相应的监控措施;三是,要落实相应的应急预案及保障队伍、所需物资、设备等;四是,要落实桥梁病害的定期技术检测频率及项目,做到定时检测,并收集相关数据存档,实施动态管理。

(2)落实好动态报告制度,加强现场监控,特殊状况的桥梁部件要实施 24h 重点监控,并做好监控记录。

3)"病者就医,小病早治"

桥梁在荷载、自然因素作用下,也有"头疼感冒"的时候,要对其进行经常性检查,通过科学的检测方法、有效的运行机制,进行更好的诊治。

(1)病害早发现、早治理。向桥梁养护工程师、养护管理员贯彻"发现问题就是贡献""发现问题比解决问题更重要"的理念,确保"小病早发现,早治理",把病害消灭在萌芽状态,杜绝"小病不医成大病"的现象发生。及时查出桥梁如支座变形、伸缩缝损坏、钢结构锈蚀、拉索护套破损等病害,提出维修方案,及时采取有效技术措施,减缓病害发展。消灭不安全因素,提高抗灾能力。

(2)落实"疑病"专家鉴定工作。养护单位和管理处应成立桥梁技术鉴定专家小组,对养护单位发现并提出的桥梁病害及时进行鉴定。及时排除隐患,实现"小感冒早就医"。

4)"健康保养,预防养护"

(1)"健康保养",常态化养护。定期整理桥梁技术状况,上报上级主管部门,申请科学合理养护资金,优先保障桥梁养护及严重病害构件改造。管理处精心管理,以保障桥梁养护工作顺利开展;养护项目部确保及时发现、处治病害;实行桥梁养护工程师等制度,做到精心、常态化养护桥梁。

(2)推行"保健就医",对桥梁采取预防性养护管理。当桥梁"身体"感觉不好时应及时维修,争取最大限度地延长桥梁的"生命"。这样不仅避免安全隐患发生,还能有效降低管理成本。

1.3 桥梁养护费用管理

1.3.1 桥梁养护费用的组成

根据《公路养护技术规范》(JTG H10—2009)附录 B"公路养护工程作业内容表"的分类,桥梁涵洞养护工程分为保养工程、小修工程、中修工程、大修工程,对应桥梁养护费用也分为保养费用、小修费用、中修工程费用、大修工程费用,此外还包括桥梁检查费用。

1)保养费用

(1)清除泥沙、积水、积雪、积冰、杂物,保持桥面清洁的费用。

(2)钢支座加润滑油,栏杆油漆等费用。

(3)伸缩缝养护、泄水孔疏通费用。

(4)桥梁其他的日常养护费用。

2)小修费用

(1)局部修理、更换护栏或泄水孔、伸缩缝、支座和桥面的局部轻微损坏费用。

（2）修补结构物表面微小损坏的费用。

3）中修工程费用

（1）修理、更换桥梁的较大损坏构件及防腐的费用。

（2）修理、更换支座、伸缩缝及个别构件的费用。

（3）钢桥的全面油漆除锈和各部件的检修费用。

（4）永久性桥墩、台、侧墙及桥面的修理费用。

（5）桥梁河床铺底或调治构造物的修复和加固费用。

（6）排水设施的更新费用。

（7）各类排水泵站的修理费用。

4）大修工程费用

（1）斜拉桥的修理与个别吊（拉）索的调整更换费用。

（2）主桥桥面铺装的更换费用。

（3）主桥支座、伸缩缝的修理更换费用。

5）桥涵检查费用

（1）桥涵经常性检查费用。

（2）桥涵定期检查费用。

（3）桥涵特殊检查费用。

1.3.2 桥梁养护费用测算

进行桥梁养护费用分析可以为择优选择桥梁维修方案提供参考依据，合理确定桥梁年度小修保养资金计划。桥梁的大修、中修等专项维修工程因工程量相对固定，其费用计算较为简单，套用相关预算定额即可，计算结果与实际发生费用的误差较小。桥梁保养工程养护工程量较小，影响因素多，很难测算准确，目前没有专门针对桥梁养护的定额，套用传统工程定额，误差较大，如桥梁的墩台勾缝，实际工程量不大，但受桥下有无水，桥梁不同净高的影响，不同的桥梁单位工程量费用差别大。桥梁工程师可在日常桥梁小修保养过程中进行自行测算，自拟部分定额以便工作中使用，测算内容为养护工程消耗的直接工程费，包括人工、材料等。测算时首先明确测算施工工序内容。

1）人工定额消耗

测定人工定额的基本方法采用计时观察法。

记录一道工序在正常负荷下完成所需要的时间，包括基本工作时间和辅助工作时间（包括不可避免的中断时间和休息时间），然后乘以人数再折算到8h工作日，即为该工序的作业时间，工序作业时间除以该工序的工程量，即为该工序的时间定额。

$$工序作业时间 = （记录作业时间 \times 作业人数）/8h$$

$$时间定额 = 工序作业时间/工序工程量$$

2）材料定额消耗

施工中材料消耗可分为必须消耗的材料和损失的材料。可采用现场技术测定法，通过对材料消耗过程的测定和观察，对完成产品数量和材料消耗量的计算，来确定各种材料消耗定额。注意要考虑施工过程中不可避免的材料消耗。

$$材料定额 = (必须消耗的材料 + 不可避免消耗的材料)/工序工程量$$

3）机械定额消耗

施工中机械消耗为必须消耗时间乘以机械正常利用系数。可采用现场技术测定法,通过对机械施工过程的测定和观察,对完成产品数量和机械消耗的计算,来确定机械消耗定额。

$$机械定额 = (必须消耗时间 \times 机械正常利用系数)/(8h \times 工序工程量)$$

对机械施工过程的测定和观察,对完成产品数量和机械消耗的计算,来确定机械消耗定额。

$$机械定额 = (必须消耗时间 \times 机械正常利用系数)/(8h \times 工序工程量)$$

直接工程费计算出来后,根据"预算编制办法"中间接费费率、其他工程费费用标准进行套用,计算出养护工程费用。

1.3.3　桥梁养护费用探讨

1）现行公路养护资金计划的弊端

桥梁作为公路的重要组成部分,是控制公路交通的咽喉。桥梁养护管理,事关公路的畅通,事关行人、行车安全。长期以来,有些公路养护部门形成了"养路不养桥"的不良现象,部分干线公路桥梁"先天不足,后天失养",桥梁运行中一些小的病害不能及时得到处治,或者得不到有效、规范的治理。一些桥梁病害需要处治,因资金捆绑在公路养护资金计划中,以公路养护费用名义下拨时,由于养护资金捉襟见肘,各养护单位很难从中拿出桥梁专项养护资金。这种体制、机制的弊端可能导致桥梁养护资金无法保障。因此,重点桥梁养护费用需要从公路养护费用中单独计列才能有效解决所存在问题。

2）桥梁养护专项经费设立

桥梁养护费用单独计列,特大桥梁养护费用,如辽河大桥这种大型斜拉桥,应单独编制养护预算定额,作为年度养护经费的依据。费用包括小修保养费,中修费,桥梁检测费,应急处治费,定期检查、经常检查等费用。

3）实施桥梁养护专项经费的意义

桥梁养护费用单列,使得桥涵养护有了专项养护资金,做到专款专用,有利于桥涵养护正常运行,培养锻炼专业养护队伍,提高桥涵养护质量和水平。有利于及时处治桥涵日常病害、即发病害,能全盘考虑桥涵所存在的"先天不足",能根据"病情"大小,按计划实时治理。有利于桥涵科学检测,准确把握桥涵健康状况,科学、合理安排每年的桥涵养护资金计划,危旧桥梁的改造计划,实现资金合理、有效使用。有利于桥梁突发事件的应急处置,能有效保障冬季除雪除冰,夏季防洪抗汛,以及突发事件的处治,提高桥梁运行的安全性。有利于桥涵养护的预防性、科学性,可合理安排新技术、新材料,新工艺的使用,使现有桥涵养护在保障质量的同时,通过预防性养护提高其结构的耐久性,延长桥梁使用寿命,不断增强桥梁养护工程师的创新能力,提高桥梁养护的整体水平。

第 2 章 桥梁养护运营管理

2.1 总 则

为规范辽河大桥专业化养护管理工作,加强辽河大桥养护专业化管理,延长大桥使用寿命,切实保障大桥安全运行,依据交通运输部《公路桥梁养护规范》《公路桥梁养护管理工作制度》,并根据辽宁省滨海公路辽河大桥管理处要求、辽宁省交通规划设计院辽河大桥养护项目部养护管理经验,以及辽河大桥设计要求,制定本管理方案。

在交通流量控制、超重车过桥、养护技术管理、桥梁检查维护等相关方面可参照本方案进行运营管理。

辽河大桥管理处,作为养护工作的管理部门,主要职责是:贯彻落实交通运输部、辽宁省关于桥梁养护管理的规范和制度办法;制定辽河大桥养护管理办法;统计上报桥梁基本状况和病害情况;落实桥梁维修、加固和设施更换计划;组织桥梁病害鉴定、技术方案论证、设计审批及工程管理,提出病害桥梁鉴定申请;负责桥梁养护管理系统数据升级与数据汇总等。

专业养护公司负责桥梁养护管理的各项具体工作。主要职责是:贯彻落实上级管理机构关于大型桥梁及辽河大桥养护管理的各项要求;负责桥梁的日常养护与管理;负责桥梁检测与维护;负责桥梁冬季除雪防滑;负责桥梁事故损坏的维修与更换;负责危桥监管;负责桥梁养护档案的建立与完善;负责桥梁养护系统数据更新与维护。

按交通运输部《公路桥梁管理工作制度》的要求,大桥管理处和专业化养护公司要设立专职桥梁工程师,负责辽河大桥养护管理的技术工作。

建立辽河大桥养护技术专家咨询小组。由辽河大桥管理处聘请国内桥梁养护专家,对桥梁养护技术难题、检测数据等进行鉴定、评估,为大桥养护提供技术支撑和决策依据。

2.2 过桥车辆管理

辽河大桥运营管理主要由大桥养护项目部负责,项目部应做好不同情况下的运营管理工作。

2.2.1 交通流量及重车轴载统计

对过桥车辆流量、轴载的统计是为了预测行车对桥面的破坏作用及对大桥构件的疲劳损伤,科学制定大桥养护措施,合理分配养护资金,提供基础资料。

通过大桥称重系统及车速车轴仪,全面统计过桥车辆的车型、轴载及各类车占总流量的比例等内容。

对每档车型选取一种车型为该档车辆的代表车型。根据该代表车型的轴载和作用次数,换算成标准轴载的当量轴次;再根据每类车辆中若干档代表车型换算成标准轴载的当量轴次的总和,即可计算得各类车辆的当量轴次换算系数;然后利用统计资料,换算成标准轴载的当量轴次。

交通流量、重车轴载每月汇总一次,标准轴载的当量轴次每半年计算一次。

2.2.2　超重车辆过桥

辽河大桥设计汽车荷载等级为公路—Ⅰ级。本节所指的超重车辆为超出辽河大桥设计荷载标准、需采取特定的管理、技术措施才能通过桥梁的特殊车辆,一般是指运输不可分开的超重货物时,其车辆总重或轴重、轮重超过设计荷载的车辆。本节不包涵载重违规超载车辆。

在超重车安全过桥时,桥梁结构安全不受损伤。原则上不允许超重车辆过桥。在特殊情况下,需按程序办理有关手续,得到批准后,方可允许过桥。

超重车辆过桥前,应对桥梁进行一次全面检查。过桥期间,应对受力最不利部位进行应变和挠度等技术参数监测。过桥后应对桥梁结构再次进行全面检查,并与车辆过桥前状态进行对比,确认是否已对桥梁结构产生损伤。

超重车辆过桥应选择在交通量较小的时间段,并事前通告,请交警、路政部门配合,设立超重车辆通行线路,采取限制与疏导相结合的方法,以确保结构、交通安全。

2.3　桥　梁　检　查

(1)专业养护公司应做好桥梁检查工作。桥梁检查分为日常检查、经常性检查、定期检查、特殊检查四种方式。

(2)检查结果处理:日常巡查、经常性检查、定期检查、特殊检查完成后,当及时更新养护管理系统数据,根据检查结果及时确定维护措施,并组织实施。采用新技术、新材料、新工艺建成或者设计文件对养护维修有特殊要求的,按照要求实施特殊养护。

2.4　桥　梁　养　护

(1)桥梁养护按照交通运输部、辽宁省有关技术规范、标准和规程执行。

(2)根据桥梁检查结果制订科学合理的桥梁大、中、小修计划,及时维修桥梁的缺陷和破损,保证车辆通行安全、顺畅。推广应用混凝土灌缝和快速修补技术等新材料、新工艺,提高修补速度和质量,延长桥梁使用寿命。

(3)做好桥梁养护记录,建立桥梁维修档案。桥梁维修档案在管理处和专业化养护公司同时存档,档案内容还要兼顾国检要求项目,或可同时按照管理处和国检的要求建立档案。

(4)桥梁养护维修需全幅或半幅车道封闭交通,由管理处负责协调交警部门。

(5)加强桥梁水毁与抢防以及反恐等其他应急预案的制定工作,做好桥梁除雪防滑工作,保证桥梁通行安全。

2.5　危　桥　管　理

(1)危桥指经桥梁养护规范评定的技术状况为四类以上、处于危险状态的桥梁。

(2)危桥一经确认,应立即根据实际状况限制通行荷载与车速,并按国家标准设立限制标志和警示标志,险情严重的应设立专人看管。需封闭交通的危桥按有关规定办理审批手续并及时封闭。

(3)建立桥梁重大险情和塌桥报告制度。桥梁发生重大险情和塌桥事故,按有关规定立即逐级上报。

(4)危桥应填写检测鉴定报告单,检测鉴定结果须报省级公路管理机构审查。

(5)危桥维修原则上以加固维修为主,确因结构落后、设计不合理或险情严重而无投资利用价值时,应进行改建。

(6)危桥维修、加固和改建方案按分级管理原则进行论证(按照上级主管部门养护管理规定要求),辽河大桥应由上级管理单位组织论证。危桥加固项目招投标形式宜实行设计施工总承包。

(7)加强危桥加固和改建工程管理,严格按交通运输部、辽宁省有关规范、技术政策和管理规定执行。

2.6　资　金　管　理

(1)建立桥梁养护专项资金。桥梁养护专项资金专款专用,主要用于桥梁的维护、维修、检测、保洁、除雪防滑、危桥和涵洞改建、桥梁加固、桥梁定期检查、桥梁管理系统数据更新与维护及桥梁附属设施更换等。

(2)桥梁养护专项资金投资标准由辽宁省统一制定。桥梁养护专项资金使用计划由上级主管部门编制下达,报省交通厅备案。

(3)危桥加固和改建计划管理。安排原则及投资标准遵照上级主管部门相关文件执行。

(4)桥梁养护专项资金使用计划和危桥加固、改建计划一经下达,严禁调串。

2.7　养护档案管理和养护系统维护

(1)加大辽宁省桥梁管理系统的应用和管理力度。按照上级主管部门文件要求,积极应用桥梁管理系统,逐步完善桥梁管理数据库,达到数据共享。

(2)桥梁管理系统资料应根据桥梁定期检查和特殊检查情况及时更新。辽宁省桥梁管理系统的评价结果作为桥梁技术状况统计上报、养护计划编制的唯一依据(注:检查数据更新前,应经过第三方权威机构复核认证,并在出版正式报告后,方可在该系统中更新)。

（3）桥梁档案管理。

按照交通运输部、辽宁省文件精神,必须建立专门的桥梁技术档案。技术档案的主要内容以相关文件要求为准。

主要内容包括但不仅限于:

①桥梁基本状况卡片;

②桥梁设计文件、竣工资料和验收报告;

③桥梁历次维修、加固工程施工原始记录、竣工图表以及验收报告;

④桥梁进场性检查表;

⑤辽宁省桥梁管理系统数据采集资料和技术状况评定表;

⑥历次桥梁定期检查报告;

⑦历次桥梁特殊检查报告和专家论证会议纪要;

⑧危桥检测鉴定报告;

⑨桥梁管理系统汇总资料;

⑩作为特殊结构的大型桥梁,还应按照交通运输部对长大桥梁国检要求,另外建立相关档案。

2.8　合同管理

（1）签订合同应由法定代表人或其授权的委托代理人进行;委托代理人签订合同时,必须持有"法定代表人授权委托书"。

（2）合同无论正副本一律采用亲笔签名,严禁使用签名章。单份合同文本达两页以上须加盖骑缝章。

（3）签订的合同正本2份,副本8份,管理处持正本1份,副本4份。由档案员存档一份、财务存档一份,其余由养护技术科存档管理。

（4）合同变更是指合同标的、数量、质量、价款或者报酬、履行期限、履行地点和方式、违约责任和解决争议方法等的改变。

（5）凡发生下列情况之一者,允许变更或解除合同:

①经过合同双方当事人协商同意变更或解除合同,并不因此而损害国家、单位和社会公共利益。

②订立合同所依据的国家计划被修改或取消。

③当事人一方由于某种原因确实无法履行合同。

④由于不可抗力或一方当事人虽无过失但仍无法防止的外因,致使合同无法履行。

⑤由于一方违约,使合同履行行为不必要。

⑥合同生效后任何一方当事人不得单方面变更或者解除合同。确需变更或解除的,应当经各方当事人协商一致并签订书面协议。

⑦一方要求变更或解除合同时,应及时通知另一方,因变更或解除合同使一方遭受损失

的,除依法可以免除责任的外,应由责任方负责赔偿。当事人一方发生合并、分立时,由变更后的当事人承担或分别承担履行合同的义务和享受应有的权利。

⑧其他与合同有关的履约、分包等详见各期招标文件及合同协议书。

2.9 设 备 管 理

(1)承包合同一经签订,管理处移交给专业养护公司的桥梁、监控、超限治理的各种设施设备,承包人应妥善保管、使用并维护,设施设备保持设施设备的性能良好,合同期结束前完好移交管理处。

(2)所有养护范围内的设施、设备,在合同到期后移交到下一任养护责任单位前(需考虑设备折损),如发生质量故障均由前一任养护公司负责维修养护(即合同最后一期计量工作在新责任单位进场正式移交后一周内开始)。

2.10 风 险 控 制

大桥养护运营管理工程是一个大型的系统工程,其具有结构的复杂性、设施的规模性以及特殊的地理位置和功能需求等鲜明特点,是一个全新的课题。尤其是其特定的区域范围,桥梁运营影响周边地区,若养护运营的考虑不周,会对社会造成不必要的重大损失和负面影响。国内外众多的桥梁工程养护事故已经给我们敲响了警钟,为此在辽河大桥的养护运营管理中,引入设施风险管理与控制,通过对养护运营风险的识别、评价、评估、预防和应急措施等的动态管理,使风险纳入养护受控范围内,从而保证辽河大桥的安全运营。

风险管理的流程主要包括风险识别、风险评价、风险评估、风险预防、风险应急措施以及风险跟踪六个阶段,其管理的流程是一个循环的动态管理体。

2.10.1 风险识别

风险识别是风险管理的第一步,也是非常关键的一个步骤,主要是确定养护工程中存在的风险问题,风险管理的对象就此产生。风险的识别工作需要工作人员具体相当丰富的工程养护经验和科学的辨识能力,风险识别结果的全面性和合理性将直接影响后期风险管理的科学性和有效性。

辽河大桥养护作业属于流动性大、工序复杂、危险因素较多的行业,为防止安全事故的发生,根据桥梁维修养护作业、技术改造等施工和运营管理活动,从人、机、料、法、环等因素综合分析,识别确认多个辽河大桥养护运营管理中的风险因素,通过风险管理消除各种危险源。

2.10.2 风险评价

风险评价就是对识别出的风险进行量测,根据造成的结构损伤、财产损失以及人员伤害等确定风险的大小,按照风险评价标准进行风险等级的划分,从而得到风险等级,用于风险预防与采取应急措施。风险评价分级标准见表4-2-1。

风险评价分级标准表　　　　　　　　　　　表 4-2-1

风 险 水 平	风险评价说明
一级	风险很小,基本可忽略
二级	风险较小,仍在可接受范围
三级	风险中等,须引起重视
四级	风险较大,需要采取一定的控制措施,方可接受
五级	风险很大,不可接受

2.10.3　风险评估

风险评估是对养护运营过程中可能出现的风险源加以确认,对其不确定因素进行分析,将这些不确定因素进行风险水平的定级评价,为风险的预防和采取风险应急措施提供充分依据,实现风险的可控管理。

辽河大桥风险评估内容如下:

(1)养护运营工程中的防汛、抢险、工程防护等带来的影响。

(2)大桥养护区域通航船只多,有可能会发生碰撞、触损等事故。

(3)强降雨、暴雨等自然灾害可能会对养护范围内带来影响。

(4)发生交通事故、火灾等突发事件的风险影响。

(5)高空及水上作业注意防落水事故的发生。

(6)养护材料供应紧张及材料出现质量问题的风险。

(7)电力供应风险:

①由于电网出现故障,致使养护工作不能正常开展,甚至出现安全、质量事故;

②由于用电安全管理出现漏洞,产生事故。

(8)养护机械设备配备:

①由于机械出现故障,或各用配件不足等出现养护工作停止;

②由于修理不及时,出现养护工作停止。

(9)测量方面:

①测量控制点出现破坏;

②控制测量偏差过大。

(10)职工保护:在养护维修工作中的职工保护,尤其要评估养护工人操作不当所引起的人员伤害的风险,如高处坠落、物体打击、机械伤害、触电、中毒、窒息、火灾等。

2.10.4　风险预防

风险预防是根据风险评估结果,对风险的进行预防方式的决策,使得风险通过预防方式达到有效的风险回避、风险转移以及风险分散的过程,从而化解养护工程中存在的风险。

在辽河大桥的运营管理、养护维修工程中,应根据现有的风险评估内容,通过对养护管理手段的强化、职工自我保护意识的增强、养护操作流程的准备等先进的管理理念来预防养护运营中的风险源,从而保障设施的安全运营。

2.10.5 风险应急措施

风险的应急措施是风险管理体系中最后的一道屏障,是在风险预防失效的情况下采取的紧急风险管理措施,其意味着对风险的接受,在没有进行任何风险处理的情况下所能接受的唯一方式。

为了应对风险预防失效情况下,降低风险发生时对整个桥梁养护运营的影响程度,应制定具有针对性的各类应急预案管理机制和实施措施,使得风险应急措施作为风险管理的最终流程,真正实现风险的可控管理。

2.10.6 风险跟踪

在进行风险预防和风险应急措施以后,为对养护运营管理工程风险进行有效的控制,需要对工程风险具体的发展情况进行跟踪,通过对风险的发展情况进行跟踪观察,督促风险规避措施的实施,同时及时发现和处理尚未识别到的风险,使风险管理处于动态管理的良性循环之中。

辽河大桥养护运营工程风险跟踪的内容,主要包括六个风险识别和其他突发风险的观察记录。对风险发展状况进行记录和查询,以便及时地发现和解决问题。记录内容有辨识人员、风险区域、发展状况、规避措施、实施人员等信息资料。

2.11 项目组织机构及人员组成

目前辽河大桥专业化养护由辽宁省交通规划设计院公路养护技术中心辽河大桥项目部承担。

2.11.1 组织机构网络

辽河大桥项目部由专业技术过硬、综合管理经验丰富的技术干部组成项目公司领导机构,在大桥所在地营口成立项目公司,实行公司经理负责制,直接负责养护管理工作。挑选符合要求并有良好技术素质和职业道德的员工组建养护队伍。其项目组织结构网络如图 4-2-1 所示。

2.11.2 养护模式及构架

大桥检测维护管理实行经理、项目总工程师领导,常务副经理总负责,当值负责人为现场管理第一责任人的养护管理责任制。各检测维护岗位的人员,按招标文件要求,采用常日班和部分 24h 工作制工作。建立养护制度,确定管理模式、程序及作业标准等内部运作手册。养护模式构架如图 4-2-2 所示。

2.11.3 建立专家现场办公制度

根据检测养护经验和人力资源,特邀辽宁省省内外相关专家组成顾问咨询小组,作为养护技术支撑,定期召开技术办公会议,开展咨询、指导活动,解决养护难点和状态评估,确保设施结构安全。

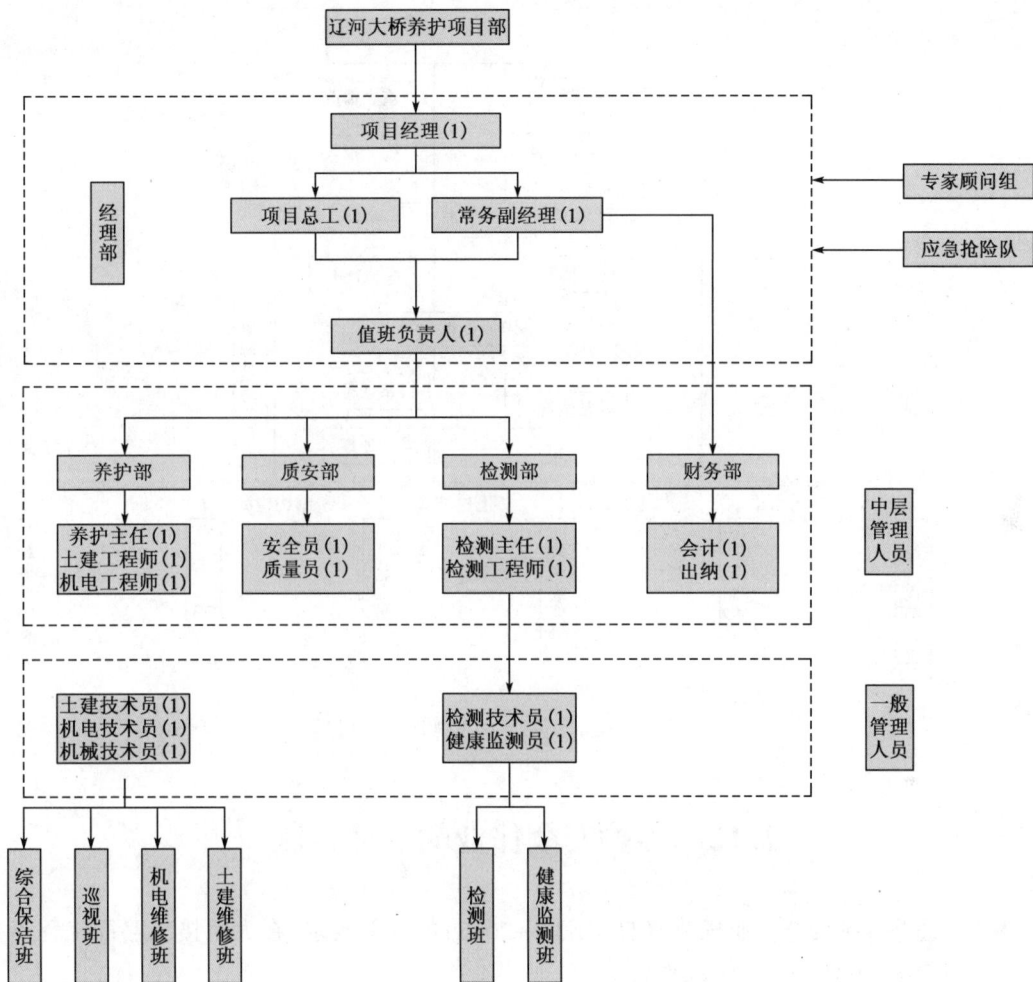

图 4-2-1 项目组织结构网络图

2.11.4 设备仪器配置

为保证检测与养护质量,提高生产效率,根据养护需要,配置技术性能先进可靠、符合要求以及能够适应养护工作的仪器设备。

2.11.5 专业分包管理

根据招标书要求,日常保洁、除雪防滑、第三方评估等工作由发包人与承包人双方共同组织采购,并由承包人与供应商签订采购合同。对于发包人所允许的指定专业分包项目,在建设单位主持下,总包单位与各分包单位签订分包工程合同和安全协议,明确分包内容、各自责任和权利;建立工作协调机制,共同确保养护工作顺利进行。

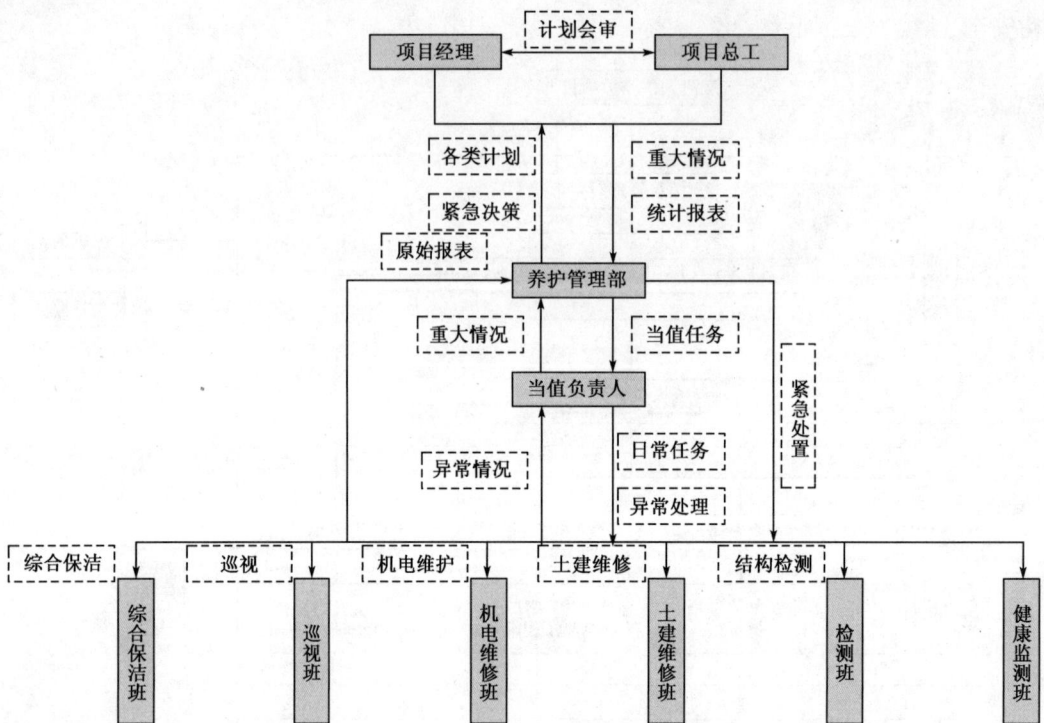

图 4-2-2　养护模式构架图

2.12　养护安全作业的交通控制

根据《公路养护安全作业规范》(JTG H30—2015)的有关要求,在大桥接线路面工程养护时应遵守如下交通引导和控制要求。

2.12.1　养护安全作业要求

(1)养护维修人员必须穿着带有反光标志的橘红色工作装(套装),管理人员必须穿着带有反光标志的橘红色背心。

(2)接送养护维修作业人员应用车辆,养护维修作业人员不得在控制区外活动或将任何物体置于控制区以外。

(3)养护维修作业必须按作业控制区交通控制标准设置相关的渠化装置和标志,并指派专人负责维持交通。

(4)坑槽修补应当天完成,若不能完成,须按规定布置养护维修作业控制区。

(5)除雪作业时应加强交通管制,应做好防滑措施;除雪应以机械作业为主,在机械不能操作的地方可辅之以人工作业。

（6）养护维修作业中遇有暴风雨应停止施工；暴雨、台风前后，应检查工地临时设施、脚手架、机电设备、临时线路，发现倾斜、变形、下沉、漏电、漏雨等现象，应及时修理加固。

（7）雾天需要进行抢修时，应会同有关部门封闭交通，所有安全设施上均须设置黄色施工警告灯。

2.12.2 作业控制区布置

1）基本要求

作业控制区应由警告区、上游过渡区、缓冲区、工作区、下游过渡区和终止区组成，当需要封闭车道或路肩（紧急停车带）时必须设置过渡区。

（1）警告区长度（S）最小值为 1600m。

（2）上游过渡区最小长度（车道上 L_s，路肩上 L_j）因限制车速不同而异：60km/h 时车道上为 90m、路肩（1.75m）上为 20m，40km/h 时车道上为 40m、路肩上为 20m，20km/h 时车道上为 10m、路肩上为 10m。

（3）缓冲区长度（H）最小值宜取 50m。

（4）工作区长度（G）应根据养护维修作业的需要确定；工作区应设置工程车辆专门的进口和出口，出入口应设在顺行车方向的下游过渡区内；同一方向不同断面的相同车道同时维修作业，下游工作区距上游工作区 1000m 以上时应在下游工作区前端设置施工标志；同一方向不同断面的不同车道不宜同时维修作业，必须同时维修作业时其控制区布设间距应不小于1000m；当中间车道养护维修作业时，应与相邻一侧车道同时封闭。

（5）下游过渡区长度（L_x）最小值宜取 30m。

（6）终止区长度（Z）最小值宜取 30m。

2）具体规定

在警告区内设置施工标志、限速标志和可变标志牌或线形诱导标等，在上游过渡区起点至下游过渡区终点之间应设置锥形交通路标，在缓冲区与工作区交界处应布设路栏，控制区内其他安全设施可以视具体情况而定。

当需要布置改变交通流方向的作业控制区时，可与中央分隔带开口位置相结合，利用非作业控制区一侧的车道；当警告区范围内有入口匝道时，应在匝道右侧路肩外设置施工标志。

常规作业控制区示例见《公路养护安全作业规范》（JTG H30—2015）附录图（图 4-2-3 ~ 图4-2-6），可根据本工程车道数及养护封闭范围作适当调整。

在同一位置的作业时间在半天以内时，可适当减少交通标志，但应设置施工标志以及锥形交通路标，并应在上游过渡区内设置移动式标志车或配备交通指挥人员。

临时定点作业控制区示例见《公路养护安全作业规范》（JTG H30—2015）附图（图 4-2-7和图 4-2-8）。

当养护维修作业位置移动时，可按实际条件作适当简化。

移动作业控制区示例见《公路养护安全作业规范》（JTG H30—2015）附图（图 4-2-9）。

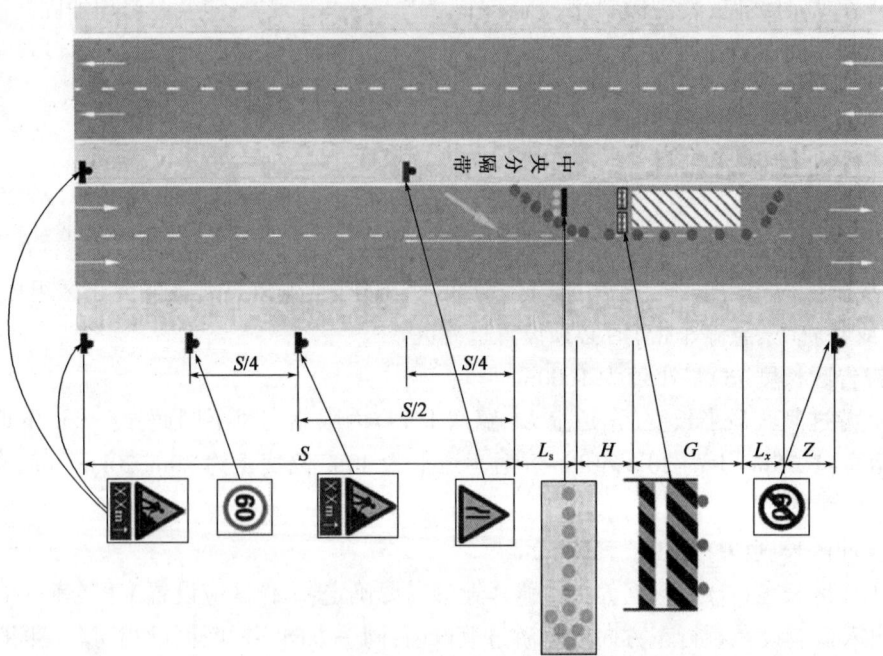

图 4-2-3　不改变交通流方向的内侧车道封闭养护维修作业

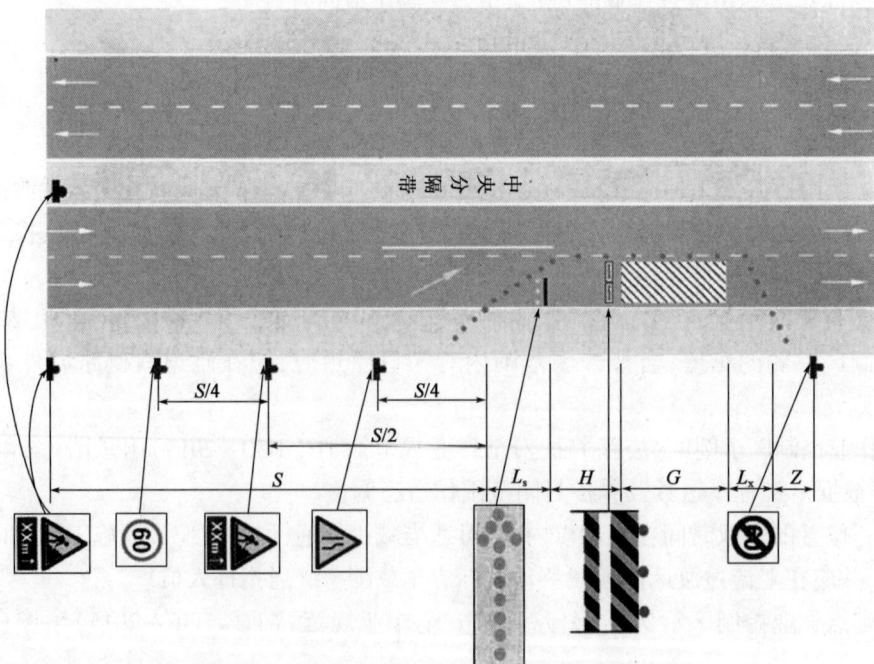

图 4-2-4　不改变交通流方向的外侧车道封闭养护维修作业

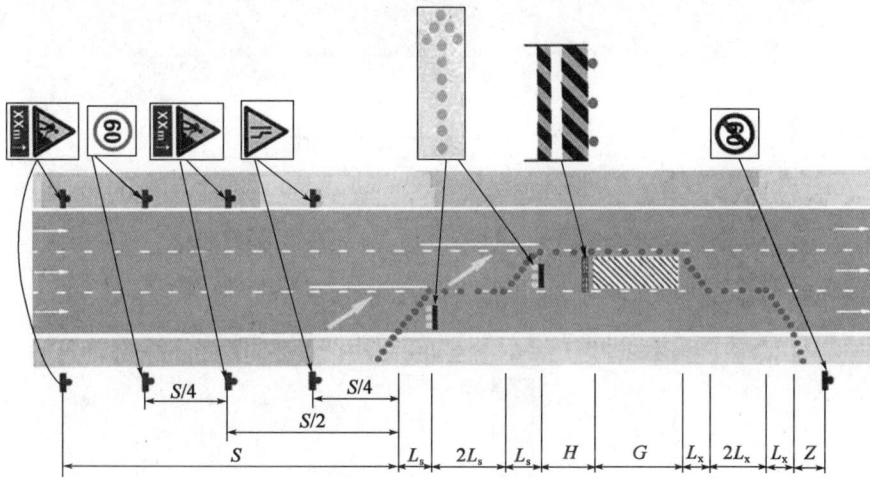

图 4-2-5　不改变交通流方向的单向三车道养护维修作业

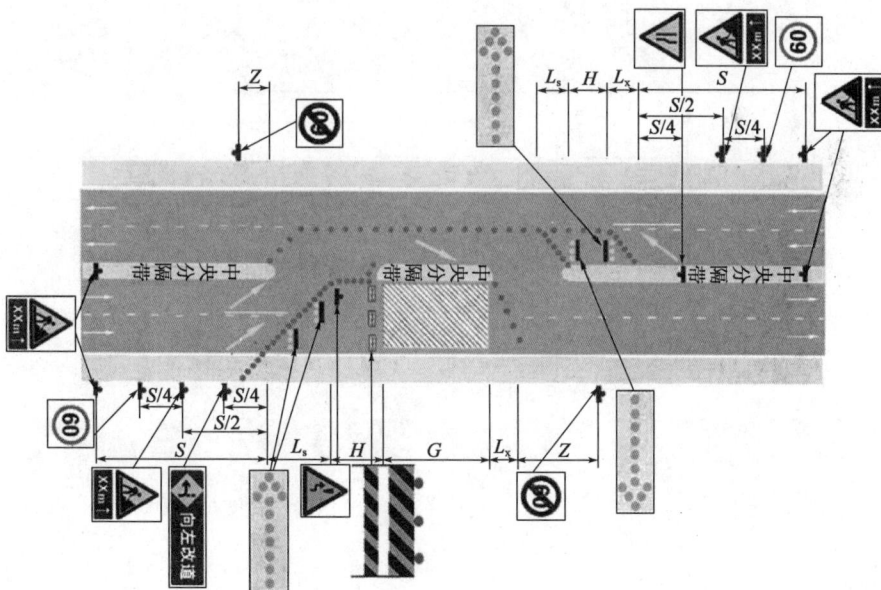

图 4-2-6　改变交通流方向的单向两车道养护维修作业

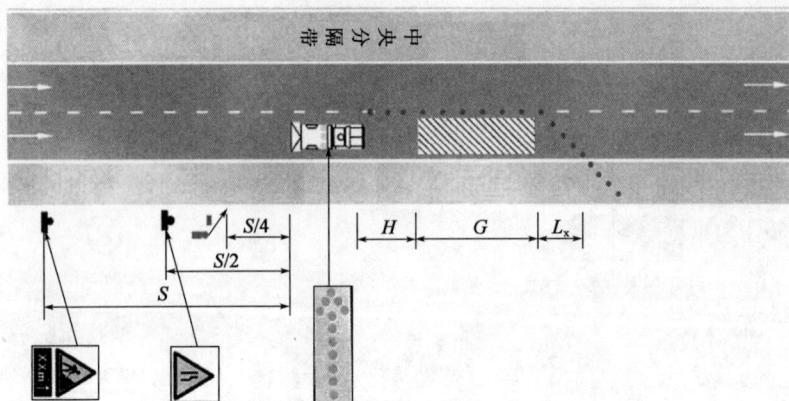

图 4-2-7　临时定点外侧车道养护维修作业

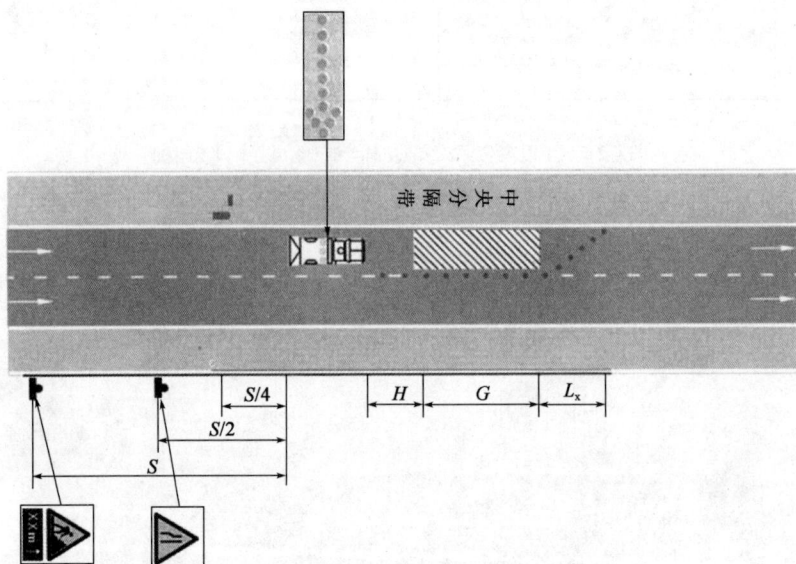

图 4-2-8　临时定点内侧车道养护维修作业

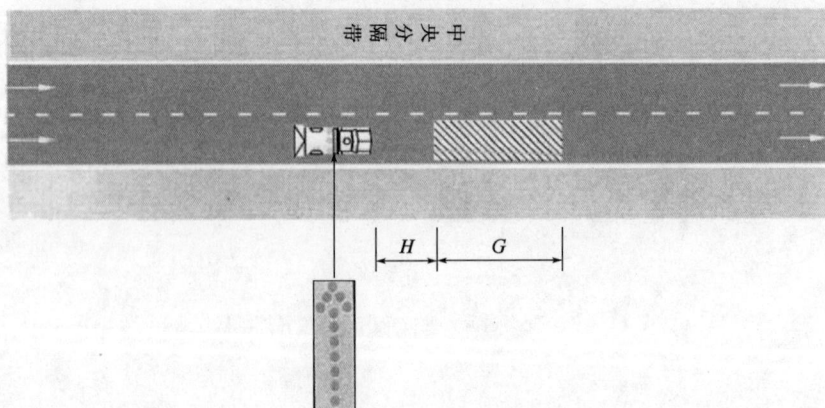

图 4-2-9　移动养护维修作业

242

第**3**章　辽河大桥养护管理的机制

3.1　管理体制

鉴于辽河大桥连接营口、盘锦两市,设立辽宁省滨海公路辽河大桥管理处,建立由辽宁省统一运营管理的管理体制,主要负责大桥监控、养护维修、机电维护工作,负责协调做好大桥安全保卫和交通管理工作。

3.2　资金投入机制

建立稳定和长效的资金投入机制,确保大桥养护管理有充足的资金保障。

管理处人员经费和行管费纳入辽宁省财政预算。养护经费按照定额和招标合同价每年辽宁由辽宁省交通运输厅固定投入,主要用于专业检测、日常清扫保洁、除雪防滑、系统维护、第三方技术咨询、养护监理、突发事件应急处置等。系统更新、设备更换、设施完善以及发生不可预见的抢修防护工程则纳入专项工程计划,另行投入。

对于特殊结构大型桥梁的养护检测和管理资金,必须建立充足、固定和长效的投入机制。而且,随着桥龄的延长,还应逐步加大资金投入比例和力度,以确保大桥养护管理的资金需求。

3.3　市场化机制

按照管养分离原则,建立了日常养护和专业检测市场化机制。通过公开招标,确定专业化养护单位。同时,对大桥专业养护检测、系统维护、设备更换和项目较大的抢修防护工程等均实行招标制和监理制。

对于国省干线公路上的不收费、非经营性、特殊结构的大型桥梁,设立由交通公路部门统一管理的大桥运营管理机构,有利于大桥的日常养护、专业检测、系统维护、路政管理、应急处置等,避免相关单位之间责任不清、推诿扯皮等问题,有利于大桥安全畅通、延长使用寿命。

3.4　第三方技术咨询制

建立第三方技术咨询制,为大桥养护和领导决策提供技术支持和重要依据。

辽河大桥是辽宁省首座大跨径的双塔双索面钢箱梁斜拉桥,养护检测和管理经验较少。

为检验和评估大桥专业养护单位检测数据、结果的科学性和真实性,为大桥养护和领导决策提供技术支撑和重要依据,通过招标引进桥隧诊治公司,作为辽河大桥专业检测评估的第三方咨询单位,定期或不定期现场、在线对大桥专业养护检测计划、数据、报告进行咨询,并提交评估报告。

为提高大桥养护工作的科学性、针对性、实效性,提高运营管理的效率和质量,实现养护管理规范化、科学化,建立了由辽宁省内外从事专业工作的专家、学者、研究员、单位内部技术负责人或技术带头人组成的养护技术专家小组,为大桥养护管理提供技术咨询服务,包括设计理念及力学计算方法、施工工艺及质量控制、产品功能及制造工艺、设备性能及使用参数、网络编程及升级、当前技术发展方向与应用及未来预测、养护措施、管理理念及市场需求等。

3.5　联动治超机制

建立路政、公安、交警联勤路政治超机制。由于盘锦为无砂石地区,基础设施建设所需砂石料均来源于营口,而辽河大桥则是最近、最便捷的运输通道,因此,辽河大桥的超限车辆治理难度和压力非常大。为了从大桥通车伊始就彻底治理好超限车辆,确保大桥安全畅通,大桥管理处内设路政稽查科,由路政局选派 1 名管理人员,执法主体为路政局,实行 24h 把守。积极争取财政预算,固定每年列支公安协勤费,请公安特警大队派驻警车、警员协助治超。对超限车辆始终保持高压态势,超限车辆治理成效十分显著。并且积极争取地方政府支持,联合行政执法、新闻媒体等有关部门,采取有效措施,整治、关闭大桥附近非法倒料场地,有效缓解了治超工作的压力,消除大桥安全隐患,确保了大桥安全畅通。

3.6　应急处置联动机制

依托地方,建立突发事件应急处置联动机制。为及时有效应对随时可能发生的突发事件,辽宁省公路管理局印发了《辽宁省滨海公路辽河大桥突发事件应急预案》(简称《预案》),鉴于辽河大桥管理处设在营口市区,且大桥距营口市区较近的实际,按照省地协同、属地管理、部门联动的原则,由营口市政府印发文件,建立了由政府应急办牵头,交通、公路、路政、公安、海事、航运、环保、气象、地震、消防等 10 多个部门参与的《辽宁省滨海公路辽河大桥突发事件应急处置联动机制》(简称《机制》),大桥管理处根据上述《预案》《机制》要求,制定了《辽宁省滨海公路辽河大桥管理处应对突发事件行动方案》,明确了部门和岗位职责分工,建立了突发事件应急处置物资储备库,购置和配备了水车、消防器材、吸油毡等物资和器具,为有效应对大桥可能发生的突发事件奠定了基础。

3.7　社会监督机制

为了自觉接受社会、舆论和群众监督,实现大桥运营管理创一流目标,建设一支政治坚定、作风过硬、廉洁高效、纪律严明、能打硬仗的运营管理队伍,在营口、盘锦两地公安、交警、综合执法、运输、建筑、市政、新闻等有关部门聘请了 10 名社会监督员,通过召开座谈会、信息反馈等形式,认真听取和收集、掌握监督员反映的情况,对反馈或发现的问题及时进行整改,有力促进了大桥运营管理水平的提高。同时,在治超亭和桥头设立公示板,公开执法人员、执法标准和准则、举报和监督电话等,有效促进了运营管理工作的主动性和自觉性,取得了明显的社会监督效果。

第 **4** 章 应急处置

4.1 应急保障体系

4.1.1 应急处置领导小组

成立突发事件应急处置领导小组,负责辽河大桥整个设施的安全、保卫、综合治理、消防、抗风、设备紧急故障的突发事件处理。建立应急技术咨询小组,负责制定事发现场的处置应急方案,提出相应的意见和对策。

成立24h现场待命的应急抢险队伍,确保各类突发事件能得到快速处理,维护设施的安全运行和设施、设备的安全。

针对重、特大交通事故、恶劣气候环境引发的各类事故、危险化学品事故、防恐怖突发事件、重要设施重大故障抢险等制定现场的具体救援方案,明确救援人员职责分工,指挥、协调现场应急救援工作,做出救援决策,组织划定事故现场的范围及其他强制性措施。保护事故现场,协调事故现场有关工作;必要时,向上级请示,请求启动上一级应急救援方案。检查督促,做好抢险救援、信息上报、善后处理;制定和完善各类应急救援预案;开展应急处置技能的培训和演练。

建立社会联动机制,确保应急处置快速有效。从确保大桥安全的角度出发,建立包括政府、公安、消防、救护共同参与的应急处置社会联动机制,定期探讨、分析、评估养护运行管理状态和应急处置成效,保证辽河大桥的养护工作顺利进行。

4.1.2 应急抢险队伍

应急抢险队伍分为两个小组,即设备(设施)故障应急抢险小组和特殊情况应急抢险小组,实行24h待命制。

(1)设备(设施)故障应急抢险小组,由养护项目部工程部负责人及相关专业技术人员组成。主要负责:设备故障(含其他应急情况时设备的破坏损坏)紧急情况处置预案等的实施处置。平时轮班24h待命。在应急预案启动后,具体实施现场设备故障抢险工作,听从应急领导小组统一安排。

(2)特殊情况应急抢险小组,由管理处、养护项目部等成员组成。主要负责:各类交通事故、特殊天气(恶劣气候)、特殊事件(意外火灾、桥梁重要设施设备意外发生的重大故障、恐怖、刑事犯罪分子的破坏等)的应急处置。

4.1.3　应急技术咨询小组

应急技术咨询小组人员主要由有关技术人员组成。

主要职责:针对事发现场的状况,协助应急领导小组对应急救援工作的指挥、决策提供相应对策和建议方案,对事故危害程度进行预测等。必要时,赶赴现场,对现场应急救援进行技术指导。

应急处置内容及时间见表4-4-1。

应急处置内容及时间

表4-4-1

序 号	项 目	内 容	响应和完成处理的时间
1	应急处理、维修、专项报告的响应时间	供电设备、供电电缆、主照明、雾灯、景观灯、航空航运灯、摄像机、应急电话、信号板、车检器、气象检测仪、红外限高装置、道口设施、称重设施、通信电光缆、广播系统、设备监控系统、内场设备交通监控系统、TV监控系统、设备监控系统损坏等	发现缺陷1h内到达现场处理,条件许可时应以抢修形式按需作业,直至修理完毕
		中控室设备故障处置	发现故障后立即处置,5min内报应急中心,6h内有效修复。处置完毕后15min内书面汇报应急中心。涉及其他区域设施故障导致本监控设施无法正常工作的,进行有效故障排查确认时间应不超过3h
		牵引车辆、应急队伍	要求2min内出车、正常情况下15min到达现场。对路面障碍物设施损坏等进行临时处置,立即恢复交通,确保畅通
		发生路面障碍物、交通事故、外力损坏设施、车辆火灾等事件后	1. 监控发现情况和得到报告,立即报告值班长、开启广播; 2. 牵引车辆驾驶员得到指令2min内出车,正常情况下15min内赶到现场; 3. 维修部门得到指令5min内出车,正常情况下15min内赶到现场
2	应急处置和维修作业的完成时间	路面坑塘、功能照明连续故障三盏以上失明;车辆抛锚、其他缺陷,按缺陷分类响应的时间执行	坑塘在雨后24h以内修复;功能照明连续三盏以上失明,按紧急缺陷处理;车辆抛锚或事故车,必须做到接通知后2min内发车
		护栏损坏、防撞墙损坏、诱导器、标志标牌、路灯杆等	事故现场半小时临时处置完毕,不得妨碍交通,损坏的设施7个工作日内修复处置
		春季路面翻浆、冬季路面裂缝、夏季路面拥包	根据情况,制订计划,7个工作日内修理处置

4.1.4　突发事件处置的内、外部保障

1) 内部保障

(1) 人员保障

①建立内部应急管理组织机构,担任指挥的人员应当有组织、协调应急处置的能力,熟悉应急预案。

②参加应急处置的人员必须是专业人员,有一定的专业技能,并需配备专业设施设备。

③应急抢险队伍、巡逻、巡检必须实行24h轮班工作制,并确保通信工具畅通无阻。

④配备应急管理力量:由管理处主要负责人员组成,接受上级主管部门所下达的事故处理意见,并进行协调及信息交换。

(2) 设备保障

在日常的养护管理中,必须配备必要的各种车辆设备,保持24h处于待命状态,以便应急处置突发紧急事件。根据辽河大桥的情况配备足够的吊车、巡逻车、清扫车、洒水车、综合抢险车等设备车辆。

(3) 物资保障

按照应急预案的有关规定,平时应配备充足的应急救援装备、物资、药品、应急车辆、工具材料和通信设备等;配备必要的安全、消防设备、器材、人员防护装备等。同时,还应配备生石灰等碱性液体、黄砂、木屑、草垫、防滑料、橡胶手套、警示架、红白带、警示灯、防爆照明灯等物资材料,并备有清单。平时,应确保这些物资材料保持良好状态。

应急车辆的停放地点,物资、材料的堆放点,工具存放的仓库等都要有明确的位置,以便应急处置时,可按照指挥中心要求及时到位、投入使用。

(4) 信息保障

①掌握周边环境和气象信息,关注气象站、地震局发布的降温、降雪、大雾、强风、暴雨、地震等天气警报,主动、及时记录气象预报,早做准备,防患于未然。

②接收监控中心的各类交通信息,及时了解发生的各类事故,做到快速到位、应急处置。

③掌握设备设施的维修养护、日常检测等各类信息。

(5) 通信保障

①构建一个较全面的应急预案通信网络,配备24h畅通无阻的应急通信联络系统。

②编制《应急通信联络手册》,保证应急预案实施中通信的畅通和及时。并随时检查、调整,保证其正确性。《应急通信联络手册》分内、外两部分。

a. 内部:将应急领导小组、监控中心、技术咨询组、抢险队伍等每个成员及相关人员的家庭住址、家庭电话、手机等收录在册。

b. 外部:与行业区域内有关的单位建立长效突发事件处置协调,如所在区域内的安全管理部门、环保、公安、路政、武警、医院、消防、地震、气象等,建立这些单位和主要联系人员的电话、服务电话等通讯录,以备随时调用。

2) 外部保障

(1) 外部联动互助

建立区域的事故处理应急网络及通信联络。事故处理应急网络应包括区域内的安全管理部门、环保、公安、路政、武警、医院、消防、地震、气象等单位。一旦事故发生,可迅速联动。

（2）政府救援

必要时请区域内政府协调应急救援力量。在应急处置中,气象、交通、新闻、消防、医疗救护等社会公共部门应根据突发事件情况的需要,各司其职,行使保障职能,共同做好(恶劣天气)应对措施。

（3）专家咨询

组建专家咨询小组,由熟悉桥梁相关专业的技术人员组成,主要帮助紧急事件处置领导小组解决处置过程中自身无法解决的技术、专业协调等问题,对事发现场的处置提出相应对策和意见等。

4.1.5 应急预案的培训与演练

1）概述

（1）必要性

应急预案是在紧急、突发状况下的行动计划,要求所有相关人员清楚岗位职责与任务,清楚信息沟通与联系,熟悉救援知识,掌握救援资源与紧急处置原则与方法。培训与演练,是应急救援不可缺少的环节。

（2）基本任务

通过培训和演练,锻炼和提高应急救援队伍在突发事故状况下的快速反应与救援能力,使之能在最短时间内查清事故源,控制事故发展,最大限度降低事故危害,减少事故损失。

（3）指导思想

应急预案的培训和演练,坚持"培、练为用,培、练结合";务求严格、有效,重点突出;重视日常培训和演练,不断完善与提高的原则。

2）培训

应急预案培训目的:使所有相关人员了解并掌握应急预案的全部内容及相关知识,达到熟练掌握预案内容及要求,明确职责和履行职责的具体程序。

（1）培训的目标要求

熟知使命、职责、任务、资源、联系。

①使命:实施应急救援的总体目标。

②职责:岗位的工作内容及责任。

③资源:实现任务的方法和资源。

④联系:在应急预案实施中,相互间的信息共享与传递。

（2）培训的方式

应急预案培训方式有自学、讲座、模拟、练习四种。

（3）培训的内容

培训内容包括基本培训和特殊培训。

①基本培训是指对参与应急行动的所有相关人员进行的最低程度的培训。要求应急救援人员了解和掌握识别基本的应急救援基本程序、各项措施,应急报警行动,应急人员职责、信息发布与沟通、组织、救援与现场恢复等。

②特殊培训主要是针对在实际救援过程中,救援人员可能处于物理伤害等危险之中等特殊状态下的事故应急救援培训,主要有车辆自燃,重大交通事故等专业培训。

3)培训与演练

应急预案培训与演练是测试设备和应急预案最有效的方法。

(1)应急预案的培训

基础培训,一般指应急队伍的队列、体能、防护装备、通信设备的使用培训,目的是培养应急抢险队伍的良好战斗意志,使应急队伍会使用个人防护用品、通信设备。

专项培训,是针对一定的专项应急抢险任务进行的培训,是提高应急队伍实战水平的关键环节,包括:专业知识、现场技术等,目的是使应急队伍具备相应的抢险专业知识,提高救援水平。

战术培训,主要指应急队伍的综合培训和各专项技术的综合运用。通过培训,使各级指挥人员和抢险人员具备良好的组织指挥能力和实际应变能力。

(2)应急预案的演练

应急预案演练是一种以假设为前提的应急抢险预案"实战"操作,是检验、评价和保持应急抢险能力的重要手段。通过演练,可以在事故真正发生前暴露预案和程序的缺陷,发现应急资源、设备、人力方面存在的问题。

其作用是提高应急人员应急救援能力和水平;进一步明确各自的岗位与职责;改善各应急部门、机构之间的协调能力;增强应对突发重大事故的认识和社会防范意识。

项目部每年需要组织各类应急预案的培训和演练,以提高现场应急抢险和救援的综合素质,最大限度降低事故危害,减少损失,保证设施的安全运行。

4.2 应急预案

4.2.1 强风、暴雨、雷击应急预案

1)目的

每年夏季突发性暴雨、强风随时可能出现,为确保辽河大桥安全和车辆的安全通行,根据高速公路设施的养护管理经验,结合辽河大桥的情况特制定本应急方案。

2)组织机构

(1)领导小组由养护项目部领导负责,各有关责任人参加。

(2)以养护工程部为主体,结合日常维修、抢险工作组成工作小组及抢险队伍。

(3)以养护管理公司有关专业技术人员为主体组成抢险队伍。

(4)制订抢险队伍的联络网络,落实地址、电话,以便及时传递信息。

(5)在领导小组的领导下,建立以监控中心为核心的内部信息网络。

3)预防准备程序

(1)对地面管辖范围内的排水口全面清除淤泥,应加强检查力度,一旦发现问题应及时组织力量清理。

（2）对设施内各漏水点做详细的普查,特别对设施内的原渗漏点和影响安全用电的位置进行重点检查,发现问题,应及时采取措施。

（3）在雷雨集中的季节前,对设施范围内的避雷装置和接地装置进行检测,对供电系统设备做好继电保护和电气试验,确保安全用电。在强风季节来临前对受风设施进行普查,发现问题应及时解决。

（4）做好物资准备,储备应急用的物资。

4）应急处置、实施

按照国家气象局要求,气象报警分为蓝色、黄色、橙色、红色（图4-4-1）。

图4-4-1　国家气象局气象警报分类

（1）黄色预警信号

①强风黄色预警信号:陆地平均风力达6级以上,或者阵风8级以上并可能持续。

②暴雨黄色预警信号:6h内降雨量将达50mm以上,或者6h内降雨量已达50mm以上且降雨可能持续,或者1h内降雨量将达35mm以上,或者1h内降雨量已达35mm以上且降雨可能持续。

③具体安排如下:

a.接到指令的养护管理公司有关人员到岗。

b.应急处置领导小组组长确定当班责任人及现场负责人,当班责任人负责总体指挥,向应急处置领导小组组长汇报和联系。

c.应急中心负责信息收集、过程录像、相关通信的传达。防汛抗风应急队伍负责相关具体措施的现场实施。

d.现场负责人负责现场巡视指挥和协调。

e.综合部负责做好后勤保障工作。

f.应急抢险队伍按各自职能到岗就位,采取轮班休息,24h守岗。服从抢险指令,进行抢险工作。

（2）强风橙色、强风红色预警警报,暴雨橙色、暴雨红色预警警报

①强风橙色预警警报:12h内陆地平均风力可能或者已经达到10级以上,或者阵风12级以上并可能持续。

②强风红色预警警报:6h内陆地平均风力可能或者已经达12级以上,或者阵风达14级以上并可持续。

③暴雨橙色预警警报:3h内降雨量将达50mm以上,或者3h内降雨量已达50mm以上且降雨可能持续。

④暴雨红色预警警报:3h 内降雨量将达 100mm 以上,或者已达 3h 内降雨量 100mm 以上且降雨可能持续,1h 内降雨量将达 60mm 以上,或者 1h 内降雨量已达 60mm 以上且降雨可能持续。

⑤具体安排如下:

a.应急处置领导小组人员及抢险人员到岗待命。24h 守岗,采取轮班休息,服从抢险指令,进行抢险工作。

b.应急处置领导小组组长负责总体指挥,按情况做出具体布置,并负责向上级主要相关方的汇报和联系。

c.组长负责现场指挥,确定各岗位的具体当班负责人,同时落实信息收集、过程录像等工作。

d.检测部、养护工程部负责人按要求做好本部门的相关具体工作。

e.综合部做好所有后勤保障工作。

f.应急抢险队伍按各自职能到岗就位,采取轮班休息,24h 守岗。服从抢险指令,进行抢险工作。

(3)强风、暴雨结束后的检查工作

①强风、暴雨过后,应急处置领导小组组织专门力量对设施进行一次全面的检查,及时修复损坏的各类设施,确保大桥正常运行。

②应急处置领导小组及时向上级汇报台风暴雨期间的整体实施工作情况和设施的损坏情况,并做出书面报告。

(4)恶劣天气下的通行控制

一旦遇到恶劣气候,为了体现人性化服务,充分发挥大桥的功能,尽可能保证陆上交通,同时须保证车辆的通行安全。根据设计文件、行业规范及经验,按以下列原则进行恶劣气候的通行控制:

①强风:

a.风速大于 21m/s、小于 23m/s 时,单向三车道改为两车道;

b.风速大于 23m/s、小于 25m/s 时,单向三车道改为一车道;

c.风速为 25m/s,暂停通行。

②暴雨:

发生暴雨时,一般都伴随着大风,所以要结合风速来考虑。

a.小于降雨量达到 16mm,且

风速大于 19m/s、小于 21m/s 时,限速 30km/h;

风速大于 21m/s、小于 23m/s 时,限速 20km/h;

风速大于 23m/s、小于 24m/s 时,限速 10km/h;

风速大于 23m/s,暂停通行。

b.小于降雨量达到 30mm,且

风速大于 19m/s、小于 21m/s 时,限速 10km/h;

风速大于 21m/s、小于 23m/s 时,限速 5km/h;

风速大于 23m/s,暂停通行。

4.2.2　大雾天应急预案

1）目的

为了确保大雾天气车辆顺利通过辽河大桥,特制定本预案。

2）职责和分工

养护项目部成立辽河大桥大雾天气指挥小组、抢险救援小组。

(1)指挥小组负责指挥和现场处理。

(2)值班长负责具体现场的指挥和现场处理。

(3)当班人员应时刻注意天气变化,及时向值班长汇报。

(4)巡检人员负责现场机动车的疏导工作。

(5)抢险支援小组根据指令完成抢险任务。

3）大雾天气紧急处理

(1)设施紧急处理

①在岗人员得到气象预测有大雾天出现时,应立刻通知值班长,值班长将信息通报给上级,做好应急准备。

②由值班长在监控中心统一指挥,调度各在岗人员,交通监控员应将有关情况及时向上级联系。

③紧急处理完毕后,应立即组织人员对设施设备情况进行巡检,发现病害和故障,应立即组织抢险,确保通行安全。

④将事件和造成的影响情况在24h内报应急指挥中心。

(2)辽河大桥紧急处置

①一旦出现大雾预报,应立即报告辽河大桥应急处置领导小组,值班和抢险队伍应第一时间到达单位集结待命。

②值班室应立即通知养护工程部和检测部,在大雾天气期间停止桥上的一切养护作业和检测工作。

③辽河大桥监控中心应显示"限速行驶"的提示标志。

④在大雾天气期间,在确保自身安全的条件下,养护工程部要加强大桥的巡视力度并增加巡视频率,密切注意大桥上的车辆通行情况。

⑤当大雾笼罩大桥时,积极配合相关部门做好车辆疏导工作。

⑥当大雾严重笼罩大桥时,积极配合运营管理部门用封道车做好大桥的封闭工作。

⑦接到大雾黄色预警,抢险队伍、车辆应集结待命,同时做好相应应急物资准备。

a.在工作日上班期间,值班人员接到大桥监控中心"大雾黄色预警"应立即报告养护管理公司领导,启动"大雾黄色预警"措施。

b.养护管理公司领导会同各部门负责人,立即通知在桥面上作业的养护人员,做好撤离工作,撤离过程中必须密切注意过往车辆的行驶安全,同时确保通信畅通。

c.养护管理公司当即安排落实抢险人员和车辆设备的准备工作,并报告分管领导。

⑧接到大雾橙色后、红色预警后,应急物资应及时到位,抢险队伍、抢险车辆应第一时间到

达单位集结待命。

a. 值班人员接到大桥监控中心"大雾橙色预警"应立即启动"橙色预警措施"。

b. 养护管理公司领导会同各部门负责人,立即通知在桥面上作业的养护人员,做好撤离工作,撤离过程中必须密切注意过往车辆的行驶安全,同时确保通信畅通。

c. 养护管理公司当即安排落实抢险人员和车辆设备的准备工作,并报告分管领导。抢险人员应立即赶赴办公楼应急待命。

⑨要听从监控中心的命令。

⑩在未解除警报之前各级负责人必须确保通信畅通,服从统一指挥。

应急抢险队伍,必须统一听从应急处置领导小组的指挥,配合辽河大桥监控中心抢险调配。

"大雾黄色预警"解除后,方可恢复桥面保洁、养护、检测等作业。

4.2.3 冰雪天气交通应急预案

1)目的

辽河大桥为双塔双索面的斜拉桥,冬季应急重点区域比较多。辽河大桥为连接营口、盘锦两市的重要通道,往来车辆较多,容易诱发恶性交通事故。

为确保公路设施、设备在严寒或降雪天气能保持正常工作状态和过往车辆的安全通行,特编制相互协调方案。

2)组织机构

冰雪天气交通应急组织,除养护项目部的应急小组外,需要与路政、交警、消防、医护等相关部门合力联动。各部门职责,见表4-4-2。

各 部 门 职 责

表4-4-2

方 式	部 门	预 案
部署	路政	增加巡视频率
		用车载广播提醒驾驶人员注意安全
		限制车速、增大车距
		严禁随便停车
	养护部门	采取相应措施确保路面情况良好,尤其是重点防范部位
		异常路段区域内每隔1km设立警示牌或临时限速标志
		故障车辆应及时清障
联系	交警	维持正常的交通秩序
	医护	伤员应及时救护
	消防	火警应及时灭火
发布	可变情报板	提示驾驶员注意异常路段情况,谨慎驾驶
	可变限速板	显示限度
	收费站	入口设立警示牌,提示驾驶员异常情况,限速驾驶
	应急指挥中心	向交通信息台、交通信息网站通报路况信息、道路使用情况及趋势

3）冰雪应急重点区域

辽河大桥主桥面铺装为50mm以及54mm厚的环氧沥青混凝土，桥面有纵坡，沥青混凝土桥面铺装的孔隙率较小，桥面容易积水、积水不易化开。

沥青混凝土铺装不允许撒布含氯化钠等对钢结构具有腐蚀性的材料来除雪，这些材料会对钢桥面以及附属设施造成腐蚀，因此要采用物理方法除雪。

4）具体实施方案

防冻防雪预防准备程序：

（1）养护工程部负责进行防冻、除雪物资准备和查点工作。

（2）养护工程部在每年10月前组织完成冬季前应急设备、设施的普查。

（3）交通监控员收到严重冰冻或雪灾、道路结冰橙色预警信号后通知值班长、各部门、养护道班加强应急值班的管理力量。

（4）分别安排车辆管理责任人，对车辆进行防冻处理，如放尽水箱水，更换燃油，添加防冻液等。

（5）值班长通知设施冲洗工作负责人停止夜间对各类设施冲洗工作，并向牵引人员通报信息，要求大型车辆轮胎使用柔性防滑链。

4.2.4 地震应急预案

1）目的

为保证辽河大桥结构安全，特制定本预案。

2）适用范围

本预案适用于辽河大桥结构损坏的应急处置。

3）应急领导小组

（1）应急领导小组由养护项目部领导负责，各相关部门责任人参加。主要负责各班组之间的配合协调，抢修人员的落实及对抢修过程的监控。

（2）以工程部为主体的抢修工作小组由养护项目部领导任组长。

（3）人员分工。

①指挥：养护项目部领导负责调动抢修工作。

②现场指挥：项目负责人或总工程师负责现场指挥和应急物资调配。

③总工程师负责方案制定。

④工程部领导负责班组人员调度。

（4）专业维修班组负责实施抢修。

4）事件分级

事件分级见表4-4-3。

5）应急响应

（1）应急领导小组接到地震报警或在地震发生后，迅速对事件、地点、方向、桥梁损坏程度进行记录。

（2）检测部、技术部赶赴现场，对桥梁以及桥梁的附属设施进行查看。

（3）检测人员每隔半小时与地震局联系一次,随时了解情况。

（4）因强地震突发事件需要封闭交通时,应及时向大桥管理处汇报。

事件分级

表 4-4-3

事 件 级 别	标　　准	预 警 级 别
Ⅰ级 7 级以上	特别重大地震事件	红色
Ⅱ级 6.5～6.9 级	重大地震事件	橙色
Ⅲ级 5～6.5 级	较大地震事件	黄色
Ⅳ级 4.5～5 级	一般地震事件	蓝色

6）应急处置

（1）Ⅰ级

①应急领导小组会同养护各部门应立即赶赴现场,判断桥梁损坏程度。

②报大桥管理处同意后实施大桥全幅封闭。

③组织桥梁专家赶赴现场,审定受损情况,提出修复方案。

④按照《养护施工交通管制应急行动方案》,在专家指导下组织施工力量对损坏桥梁实施抢修。

（2）Ⅱ级

①应急领导小组报大桥管理处同意后实施大桥半幅封闭。

②组织桥梁专家赶赴现场,审定受损情况,提出修复方案。

③养护、路政在路段两端采取借道措施。在道桥损坏路段、借道区前后摆放安全锥、可移动式导流牌等施工作业标志,封闭桥梁损坏路段交通。在道桥损坏路段对面的半幅路面开辟出内侧的一条车道作为临时借道区。

④按照《养护施工交通管制应急行动方案》,在专家指导下组织施工力量对损坏桥梁实施抢修。

（3）Ⅲ级

经桥梁专家审定桥梁可以通行一个或两个车道,采取以下应急措施:

①应急领导小组报大桥管理处同意后实施封闭一个或两个车道。

②工程部在损坏路面按规范设置标牌,予以封闭。

③养护、路政按照借道通行方案准备安全锥和两套封路牌,遇堵车时采取借道通行措施。

④按照《养护施工交通管制应急行动方案》,在专家指导下组织施工力量对损坏桥梁实施抢修。

（4）Ⅳ级

①经桥梁专家审定全幅路面大小客车可以通行,而大货车不能通行的,采取以下应急措施:

a. 应急领导小组报大桥管理处同意后实施全幅路面限流措施。

b. 在引线两侧设置标志,引导车辆分流。

②经桥梁专家审定半幅路面客车可以通行,而大货车不能通行的,采取以下措施:

a.应急领导小组报大桥管理处同意后实施半幅路面限流措施。

b.养护、路政在对面半幅路面开辟出内侧的一个车道作为临时借道区。在交警的指挥下,借道通行。

c.工程部组织对损坏的半幅桥梁结构进行抢修。

③经桥梁专家审定全幅或半幅路面小客车可以通行,而货车、大客车不能通行时,参照上述方法对货车、大客车采取限制通行措施。

4.2.5 洪水应急预案

1)目的

辽河大桥处在辽河入海口,每年夏季进入主汛期时,又恰逢雨量偏多,突发性暴雨,台风随时可能出现。为确保辽河大桥安全度汛、车辆的安全通行,结合辽河大桥的特点,特制定本应急预案。

2)应急处置抢险小组

成立辽河大桥防汛指挥小组、抢险救援小组。

(1)指挥小组负责指挥和现场处理。

(2)值班长负责具体现场的指挥和现场处理。

(3)当班人员应时刻观察变化,及时向值班长汇报。

(4)巡检人员负责现场机动车的疏导工作。

(5)抢险支援小组根据指令完成抢险任务。

3)防汛预防准备程序

(1)汛期为7月、8月、9月三个月,在此期间关注天气预报预警,做好记录。

(2)对大桥的雨水进水口、下水道、交通标志、标牌等附属设施进行全面检查,如发现有隐患立即整改,并在6月中旬完成。

(3)在汛期到来之前索塔基础锥坡进行防护,索塔塔底照明线路检修,防止水位过高,发生连电。

4)汛情的过程处置

(1)项目部接到汛情后,应急指挥领导小组组长及时通知桥上作业人员撤离,中止桥上一切作业,清理、撤除临时设施,固定无法撤除指示标志,同时专职巡视人员进行最后检查,确保人员、设备万无一失。

(2)暴雨降临时,专职巡视人员做好桥梁巡视工作(如无法现场巡查,可到监控中心值班),及时向应急处置领导小组组长通报现场情况。

(3)暴雨过后,应急处置领导小组要组织专门力量对大桥及附属设施进行一次全面检查,及时修复损坏的各类设施,确保大桥正常运行。

(4)应急处置领导小组及时向业主和上级单位汇报台风、暴雨期间的整体实施工作情况和大桥设施的损坏情况,并作出书面报告及设施损坏评估。

4.2.6　火灾应急预案

火灾对辽河大桥的运行具有很大的威胁,辽河大桥全长3326m,无中间出口,特别是桥面疏散条件差,一旦发生较大的火灾,处理不及时、不妥当,会导致大桥交通瘫痪,甚至引发成批车辆着火。对养护管理单位来讲,要保持高度警惕和防火意识,以及灾害的处置能力。制定火灾应急预案,具体内容如下。

1)总体要求

(1)发生火灾,立即拨打"110""119"等电话。公安、消防人员赶到火灾现场后,由公安、消防专业人员组织抢险。

(2)应急中心接到火灾报告,值班长应立即报告应急处置领导小组领导并安排应急抢险队伍赶赴火灾现场。

(3)应急抢险队伍赶到现场后,配合运营部门维护交通秩序,使用车载、大桥现场设置的灭火器材,先行进行救火。

(4)抢险人员在配合采取灭火措施的同时,配合交警部门疏散车辆,维护现场秩序,控制火势发展;火灾车辆如在主桥拉索旁,指定人员用灭火设备保护拉索,火势较大则用牵引车将事故车辆强行牵出主桥面;如果是车辆内部起火,应立即疏散车上人员,用灭火器对油箱降温,防止油箱爆炸。

(5)火灾现场的抢险工作,应绝对听从消防部门和公安交警的现场指挥,切忌盲目行动,如禁止擅自翻动起火货物或车辆内部发动机罩盖、单独进入人孔等,以免扩大火势或造成不必要的伤亡。

(6)火灾事故抢险完毕后,抢险队伍应清理现场,值班长做好事故、事件的情况记录,由应急处置领导小组组长上报业主、上级公司。

(7)事件处理过后,对使用过的消防设备应立即给予增补整理,保证消防设备、器材完好齐全。

2)具体措施

(1)车辆自燃

①在确保自身安全的情况下,在消防车尚未到达前,用巡视车辆上的灭火设备灭火。如火势较大,则动用大桥上的消防设施,对正在燃烧或有燃烧可能的车辆进行喷射。

②着火车辆如处在斜拉桥的拉索旁,要指定人员用灭火设备保护拉索。火势较大时,应立即请求用牵引车强行将着火车辆牵出主桥段。

③严禁翻动起火车辆的发动机罩盖,以免火势扩大,造成人员伤害,切忌进入起火车辆的车厢内。

④公安、消防人员赶到火灾现场后,由公安、消防人员组织抢险。

⑤巡检员配合交警现场指挥车辆,阻止后续车辆驶入着火区域,为消防车进入失火现场留出通道。

⑥巡检员配合紧急疏散被困人员和车辆,组织和引导滞留的乘客撤离灾害现场。

车辆漏油自燃照片如图4-4-2、图4-4-3所示。

图 4-4-2　7 月 18 日 R29 号孔车辆漏油

图 4-4-3　7 月 31 日 R42 号孔车辆自燃

（2）车辆装载的货物起火

①首先疏散车上人员、抢救伤员。

②在确保自身安全的情况下，在消防车尚未到达时，先用自身车辆上的灭火设备灭火。如火势较大，则动用大桥上的消防设施，对正在燃烧或有燃烧、爆炸可能的货物进行喷射，有效控制火势发展。

③切忌翻动起火货物，以免火势扩大，造成人员伤害。

④如遇着火的货物是有毒有害物质，抢险人员则应迅速戴上防毒面具，以防中毒。同时，按照《危险化学品事故应急处置预案》规定实施。

⑤听从消防部门现场指挥，配合公安交警疏导交通。

⑥巡查员现场指挥车辆，阻止后续车辆驶入着火区域。为消防车进入失火现场实施扑救留出管道。同时，巡视员配合紧急疏散被困人员和车辆，组织和引导滞留的乘客撤离灾害现场。

4.2.7　超重车及危险品车过桥应急预案

1）目的

为了防止超限车辆进入大桥区域，确保设施的安全畅通和设施设备不遭到外界的破坏，特制订本预案。

2）防超限车辆误入设施的人员组织及信息网络

（1）防超限车辆进入大桥由总值班长负责，各有关责任人参加。

（2）以养护管理部门为主体，结合路政人员组成排堵工作小组。

（3）总值班长根据实际情况负责对本预案进行逐步优化。

（4）通过网络对各种型号的车辆进行登记，使检查人员在第一时间通过目视发现超限车辆，尽量减少超限车辆误入。

（5）各当班监控中心监控员负责对大桥内车辆行驶情况的监视。

（6）建立以监控中心为核心的防超限车辆信息网络。

3）防超限车辆误入大桥处理程序

桥梁养护管理人员发现超限车辆误入大桥应立即告知路政管理部门处置。

4.2.8 各类突发交通事故应急预案

1）总则

(1)编制目的

为贯彻提高对各类突发道路交通事故的处置能力,最大限度地减少各类突发交通事故对安全通行的影响、减少人员伤亡和降低财产损失,维护设施通行秩序,特制订应急预案。

(2)适用范围

本预案适用于辽河大桥各类突发交通事故的应急处置。

(3)编制依据

依据《中华人民共和国道路交通安全法》《中华人民共和国安全生产法》等相关法律法规编制本预案。

(4)交通事故分级的依据

①按照辽河大桥交通事故的严重程度、可控性和影响范围,事件分级一般为:红色等级(Ⅰ级)(特别重大)、橙色等级(Ⅱ级)(重大)、黄色等级(Ⅲ级)(较大)、蓝色等级(Ⅳ级)(一般)及准备级(Ⅴ级)。

②红色等级(Ⅰ级)(特别重大):

a.导致人员死亡或失踪30人以上;

b.引起交通中断48h以上;

c.通行能力影响到周边设施。

③橙色等级(Ⅱ级)(重大):

a.导致人员死亡10人以上、30人以下;

b.重伤30人以上;

c.造成大桥交通中断,处置、修复时间预计在24h以上、48h以内。

④黄色等级(Ⅲ级)(较大):

a.导致人员死亡3人以上、10人以下;

b.重伤10人以上、30人以下;

c.造成大桥交通中断,处置、修复时间预计在8h以上、12h以内。

⑤蓝色等级(Ⅳ级)(一般):

a.导致人员死亡1人以上、3人以下;

b.重伤3人以上、10人以下;

c.造成大桥交通中断,处置、修复时间预计在8h以上、12h以内。

⑥预准备级(Ⅴ级):

a.大小型车辆侧翻事故;

b.集装箱箱体脱落造成三条车道堵塞;

c.集装箱箱体坠桥、社会车辆坠桥;

d.车辆突发火灾事故;

e.预计交通事故引起单向全部车道阻塞2h以上;

f.导致人员死亡1人或受伤3人;

g. 三车及三车以上交通事故；

h. 自然灾害严重危及桥梁通行，以及造成人员伤亡、车辆损坏。

2）预警预防机制

（1）监控中心日常利用路面摄像机加强对车辆通行的监测。

（2）巡检员加强对道路不明原因停留的车辆疏导与管理。

（3）日常建立与公安部门指挥中心的联络、协调机制，做好各类突发道路交通事故监测和通报。

（4）加强对各类交通事故的信息收集整理和分析处理。

3）应急处置

（1）预准备级（Ⅴ级）处置

①大小型车辆侧翻事故的处置：

a. 监控中心发现情况或接到交通事故报警后，应向报警人员问明事故发生地点、有无人员伤亡和车辆损坏等情况，及时通知交警、路政人员、牵引车驾驶员等赶到事故现场，同时立即报告值班长和值班领导，并做好记录。

b. 监控中心与施救现场保持信息畅通。

c. 监控中心根据事故对该区域路段交通的影响程度，在相关信息板上发布事故信息，提示过往车辆注意行车安全。

d. 如有受伤者，应立即通知120救护中心，并视现场具体情况通知特种救援车辆、消防队等救援部门。

e. 值班领导发现或接报后应及时赶往监控中心。

f. 值班长在确认事故等级后，应及时向应急领导小组报告，启动相应等级应急处置专项预案。

g. 巡检员在事故现场采取安全措施，摆放安全标志，配合维护现场交通秩序。

h. 牵引员到达现场后，根据事故车辆的车种、车的吨位、载重量等情况，尽快实施牵引。无法牵引的，启用吊车及大型平板卡车等设备，将阻碍车辆通行的障碍车（物）清除。

i. 对于人工能够清理的倾翻物，巡检车应及时到位清理。

j. 无法由人工直接清理的，启用吊车及大型平板卡车等设备清除道路障碍物。

②集装箱箱体脱落造成三条车道堵塞的处置：

a. 监控中心发现情况或接到交通事故报警后，应向报警人员问明事故发生地点、有无人员伤亡和车辆损坏等情况，及时通知交警、路政人员、牵引车驾驶员等赶到事故现场，同时立即报告值班长和值班领导，并做好记录。

b. 监控中心与施救现场保持信息畅通。

c. 监控中心根据事故对该区域路段交通的影响程度，在相关信息板上发布事故信息，提示过往车辆注意行车安全。

d. 如有受伤者，应立即通知120救护中心，并视现场具体情况通知特种救援车辆、消防队等救援部门。

e. 值班领导发现或接报后应及时赶往监控中心。

f. 值班长在确认事故等级后，应及时向应急领导小组报告，启动相关等级应急处置专项预案。

g.巡检员在事故现场采取安全措施,摆放安全标志,配合维护现场交通秩序。

h.牵引员到达现场后,根据事故车辆的车种、车的吨位、重量等情况,尽快实施牵引。无法牵引的,启用吊车及大型平板卡车等设备,将阻碍车辆通行的障碍车(物)清除。

i.牵引员及时清理出一条车道,保证车辆通行。

③集装箱箱体坠桥、车辆坠桥的处置:

a.监控中心及时报警,报清坠桥事故发生位置。

b.救援人员积极配合救助遇险人员。

c.巡检人员对事故车辆撞坏的桥栏杆应及时采取防护措施。如车辆撞击大桥护栏或关键部位,要立即组织进行临时防护。

d.监控中心随时保持与相关单位的联系。

e.做好事故处理、勘察工作。如在事故中有设施损失损坏,记录相关情况,进行相应处理。

④预计交通事故引起单向全部车道阻塞2h以上的处置:

同集装箱箱体脱落造成三条车道堵塞的处置方法。

⑤导致人员死亡1人或受伤3人的处置:

a.监控中心发现情况或接到交通事故报警后,应向报警人员问明事故发生地点、有无人员伤亡和车辆损坏等情况,及时通知交警、路政、牵引等人员赶到事故现场,同时立即报告值班长和值班领导,并做好记录。

b.监控中心与施救现场保持信息畅通。

c.监控中心根据事故对该区城路段交通的影响程度,在相关信息板上发布事故信息,提示过往车辆注意行车安全。

d.立即通知120救护中心,并视现场具体情况通知特种救援车辆、消防队等援助都门。

e.值班领导发现或接报后及时赶往监控中心。

f.值班长在确认事故等级后,及时向应急领导小组报告,启动相应等级应急处置专项预案。

g.巡检员在事故现场采取安全措施,摆放安全标志,配合维护现场交通秩序。

h.牵引员到达现场后,根据事故车辆的车种、车的吨位、重量等情况,尽快实施牵引。无法牵引的,启用吊车及大型平板卡车等设备,将阻碍车辆通行的障碍车(物)清除。

i.牵引员及时清理出一条车道,保证车辆通行。

⑥三车及三车以上交通事故的处置:

同集装箱箱体脱落造成三条车道堵塞的处置方法。

⑦强风、暴雨、大雾、大雪等自然灾害造成严重危及通行,以及造成人员伤亡、车辆损坏的处置:

同大小型车辆侧翻事故的处理。

(2)蓝色等级(Ⅳ级)处置

①监控中心发现情况或接到报警后,须向报警人员问明事故发生的地点,有无人员伤亡和车辆损坏情况等,在第一时间通知交警、巡检人员、牵引车驾驶员赶到事故现场,并做好记录。

②监控中心接报后,应立即报告当班值班长,并报告值班领导。

③监控中心与施救现场保持信息畅通。

④监控中心根据事故对交通影响的程度,及时调整广播、信息板、提醒驾驶员慢速行驶,注意行车安全。

⑤如事故现场有人员受伤,监控中心立即通知120救护中心,并根据具体情况通知消防队、巡检人员、牵引人员等协助医疗、消防等部门实施伤员抢救、灭火或提供救援车辆服务。

⑥值班领导在事故发生后应及时赶赴监控中心。

⑦值班长在确认事故等级后,第一时间向单位应急领导小组报告,由应急领导小组决定启动相应等级的预案。

⑧巡检员在事故现场采取安全措施,摆放安全标志,配合维护现场交通秩序。

(3)黄色等级(Ⅲ级)(较大)处置

①同蓝色等级(Ⅳ级)处置。

②养护负责人在第一时间到岗值班。

③应急领导小组成员通信24h保持畅通。

④应急领导小组成员1~2名24h在岗值守。

(4)橙色等级(Ⅱ级)(重大)处置

①按黄色等级(Ⅲ级)(较大)处置。

②应急领导小组副组长24h在岗值守。

③应急抢险队伍24h待命,听从应急领导小组的指令,随时准备抢险作业。

(5)红色等级(Ⅰ级)(特别重大)处置

①按橙色等级(Ⅱ级)(重大)处置。

②应急领导小组成员集中到监控中心(此时为应急指挥中心)。

4)应急处置后

经应急领导小组批准,监控中心逐级减除预警信息,转入常态管理。

4.2.9　化学危险品泄漏应急预案

1)总则

(1)编制目的

实现对危险品车辆通行辽河大桥的有序管理,在必要时及时做出防护应急准备,控制事态的发展,将损失与影响降到最低。

(2)适用范围

本管理预案适用于对通过辽河大桥所辖管理区域内的运输危险品的车辆的通行管理。

(3)编制依据

依据国家、地方相关法律法规编制本预案。

(4)职责分工

①养护管理单位在接到危险品车辆通过大桥的通报或报告后,对运输危险货物的车辆通过大桥进行现场监护,同时做好必要的防护及应急响应准备。

②承接运营管理的单位具体实施危险品车辆通行大桥的现场监护及应急处置工作,协助做好大桥清障和交通维护工作。

③主管审批部门在批准危险品车辆通过大桥时,同时应当通报大桥管理单位。

④相关知情单位和部门,应提前将危险品车辆通行大桥的情况告知大桥管理单位。

⑤危险品承运人在危险品车辆通过大桥前,必须向大桥管理单位报告。

⑥公安部门负责职权范围内的运输危险货物的车辆通行大桥的审批,同时负责交通维护工作。

⑦养护管理单位适时择机配合公安部门对瞒报、漏报擅自进入大桥道路所辖管理区域的运输危险品车辆进行专项整治。

2)预警预防机制

(1)建立与公安部门等主管审批部门的协作关系,提请该部门在批准危险品车辆通行大桥时及时告知。

(2)政府相关机构、相关公司等单位和部门提前将危险品车辆通行大桥的情况告知大桥管理单位。

(3)巡检员在日常工作中发现装有危险品车辆在桥上行驶时,可用车载话筒告知驾驶员不得变道和超速。

3)应急处置

一旦危险品车辆桥上运输发生异常,应即刻按下列处置:

(1)大桥进入应急处置状态。

(2)监控中心设为指挥中心,发出应急处置指令。

(3)设置以下临时观察点:

①向事发点上风向行驶约200m处设置最高前沿观察点;

②在事发点上风口设置交通警戒线;

③利用望远镜观察情况,与监控中心保持信息联络,及时报告事态变化情况;

④值班长到达观察点,组织、指挥车辆向一侧停靠,让出一条救援通道和紧急停车道,供救援车辆使用;

⑤尽早判明危险品类别、品名。

(4)指挥中心如确认为危险品、剧毒品泄漏,应立即报公安部门。交警到达现场后,巡检配合交警工作,如需要,则建立第二道警戒线。

(5)在事发处附近设置路障,封锁道路,或全桥封闭。

(6)由应急处置领导小组领导现场研究确定污染物处置。必要时申请在现场安全区域内设置洗消点,负责对出入危害区域的有关人员、车辆和物品进行洗消并检测。及时联系应急抢险队伍,准备好冲水车、防毒面具、橡胶鞋套等赶赴现场待命。

(7)应急抢险队伍到达现场后,必须听从运行部门指挥。

(8)在消防等有关部门的指导下,一部分抢险人员可用冲水设备进行冲洗和稀释有毒气体或液体;另一部分抢险人员在交警的指挥下,配合实施交通管制,以确保驾乘人员或作业人员安全疏散。

(9)根据消防等有关部门的指挥,应急事件处置完毕后,抢险队伍必须加紧清理现场,对含有危险品的物品必须用耐腐蚀容器装载,交有关部门统一处理,严禁乱抛乱弃,造成环境污染。

(10)应急中心值班人员要认真、准确、全面地做好事故、事件处理的情况记录。记录车主、车牌、驾驶员姓名和事件经过。对事故引起的设施损坏,值班长应配合运营部门,对肇事者进行处理或登记。

(11)现场危险品、剧毒品处置一般由专业队伍负责。

值班长向应急领导小组报告现场情况,由应急领导处置小组向上级主管部门报告相关事宜。经应急领导小组批准,监控中心逐级减除预警信息,转入常态管理。

4.2.10　船舶撞桥应急预案

1)目的

为提高辽河大桥养护部门应对大桥设施损坏的处置能力,最大限度降低因船舶撞桥造成设施损坏,进而影响辽河大桥安全通行,特制定本应急预案。

2)适用范围

本预案适用于辽河大桥船只撞桥设施损坏事件的应急处置。

3)应急领导小组

(1)应急领导小组由养护项目部领导负责,各相关部门责任人参加。主要负责各班组之间的配合协调,抢修人员的落实及对抢修过程的监控。

(2)以工程部为主体的抢修工作小组,由养护项目部领导任组长。

(3)人员分工:

①指挥:养护项目部领导负责调动抢修工作。

②现场指挥:项目负责人或总工程师负责现场指挥和应急物资调配。

③总工程师负责方案制定。

④工程部领导负责班组人员调度。

(4)专业维修班组负责实施抢修。

4)巡视员工作内容

巡检员在巡视过程中密切注意大桥设施运行状态,在通航孔区域停车瞭望。若发现有影响大桥安全的险情,应将异常情况及时报告。

5)应急处置措施

(1)立即上报滨海公路辽河大桥管理处。

(2)通知工程部,迅速做好抢险准备工作,随时待命,并随时保持联系。

(3)养护项目部对大桥受损结构部分进行监测检查,提出初步修复建议。

(4)应急领导小组请示辽河大桥管理处后,组织邀请桥梁专家对受损部位进行勘查,制定抢修方案,组织工程抢修,并提出大桥恢复通车方案。

(5)实施现场的交通安全控制措施,最大限度地保持车道畅通。对受损设施采取临时防护措施,以保障车辆安全通行。

4.2.11　高空坠物应急预案

经过危险源辨识与风险评价调查,高处坠落确认为重大危险源。为保证养护工作安全,制定高处坠落应急准备与响应措施。

1)应急准备

(1)组建应急领导小组:

①领导小组由养护项目部领导负责,各相关责任人参加。

②触电事故应急处置领导小组负责对项目突发触电事故的应急处理。

(2)对全体职工进行施工现场安全生产教育,重大危险源危害教育,事故案例分析。

(3)制定施工现场安全教育制度、班组安全生产活动制度、会议制度、检查制度,提高全体职工的安全意识。

(4)编制分项、分部工程专项措施,做好施工前的安全交底工作,并全员签字,保证安全生产。

(5)备好符合施工标准的安全防护用品,即安全网、安全帽、安全带齐全。

2)预防措施

(1)高处作业的特种作业人员必须持证上岗,施工前根据有关规定进行专门的安全技术签字交底。

(2)施工单位应为作业人员提供合格的安全防护用品,作业人员应按规定正确佩戴和使用防护用品。

(3)施工单位应按类别,有针对性地将各类安全警示标志悬挂于施工现场各相应位置,夜间应设红灯警示。

(4)高空作业前,应由施工单位负责人组织有管部门、人员对安全防护措施进行验收,合格签字后方可作业,需要临时拆除或变动安全措施的,经单位分管负责人审批签字,并组织有关部门验收合格签字后方可实施。

(5)在进行高层作业时发现有缺陷和隐患时,必须及时解决;危及人身安全时必须停止作业。

(6)雨天不得进行高空作业。遇有5级以上强风、浓雾等恶劣气候条件,不得进行高处作业;暴风雨过后,施工负责人应组织对高处作业安全设施逐一检查,发现有松动、变形、损坏或脱落等现象应立即修理。

3)应急响应

(1)当高处坠落事故发生后,应急领导小组立即做出反应。安全员应在最短的时间内向项目经理汇报,项目经理组织现场急救,同时拨打120急救电话求救。

(2)被通知到的各部门有关人员,要在最短的时间内赶到事故现场。

(3)施工现场高空坠落事故发生时,对伤员应做到以下几点:

①尽快脱离危险场地。在开始急救前应首先使伤员脱离危险现场,以免发生损伤。在移动昏迷的颅脑损伤的伤员时,应保持头、颈、胸在一条线上,不能任意旋屈。若伴有颈椎骨折,更要避免头颈摆动,以防引起颈部血管神经及骨髓的附加损伤。

②解除呼吸道梗阻。昏迷伤员常有舌后坠,呕吐物误吸或口鼻出血等堵塞咽喉部。应使其侧卧位,尽快清除口腔内的异物,拉出舌头,加以固定。

③在施救的过程中,注意保护好现场,以备事故原因的调查。

④综合部负责与医院联系,办理相关手续。

4.2.12 养护施工交通管制应急预案

1)交通管制分级

根据养护工作进行交通管制分级(表4-4-4)。

交 通 管 制 分 级

表4-4-4

级　别	标　准	级　别	标　准
Ⅰ	封闭全幅路面	Ⅲ	封闭两个车道
Ⅱ	封闭半幅路面	Ⅳ	封闭一个车道

养护施工前,养护项目部应报辽宁省滨海公路辽河大桥管理处、营口市和盘锦市公路路政管理局、营口市和盘锦市的交警支队批准,并在施工期间采取相应的交通管制措施。

2)应急领导小组

成立交通管制应急工作领导小组,主要负责沟通协调、应急指挥等工作。

3)施工现场安全措施

养护单位在施工现场按规范设置标志标牌,配备安全员,落实安全措施,施工人员必须穿戴反光背心或反光标志服。

交通标志设置:

(1)Ⅳ级施工现场:在施工后方1.6km、1km处设施工预告标志、交通限速标志(60km/h);500m处设施工预告标志、交通限速标志(40km/h);100m处设施工预告标志、窄路、交通限速标志(20km/h);并从距施工现场200m处开始每5m设置一个导流板至施工现场。在施工现场前端,设解除限速标志。

(2)Ⅲ级施工现场:在施工后方1.6km、1km处设置施工预告标志、交通限速标志(60km/h);500m处设施工预告标志、交通限速标志(40km/h);300m处设导向标志;100m处设施工预告标志、交通限速标志(40km/h);并从距施工现场200m处开始每5m设置一个安全锥至施工现场。在施工现场前端,设解除限速标志。

(3)Ⅱ级施工现场:在施工现场后端中央分隔带、紧急停车带防撞护栏处设1.6km、1km施工预告标志,1km～500m设施工作业标志、交通限速标志(60km/h);500～100m处设施工作业标志、窄路标志(500m辅助)、交通限速标志(40km/h);100m至施工现场后端,设施工作业标志、窄路标志(500m辅助)、交通限速标志(20km/h);2块向左行驶导向标志、右道封闭、车辆慢行、交通限速标志(20km/h);施工现场用导流板设置作业区,施工现场前端100m处设解除限速交通标志。

(4)需逆向借道通行的施工现场:施工现场方向的标志设置,除按大型施工现场的标志设置外,在借道口处后方100m处设2块向左改道导向标志。在施工现场对向车道并道前1km处设前方1km左道封闭、限速60km/h;500m处设左道封闭、窄路标志(500m辅助)、双向通行、限速40km/h;100m处设左道封闭、交通限速标志(20km/h);分流并道口,设2块向右行驶导向标志;借道通行的路段,前端段和尾端段各500m以5m间距设置安全锥分隔,中间段以5m间距分隔。在施工现场前端,设解除限速标志。

4)紧急情况处理

(1)在桥面施工过程中,预留一车道供车辆行驶,若发生交通堵塞时,可采取暂停施工,全力以赴配合交警疏导车辆,确保安全、畅通。待车辆疏导完毕,再恢复施工。

(2)若堵塞达5km,则积极向交警部门通报,并做好疏导车辆配合工作。

(3)在施工中,无条件服从交警、路政人员指挥、监督和各种安全要求。保证在紧急情况

发生时全部设备、人员、车辆最短时间内撤离现场。

(4)施工现场配备通勤车1辆,在出现施工意外或交通意外时,保证能及时输送人员、伤者,并及时通知交警。

(5)若有车辆因出现故障停至预留车道,组织现场施工人员将其推到施工区域,保证车辆的正常通行。

(6)如有与其他单位出现交叉作业,双方协调解决,保证双方设备、人员安全,确保过往车辆安全、畅通。

4.2.13 桥梁主要构件损坏应急预案

1)目的

为保证辽河大桥结构安全,主要构件能得到及时修复,特制定本预案。

2)适用范围

本预案适用于辽河大桥结构损坏的应急处置。

3)应急领导小组

(1)应急领导小组由养护项目部领导负责,各相关部门责任人参加。主要负责各班组之间的配合协调,抢修人员的落实及对抢修过程的监控。

(2)以工程部为主体的抢修工作小组由养护项目部领导任组长。

(3)人员分工。

①指挥。养护项目部领导负责调动抢修工作。

②现场指挥:项目负责人或总工程师负责现场指挥和应急物资调配。

③总工程师负责方案制定。

④工程部领导负责班组人员调度。

(4)专业维修班组负责实施抢修。

4)事件等级

事件等级见表4-4-5。

事 件 等 级   表4-4-5

类　　别	级　　别	标　　准
桥梁结构损坏	Ⅰ级	桥梁坍塌,结构变形或凹陷,必须立即封闭全幅路面施行维修、加固
	Ⅱ级	结构变形或凹陷,必须立即封闭半幅路面施行维修、加固
	Ⅲ级	结构变形,需进一步观察监测,必须立即封闭一个或两个车道
	Ⅳ级	结构轻微变形,部分车辆可以通行

5)应急处置

(1)大桥巡视人员发现大桥结构构件受损后,立即向应急领导小组组长汇报,并留存受损构件影像。

(2)主桥拉压支座损坏为Ⅰ级事件响应,必须立即封闭全幅路面,同时上报大桥管理处,经审批通过后,检测部立即对大桥结构进行全面检测,并组织邀请大桥设计单位及桥梁专家审定受损情况,确定配重位置、配重车辆重量,提出修复方案。

（3）主桥斜拉索断索为Ⅱ级事件响应，必须立即封闭半幅路面，同时上报大桥管理处，经审批通过后，组织有能力的施工队伍，进行换索。

（4）伸缩缝损坏为Ⅱ级事件响应，必须立即封闭半幅路面，同时上报大桥管理处，经审批通过后，进行伸缩缝维修、加固。

4.2.14　设备抢修应急预案

1）目的

为确保大桥各设备设施安全运行，特制定本应急预案。

2）设备、设施抢修组织机构及职责

（1）设备、设施抢修领导小组由养护项目部领导负责，各相关部门责任人参加。主要负责各班组之间的配合协调，抢修人员的落实及对抢修过程的监控。

（2）以工程部为主体的抢修工作小组由养护项目部领导任组长，负责对发现的故障快速到位修复，保证供电、照明、通信、广播、信号等设备完好。

（3）人员分工：

①指挥：养护项目部领导负责调动抢修工作。

②现场指挥：项目负责人或总工程师负责现场指挥和应急物资调配。

③总工程师负责方案制定。

④工程部领导负责班组人员调度。

（4）专业维修班组负责实施抢修。

3）辨别故障类别，针对类别采取措施

（1）无法及时处理。

（2）是否影响交通安全。

4）抢修工作程序

（1）在岗人员发现设备故障，巡检员到现场进行功能性检修。无法排除故障应报告工程部负责人，填写"设备、设施故障报修单"报修。

（2）重大故障发现后，发现人应采取有效措施，防止其扩大成事故，同时报告工程部负责人。

（3）工程部负责人立即报告养护项目部经理，启动本预案，同时由工程部负责人通知总工程师，要求抢修。

（4）工程部负责人指挥巡检员和其他当班人员进行紧急处置，保障大桥正常运行最低的设备运行标准。

（5）抢修人员应在第一时间内到达现场处理。

（6）若条件许可并经应急处置领导小组许可，应以抢修形式连续作业，直至处理完毕。无法修复时，可先采取临时应急措施，降低其危害安全的程度，请维修人员进行检修，之后按设计要求恢复正常状态。

（7）维修完成后，工程部负责人进行功能性验收，技术部进行技术性验收。验收完毕后，总工程师负责对故障销项。

(8)设备抢修完毕后,应立即组织人员进行临时措施的恢复,恢复设备正常工作状态。同时,应急处置领导小组负责将事件和造成的影响情况在24h内向业主管理单位报告。

5)主要设备系统故障时的应急处理程序

(1)照明系统故障应急处理程序

①主照明失电处理要求快速、准确,确保交通安全。

②电力调度员一旦听到电气设备报警声,应查看计算机实时报警提示,查清发生事故的设备、确定设备安装的位置、初步确定产生事故的原因,并报告值班长。

③电力值班人员到设备房核查报警信号和开关状态,分析故障原因;对照明供电系统按照先自控,后手动,先一次回路后二次回路的工作顺序进行检查,可采用开关替换的方法尽快恢复主照明。

④值班人员无法恢复主照明时,值班长应通知电工到现场维修。

⑤电工无法修复时,机电工程师负责制定倒闸操作方案恢复对主照明供电;值班长启动设备抢修预案。

⑥恢复供电后,将超过10min失电事件和造成的影响情况在24h内报业主方。

(2)电气设备火灾应急处理程序

由于大桥机电设备繁多,有各种等级电压的设备,因此非专业机电人员不得擅自触动大桥上的任何部位的机电设备。养护作业所使用的各类电器工具一旦发现有损坏和缺陷,必须立即停止使用,并报机电管理负责人,由该负责人落实专业电工进行检修。

①预防电器火灾

a.忌私拉乱接电气线路,随意增加线路负荷和不按标准安装用电设备;

b.忌电气线路老化后不及时更换或电线接头氧化、松动、油污不及时重接;

c.忌电器使用或停电时不拔掉插头;

d.忌用钢、铁、铝丝等代替保险丝或超标准使用保险丝;

e.忌电器线路不穿管保护或沿可燃、易燃物敷设等。

②如何扑灭电器火灾

发生火灾,立即拨打"110""119"等电话。公安、消防人员赶到火灾现场后,由公安、消防专业人员组织抢险。

③在公安、消防人员没有赶到火灾现场前,采取的方法如下:

a.及时切断电源。

若仅个别因电器短路起火,可立即关闭电器电源开关,切断电源。若整个电路燃烧,则必须拉断总开关,切断总电源。

如果离总开关太远,来不及拉断,则应采取果断措施将远离燃烧处的电线用正确方法切断。

注:切勿用手或金属工具直接拉扯或剪切,而应站在木凳上,用有绝缘柄的钢丝钳、斜口钳等工具剪断电线。

切断电源后方可用常规的方法灭火,没有灭火器时可用水浇灭。

b.不能直接用水冲浇电器。

电气设备着火后,不能直接用水冲浇。

因为水有导电性,进入带电设备后易引起触电,会降低设备绝缘性能,甚至引起设备爆炸,危及人身安全。用水救火可能会使人触电,而且达不到救火的目的,损失会更加严重。

变压器、油断路器等充油设备发生火灾后,可把水喷成雾状灭火。因水雾面积大,水珠强度小,易吸热汽化,可迅速降低火焰温度。

c.使用安全的灭火器具。

电器设备运行中着火时,必须先切断电源,再行扑灭。如果不能迅速断电,可使用二氧化碳、四氯化碳、1211灭火机或干粉灭火机等器材。使用时,必须保持足够的安全距离,对10kV及以下的设备,该距离不应小于40cm。

注意:绝对不能用酸碱或泡沫灭火机,因其灭火药液有导电性,手持灭火机的人员会触电。这种药液会强烈腐蚀电器设备,且事后不易清除。

d.各类型的电器着火,比较危险的是电视机和计算机着火。如果电视机和计算机着火,即使关掉电源,拔下插头。它们的荧光屏和显像管有可能爆炸,为了有效防止爆炸,应该按照下列方法去做:电视机或计算机发生冒烟起火时,应该马上拔掉总电源插头,然后用湿地毯或湿棉被等盖住它们,这样既能有效阻止烟火蔓延,一旦爆炸,也能挡住荧光屏的玻璃碎片。注意:切勿向电视机和计算机泼水或使用任何灭火器,因为温度的突然降低,会使炽热的显像管立即发生爆炸。此外,电视机和计算机内仍带有剩余电流,泼水可能引起触电。灭火时,不能正面接近它们,为了防止显像管爆炸伤人,只能从侧面或后面接近电视机或计算机。

(3)排水系统故障处理程序

①排水系统故障处理要求快速、准确,确保安全。

②巡视员一旦听到设备报警声,应查清发生事故的设备、确定设备安装的位置、初步确定产生事故的原因,启用备用水泵,并报告值班长。

③当备用水泵无法启动时,检查排水监控主机,进行计算机复位和重新启动,检查排水系统主电源情况。

④值班长到现场指挥,并通知工程师到现场维修,检修电源和线路,同时携带备用水泵。

⑤无法修复时,值班长组织用接力水泵抽水,同时启动设备抢修预案。

⑥根据集水井水位变化情况,必要时值班长向消防部门求救,要求消防车现场抽水。

⑦系统恢复后,将事件和造成影响的情况在24h内报业主方。

(4)大桥养护行车故障处置程序

①开行车作业人员将情况报告值班长;

②机电工程师发现或接报行车故障后,立即查明情况,组织抢修小组赶赴故障发生地进行抢修;

③现场不能及时修复,及时进行技术会诊,会同有关技术人员一起研讨修复方案,以最快速度进行排除养护行车故障;

④若无技术设备,及时联系外专业单位或生产厂家,请求技术支持,然后进行修复。

第 5 篇

养 护 技 术

第 **1** 章 钢箱梁裂缝检查

1.1 裂缝检查重点

按照钢结构疲劳开裂的原理,杆件中加劲肋焊接处、杆件的翼板焊接补强处、杆件中的非高强度螺栓连接的开孔处、杆件和节点板断面削弱及应力集中处,都是易发生疲劳开裂的位置。《钢结构疲劳设计规范》指出:"疲劳裂缝很少在远离焊接细节和连接处的平坦的母材上形成,尽管连接处的静强度超过被连接件的静强度,然而连接处仍是疲劳评估的最重要部位"。辽河大桥钢结构具有开裂潜在危险的构造细节是裂纹检查的重点,位置如下:

(1)桥面板与横隔板的双侧角焊缝。该焊缝除承受静载、动载的应力,还承受车轮的局部轮压作用,车轮每通过横隔板1次,横隔板两侧的角焊缝直接承受轮压活载,故应观察此焊缝。

(2)底板与侧板折角处横隔板的搭接焊缝。三角隔板与横隔板下端形成间断,由于构造上的不连续,可能存在应力集中现象,故应注意观察。

(3)桥面板与U肋的角焊缝。横隔板两侧各1m的范围内,桥面板与U肋间的角焊缝,在车辆通过横隔板前后,U肋与桥面板间焊缝的应力也经历一次加载和卸载的变化过程。特别是慢车道,车辆轴重大,包括U肋嵌补段在内的所有焊缝均应加强观察。

(4)U肋工地嵌补段焊缝。

(5)桥面板、桥底板的纵向对接焊缝。桥面板纵缝承受车辆的局部荷载,桥底板承受由静载和动载引起的主拉应力,如遇焊接缺陷,会有开裂的可能,因此也应注意。

(6)桥面板的焊缝应结合桥面铺装裂缝进行检查。当铺装层沥青混凝土出现裂缝并且箱内渗水时,应对相应的裂缝发生区域的焊缝尤其是桥面板与U肋间的焊缝做仔细检查。

(7)销孔加强板焊缝焊趾。其直接承受集中力反复作用。

(8)桥面顶板安装时遗留马板烧焊缺陷及采用塞焊修补吊装栓孔处,直接承受车轮的局部轮压反复作用,均有开裂的可能。

(9)人孔、过线孔加强板对接焊缝交叉点。

(10)边腹板工地接头焊缝与顶板角焊缝相交处。

(11)横隔板不等厚拼接焊缝与上下接板分隔缝的交叉点,接板分块缝与隔板焊缝的交叉点等。

检查重点应在受荷载反复作用的构造细节拉应力区焊缝、受轮压直接作用的顶板构造细节焊缝以及刚度突变的受拉细节构造焊缝。

1.2 钢结构裂缝检查

裂纹检查主要采用目测法和敲击法,进行定期检查。发现裂纹应立即做好标记,通报设计单位,并记录其详细部位及长度绘制示意图,分析原因并采取加固措施(可两端钻小口,具体措施可根据原设计单位意见确定)。

目测法:注意漆膜表面的变化,如发现漆膜开裂脱落,油漆表面鼓起且颜色较深处应作为可疑之处,可用刮铲铲去漆皮,观察焊缝及临近漆膜状态,根据情况判断,如刮下的油皮分成两半或留下锈痕则说明此处存在裂缝,将可疑处漆膜除净,用10倍放大镜检查。

敲击法:用包有橡皮的木槌轻轻敲击钢梁的每一节间,如发音不清脆、不洪亮及传音不均或突然中断,可肯定此处有缺损。

1.3 焊 缝 检 查

钢箱梁在工厂焊接完成,焊接主桥,应定期对拼接裂缝进行检查,观察有无裂纹产生。

焊缝经常检查只需要常规的放大镜、小锤、数码相机等工具;探伤检查则需要专业设备,可以委托相关有资质单位进行。

焊缝裂纹检查与钢梁裂纹检查方法类似,对钢梁焊缝进行目测、敲击方法检查,检查为定期检查。

(1)焊缝检查的方法

①目视法:观察焊缝及邻近漆膜状态,发现可疑处,将漆膜除净,用4~10倍放大镜观察。

②硝酸酒精浸蚀法:将可疑处漆膜除净、打光、洗净(用丙酮或苯),滴上浓度5%~10%的硝酸酒精(该浓度视钢材表面光洁度而定,光洁度高时,浓度宜低)如有裂纹即有褐色显示。

③着色探伤法:将可疑处漆膜除净、打光、洗净,吹干后喷涂渗透液。间隔5~10min,最长30min(时间根据光洁度和气温而定)后,用洗净液除去多余的渗透液、擦干,再喷涂显示液,在缺陷处即可显示红色形象。

若发现裂纹,须进一步由专业检测人员,使用专用仪器测定裂纹深度与性质,会同专家及设计人员共同分析。研究解决。

(2)焊缝探伤

焊缝探伤常用磁粉探伤及超声波探伤。焊缝磁粉检测和超声检测按照《承压设备无损检测 第一部分:通用要求》(JB/T 4730.1—2005)的规定进行评定,检查为专业检查。

磁粉探伤:首先将被检焊缝局部充磁,焊缝中便有磁力线通过,对于断面尺寸相同、内部材料均匀的焊缝、磁力线的分布均匀的。当焊缝表面或内部有裂纹、气孔、夹渣等缺陷时,磁力线将绕过磁阻较大的缺陷,产生弯曲。此时在焊缝表面撒上磁粉,磁力线将穿过表面缺陷上的磁粉,形成"漏磁",磁粉就被吸附在缺陷上,根据被吸附磁粉的形状、多少、厚薄程度,便可判断缺陷的大小和位置。

超声探伤的原理:利用焊缝中的缺陷与正常组织具有不同的声阻抗(材料体积质量与声速的乘积)和声波在不同声阻抗的异质界面上反射,通过超声波时会产生反射现象来发现缺陷的。探伤时由探头中的压电转能器发射脉冲超声波。通过声耦合介质(水、油、甘油或浆糊等)传播到焊件中,遇到缺陷后产生反射波,然后再用另一个类似的探头或同一个探头接收反射的声波,经转换成电信号,放大后显示在荧光屏上或打印在纸带上。根据探头位置和声波的传播时间(荧光屏上回波位置)可求得缺陷位置;反射波的幅度可以近似地评估缺陷的大小。

质量标准:超声波探测焊缝的方向越多,波束垂直于缺陷平面的概率越大,缺陷的检出率也越高,其评定结果也越准确。

第 2 章 桥梁结构固有模态参数检测

（1）桥梁结构固有模态参数的测定主要是获取桥梁结构各部件的自振频率、阻尼比和振型，桥梁固有模态参数能反映桥梁结构的整体性能和技术状况。

（2）桥梁结构各部件的自振频率、阻尼比与振型，可采用环境随机振动试验方法（脉动试验法），在克服周期性振动干扰的情况下，通过测量桥梁结构各部件在环境随机振动激励下的振动响应信号，进行信号处理分析获得。

（3）测量分析系统由传感器、信号放大加工装置、记录和数据处理分析装置组成。系统配置时应注意必须满足被测桥跨结构模态参数对其幅频特性、相频特性、动态响应范围等参数的要求。试验测量前，应对系统进行校准。

（4）测点应布置在桥梁结构各部件模态振型的峰、谷点，进行多点多方向的测量。信号记录时应保证足够的记录长度，并检查记录信号的有效性。记录结构振动信号同时应记录地面随机振动信号，信号处理分析时有关参数的确定应遵循对随机信号分析处理的要求。

（5）根据实测的桥梁结构各部件自振频率 f_{mi} 与设计理论计算值 f_{di} 比值可对桥梁结构各部件的整体性能和技术状况作出评定，其评定标准见表 5-2-1。

根据实测自振频率评定桥梁结构技术状态的评判标准　　　　　　　　表 5-2-1

桥 梁 部 件	桥梁上部结构		桥梁下部结构	
评定标度	f_{mi}/f_{di}	技术状况	f_{mi}/f_{di}	技术状况
1	≥1.1	良好状态	≥1.2	良好状态
2	1.0～1.1	较好状态	1.0～1.2	较好状态
3	0.9～1.0	较差状态	0.95～1.0	较差状态
4	0.75～0.90	坏的状态	0.80～0.95	坏的状态
5	0.75 以下	危险状态	0.80 以下	危险状态
备注	对缺少资料的中小跨径钢筋混凝土或预应力混凝土桥梁，可按下式计算上部结构一阶竖弯自振频率 $f_d = 90.6 L^{-0.923}$（标准差：$\sigma_f = \pm 0.61 Hz$） 式中：L——上部结构的计算跨径			

（6）根据桥梁结构各构件的实测振型和测点阻尼比，可以粗略判断桥梁结构各构件的缺损情况。结构部件出现缺损，一般会造成振型的变异，变异区段即为缺损所在区段。阻尼比的大小，可以反映混凝土结构有无裂缝的存在以及钢结构工作状况是否正常，其评判标准见表 5-2-2。

用阻尼比值评定桥梁技术状况的评判标准　　　　　　　　　　　表 5-2-2

桥梁结构类型	阻尼比值范围	状 态 描 述
普通钢筋混凝土桥	<0.5	无明显裂缝
	>1.0~2.0	有裂缝
预应力钢筋混凝土桥	<1.0	无明显裂缝
	>1.0~2.0	有裂缝
钢桥	≤0.1	正常

第 3 章　索力测量技术

3.1　概　　述

3.1.1　必要性

(1)现代工程施工过程中几乎都大量使用到钢绳和钢索,许多工程设施,如斜拉桥和悬索桥,直接使用缆索的张力来负载载荷,准确测量缆索的张力关系到工程的安全和施工控制的顺利进行。

(2)桥梁设计计算时,每根拉索的受力范围是确定的,不允许过大也不能过小,否则会对这类重大工程施工带来严重的安全隐患。索力的控制效果将直接对结构的施工质量和施工状态产生影响,直接影响到主梁的内力和线型,因此,必须实测索的张力并必须调整到符合设计要求的数值。

(3)在施工阶段,索力测试是斜拉桥、吊杆拱桥、悬索桥、体外预应力桥等桥型施工测试的一项重要内容。由于受测试仪器、计算模式、斜拉索锚固方式、索的不同长度和斜度等因素的影响,索力的测试必定会出现一定的偏差,且不同的工程也存在较大的差别。因此,如何选用合理有效的测试方法和数据处理方法对斜拉桥施工监控能否顺利实施具有重要意义。

(4)桥梁在复杂的服役环境中会受到设计载荷的作用以及各种外在因素的影响而面临结构的损伤及损伤积累的问题,从而使结构的安全受到威胁。尚未被探测到的结构损伤将改变结构的强度与刚度,从而引发更大的结构损伤积累,这会导致结构的突发性失效。通过检测可以对桥梁中可能存在的损伤情况进行评估,由此可得到桥梁维修与加固的科学可靠的依据。

3.1.2　检测方法

目前,用于结构的无损检测技术(Noir Destructive Evaluation,NDE)较成熟的有:X射线照相技术、超声波探伤、全息照相技术、磁场方法、涡流方法和温度场方法等。但所有这些测试方法均要求预知损伤区域,该区域是可测的,需要相应的昂贵的检测仪器。

索力测试方法很多,经过近年来的实践,许多方法已经被淘汰,目前常用的有千斤顶法、频谱法和锚索计法。

(1)千斤顶法(压力表测定千斤顶液压)

油压千斤顶为张拉斜拉索的工具,测试索力比较直观、可靠,但太笨重,移动不便,且经常有油表不回零的情况,影响测试精度。一般只在预应力筋、吊杆或斜拉索张拉时采用。

(2)频谱法(根据拉索振动频率,换算索力)

频谱法利用索的脉动进行索力测量,只需将高灵敏度的传感器绑在斜拉索上,经过信号放大、A/D转换和电脑的相应软件即可测出索的自振频率,然后根据其两端的受力同固有频率的关系换算得到索力,是一种间接测量方法。振动法测量误差可以控制在5%以下,测试精度高,测试设备可重复使用,仪器日趋小型化,携带、安装均很方便,所以目前测试索力普遍采用频谱法。

同时,利用结构的振动信号分析对其损伤进行检测与评估是一门发展很快的新技术。其基本思想是:结构的损伤必然引起结构刚度、阻尼(甚至质量)等的变化,这些变化又必将引起结构动力学特性与响应的改变。根据测量这些物理量的变化,便可以对结构的损伤进行监测与评估。这种方法的最大优点是:测量设备与技术较简单,可以对隐蔽的损伤进行检测,还可以实现在线的实时监测,既可以求索力又可定期检查是否有故障,具有很广阔的应用前景。

但由于拉索的固有频率不仅受拉索拉力的影响,而且还受索挠曲刚度、垂跨比和边界约束等影响,因此换算拉索拉力时必须考虑这些因素。

(3)压力传感器直接测定(锚索计法)

锚索计法的仪器是锚索计检测仪(简称锚索仪),主要用于锚索、岩石锚杆、锚栓或拱形支架的荷载以及其他重型荷载的测量。在一般情况下,用于测量加载液压千斤顶上的变力、荷载以及锚索杆的长期应力变化,其传感器(弦式锚索计)安装在斜拉索或预应力筋的锚具与锚板之间,随时可以检测索力的变化,精度高,但移动不便,成本高,只适合于重要部位的永久观测。

3.2 索力的测试原理与方法

3.2.1 千斤顶法

千斤顶法分为机械式、液压式和电热式3种。常用的千斤顶法是液压式,它由千斤顶、高压油泵及其输油管等部分组成;其作用形式可分为单作用(拉伸)、双作用(张拉、顶锚)和三作用(张拉、顶锚、退楔)3种。按千斤顶结构特点又可分为拉杆式(YL型)、穿心式(YC型)、锥锚式(YZ型)和台座式(YT型)等4种。

1)千斤顶法

(1)拉杆式千斤顶

拉杆式千斤顶是由两个联动的单作用活塞缸组合而成,大油缸(主缸)张拉,小油缸(副缸)回程,具有张拉力强、回程快的特点。拉杆式千斤顶构造简单,操作方便,应用较广。图5-3-1所示为YL60型预应力拉杆式千斤顶结构及工作原理简图。

YL60型千斤顶的主要特点是配有差动液压回程阀。张拉预应力筋时,首先合连接器与预应力的螺丝端杆相连接。A油嘴进油,B油嘴回油,此时,油缸和撑脚顶住拉构件端部,A油嘴继续进油时,活塞拉杆左移张拉预应力筋。当预应力筋张拉到设计张拉力后,拧紧螺丝端杆锚具的螺帽,张拉工作结束,张拉力大小则由设置在高压油泵上的压力表控制。

YL60型千斤顶的拉杆回程有三种方法:第一种是单路进油差动回程:此时A路关闭,B路进油,在B腔内造成油压,小活塞杆在差压的作用下向右移动,接触并推开锥阀,使AB腔联

通,在差压作用下活塞杆右移回程;第二种是双路进油差动回程:此时 A、B 路同时进油,由于 A 路流量也进 B 腔,故回程速度比单路进油快一倍;第三种是带压动回程:张拉锚回程后,A 腔不卸压,使 B 路进油回程。

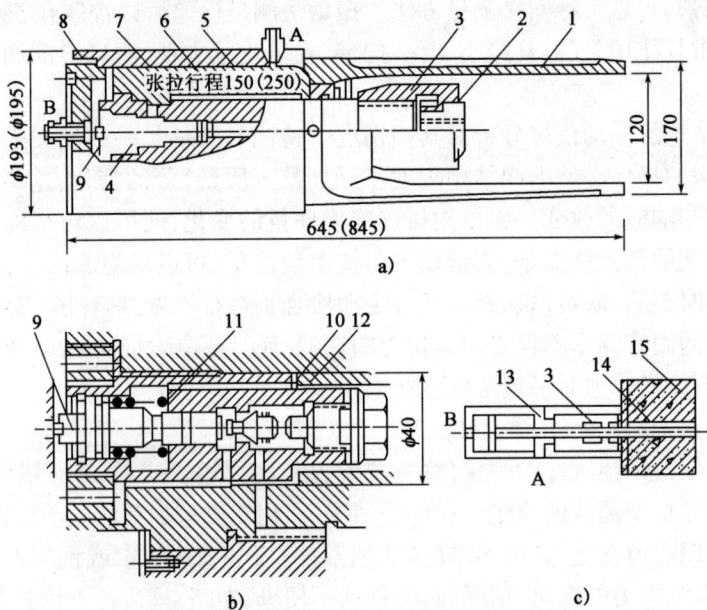

图 5-3-1　YL60 型预应力拉杆式千斤顶结构及工作原理简图(尺寸单位:mm)

a)YL60 千斤顶;b)差动液压回程阀;c)工作原理图

1-撑脚;2-张拉头;3-连接头;4-差动液压回程阀;5-油缸;6-拉杆;7-活塞;8-端盖;9-差动阀活塞;10-锥阀;11-回程弹簧;12-压力弹簧;13-千斤顶;14-螺丝端杆锚具;15-混凝土构件

(2)穿心式千斤顶

YC 型穿心式千斤顶是一种适应性较强的千斤顶,它既适用于张拉采用 JM1 型和 XM 型锚具的预应力钢丝束、钢筋束和钢绞线束,而且配置撑脚、拉杆等附件后,又可作为 YL 型拉杆式千斤顶使用,是我国目前最常用的预应力筋张拉的千斤顶之一,已经形成了张拉吨位为 180kN、200kN、600kN 和 1200kN 等系列产品。穿心式千斤顶的结构特点是沿其轴线有一穿心孔道,供穿预应力筋用,其由一个双作用张拉活塞油缸和一个单作用顶压活塞油缸组合而成,空心的张拉活塞同时又是顶压缸的缸体,其工作过程分张拉、顶压和回程 3 个步骤。图 5-3-2 为 YC60 型穿心式千斤顶结构及工作原理简图,其主要由张拉油缸、顶压油缸、顶压活塞、穿心套、保护套、端盖堵头、连接套、撑套、回程弹簧和动静密封套等部件组成。

张拉预应力筋时,A 油嘴进油,B 油嘴回油,连接套和撑套连成一体右移顶住锚环;张拉油缸及穿心套连成一体带动工具锚向左移张拉。顶压锚固时,在保持张拉力稳定的条件下,B 油嘴进油,顶压活塞、保护套和顶压头联成一体左移将锚塞强力推入锚环内。张拉锚固完毕,A 油嘴回油,B 油嘴进油,则张拉油缸在液压力的作用下回程,当 AB 油嘴同时回油时,顶压活塞在弹力作用下回油。

(3)锥锚式千斤顶

锥锚式千斤顶(YZ 型)是由两个单作用活塞缸组合而成,油缸均靠弹簧复位,其中,大缸为张拉缸,小缸为顶压缸。锥锚式千斤顶主要用于张拉钢质锥形锚具的预应力钢丝束,其构造如图 5-3-3 所示。

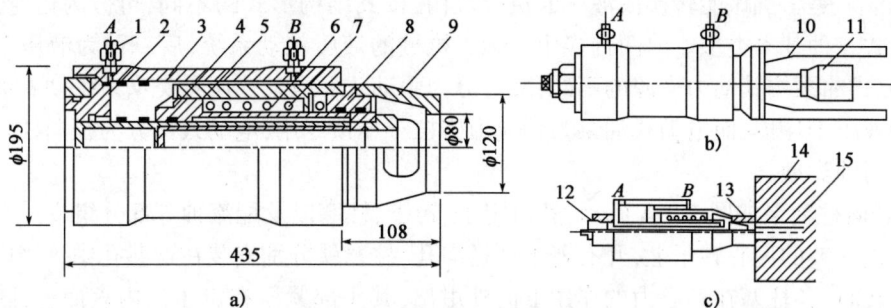

图 5-3-2 YC60 型穿心式千斤顶结构及工作原理简图(尺寸单位:mm)

a) YC60 千斤顶;b) 改装成 YL60 型;c) 工作原理图

1-端盖螺母;2-端盖;3-张拉油缸;4-顶压活塞;5-顶压油缸;6-穿心套;7-回程弹簧;8-连接套;9-撑套;10-撑脚;11-连接头;12-工具锚;13-锚具;14-混凝土构件;15-预应力筋

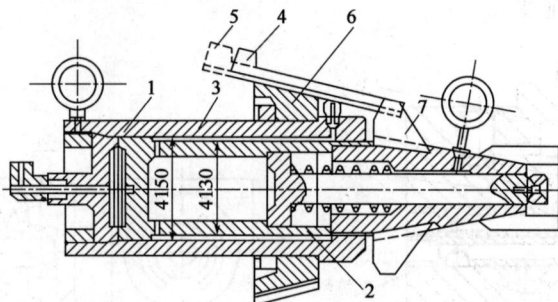

图 5-3-3 YZ 型千斤顶结构示意图(尺寸单位:mm)

1-主缸;2-副缸;3-退楔缸;4-楔块(张拉时);5-楔块(退出时);6-锥形卡环;7-退楔翼片

其工作原理是:当张拉预应力筋时,首先把预应力用楔块锚固在锥形卡环上,然后高压油液通过主缸油嘴进入主缸,主缸向左移动的同时,带动固定在主缸上的锥形卡环也向左移动,预应力筋即被张拉。张拉完成后,关闭主缸进油阀,打开副缸的进油阀,使高压油液通过副缸油嘴进入副缸,由于主缸没有回油,仍保持一定的油压,则副缸活塞及压头向右移动顶压锚塞,将预应力筋锚固在锚环上。预应力筋锚固后,主缸、副缸同时回油,通过主缸拉力弹簧的回缩和副缸压力弹簧的伸长将主缸和副缸恢复至张拉前的位置,放松楔块即可拆除千斤顶,进行下次的张拉。

(4)台座式千斤顶

台座式预应力千斤顶(YT 型),即普通油压千斤顶,在制作先张法预应力混凝土构件时与台座、横梁等配合,可张拉粗钢筋、成组钢丝或钢绞线;在制作后张法构件时,台座式千斤顶与张拉架配合,可张拉粗钢筋,它是铺设地下电缆、上下水管道而需完成穿越顶管工程的设备,也可用于预应力钢筋混凝土结构施工中。

2)油泵车

油泵车是预应力张拉设备的重要组成部分,是实施张拉的动力源,它与张拉千斤顶配合,构成液压系统回路,操作油泵车供给千斤顶高压油,并控制千斤顶动作,实现张拉预应力筋的

目的。一般油泵车都由高压油泵、油箱、控制阀、溢流阀、压力表、液压管路、支撑件、电动机等构成。

高压油泵是将机械能转换成液压的执行机构,按其结构形式的不同,可分为齿轮式、叶片式和柱塞式三种基本类型。前两种多用于施工机械的液压传动系统,后一种为液压千斤顶所采用;柱塞式油泵按其动力来源的不同,又可分为手动式和电动式两种类型。手动式油泵一般用于通用液压千斤顶,而电动式油泵为预应力张拉千斤顶专用,电动式又分为径向柱塞泵和轴向柱塞泵两种类型。

(1)径向柱塞泵如图 5-3-4 所示,其由定子、转子、柱塞以及配流轴等部分组成。在径向柱塞泵定子内安装的偏心转子上,开有若干个径向孔,柱塞就分别安装在这些孔中。当电动机带动转子旋转时,各柱塞在离心力的作用下向外甩出,其头部紧压在定子的内表面上,随着转子一起旋转,转子的中部固定着配流轴,该轴上有吸油孔和排油孔,它们分别接通吸排油管。

(2)轴向柱塞泵的柱塞油缸与转子的轴线相平行,如图 5-3-5 所示。它的工作原理与径向柱塞泵相似,但其吸油与排油是靠斜盘来执行的:当电动机通过传动轴带着转子 Z 旋转时,平行转子轴线安装的各个柱塞就压在斜盘上滑转,使柱塞产生往复运动,从而不断改变柱塞油缸的容积,而进行吸油和排油。

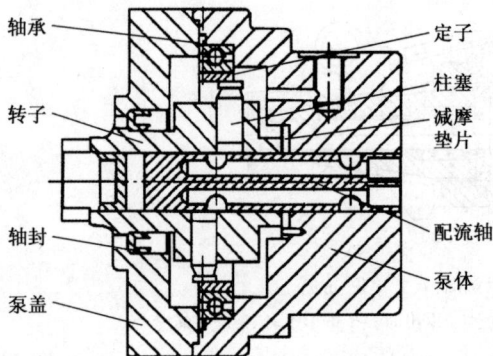

图 5-3-4 径向柱塞泵结构图　　　图 5-3-5 轴向柱塞泵原理图

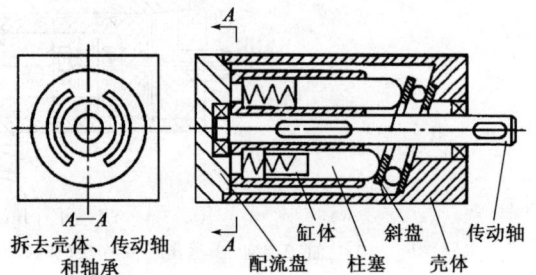

电动式柱塞油泵具有工作效率高、操作轻便的优点,因此被广泛运用,与各类液压千斤顶配套使用,适用于张拉各种预应力筋。

3.2.2 用频谱法测索力的原理和方法

(1)基本原理

索的平衡方程为:

$$EI \frac{\partial^4 y}{\partial x^4} - T \frac{\partial^2 y}{\partial x^2} + m \frac{\partial^2 y}{\partial t^2} = 0 \tag{5-3-1}$$

式中:x——沿索向的坐标;

　y——拉索垂直于索向的挠度;

EI——索的抗弯刚度;

　t——时间;

T——索力;

m——索单位长度的质量。

假定索的两端为铰支,则该微分方程的解为:

$$T = 4ml^2\left[\frac{f_n}{n}\right]^2 - \frac{n^2EI\pi^2}{l^2} \qquad (5\text{-}3\text{-}2)$$

式中:n——索自振频率的阶数;

f_n——索的第 n 阶自振频率;

l——索长。

假定索的抗弯刚度很小,与索长的平方相比,可以忽略不计,则:

$$T = 4ml^2\left[\frac{f_n}{n}\right]^2 \qquad (5\text{-}3\text{-}3)$$

由式(5-3-3)可得:

$$f_n = n\sqrt{\frac{T}{4m\,l^2}} \qquad (5\text{-}3\text{-}4)$$

令 $f_1 = \sqrt{\dfrac{T}{4m\,l^2}}$ 为斜拉索自由振动的第一自振频率,则:

$$f_n = nf_1 \qquad (5\text{-}3\text{-}5)$$

式(5-3-5)是在假定索的抗弯刚度 EI 等于零的情况下导出的。在一般情况下,索的抗弯刚度不为零,则式(5-3-4)为:

$$f_n = n\sqrt{\frac{T}{4m\,l^2} + \frac{n^2EI\pi^2}{4m\,l^4}}$$

仍令 $f_1 = \sqrt{\dfrac{T}{4m\,l^2}}$,则上式为:

$$f_n = n\sqrt{f_1^2 + \frac{n^2EI\pi^2}{4m\,l^4}} \qquad (5\text{-}3\text{-}6)$$

把式(5-3-6)与式(5-3-5)相比较,式(5-3-6)的右边根号内增加了索的刚度影响项$(n^2EI\pi^2)/(4m\,l^4)$。根据索的结构特征,索都是长而细,长度一般都是其直径的 500 倍以上。所以一般在阶次 n 不太大的情况下,根号内的第二项比起第一项来说要小得多,大多情况下都可以忽略不计。在一些情况下,即使不可忽略,对其频率的影响也比较小,仍可以近似地按式(5-3-5)看待。在频谱图上,其频谱是一个个间距逐渐加大的、接近等间距的谱线,由此可以准确地判断出索的自振频率谱线,及其自振频率的阶数。

(2)误差处理

由于在索力测试中,运用式(5-3-5)[或式(5-3-6)]对每一个测试结果进行自检,凡符合式(5-3-5)或式(5-3-6)的,才是所要求的自振频率,否则要检查原因,重新测量。这样,就完全避免了对测试结果误判的可能,保证了自振频率结果的正确性,也就保证了索力结果的正确性。

在推导索自由振动的基本方程及其解时是将索当作弦来处理,按照弦的振动理论作如下假设:

①索的线形不受无自重的影响，即张紧后的索成一条直线；

②索两端铰支；

③索做自由振动，即不受横向外力作用；

④索是均质的；

⑤索做微幅振动。

显然，实际工程中，上面的假设不一定都成立，实际应用时应作适当修正。索力测试中，通过测出索的频谱后，只输入索长、单位索重、自振频率值、阶数 n，就可计算出索力值，但这样求得的索力值，精度是不够高的。因为它既没有考虑索刚度的影响，也没有考虑测试中测试设备频率分辨率的影响。在一些情况下，比如对于较短的索和自振频率较低的长索，它们的影响是不可忽视的，对这些影响因素，可以采取相应的措施，消除它们对索力精度的影响。研究表明，缆索的刚度、垂度和边界条件对索力测定精度有影响。

①索抗弯刚度的影响。由于式(5-3-2)涉及 EI 的计算问题比较复杂，而且还有 E 和 I 的误差以及实际的标定形式问题，实际计算中多采用式(5-3-3)，这样就必须考虑由此产生的误差。假定把考虑弯曲刚度缆索的自振频率折算为无弯曲刚度缆索的 1 阶自振频率 f_1^*，则按式(5-3-2)有：

$$T = 4m\, l^2 f_1^* \tag{5-3-7}$$

从式(5-3-2)可以看出，在测量索力时只要采用第 1 阶自振频率，或由高阶自振频率推算出 f_1^* 就可由式(5-3-7)计算出索力 T。

式(5-3-2)可改写为：

$$\frac{f_n}{n} = \sqrt{\frac{T + n^2 D}{4m\, l^2}} \qquad (n = 1,2,3,\cdots) \tag{5-3-8}$$

其中，$D = \pi^2 EI/l^2$，对于长度、直径相同的缆索，为一常数。

从式(5-3-8)可以看出，在相同的索力下，当自振频率的阶数 n 增加时，f_n/n 不再是一个常数，它随 n 的增加而增大，其各阶频率之比也不再是 $1:2:3:4:\cdots$，可利用这个规律由较高阶频率估推得到低阶频率值。当缆索的细长比很小，相应的 $D = \pi^2 EI/l^2$ 就比较小时，仍可把缆索各阶的频率比近似地视为 $1:2:3:4:\cdots$，来判断各个谱峰相应缆索自振频率的阶数 n。

从式(5-3-2)可以推得如下结果：如果选取缆索的第 1 阶和第 2 阶固有频率来识别索力，那么有 $T = (16f_1^2 - f_2^2)m\, l^2/3$；如果选取缆索的第 2 阶和第 3 阶固有频率来识别索力，那么有 $T = (81f_1^2 - 16f_3^2)m\, l^2/45$。

综上所述，为减少误差，在得到缆索自振的频谱图后，应尽量用低阶频率值或通过迭代消去弯曲刚度来计算索力。

②索垂度的影响。由于斜拉索存在有一定的自重垂度，故其弹性模量也存在一定的下降或损失。较长的拉索在受小拉力的情况下必须考虑拉索垂度的影响，考虑上述拉索的非线性分析可采用 Ernst 式来计算修正弹性模量：

$$E_1 = \frac{E_0}{1 + \dfrac{\gamma^2\, l^2}{l^2\, \sigma_0^2} E_0}$$

式中：E_1——Ernst 修正弹性模量；

E_0——不考虑拉索垂度影响的弹性模量,也就是拉索钢材的 E;

γ——索的单位体积重量;

σ_0——缆索的应力, $\sigma_0 = T/A$, T 为缆索张力, A 为缆索截面积;

l——缆索的水平投影长度。

这样,弹性模量 E 将随索力的变化而变化,代入式(5-3-2),即可求出考虑垂度的索力 T 与频率 f_n 的关系。但实际应用中,计算较为复杂,且如前所述,式(5-3-2)并不常用。拉索振动引起其张力变化,对反对称振型,缆索不发生伸缩,而只是改变形状,且其解与弦的解一致;对于对称振型缆索,伸缩的影响很显著,因而由振动引起的缆索张力的变化不能忽略。又因为在有垂度的情况下1、2阶振型的非线性影响较大,但4阶及其以上的自振频率受缆索垂度的影响较小,此时可采用4阶及其以上的偶数阶频率,并由它们推算得到来计算相应的索力。

③边界条件的影响。假定缆索的边界条件为一端铰接,另一端固定,则式(5-3-1)的解为:

$$\beta \tan \alpha l = \alpha \tanh \beta l \tag{5-3-9}$$

$$\alpha = \sqrt{\frac{\sqrt{b^2 + 4a\,w_n^2} - b}{2a}}, \beta = \sqrt{\frac{\sqrt{b^2 + 4a\,w_n^2} + b}{2a}}$$

$$a = EI/\rho, b = T/\rho, w_n = 2\pi f_n$$

假定索的边界条件为两端固支,则式(5-3-1)的解为:

$$2\alpha\beta(1 - \cos\alpha l \cosh\beta l) + (\beta^2 - \alpha^2)\sin\alpha l \sinh\beta l = 0 \tag{5-3-10}$$

式(5-3-9)和式(5-3-10)的计算复杂,且固支和铰接的差别是弯曲刚度影响的反映,若 $EI = 0$ 时,两者结果相同,而式(5-3-2)和式(5-3-3)计算简便,所以实际应用中常认为缆索两端铰接,通过消除弯曲刚度影响和合理选择缆索的计算长度甚至标定的方法来修正误差。一般将缆索端部固定连接器之间的距离作为缆索的长度是合理的,当缆索的中部受到别的接触约束时,缆索的长度就缩短;当连接器产生振动时,必须取一个比缆索基本长度要长的等效长度。如果缆索很短,且弯曲刚度大、边界条件复杂时,缆索的振动已与弦的振动完全不同,标定索力是必要的,若缆索较长,且条件允许,可人为地设置2个支承点,这样测量出的索长能较为准确地识别索力。

④频谱分析结果精度的影响。为识别缆索的固有频率,需对其振动信号进行采样并进行傅立叶变换,FFT的分辨率由采样频率和变换长度决定。在通过较高次谐振频率来推算缆索自由振动的基频时可用直接频差法,即:

$$\Delta f = f_n - f_{n-1} \qquad (n = 2,3,4\cdots) \tag{5-3-11}$$

由上式求得的基频误差最大可达一个FFT分辨率大小。若以式(5-3-11)结果为参考,根据已经通过频谱分析得到的频率 f_n 确定其所对应自振频率阶数 n,然后推算基频,即

$$f_{1n} = f_n/n \qquad (n = 1,2,3\cdots)$$

一般情况下取 $n \geqslant 2$,对于小张力长索 n 宜取偶数,且 $n \geqslant 4$,这样将FFT变换分辨率的影响下降为原来的 $1/n$。更重要的是, f_{1n} 随 n 的增加有增大的趋势,由 f_{1n} 估推得到基频 f_1 也更为准确。

其他因素的影响。一般来说,由于受风和行车等影响,缆索经常产生微振,可不必进行人工激励,但也应该避免在有较大风振的情况下测量索力。若缆索做微幅强迫振动较明显或低

阶模态响应信号较弱而影响低阶固有频率识别时,适当的人工激励是必要的。在激振缆索时,要注意控制它的振幅,不能为加大信号的强度而过分地增大振幅,这也是用木块敲击缆索效果不好的原因,不易控制缆索振幅且产生非线性振动。使用橡皮锤激振或直接用手将缆索拉到一定位置释放效果较好。有时为防腐蚀缆索外有管套防护层,仍可用振动法测定索力,只是在计算索力时,缆索单位长度质量 m 应包括防护层。

为了识别缆索的低阶固有频率而采用的低频传感器的质量一般较大,由于传感器和夹头的附加质量(有时还有扣卡的附加质量)的影响,从而降低了索力的测试精度。绝大多数情况下,附加质量远远小于缆索的质量,其影响可以不予考虑。但是当缆索比较短、细且固有频率较大时,附加质量的影响就不能忽略不计了。系统附加质量后,各阶固有频率将有不同程度的下降,其值与附加质量的大小和位置有关,可用下式选取传感器。

$$\mu = \frac{m}{\rho l}$$

式中:m——附加质量;

ρl——缆索的质量,当 μ 小于 2.0% 时,可以忽略附加质量的影响,否则应考虑选用质量更小的传感器。

(3)测试数据的处理

下面,将进一步讨论频谱法监测原理以及利用其求解的误差范围,并提出测试数据的处理方法。

①频率法。在建立斜拉索的自由振动方程的过程中,忽略了索的抗弯刚度和因自重产生的垂度,以及在索两端附近因装有减振橡胶圈产生的影响,这些因素的略去均对利用频率法测定斜拉桥索力造成一定的误差。斜拉索的垂度仅对基频影响较大,而对 4 阶以上的高阶谐振频率影响很小;斜拉索的斜度、抗弯刚度以及边界条件对索力测试的影响一般不会超过 5%;对于施工中的索力测试时,减振器一般是不安装的,将不会影响测试精度。据此,频率法测试桥索的张力有一定的精度保证,因此,只要监测出桥索的自振频率,就可得出拉索的张力。如果通过试验对拉索垂度、抗弯刚度等影响因素进行修正,就能得到较准确的结果。

②直接频差法。利用频谱图中相邻两谐振峰之间的频率差求得基频是常用的方法。这种方法从理论上讲可行,而实测时却会带来较大误差,这是因为桥索作为弦振动的简化模型本身已是近似,其两端的固定并不是严格的固结,固定桥索的桥面及桥塔本身也在振动,此外还有各种干扰,都影响了频谱图中各相邻谐振峰间的频率差的准确性。因此,采用直接频差法监测拉索基频的精度不高。

③新基频法。在进行拉索自振频率的测量时,由于桥索很长,桥索中央处离地面很高,实测中受条件限制,传感器只能安装在桥索靠近桥面端附近处。传感器检取的信号中基频成分就相对较小,高次谐波成分相对较大,再加上传感器频率响应的影响,容易造成在频谱图中基频不突出而高次谐振峰突出、峰值很大的现象。由于难以找到基频,通常是利用各高次谐振峰来推算桥索振动基频。

首先,从频谱图中选择一处幅度最大的谐振峰记下它的频率 f_n,它应该是第 n 阶自振频率。先假设它是索的 n 次谐振频率形成的峰,则算出假设基频 $F' = f_n/n'$。按照弦振动理论,其他各次谐振峰应该是 F' 的整数倍。因此,如果各次谐振峰与基频 F' 的比值非常接近于整数(偏差不超过 ±0.05),则可认为此 F' 是基频 F;否则可将 n' 加 1 或减 1 再试,直到找出基频 F 为止,若始终找不出这样的 n',则说明信号中干扰太大,可重新采集分析。

采用以上方法,从原理上更符合弦振动的基础理论,从精度上也有较大提高,因为选择的 f_n 是频谱中幅值最大的,干扰对它的影响比其他谐振峰值要小。另外基频是 f_n 再除以 n 求得,即使 f_n 与实际的 n 倍基频 nF 有误差 ΔF,相除后误差变为 $\Delta F/n$,因此误差比利用直接频差法要小得多。

④平均处理法。除了以上讲的基频难以准确测出外,实际测试时,由于信号分析软件的步长及分辨率的影响(对于很多测试系统这一影响不容忽视),导致只取某一阶频率进行处理的方法将带来较大误差。鉴于此,在测试中,采取前 3~4 阶频率进行平均,从而降低了各种干扰的影响,提高了测试系统的精度,即:

$$F = \frac{f_n + f_m + f_k}{n + m + k} \tag{5-3-12}$$

式中:f_n、f_m、f_k——第 n、m、k 阶频率。

实桥测试结果表明,新基频法及平均处理方法是行之有效的,所推算的基频误差小、精度高,有推广价值。

(4)测试方法

①激励方法。根据不同规格的拉索,采用以下两种激励方法:采用人工对拉索作用一激振力,使其产生自由振动;利用环境脉动(如大地脉动、风动)测定拉索的基本频率。以上两种激励方法根据现场测试效果及拉索规格的不同灵活选用。

②测试系统。测试时,用专用的夹具将加速度传感器固定在斜拉索上。由于人工或环境随机振源的激励,整个桥梁包括拉索一直在作微幅的随机振动。高灵敏的压电加速度传感器将索的这种随机振动信号转变成电信号,电信号经电荷放大器放大和滤波处理后送到 FFT 信号分析仪中进行谱分析,便能在现场确定被测斜拉索的自振频率。

③新索张拉过程的控制。以千斤顶油表读数为参考,以弦振法测出的索力作为控制的方法。具体步骤是:

a. 参照已施工拉索的实际张拉延伸量,估算待张拉索的延伸量,从而确定待张拉索的假定计算长度。

b. 根据下式计算出控制张拉力下拉索基频应达到的数值。

$$f_1 = \sqrt{\frac{T}{4ml^2K}} \tag{5-3-13}$$

式中:T——索力;

m——拉索单位长度的质量索长;

l——索长;

K——考虑 PE 套及两端约束等影响对索力的修正系数。

c. 张拉时,先用千斤顶油表进行粗略控制,到达控制应力数值时用弦振法测出拉索的自振频率,通过调整拉索张拉力,使频率等于 f_1。通过这种方法实现了对张拉的精确控制,使对索力的测控真正具有了"测"和"控"双重功能。

d. 根据实测的基本频率,用不考虑拉索的抗弯刚度时的索力计算公式:$T=4ml^2f_1^2$,算出索力初值(其中,m 为单位索长的质量;l 为斜拉索计算长度;f_1 为拉索的基频)。然后将略小于上述初值的索力输入到考虑拉索抗弯刚度、实际边界条件的有限元程序中去,可以算出该索前几阶的振动频率。如果算出的前几阶频率与测出的不符,则再次调整输入索力进行试算,直到使测出的前几阶(一般取三阶)频率与算出的对应阶次的频率差值的总和最小为止,取这时的索力为测试索力。索力测试的流程图见图5-3-6。

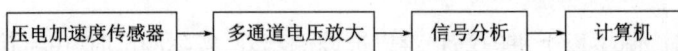

| 压电加速度传感器 | → | 多通道电压放大 | → | 信号分析 | → | 计算机 |

图5-3-6 索力测试流程图

④换索张拉过程的控制:

a. 拉索精确张拉阶段的索力监测:换索过程中每根新索的张拉力先是通过油泵上油压表读数来控制。当某一侧对称于索塔的两组索全部更换结束后,再对这两组索中的每一根索进行精确张拉。在精确张拉过程中,用上述的索力测试方法对被调整索的索力进行监测,直到每一根索的索力符合要求为止。

b. 换索对邻近拉索(新索)索力影响的监测:换索时如果每更换一根索都能做到新旧索的索力严格相等,那么每换完一根索或一组索后,邻近索的索力是不应变化的。而事实上,由于各种因素的影响,新旧拉索的索力很难达到严格相等的目标。新旧拉索索力的差异势必会对邻近拉索的索力产生影响,为了定量掌握这种影响,每换完一组索后都要对邻近的新索索力进行测定。

c. 换索过程中,卸掉一根索后对邻近拉索索力影响的监测:由于主梁由拉索支撑着,主梁的重力按一定的规律分配给每一根拉索,换索过程中每卸掉一根索将引起其他拉索特别是与其相邻的拉索的索力变化,经计算可以对这种变化进行分析。为了对计算结果进行验证,换索过程中对卸掉一根索后引起的邻近拉索索力的影响也进行了测定。

3.2.3 锚索计法工作原理

锚索计采用钢弦式压力、拉力传感器,使用频率作为输出信号,所以抗干扰能力强、误差小,可在较恶劣的环境下工作。钢弦式传感器的基本结构是在一个圆柱形金属筒内的两端接两个连接块,其中一个连接块位置是固定的,另一个连接块的位置是随着受力的大小而可动的。在两个连接块之间接有一条钢弦(振弦),当外力不同时,其钢弦的松紧不同,因而其共振频率会发生变化。可以施加脉冲信号到传感器内的激励线圈,以引起钢弦的共振。当测出其共振频率后,再结合相应的关系数就可计算出传感器受力的大小。

这种传感器精度较高,环境温度对传感器有一定的影响,故在其内还封装一个热敏电阻,以检测和温度补偿。

工作时,锚索仪先向锚索计中传感器的激励线圈发送一串覆盖了一定频率段的不同频率的脉冲信号,这些脉冲信号传感器中的振弦被激励并检测线圈在激励脉冲控制下随外界压力的变化,这些变化会在内部振弦上产生相应的谐振频率,对其进行放大整形后即可对频率进行定时检测,以计算出反馈频率的值。

3.3 其他方法简述

（1）采用非接触式的激光测振仪测量拉索的低阶振动，这就不需要人工激振，风及车辆等的环境激励引起的索振就可以满足要求；测振仪可在数百米外瞄准拉索，不必来回搬动仪器，可减少总的测量时间；与其他的索力测量方法相比，这种技术快速并且费用较低，适合定期重复测量，也适合于桥梁修建期间使用。

（2）基于拉索静态线形的索力测定（静态线形法）：拉索只在端部一定范围内受到边界条件及弯曲刚度的影响，表现出"梁行为"，在中部的绝大部分范围内表现为"索行为"。利用从索微元体的力学平衡方程出发得到的含待定参数的解析式，可建立根据拉索静态线形计算索力的方法；在使用中，只要测得拉索上三点的相对位置，就可通过求解基于解析式的非线性方程组得到索力值。利用亚毫米级精度的激光测量仪器，可实现在一个测站对多根索进行快速测量，保证了精确、实用、快速和简易的优点，并且不像"频率法"那样受端部条件的影响。

（3）光纤 Bragg 光栅法（FBG）：该测试系统的敏感元件是光纤 Bragg 光栅传感器，其不仅具有较高的灵敏度，并且检测结果与电源的波动、电路的漂移、光路的变化等环境影响无关，同时具有很好的长期稳定性，所以非常适合于结构的长期实时监测；索力测试所用传感头主结构为圆环形，将光纤光栅刚性粘贴于传感头圆环外表面上，组成穿心式传感头。将传感头安装在锚具和索孔垫板之间，传感头承受拉索的索力。当传感头受压时，引起 FBG 中心波长发生相应移动，通过对波长移动量的监测就可以计算出斜拉索的索力。

第 4 章　索力的振动测量法

4.1　检 测 目 的

桥梁的索结构索力直接反映结构持久状态下的内力状态,是评价桥梁安全性和承载能力的主要参数。

4.2　检 测 方 式

索结构的索力可以通过振动频率测量方法进行测量,或通过在索股锚下预先安装测力传感器进行直接测量。目前成桥索力测量主要采用振动测量法。

4.3　检 测 原 理

振动频率法测量索力的原理是,在一定条件下,索股拉力与索的振动频率存在对应的关系,在已知索的长度与分布质量时,通过索股的振动频率可计算索的拉力。该法要求索两端的约束条件要比较明确,否则要通过现场试验确定换算索长。

4.4　测量系统及技术要求

测量系统由传感器、放大器、信号采集与分析装置组成,配置时要注意以下几点:

(1)传感器、放大器系统要有足够的灵敏度,以便可以测量索的自然环境随机振动微弱信号。

(2)测量系统要满足不同索长自振频率对仪器频率响应特性的要求,一般需要有 0.3 ~ 100Hz 的带宽。

(3)信号采集与分析装置,应有频率分析功能,以便获得索的前 3 ~ 5 阶自振频率。测量时应能同时监测记录信号的质量。

4.5　测 量 与 记 录

(1)索的自振频率测量。可采用随机环境振动的测量方法,测量索在风等环境激励下的振动信号。若由于测试系统灵敏度不够,可采用人工激振。

（2）测量时应临时解除索的阻尼器的影响。

（3）将传感器用专门的夹具或绑带固定在索股上，测量索的水平横向振动。

（4）由信号采集装置记录索股环境随机振动或人工激振的振动信号，同时注意观察信号质量。

（5）用分析装置对信号进行频谱分析，获得索的前 5 ~ 8 阶自振频率。对信号进行分析时分析参数的选择按随机信号处理的规定，合理选择采样频率、频率分辨力和滤波器的截断频率等，以减少信号处理误差。分析得到的自振频率值应具有不大于 0.01Hz 的分辨率。

4.6　索力的计算

（1）当索的抗弯刚度可忽略、索两端约束条件为铰接时，则：

$$T = \frac{4\overline{W}L^2}{n^2 g} \cdot f_n^2 \tag{5-4-1}$$

（2）当考虑索的抗弯刚度、索两端约束条件为铰接时，则：

$$T = \frac{4\overline{W}L^2}{n^2 g} \cdot f_n^2 - \frac{n^2 EI\pi^2}{L^2} \tag{5-4-2}$$

式中：f_n——索的第 n 阶自振频率；

　　L——索的计算长度；

　　n——振动阶数；

　　EI——索的抗弯刚度。

4.7　影响因素及结果的修正

4.7.1　影响测量准确性的因素

振动频率法测量索股张力，影响测量结果的主要因素有两点：

（1）索两端约束条件以及索长的取值与理论假设的差异。

（2）索抗弯刚度的影响。

4.7.2　减小误差的措施及结构的修正

（1）尽量采取低阶频率，并用前 5 阶频率计算结果的均值作为索力的实测值。

（2）将索按长度分成若干组，对不同长度组，选取 1 ~ 2 根索在其锚下或索股上安装传感器，通过振动频率法和传感器直接测量法进行对比测量修正。

（3）在试验索上设置一定标距的两个基准点，安装引伸仪，通过在一定荷载增量下测量的索伸长量，求得索受荷后的索力增量，并与加载前后振动频率法测得的索力增量进行对比分析，确定索力修正系数。

4.8 索力计算

采用振动频率测量方法测量索力时,系统配置应满足不同索长自振频率对仪器频率响应特性的要求,且宜量测索由于自然环境随机激振产生的横向振动响应信号,通过信号处理分析获得索的前 5 阶自振频率值,对两端铰接的索按下述公式计算索力 T 值:

$$T_n = \frac{4\overline{W}L^2 f_n^2}{n^2 g} - \frac{n^2 EI\pi^2}{L^2} \qquad (5\text{-}4\text{-}3)$$

$$T = \frac{1}{5}\sum_{n-1}^{5} T_n \qquad (5\text{-}4\text{-}4)$$

式中:T_n——对应于 n 阶自振频率的拉索张力(索力);

f_n——索的第 n 阶级自振频率;

L——索的计算长度;

n——振动阶数;

W——单位索长的重量;

g——重力加速度;

EI——索的抗弯刚度,对于柔性索,$EI=0$。

4.9 结果分析

对索结构索力测量结果,可以从索力分布的匀质性及其与设计要求值的比较加以评定。对实测索力值明显高于设计要求值的索,应检定其安全系数是否满足规范要求,并从上部构造本身和索塔两方面查找原因。

第5章 墩台与基础变位情况检查与评定方法

（1）桥梁基础与墩台的变位，不仅会影响桥梁结构的几何形态，对超静定结构还会影响桥梁结构的内力状态。因此，在对桥梁承载能力进行检测评定时，应注意对桥梁墩台与基础变位的调查与判定。

（2）桥梁墩台与基础变位调查应包括以下三个方面：

①桥梁墩台与基础的竖向沉降、水平变位和转角。

②相邻墩台与基础的沉降差。

③墩台与基础的不均匀沉陷、滑移、倾斜和冻拔等。

（3）对于设有永久性控制检测点的桥梁墩台与基础，可通过测量永久性控制检测点平面坐标与高程的变化分析其变位；对于无永久性控制检测点的桥梁墩台与基础，可采用几何测量、垂线测量、光学测距等间接测量的方法，或通过测量桥跨结构几何形态系数的变化推定其变位。

（4）对桥梁墩台与基础变位的调查应从下列几个方面进行评定：

①墩台与基础变位是否趋于稳定。当怀疑墩台与基础变位尚未稳定，应设立永久控制检测点，进行定期跟踪观测，查明原因，及时进行加固补强处理。

②墩台与基础变位是否超出设计允许值。若超出设计值，除应检算评定墩台与基础变位对上部结构的不利影响外，还应对地基基础进行探查，检算评定其承载能力。

（5）简支桥梁的墩台与基础沉降和位移，超过以下容许限值，且通过观察仍在继续发展时，应采取相应措施进行加固处理：

①墩台均匀总沉降（不包括施工中的沉陷）：2.0cm。

②相邻墩台均匀总沉降差（不包括施工中的沉陷）：1.0cm。

③墩台顶面水平位移值：0.5cm。

第 6 章　地基与基础的检验与评定方法

（1）对既有桥梁地基的检验应符合下列规定：

①根据桥梁结构的重要性、墩台与基础变位情况及原岩土工程勘察资料情况，适当补充勘探孔或原位测试孔，查明土层分布及土的物理力学性质，孔位应尽可能靠近基础。

②对于因加固维修需要增加结构自重的桥梁，尚宜在基础下取原状土进行室内土的物理力学性质试验，或进行基础下的载荷试验。

（2）地基的检验可根据桥梁结构的墩台与基础变位情况、加固要求及场地条件选用下列方法：

①采用钻探、井探、槽探或地球物理等方法进行勘探；

②进行原状土的室内物理力学性质试验；

③进行载荷试验、静力触探试验、标准贯入试验、圆锥动力触探试验、十字板剪切试验或旁压试验等原位测试。

（3）对既有桥梁地基的评价，应根据地基检验结果，结合桥梁墩台与基础变位情况和当地经验，对地基作出综合评价，提出加固必要性与加固方法的建议。

（4）对既有桥梁基础可通过目测或挖探等方法，检验其风化、水蚀、剥落、腐蚀、破损及开裂情况，检验基础的埋置深度是否满足洪水冲刷要求，有无过渡冲刷现象；对发生倾斜的墩台尚应检验基础的倾斜、弯曲、扭曲等情况，对桩基应检验其入土深度、外露桩基的质量状况、水蚀、缩颈等。

（5）对既有桥梁基础应从基础完整性、变形特征、承载能力等三方面进行综合评价，确定基础加固的必要性，提出加固方法的建议。

第 7 章　混凝土裂缝深度检查方法

混凝土裂缝深度是判断裂缝性质的重要指标,主要检查方法有试剂法和超声波法。

(1)裂缝较浅时可在裂缝中注射酚酞溶液(0.1g 酚酞、60mL 酒精、40mL 水配制),然后开凿至不显红色为止,测量其深度。

(2)采用超声波测量混凝土裂缝深度的具体方法如下:

当构件断面不大时,可直接在垂直的裂缝的面上进行测试,从声波通过构件的时间曲线即可找到裂缝的深度。

当构件断面大时,可采用平测法(适应于裂缝深度不超过 50cm)。对于垂直表面的裂缝,探头等距离平置于裂缝两端,低频超声波可从裂缝尾端绕过而传播,这样从所测声速便可确定裂缝的存在与深度。公式如下:

$$\left(\frac{vt}{2}\right)^2 = \left(\frac{a}{2}\right)^2 + h^2, h = \sqrt{\left(\frac{vt}{2}\right)^2 - \left(\frac{a}{2}\right)^2}$$

式中:v——混凝土超声声速,可在良好混凝土中通过多次测量求得;

　　a——两探头间距;

　　t——超声波传播时间;

　　h——缝深。

对于斜缝,可先确定裂缝倾斜的方向,然后在裂缝一侧固定发射探头,在另一侧移动接收探头。若离缝越远,超声波传播时间越长,则可判断裂缝倾斜于发射探头一侧;移动接收探头,若离缝越远,超声波传播时间为长→最短→长,则可判断裂缝倾斜于接收探头一侧。把发射探头置于 A 处,接收探头置于 C、D 处,由下列联立方程求出$\overline{AB}$及 $\cos\alpha$。

$$\overline{BD}^2 = \overline{AB}^2 + \overline{AD}^2 - 2\,\overline{AB} \cdot \overline{AD} \cdot \cos\alpha$$
$$\overline{BC}^2 = \overline{AB}^2 + \overline{AC}^2 - 2\,\overline{AB} \cdot \overline{AD} \cdot \cos\alpha$$
$$\overline{AB} + \overline{BC} = t_1 v$$
$$\overline{AB} + \overline{BD} = t_2 v$$

其中,t_1、t_2 分别为探头置于 A、C 及 A、D 处所得的传播时间。

在△ABE 中,已知$\overline{AB}$、$\overline{AE}$、$\cos\alpha$ 就可求出裂缝深度 h。

用超声波声速法测裂缝的深度时,要求缝内无水并且没有其他杂物,否则不易测准。

用于探测接近贯穿的裂缝时,先将探头置于良好混凝土块,看其波幅、频率如何,然后将两探头穿过裂缝观其波幅与频率的变化,根据探测情况,即可判断裂缝深度。

第 **8** 章 回弹法检测混凝土强度

(1)对于被测混凝土桥梁结构或构件,当只有一个可测面时,可采用回弹法检测其结构混凝土强度。

(2)下列情况下,不宜应用回弹法检测结构的混凝土强度:

①遭受冻害、化学腐蚀、火灾、高温损伤的混凝土。

②被测构件厚度小于10cm。

③结构表面温度低于-4℃或高于60℃。

④碳化严重,表层与内部质量有明显差异或其他内部存在缺陷的混凝土结构或构件。

(3)回弹仪:

①技术要求

a. 测定回弹值的仪器,宜采用示值系统为指针直读式的回弹仪。

b. 回弹仪必须具有制造厂的产品合格证及检定单位的检定合格证,并应在回弹仪的明显位置上具有下列标志:名称、型号、制造厂名(或商标)、出厂日期和中国计量器具制造许可证标志CMC及许可证证号等。

c. 回弹仪应符合下列标准状态的要求:

(a)水平弹击时,弹击锤脱钩的瞬间,回弹仪的标准能量应为2.207J。

(b)弹击锤与弹击杆碰撞的瞬间,弹击拉簧应处于自由状态,此时弹击锤起跳点应相应于指针指示刻度尺上"0"处。

(c)在洛氏硬度 HRC 为60±2的钢砧上,回弹仪的率定值为80±2。

d. 回弹仪使用时的环境温度为-4～40℃。

②检定

a. 回弹仪具有下列情况之一时应送检定单位检定:

(a)新回弹仪启用前。

(b)超过检定有效期限(有效期为半年)。

(c)累计弹击次数超过6000次。

(d)经常规保养后钢砧率定值不合格。

(e)遭受严重撞击、损害、零部件更换后、拉簧座孔位变更及尾盖调零螺丝松动等。

b. 回弹仪的率定

当测试过程中对回弹值有怀疑时,或进行构件测试前后,连续数天测试时,可在每天测试完毕后进行一次率定。率定的目的是为了保证回弹仪的弹击功能恒定。回弹仪用洛氏硬度 HRC 为60±2的钢砧进行率定。率定试验宜在干燥、室温20℃±5℃的条件下进行。率定时,钢砧应稳固在刚度大的物体上,回弹仪向下弹击时,弹击杆分四次旋转,每次旋转 90°,弹击 3~5 次,取其中最后连续三次且读数稳定的回弹值进行平均,弹击杆每放置一次的率定平均值均应符合 $[N]=80\pm2$ 的要求。

③回弹仪的保养

a. 回弹仪具有下列情况之一时,应进行常规保养:

（a）弹击超过 2000 次。

（b）对检测值有怀疑时。

（c）率定试验不合要求时。

b. 常规保养应符合下列规定:

（a）使弹击锤脱钩后取出机芯,然后卸下弹击杆,取出里面的缓冲压簧,并取出弹击锤、弹击拉簧和拉簧座。

（b）机芯各零部件应进行清洗,重点清洗中心导杆、弹击锤和弹击杆的内孔和冲击面。清洗后应在中心导杆上薄薄涂抹钟表油,但其他零部件均不得抹油。

（c）应清理机壳内壁、牌子下刻度尺,并应检查指针,其摩擦力应为 0.5~0.8N。

（d）不得旋转尾盖上已定位紧固的调零螺丝。

（e）不得自制或更换零部件。

（f）保养后应按本节中的要求进行率定试验。

c. 回弹仪存放:

回弹仪使用完毕后应使弹击杆伸出机壳,清除弹击杆、杆前端球面,以及刻度尺表面和外壳上的污垢、灰尘。回弹仪不用时,应将弹击杆压入仪器内,经弹击后方可按下按钮锁住机芯,使弹击拉簧处于自由状态,避免长期受力松弛,将回弹仪装入仪器箱,平放在干燥阴凉处。

（4）检测技术。

①一般规定

a. 采用回弹法检测结构或构件混凝土强度宜具有下列资料:

（a）工程名称及设计、施工、监理（或监督）和建设单位名称。

（b）结构或构件名称、外形尺寸、数量及混凝土强度等级。

（c）水泥品种、强度等级、安定性、出厂厂名,砂、石品种、粒径,外加剂或掺合料品种、掺量以及混凝土配合比等。

（d）原材料、模板类型、混凝土灌注情况、养护情况以及成型日期。

（e）检测原因。

（f）若水泥的安定性不合格,则不能采用回弹法检测。

（g）最好能找到与待测的结构混凝土同条件的立方体试块,测定其回弹值、碳化深度、抗压强度,与现场测量结果进行比较。

b. 桥梁结构或构件混凝土强度检测可采用下列两种方式:

（a）构件检测:适用于单个结构或构件的检测。

（b）部位检测:适用于对结构或构件关键控制部位的检测。

c. 按构件检测方式进行检测时,每一结构或构件的测区应符合下列规定:

（a）每一结构或构件测区数不应少于 10 个。

（b）对某一方向尺寸小于 4.5m 且另一方向尺寸小于 0.3m 的构件,其测区数量可适当减少,但不应少于 6 个。

（c）相邻两测区的间距应控制在 2m 以内。

（d）测区距构件端部或施工缝边缘的距离不宜大于 0.5m,且不宜小于 0.2m。

（e）测区面积不宜大于 0.04m²,且应均匀分布。

（f）在构件的重要部位及薄弱部位必须布置测区,并应避开预埋件和钢筋密集区。

d. 按部位检测方式检测时,每一部位的测区应符合下列规定:

（a）每一部位的测区数不应少于 6 个。

（b）相邻两测区的间距应控制在 0.4m 以内。

（c）测区距构件端部或施工缝边缘的距离不宜大于 0.4m,且不宜小于 0.2m。

（d）测区面积不宜大于 0.04m²,且应均匀分布,并应避开预埋件。

e. 测区表面应清洁、平整、干燥和无冰冻,不应有接缝、饰面层、粉刷层、浮浆、油垢及蜂窝、麻面等。必要时可用砂轮清除表面的杂物和不平处,磨光的表面不应残留有粉末或碎屑。

f. 结构或构件的测区应标有清晰的编号,必要时应在记录纸上描述测区布置和外观质量情况。

②回弹值测量

a. 检测时,将弹击杆顶住混凝土的表面,轻压仪器,松开按钮,弹击杆徐徐伸出。使仪器对混凝土表面缓慢均匀施压,待弹击锤脱钩冲击弹击杆后即回弹,带动指针向后移动并停留某一位置上,即为回弹值。继续顶住混凝土表面并读取和记录回弹值后,逐渐对仪器减压,使弹击杆自仪器内伸出,重复进行上述操作,即可测得被测构件或结构的回弹值。操作中要注意在缓慢均匀施压的过程中保持回弹仪的轴线始终垂直于构件混凝土的表面(测试面),在弹击锤脱钩前不得施加冲击力。

b. 测点宜在测区范围内均匀分布,相邻两测点的净距不宜小于 30mm;测点距外露钢筋、预埋件的距离不宜小于 50mm。测点不应在气孔或外露石子上,同一测点只能弹击一次。蒸汽养护的混凝土应在 14d 龄期后测试。体积小、刚度差或测试部位厚度小于 10cm 的构件,当测试中无法保证其无颤动时,应加支撑固定。每一测区应记取 16 个回弹值,每一测点的回弹值读数估读至 1。

③碳化深度值测量

a. 回弹值完毕后,应在有代表性的位置上测量碳化深度值,测点数不应少于测区数的 30%,取其平均值为该构件每测区的碳化深度值。

b. 当碳化深度值级差大于 2.0mm 时,应在每一测区测量碳化深度值。

c. 每一测孔测量值应不少于 3 个,取其平均值,每次读数精确到 0.5mm。

④回弹值计算

a. 计算测区平均回弹值,应从该测区的 16 个回弹值中,分别剔除 3 个最大值和最小值,将余下的 10 个回弹值按下列公式计算:

$$R_m = \frac{\sum_{i=1}^{10} R_i}{10}$$

式中:R_m——测区平均回弹值,精确至0.1;

　　　R_i——第i个测点的回弹值。

b.非水平状态检测混凝土浇筑侧面时,回弹值应按下式进行修正:

$$R_a = R_{ma} + R_{aa}$$

式中:R_{ma}——非水平状态检测时测区的平均回弹值,精确至0.1;

　　　R_{aa}——非水平状态检测时回弹值修正值,可按表5-8-1查取。

非水平状态检测时回弹值修正值 R_{aa}　　　　　　　　　表5-8-1

R_{ma}	测试角度 α							
	$+90°$	$+60°$	$+45°$	$+30°$	$-30°$	$-45°$	$-60°$	$-90°$
20	-6.0	-5.0	-4.0	-3.0	$+2.5$	$+3.0$	$+3.5$	$+4.0$
30	-5.0	-4.0	-3.5	-2.5	$+2.0$	$+2.5$	$+3.0$	$+3.5$
40	-4.0	-3.5	-3.0	-2.0	$+1.5$	$+2.0$	$+2.5$	$+3.0$
50	-3.5	-3.0	-2.5	-1.5	$+1.0$	$+1.5$	$+2.0$	$+2.5$
备注	1. 表中修正值可用内插法求得,精确至0.1; 2. R_{ma}小于20或大于50时,均分别按20或50查表; 3. 测试角度 α 见图5-8-1							

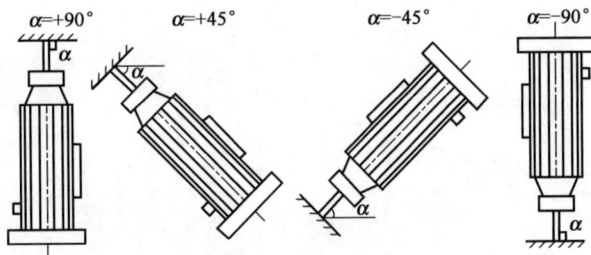

图5-8-1　测试角度 α 示意图

c.水平方向检测混凝土浇筑顶面或底面时,应按下列公式修正:

$$R_m = R_m^t + R_a^t$$

$$R_m = R_m^b + R_m^b$$

式中:R_m^t、R_m^b——水平方向检测混凝土浇筑表面、底面时,测区的平均回弹值,精确至0.1;

　　　R_a^t、R_m^b——混凝土浇筑表面、底面回弹值的修正值,应按表5-8-2采用。

混凝土浇筑表面、底面回弹值的修正　　　　　　　　　表5-8-2

R_m	ΔR_s	
	混凝土浇筑表面	混凝土浇筑底面
20	$+2.5$	-3.0
25	$+2.0$	-2.5
30	$+1.5$	-2.0

续上表

R_m	ΔR_s	
	混凝土浇筑表面	混凝土浇筑底面
35	+1.0	−1.5
40	+0.5	−1.0
45	0	−0.5
50	0	0
备注	1. 表中修正值可用内插法求得,精确至0.1; 2. R_m^t、R_m^b 小于20或大于50时,均分别按20或50查表; 3. 混凝土浇筑表面为一般原浆抹面; 4. 表列修正值为底面和侧面采用同一类模板在正常浇筑情况下的修正值	

　　检测时,如回弹仪处于非水平状态,同时混凝土检测面又不是混凝土的浇筑侧面,则应对测得的测区平均回弹值,先进行角度修正,再进行不同浇筑面的修正。

第 9 章　超声脉冲法检测技术

9.1　原理及特点

超声波法就是利用超声波的传播特性来评定混凝土的抗压强度。

1) 原理

超声检测原理：在混凝土中传播的超声波，其速度和频率反映了混凝土材料的性能、内部结构和组成情况，混凝土的弹性模量和密实度与波速和频率密切相关，即强度越高，其超声波的速度和频率越高。因此，通过测定混凝土声速来确定其强度。

混凝土是由固相、液相和气相随机地交织在一起的非均匀的各向异性材料。通过大量的研究我们可知，当超声波在混凝土传播时，其纵波波速的平方与混凝土的弹性模量成正比，与混凝土的密实度成反比，而混凝土强度等级的高低又与其密度有关。因此，根据超声波传播速度即可推定混凝土的强度。一般来说，混凝土声速越大其强度越高。

国内外采用统计方法建立超声测强的经验公式。国内 $v\text{-}f_{cu}^c$ 相关曲线一般采用：$f_{cu}^c = Av^B$ 和 $f_{cu}^c = Ae^{Bv}$ 两种非线性的数学表达式，其中 A 和 B 为经验参数。

参数的确定首先应测定混凝土所用石子的声速 v_g，可以用直接测量法和拌入砂浆法测定。计算出超声波穿过混凝土试件时在石子所经历的声程 l_g，量测混凝土测点声程 l 和声时 t，则混凝土中砂浆的声速利用关系式 $v_m = \dfrac{v_g(l - l_g)}{v_g t - l_g}$ 计算出。然后利用 v_m 与相应的混凝土强度 f_{cu} 建立关系。由于该关系中排除了石子的影响，可以应用于多种配比的混凝土。

2) 特点

超声检测可以利用单一声速参数推定混凝土的强度，具有重复性好的优点。在混凝土中，水泥石的强度及其集料的黏结能力对混凝土强度起决定作用。但是水泥石所占比例不占绝对优势，导致原料及配合比不同时，声速与强度关系发生明显变化，制约其普遍应用。

9.2　仪　　器

1) 概况

目前，应用于混凝土的超声波检测仪有模拟式和数字式两类。前者接收信号为连续模拟量，可由时域波形信号测读声时参数；数字式接收信号转化为离散数字量，具有采集与存储数字信号、测读声学参数、对数字信号处理的智能化功能。

2)技术要求

用于混凝土检测的超声波检测仪必须满足以下基本要求：

(1)超声波检测仪应通过技术鉴定,并必须具有产品合格证。

(2)仪器声时的测读范围为 $0.5 \sim 9999\mu s$,测读精度为 $0.1\mu s$ 。

(3)仪器应具有良好的稳定性,声时显示调节在 $20 \sim 30\mu s$ 范围内时,2h 内声时显示的漂移应不大于 $\pm 0.2\mu s$,且在观测期间内,不允许发生间隔的跳动显示。

(4)仪器接收放大器频度响应范围应有足够的宽度;为扩大频响范围,宜分为 $10 \sim 200kHz$ 和 $200 \sim 500kHz$ 两频段。

(5)仪器宜具有示波屏显示及手动游标测读功能,显示应清晰稳定;若采用整形自动测读,混凝土超声测距不得超过 1m。

(6)仪器应适用于温度为 $-10 \sim +40℃$,相对湿度 $\leqslant 80\%$,电源电压波动在 $220V \pm 20V$ 的环境中,且能连续正常工作 4h。

(7)可配用多种形式的换能器,换能器的频率宜在 50kHz 范围以内,换能器的实测频率与标称频率相差不大于 $\pm 10\%$ 。

9.3 影响因素

超声波检测混凝土的强度主要是通过测量在一定测距内超声传播的平均声速来推定的。影响声速的因素主要有以下 7 个方面。

1)横向尺寸效应

通常,纵波速度是指在无限大介质中测得,随试件横向尺寸减小,纵波速度可能向杆、板的声速或表面波速转变,即声速比无限大介质中纵波速度小。

当横向尺寸 $d \geqslant 2\lambda$ (λ 为波长)时,传播速度与大块体中纵波速度相当;当 $\lambda < d < 2\lambda$ 时,可能是传播速度降低 $2.5\% \sim 3.0\%$;当 $0.2\lambda < d < \lambda$ 时,传播速度变化较大,降低约 $6\% \sim 7\%$,此时估计强度的误差可能达到 $30\% \sim 40\%$ 。

2)温度和湿度

(1)温度

混凝土环境温度处于 $5 \sim 30℃$ 时,温度影响不明显;环境温度处于 $40 \sim 60℃$ 时,声速值约降低 5% ;温度为 $0℃$ 以下,由于冰的声速为 $3.5km/s$,大于自由水的声速 $1.45km/s$,使脉冲波速增加。对于温度在 $-4 \sim 60℃$,温度影响可以用有关数据修正。

(2)湿度

由于超声波在水中的传播速度为 $1.45km/s$,在空气中仅为 $0.34km/s$,因此,水中养护的混凝土得出比空气中养护混凝土高的强度。饱和混凝土含水率比一般混凝土增高约 4% ,波速增高约 6% 。

3)混凝土结构中钢筋对超声法测强的影响

钢筋中超声传播速度 v_s 约为普通混凝土中的超声传播速度 v_c 的 $1.2 \sim 1.9$ 倍,在检测钢筋混凝土结构时,会遇到钢筋对声速的影响,从而影响了所测混凝土结构的强度。

（1）钢筋垂直于声脉冲传播方向

钢筋垂直于声脉冲传播方向时，在一般配筋情况下，当混凝土体积较大时，这种影响很小，且往往被测量误差掩盖，可以忽略。

（2）钢筋平行于声脉冲传播方向

钢筋垂直于声脉冲传播方向时，如果能使探头与钢筋的距离增大，则钢筋对混凝土声速的影响逐渐减小。当探头离开钢筋的距离大于探头间距离 1/8 ~ 1/6 时，就足以避免钢筋的影响。

4）粗集料品种、粒径和含量

每立方米混凝土中集料用量的变化、颗粒组成的改变对混凝土强度的影响要比水灰比、水泥用量及强度等级的影响小得多，但是粗集料的数量、品种及颗粒组成对超声波传播速度的影响却十分显著。

比较水泥石、砂浆和混凝土三种试体的超声波波速，在强度相同的情况下，混凝土声速最高，砂浆次之，水泥石最低。这是因为声速在粗集料中的传播速度比混凝土高。

5）水灰比和水泥用量

随混凝土水灰比降低，混凝土强度、密实度及弹性提高，超声波脉冲在混凝土中的传播速度也相应增大；反之，超声波脉冲速度随水灰比增大而降低。

水泥用量的变化，实际上改变了混凝土的骨灰比。在相同混凝土强度的情况下，当粗集料用量不变时，水泥用量越低，超声波声速越高。

6）混凝土龄期

不同龄期混凝土的 f_{cu}-v 关系曲线是不同的，当声速相同时，长龄期混凝土的强度较高。

7）混凝土缺陷及损伤

采用超声波检测和推定混凝土的强度时，只有混凝土强度波动符合正态分布的条件下，才能进行混凝土强度推定。

9.4 检 测 方 法

1）数据采集

（1）测区布置

如果把混凝土构件作为一个检测总体，要求在构件上均布划出不少于 10 各 200mm × 200mm 方网格，以每个网格视为一个测区。如果对同批构件，抽检 30%，且不少于 4 个。

测区布置在构件混凝土浇筑方向的测面，测面应清洁平整。

（2）测点布置

为使混凝土测试条件、方法尽可能与率定曲线时一致，在每个测区内布置 3 ~ 5 对测点。

（3）数据采集

量测每对测点之间的直线距离，即声程，采集记录对应声时。目前，仪器瘀斑可以自动计算出砂浆换算声速 v_m（km/s）。

应用声波检测仪进行强度检测可达到较高的精度，误差一般在 1 ~ 2 个强度等级之内，可

以完全满足桥梁的评价要求。同时为保证强度检测的可靠性,在同一测站中应布置不同的测点(如3~5个),测区声速计算公式为 $v = l/t_m$

$$t_m = (t_1 + t_2 + t_3)/3$$

取其平均值,这样使检测结果更加准确。

为对声波仪检测结果进行强度校验,可现场取样后在实验室内进行强度试验,并对各种力学参数进行全面的测定。

2)强度推定

根据各测区超声声速检测值,按回归方程计算或查表得出对应测区混凝土强度值。强度推定如下:

(1)当按单个构件检测时,单个构件的混凝土强度推定值,取该构件各测区中最小的混凝土强度换算值。

(2)当按批抽样检测时,该批构件的混凝土强度推定值应按下列公式计算:

$$f_{cu}^c = mf_{cu}^c - 1.645 S_{f_{cu}^c}$$

$$mf_{cu}^c = \frac{1}{n} \sum_{i=1}^{n} f_{cu}^c$$

$$S_{f_{cu}} = \sqrt{\frac{1}{n-1}(f_{cu}^c)^2 - n(mf_{cu}^c)^2}$$

式中:mf_{cu}^c、$S_{f_{cu}^c}$——各测区混凝土强度换算的平均值和标准差(MPa)。

(3)当同批测区混凝土强度换算值标准差过大时,该批构件的混凝土强度推定值可按下列公式计算:

$$f_{cu}^c = mf_{cu,min}^c = \frac{1}{m} \sum_{i=1}^{n} f_{cu,min}^c$$

式中:$mf_{cu,min}^c$、$f_{cu,min}^c$——该批每个构件中最小的测区混凝土强度换算值的平均值和第 i 各构件的最小测区混凝土强度换算值(MPa);

m——批中抽样的构件数。

(4)当属同批构件按批抽样检测时,若全部测区强度的标准差出现下列情况时,则该批构件应全部按单个构件检测:

当混凝土强度等级低于或等于 C20 时,$S_{f_{cu}} > 2.45$MPa;当混凝土强度等级高于 C20 时,$S_{f_{cu}} > 5.5$MPa。

第**10**章　超声波回弹综合法检测混凝土强度

10.1　概　　述

所谓综合法检测混凝土强度(简称"测强"),就是采用两种或两种以上的测试方法同混凝土强度建立关系。超声波—回弹综合法是其中的一种,是应用回弹法和超声法综合检测混凝土抗压强度的方法,由罗马尼亚建筑及建筑经济学院于 1996 年首先提出。我国于 1988 年实施《超声回弹综合法检测混凝土强度技术规程》(CECS 02:88)。

超声波法和前述的回弹法,是根据混凝土的两个不同性质来检测混凝土强度的。前者依据混凝土的密度,后者依据混凝土的表面硬度。回弹值只反映混凝土表层的情况,而超声波测强也有一定的局限性,其声速只反映材料的弹性性质,不能全面反映混凝土强度牵涉的多种材料指标。有资料表明,若以 95% 可信度水平来衡量现场混凝土强度预测的最大精度,超声波法误差约为 ±20% ,而回弹法约为 ±25% 。

"超声波—回弹"综合法建立在回弹值和超声波传播速度与混凝土的抗压强度之间相互联系的基础之上,即用回弹值和声波的传播速度综合反映混凝土的抗压强度。综合法可以减弱或消除单一方法使用时的某些因素。例如,混凝土的龄期和混凝土的湿度对于回弹法来说,随混凝土龄期的增长其表面会硬化,加上混凝土表面碳化结硬,使回弹值偏高;对于湿混凝土,则表面硬度降低,回弹值偏低。对于超声波来讲,情况则相反,随着龄期的增长,混凝土内部趋于干燥,传播速度偏低;对于湿混凝土,声波的传播速度要比在干燥混凝土中快得多。采用综合法后,混凝土龄期和湿度的影响可以减弱,因此对于已失去混凝土组成原始资料的长龄期混凝土构件,采用综合法评定混凝土抗压强度有较好效果。

10.2　检　测　方　法

1)选择合适的换能器布置方式

常用的 3 种测试波速的换能器布置方式如下:

(1)对测法:最敏感,换能器直接在 2 个平行的测试面上相对布置。

(2)斜测法:2 个换能器布置在相互垂直的测试面上,直角三角形斜边为测距,需要通过变化测距来获取稳定的声速。

（3）平布式（平测法）：最不敏感，2个换能器布置在同一测试面上，一般采用变动测距求出基本稳定的声速。

应尽可能将换能器布置在脱模混凝土表面，并采用对测法布置。

2）超声波声速修正

测区声速由下式计算：

$$v = \frac{l}{t_m}$$

$$t_m = \frac{t_1 + t_2 + t_3}{3}$$

式中：v——测距声速（km/s）精确至0.01；

l——测距（mm）；

t_m——平均声时（μs）。

（1）对测修正

在顶面和底面测试时，声速按$v_a = \beta v$，一般地β取1.034。

（2）平测修正

一般平测声速比对测小，如表面光洁、平整、未受损伤，$v_{对}/v_{平} = 1.00 \sim 1.03$；表面粗糙、疏松，$v_{对}/v_{平} = 1.04 \sim 1.10$。

（3）斜测修正

没有同一的修正系数，一般通过现场测试得出对测与斜测的校正系数（$v_{对}/v_{角}$）。

3）混凝土强度推定

（1）测区强度计算

①测强曲线。

优先采用专用或地区测强或地区测强曲线推定。当无该类测强曲线时，经验证后也可按规程（CECS 02:88）附录二的规定确定，或按下列公式计算：

粗集料为卵石时

$$f_{cu,i}^c = 0.0038 (v_i)^{1.23} (R_i)^{1.95}$$

粗集料为碎石时

$$f_{cu,i}^c = 0.008 (v_i)^{1.72} (R_i)^{1.57}$$

式中：$f_{cu,i}^c$——第i个测区混凝土强度换算值（MPa），精确至0.1MPa；

v_i——第i个测区修正后的超声声速值（km/s），精确至0.01km/s；

R_i——第i个测区修正后的回弹值，精确至0.1。

②当结构所用材料与制订的测强曲线所用材料有较大差异时，必须用同条件试块或从结构构件测区钻取的混凝土芯样进行修正，试件数量应不少于3个。此时，得到的测区混凝土强度换算值应乘以修正系数。

有同条件立方体试件时：

$$\eta = \frac{1}{n} \sum \frac{f_{cot,i}}{f_{cu,i}}$$

有混凝土芯样试件时：

$$\eta = \frac{1}{n} \sum \frac{f_{cor,i}}{f_{cu,i}}$$

式中:η——修正系数,精确至小数点后两位;

$\quad$ $f_{cot,i}$——第 i 个混凝土立方体试块抗压强度值(MPa),以边长为 150mm 计,精确至 0.1MPa;

$\quad$ $f_{cu,i}$——对应于第 i 个立方体试块或芯样试件的混凝土强度换算值(MPa),精确至 0.1MPa;

$\quad$ $f_{cor,i}$——第 i 个混凝土芯样试件抗压强度值(MPa),以 ϕ100mm × 100mm 计,精确至 0.1MPa。

（2）混凝土强度推定

混凝土强度推定同超声波测强法。

第11章 混凝土强度的半破损检测

11.1 概　述

混凝土强度的半破损检测就是对混凝土进行钻芯检测。钻芯法是一种利用钻机和人造金刚石空心薄壁钻头,从结构混凝土中钻取芯样,以检测混凝土强度和检测混凝土内部缺陷的方法,是一种直观、可靠和准确的方法,但对结构会造成一定损伤。

11.2 钻　芯　机

1)类型

混凝土钻芯机分轻便型、轻型、重型和超重型四类,主要技术参数见表5-11-1。

不同类型混凝土钻芯机主要技术参数 表5-11-1

钻芯机类型	钻孔直径(mm)	转速(r/min)	功率(kW)	质量(kg)	钻芯机高度(mm)
轻便型	12~75	600~2000	1.1	25	1040
轻型	25~200	300~900	2.2	86	1190
重型	200~450	250~500	4.0	120	1800
超重型	330~700	200	7.5	300	2400

2)钻芯机组成

钻机主要由底座、立柱、减速箱、输出轴、进给箱、进给手柄、电动机和冷却系统等组成。

工作时将人造金刚石空心薄壁钻头安装在钻机输出轴上。

配套设备一般有冲击钻、钢筋探测仪和端部处理设备。

3)钻芯机的固定方式

固定的方法应根据钻芯机构造和施工现场的具体情况,分别采用顶杆支撑、配重、真空吸附或安装膨胀螺栓等方法。但是从经济适用的角度,一般采用膨胀螺栓法。

11.3 检测技术与强度计算

检测按《钻芯法检测混凝土强度技术规程》(CECS 03:88)执行。

1)钻机选取

钻芯法检测混凝土强度,以其直观准确而成为其他检测方法的依据,但钻芯法对构件的损伤较大,检测成本高,难以大量使用。为了克服这些缺点,采用小直径芯样进行检测成为发展方向。目前最小的芯样直径可以达到25mm。但小直径芯样的强度试验数据离散较大,需要通过增加检测数量才能达到标准芯样的检验效果。目前常用的小直径芯样一般为50～75mm。一般要求芯样直径为粗集料直径的3倍。

2)钻芯数量

取芯属于半破损检测法,对结构的完整性有一定的影响,尤其对已经有一定破损在役结构来说,取芯数量更应加以控制。《钻芯法检测混凝土强度技术规程》(CECS 03:88)中规定,取芯数数量同一批构件不得少于3个。根据以往的研究,最小子样数 n 与推定的最大误差有密切关系,一般以 $n \geqslant 5$ 为宜,取芯位置应在整个结构上均匀布置。

3)芯样加工及测量

从钻孔中取出的芯样试件的尺寸一般不满足要求,必须进行切割加工和端面修补后,才能够进行抗压强度试验。

芯样试件尺寸要求为:用直径和高度均为100mm的圆柱体标准试件。水泥砂浆补平层厚度不宜大于5mm。其他控制指标有端面平整度、垂直度、直径偏差等。

4)影响因素

由于钻芯法的测定值就是圆柱状芯样的抗压强度,即参考强度或现场强度。所以,钻芯法的关键问题是如何用适当的机具钻取合格的芯样。

混凝土芯样的抗压强度除了受钻机、锯切机等设备的质量和操作工艺的影响外,还受到芯样本身各种条件的影响。如芯样直径的大小、高径比、端面平整度、端面与轴线间的垂直度、芯样的湿度等。

另外,还有一个不可忽略的因素,即芯样中钢筋对抗压强度的影响。

芯样在进行抗压试验时,其轴线方向承受压力,因此,不允许存在与轴线相互平行的钢筋,这一点在《钻芯法检测混凝土强度技术规程》(CECS 03:88)中已明确指出。但对于与轴线垂直的钢筋,各国有各自的标准规定。有关实验表明,当难以避开钢筋时,芯样最多只允许有2根直径小于10mm的钢筋存在,否则,将会影响抗压强度。

由于钢筋直径小且数量少,影响程度被强度本身的变异性所掩盖。含有钢筋的芯样强度比不含钢筋的芯样强度稍高一点,影响并不显著。但当芯样中部存在钢筋,影响就会大些。另外,当芯样周边存在一小段钢筋时,由于钢筋与砂浆间的黏结力不如砂浆和粗骨料间的黏结力强,降低芯样强度。

5)芯样试件抗压强度试验及强度计算

(1)试验

芯样试件抗压强度试验分潮湿状态和干燥状态两种。压力机精度不低于±2%。试件的破坏荷载为压力机全量程的20%～80%。加速速率一般控制在0.3～0.8MPa/s。

(2)计算

芯样试件抗压强度为试件破坏时的最大压力除以截面积。芯样试件的混凝土换算强度 $f_{cor,i}^c$(MPa)按下式计算:

$$f_{cor,i}^c = \alpha \frac{4F}{\pi d^2}$$

式中:α——不同高度(h)的芯样试件混凝土换算强度的修正系数;

　　F——芯样试件抗压试验最大压力(N);

　　d——芯样试件的平均直径(mm)。

修正系数取 $\alpha = \dfrac{x}{ax+b}$,其中 $x = \dfrac{h}{d}$,$a = 0.61749$,$b = 0.37967$。

6)芯样抗压强度推定

(1)单个构件

单个构件取标准芯样试验抗压强度换算值的最小值作为芯样抗压强度推定值。

(2)检验批混凝土抗压强度的推定

强度推定应给出抗压强度推定区间,并一般应以推定区间的上限作为推定值。推定区间的上、下限 $f_{cu,e1}$、$f_{cu,e2}$ 分别按下式计算:

$$f_{cu,e1} = f_{cor,m} - K_1 S$$
$$f_{cu,e2} = f_{cor,m} - K_2 S$$

式中:$f_{cor,m}$——芯样试件强度换算算数平均值(MPa);

　　K_1、K_2——检验混凝土强度上下限推定系数(按规程附录取值);

　　S——芯样试件强度换算值的标准差(MPa)。

当推定区间的置信度为 0.9,上、下限之差不宜大于 5.0MPa 和 $0.1f_{cor,m}$ 中的较大值。

第12章　氯离子含量检测

通过测试混凝土中所含氯离子含量的大小来判别钢筋锈蚀的可能性。混凝土是一种耐久性较好的建筑材料,但在化学侵蚀介质的作用下,它保持自身能力是较差的。对桥梁及港工结构而言,最危险的化学侵蚀是氯离子的侵蚀。

12.1　测定方法

(1)氯离子含量的测定方法主要有两种:实验室化学分析法和滴定条法(Quanta-Strips)。化学分析法需要在实验室中进行,滴定条法可在现场完成。

(2)混凝土中的氯离子含量,可采用现场按混凝土不同深度取样,测定结果须能反映氯离子在混凝土中随深度的分布。根据钢筋处的混凝土氯离子含量判断引起钢筋锈蚀的危险性。

(3)氯离子含量测定,应根据构件的工作环境条件及构件本身的质量状况确定测区,测区应能代表不同工作条件及不同混凝土质量的部位,测区宜参考钢筋锈蚀电位测量结果确定。

12.2　取　　样

1)取样部位和数量

(1)取样部位可参照钢筋锈蚀电位测试测区布置原则确定。

(2)测区的数量应根据钢筋锈蚀电位检测结果以及结构的工作环境条件确定。在电位水平不同部位、工作环境条件、质量状况有明显差异的部位布置测区。

(3)每一测区取粉的钻孔数量不宜少于3个,取粉孔可与碳化深度测量孔合并使用。

(4)测区、测孔应统一编号。

2)取样方法

(1)使用直径20mm以上的冲击钻在混凝土表面钻孔,钻孔前应先确定钢筋位置。

(2)钻孔取粉应分层收集,一般深度间隔可取 3mm、5mm、10mm、15mm、20mm、25mm、50mm 等。若需指定深度处的钢筋周围氯离子含量,取粉间隔可进行调整。

(3)钻孔深度使用附在钻孔侧面的标尺杆控制。

(4)用一硬塑料管和塑料袋收集粉末,对每一深度应使用一个新的塑料袋收集粉末,每次采集后,钻头、硬塑料管及钻孔内都应用毛刷将残留粉末清理干净,以免不同深度粉末混杂。钻孔取混凝土粉末的方法如图5-12-1所示。

(5)同一测区不同测孔相同深度的粉末可收集在一个塑料袋内,质量不应少于25g,若不够,可增加同一测区测孔数量。不同测区测孔相同深度的粉末不应混合在一起。

(6)采集粉末后,塑料袋应立即封口保存,注明测区、测孔编号及深度。

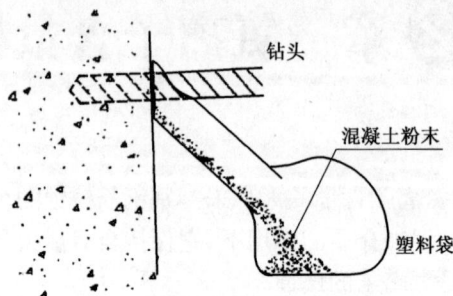

图 5-12-1　钻孔取混凝土粉末的方法

12.3　滴　定　条　法

分析步骤:

(1)将采回的样品过筛,去掉其中较大的颗粒。

(2)将样品置于 105 ± 5℃烘箱内烘 2h 后,冷却至室温。

(3)称取 5g 样品粉末(准确度优于 ± 0.1g)放入烧杯中。

(4)缓慢加入 50mL(1.0mol)HNO_3,并彻底搅拌,直至嘶嘶声停止。

(5)用石蕊试纸检查溶液是否呈酸性(石蕊试纸变红),如果不呈酸性,再加入适量硝酸。

(6)加入约 5g 无水碳酸钠(Na_2CO_3)。

(7)用石蕊试纸检查溶液是否呈中性(石蕊试纸不变),否则再加入少量无水碳酸钠,直至溶液呈中性。

(8)用过滤纸做一锥斗加入溶液。

(9)当纯净的溶液渗入锥头后,把滴定条插入液体中。

(10)待定滴定条顶端水平黄色细条转变成蓝色,取出滴定条并顺着由上至下的方向将其擦干。

(11)读取滴定条颜色变化处的最高值,然后,在该滴定条表中查出所对应的氯离子含量值,此值是以百万分之几(ppm)表示的。若分析过程取样5g,加硝酸50mL,则将查表所得的值除以 1000 即为百分比含量。

(12)如果使用样品质量不是 5g 或使用过量的硝酸,则应按下式修正百分比含量。

$$氯离子百分比含量 = \frac{ab}{10000c}$$

式中:a——查表所得的值(ppm);

　　　b——硝酸体积(mL);

　　　c——样品质量(g)。

12.4　化学分析法

1)混凝土中游离氯离子含量的测定

(1)适用范围:测定硬化混凝土中砂浆的游离氯离子含量。

(2)所需化学药品:硫酸(相对密度1.84)、酒精(95%)、硝酸银、铬酸钾、酚酞(以上均为化学纯)、氯化钠(分析纯)。

(3)试剂配制:

①配制浓度约5%铬酸钾指示剂:称取5g铬酸钾于少量蒸馏水中,加入少量硝酸银溶液使之出现微红,摇匀后放置12h后,过滤并移入100mL容量瓶中,稀释至刻度。

②配置浓度约0.5%酚酞溶液:称取0.5g酚酞,溶于75mL酒精和25mL蒸馏水中。

③配置稀硫酸溶液:以1份体积硫酸倒入20份蒸馏水中。

④配置0.02N氯化钠标准溶液:把分析纯氯化钠置于瓷坩埚中加热(用玻璃棒搅拌),一直到不再有盐的爆裂声为止。冷却后称取1.2g左右(精确至0.1mg),用蒸馏水溶解后移入1000mL容量瓶,并稀释至刻度。

氯化钠当量浓度按下式计算:

$$N = \frac{W}{58.45}$$

式中:N——氯化钠溶液的当量浓度;

$\quad$ W——氯化钠重(g);

$\quad$ 58.45——氯化钠的摩尔质量。

⑤配置0.02N硝酸银溶液(视所测的氯离子含量,也可配成浓度略高的硝酸银溶液):称取硝酸银3.4g左右溶于蒸馏水中并稀释至1000mL,置于棕色瓶中保存。用移液管吸取氯化钠标准溶液20mL(V_1)于三角瓶中,加入10~20滴铬酸钾指示剂,用于配制的硝酸银溶液滴定至呈砖红色。记录所消耗的硝酸银毫升数(V_2)。

$$N_2 = \frac{N_1 V_1}{V_2}$$

式中:N_2——硝酸银溶液的当量浓度;

$\quad$ N_1——氯化钠标准溶液的当量浓度;

$\quad$ V_1——氯化钠标准溶液的毫升数;

$\quad$ V_2——消耗硝酸银溶液的毫升数。

(4)试验步骤如下:

①样品处理。取混凝土中的砂浆约30g,研磨至全部通过0.63mm筛,然后置于烘箱中加热(105±5℃)2h,取出后放入干燥器冷却至室温。称取20g(精确至0.018)质量为G,置于三角形烧瓶中并加入200mL(V_3)蒸馏水,塞紧瓶塞,剧烈振荡1~2min,浸泡24h。

②将上述式样过滤。用移液管分别吸取滤液20mL(V_4),置于两个三角形烧瓶中,各加2滴酚酞,使溶液呈微红色,再用稀硫酸中和至无色后,加铬酸钾指示剂10~20滴,立即用硝酸银溶液滴定至呈砖红色。记录所消耗的硝酸银毫升数(V_5)。

(5)试验结果计算。游离氯离子含量按下式计算:

$$P = \frac{N_2 V_5 \times 0.03545}{G \times \frac{V_4}{V_3}} \times 100\%$$

式中：P——砂浆样品游离氯离子含量(%)；

$\quad N_2$——硝酸银标准溶液的当量浓度；

$\quad G$——砂浆样品质量(g)；

$\quad V_3$——浸样品的水质量(mg)；

$\quad V_4$——每次滴定时提取的滤液量(mL)；

$\quad V_5$——每次滴定时消耗的硝酸银溶液(mL)；

0.03545——氯离子的毫克当量。

2)混凝土中氯离子总含量的测定

(1)使用范围:测定混凝土中砂浆的氯离子总含量,其中包括已和水泥结合的氯离子量。

(2)基本原理:用硝酸将含有氯化物的水泥全部溶解,然后在硝酸溶液中,用佛尔哈德法测定氯化物含量。佛尔哈德法是在硝酸溶液中加入过量的 $AgNO_3$ 标准溶液,使氯离子完全沉淀在上述溶液中,用铁矾作指示剂;将过量的硝酸银用 KCNS 标准溶液滴定。滴定时 CNS^- 首先与 Ag^+ 生成白色的 AgCNS 沉淀,CNS^- 略有多余时,即与 Fe^{3+} 形成 $Fe(CNS)^{2+}$ 铬离子,使溶液显红色,当滴至红色能维持 $5 \sim 10s$ 不褪,即为终点。

$$Ag^+ + Cl^- \rightarrow AgCl \downarrow$$

反应式为:

$$Ag^+ + CNS^- \rightarrow AgCNS \downarrow$$

$$Fe^{3+} + CNS^- \rightarrow Fe(CNS)^{2+} \quad 红色$$

(3)化学试剂:氯化钠、硝酸银、硫氰酸钾、硝酸、铁矾、铬酸钾(以上均为化学纯)。

(4)试验步骤如下:

①试剂配置

a.0.02N 氯化钠标准溶液的配制;

b.0.02N 硝酸银溶液配制与标定;

c.6N 硝酸溶液的配制:取化学纯浓硝酸(HNO_3)含量 $65\% \sim 68\%$、25.8mL,置于容量瓶中,用蒸馏水稀释至刻度;

d.10% 铁矾溶液:用 10g 化学纯铁矾溶于 90g 蒸馏水配成;

e.0.02N 硫氰酸钾标准溶液:用天平称取化学纯硫氰酸钾晶体约 1.95g 左右,溶于 100mL 蒸馏水,充分摇匀,装在瓶内配成硫氰酸钾溶液,并用硝酸银标准溶液进行标定。将硝酸银标准溶液装入滴定管,从滴定管放出硝酸银标准溶液约 25mL,加 6N 硝酸 5mL 和 10% 铁矾溶液 4mL,然后用硫氰酸钾标准溶液滴定,滴定时,剧烈振动溶液,当滴至红色维持 $5 \sim 10s$ 不褪色,即为终点。

硫氰酸钾标准溶液的当量浓度按下式计算:

$$N_1 = \frac{N_2 V_2}{V_1}$$

式中:N_2——硝酸银标准溶液的当量浓度；

N_1——硫氰酸钾标准溶液的当量浓度；

V_1——滴定时消耗的硫氰酸钾标准溶液(mL)；

V_2——硝酸银标准溶液(mL)。

②混凝土试样处理和氯离子测定步骤

a. 取适量的混凝土试样(约40g)，用小锤仔细除去混凝土试样中石子部分，保存砂浆，把砂浆研碎成粉状，置于105±5℃烘箱中2h。取出放入干燥器内冷却至室温，用感量为0.01g天平称取10~20g砂浆试样倒入三角锥瓶。

b. 用容量瓶盛100mL稀硝酸(按体积比为浓硝酸:蒸馏水=15:85)倒入盛有砂浆试样的三角锥瓶内，盖上瓶塞，防止蒸发。

c. 砂浆试样浸泡一昼夜左右(以水泥全部溶解为度)，其间摇动三角锥瓶，然后用滤纸过滤，除去沉淀。

d. 用移液管准确量取滤液20mL两份，置于三角锥瓶，每份由滴定管加入硝酸银溶液约20mL(可估算氯离子含量的多少而酌量增减)，分别用硫氰酸钾溶液滴定。滴定时剧烈摇动溶液，当滴至红色能维持5~10s不褪色，即为终点。

注：必要时加入3~5滴10%铁矾溶液以增加水泥含有的Fe^{3+}。

试验结果计算。氯离子总含量按下式计算：

$$P = \frac{0.03545(NV - N_1 V_1)}{G \times \dfrac{V_2}{V_3}} \times 100\%$$

式中：P——砂浆样品中氯离子总含量(%)；

N——硝酸银标准溶液的当量浓度；

V——加入滤液试样中的硝酸银标准溶液(mL)；

N_1——硫氰酸钾标准溶液的当量浓度；

V_2——每次滴定时提取的滤液量(mL)；

V_3——浸样品的水量(mL)；

G——砂浆样品质量(g)；

0.03545——氯离子毫克当量。

12.5　数字式氯离子含量测试仪

下面介绍韩国生产的DY-2501B型氯离子含量测试仪的使用方法及注意事项。

1) 部件组成及性能

(1) 酸溶和水溶氯离子测试功能简约化设计，便于现场使用。

(2) 自动温度补偿功能，测试数据温度变化自动补偿。

(3) 便携式打印机。

(4) 数据存储功能，测试数据记录功能。

(5) 自我诊断功能。自我诊断功能：监控仪器真实时间状态，出错时屏幕显示错误提示信号。

(6)安全电池充电功能。仪器配有过度充电阻止电路。

(7)自动断电功能。长期停止使用,仪器自动断电,节约用电。

2)技术规格

DY-2501B 型氯离子含量测试仪技术规格,见表 5-12-1。

DY-2501B 型氯离子含量测试仪技术规格表 表 5-12-1

测 试 目 标	硬化混凝土中的氯离子含量
测试方法	离子选择电极
	水溶 Cl⁻/NaCl 含量(%)
	酸溶 Cl⁻/NaCl 含量(%)
	总氯离子量(mg/kg)
	温度(℃)
测试时间	大约 1min(自动保持)
测试范围	0.0005% ~ 2.0000% Cl⁻
精确度	±10% 读数(@20℃)
测试溶液	0.0001%
温度补偿	人工/自动调节
温度范围	0 ~ 40℃(建议温度 10 ~ 30℃)
显示	128 ×64 液晶显示
	适配器(输入:AC110V ~ 220V,输出:DC9V)
	Ni-MH 充电电池(1.2V ×6EA)
	碱性电池[1.5V(AA) ×6EA]
电源消耗	360mW,440mW(使用后光照明灯)
尺寸	仪器:80mm ×195mm ×40mm
	机箱(1 套)460mm ×335mm ×110mm
质量	仪器:大约 450g(包括电池)
	携带箱(1 套),质量大约 4kg

3)使用方法

DY-2501B 型氯离子含量测试仪使用流程及方法见图 5-12-2。

4)标定及测试

(1)按动"MODE"(模式)键并使用方向键选择"water(Cl⁻)Soluble"(水溶)模式。

(2)"water(Cl⁻)Soluble"(水溶)模式标定(Cl⁻)就绪。

(3)将 4g 研磨后的测试材料倒入 40g 萃取液中,用力摇晃 10min 直到测试材料完全溶入萃取液中,然后开始测试。

(4)选择标定溶液,按动相应的数字键,将探头插入溶液中,按动"MEASURE"键开始标定,至少标定两处。

(5)一旦标定完成,在屏幕上将显示"标定完成"信息和 SLP。

(6)如结果超过精确度(±10% 读数),检测探头表面和标定溶液状态。

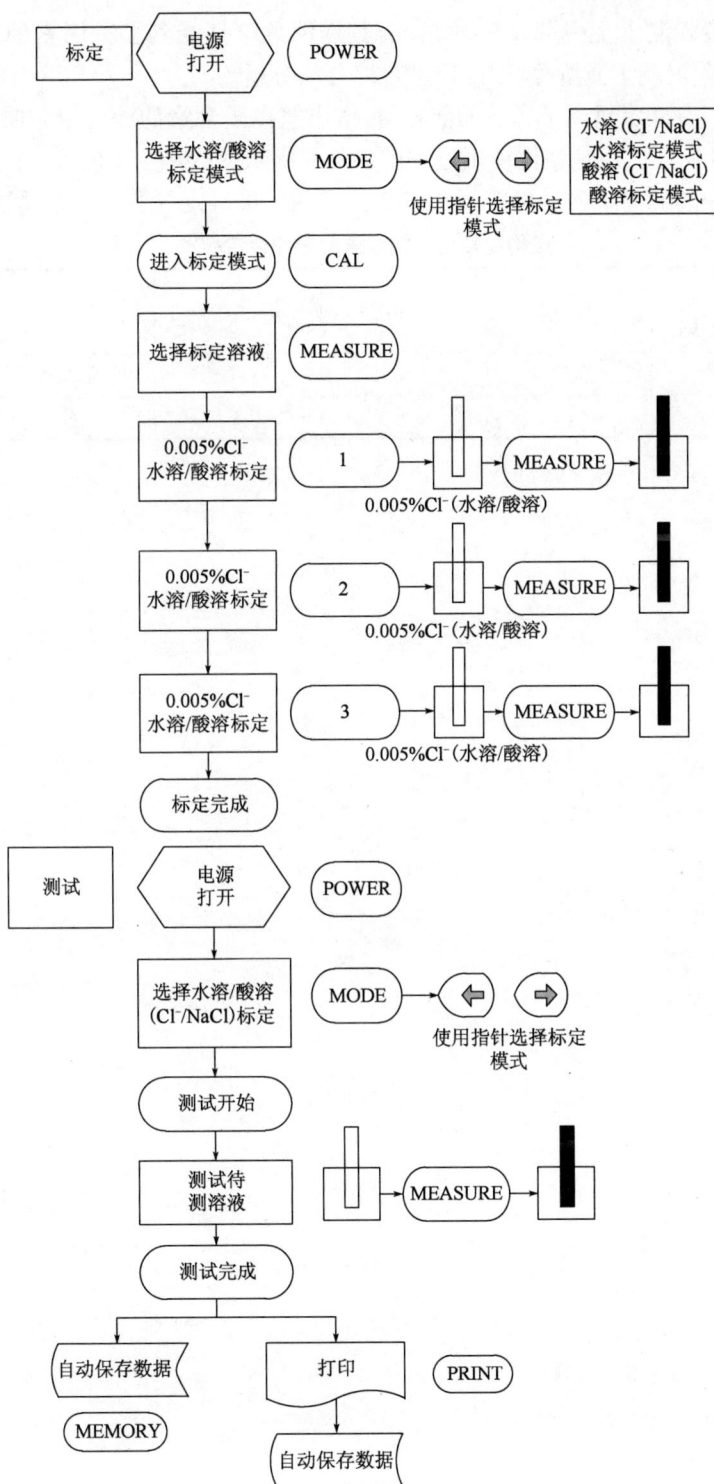

图 5-12-2　DY-2501B 型数字式氯离子含量测试仪使用流程

5）氯离子含量的评判标准

（1）氯化物浸入混凝土引起钢筋的锈蚀，其锈蚀危险性受到多种因素的影响，如碳化深度、混凝土含水率、混凝土质量等，因此应进行综合的分析。

（2）根据每一取样层氯离子含量的测定值，做出氯离子含量的深度分布曲线，判断氯化物是混凝土生成时已有的，还是结构使用过程中由外界渗入的或是浸入的。

（3）混凝土中的氯离子含量可按表 5-12-2 的评判标准确定其引起钢筋锈蚀的可能性。

结构混凝土中氯离子含量的评定标准   表 5-12-2

氯离子含量 （占水泥含量的百分比）	<0.15	0.15～0.4	0.4～0.7	0.7～1.0	>1.0
诱发钢筋锈蚀的可能性	很小	不确定	有可能	会诱发	钢筋锈蚀活化
评定标度值	1	2	3	4	5

第⑬章　超声波法检测混凝土表观缺陷

13.1　概　　述

混凝土缺陷,是指宏观材质不连续、性能参数有明显变异,而且对结构的承载能力和使用性能产生影响的区域。即使整个结构的混凝土的普遍强度达到设计要求,这些缺陷的存在也会使结构整体承载力严重下降,或影响结构的耐久性。因此,必须探明缺陷的部位、大小和性质,一边采取切实有效的处理措施,排除工程隐患。混凝土缺陷的成因十分复杂,检测要求也各不相同。混凝土缺陷现象大致有:内部空洞、蜂窝麻面、疏松、断层(桩)、接合面不密实、裂缝、碳化、冻融、化学腐蚀等。

超声波检测混凝土缺陷,与超声法检测混凝土强度相同,也受到许多因素的影响。在工程检测过程中,如不采取适当措施,尽量避免或减少其影响,必然会影响测试结果。试验和实践证明,影响超声波检测混凝土缺陷的主要因素有以下几种:

1)耦合状态的影响

由于脉冲波接收信号的波幅值,对混凝土缺陷反映最敏感,所以测得的波幅值(A_i)是否可靠,将直接影响到混凝土缺陷的检测结果。对于测距一定的混凝土,测试面的平整程度和耦合剂的厚薄,是影响波幅测试值的主要原因,如果测试面的凹凸不平或黏附泥砂,便无法保证换能器整个辐射面与混凝土测试面的接触,发射和接收换能器与测试面之间只能通过局部点传递脉冲波,使其大部分声能被损耗,造成波幅降低。此外,如果作用在换能器上的压力不均衡,使其耦合剂半边厚或时厚时薄,造成波幅不稳定。这些原因都会使测试结果不能反映混凝土的真实情况,使波幅测试值失去可比性。因此,要求超声波测试必须具备良好的耦合状态。

2)钢筋的影响

由于脉冲波在钢筋中的传播速度比在混凝土中快,在发射和接收换能器的连线上或其附近存在钢筋时,必然影响混凝土声速测量值,其影响程度取决于钢筋相对于测试方向的位置及钢筋的数量和直径。试验表明,当钢筋轴线垂直于测试方向,其影响程度取决于通过各钢筋声程之和 l_s 与测试距离 l 之比,对于声速大于4000m/s的混凝土,$l_s \leq l/12$,钢筋对混凝土声速的影响较小,一般为1%~3%。当钢筋轴线平行于测试方向,对混凝土声速测值的影响较大,为避免这一影响,发射和接收换能器的连线必须离开钢筋一定距离。

3)水分的影响

由于水的声速和声阻抗率比空气的声速和声阻抗率大许多倍,如果混凝土缺陷中的空气

被水取代,则脉冲波的绝大部分在缺陷界面不再反射和绕射,而是通过水耦合层穿过缺陷直接传播至接收换能器,使得有缺陷或者无缺陷的混凝土声速、波幅和频率的测量值差异不明显,给缺陷测试和判断带来困难,因此,在进行缺陷检测时,要力求混凝土处于自然干燥状态。

13.2 内部缺陷超声波检测的估算与判别

(1)超声脉冲波在混凝土中遇到缺陷时产生绕射,可根据声时及声程的变化,判别和计算缺陷的大小。

(2)超声脉冲波在缺陷界面产生散射和反射,到达接收换能器的声波能量(波幅)显著减小,可根据波幅变化的程度来判断缺陷的性质和大小。

(3)超声脉冲波中各频率成分在缺陷界面衰减程度不同,接收信号的频率明显降低,可根据接收信号主频或频率谱的变化分析判断缺陷情况。

(4)超声脉冲波通过缺陷时,部分声波会产生路径和相位变化,不同路径和不同相位的声波叠加后,造成接收信号波形畸变,可参考畸变波形分析判断缺陷。

当混凝土的组成材料、工艺条件、内部质量及测试距离一定时,各测点超声波传播速度、首波幅度和接收信号主频率等声学参数一般无明显差异。如果某部分混凝土存在空洞、不密实或裂缝等缺陷,破坏了混凝土的整体性,通过该处的超声波与无缺陷混凝土相比,则声时明显偏长,波幅和频率明显降低。超声波检测混凝土缺陷,正是根据这一基本原理,即对同条件下的混凝土进行声速、波幅的主频测量值的相对比较,从而判断混凝土的缺陷情况。

13.3 表面损伤层的检测

表面损伤层的检测方法适用于因冻害、高温或化学腐蚀等引起的混凝土表面损伤层厚度的检测。

1)测试方法

(1)表面损伤层检测宜选用频率较低的厚度振动式换能器。

(2)测试时 T 换能器应耦合好,并保持不动,然后将 R 换能器依次耦合在间距为 30mm 的测点 1、2、3、…位置上,如图 5-13-1 所示,读取相应的声时值 t_1、t_2、t_3、…,并测量每次 T、R 换能

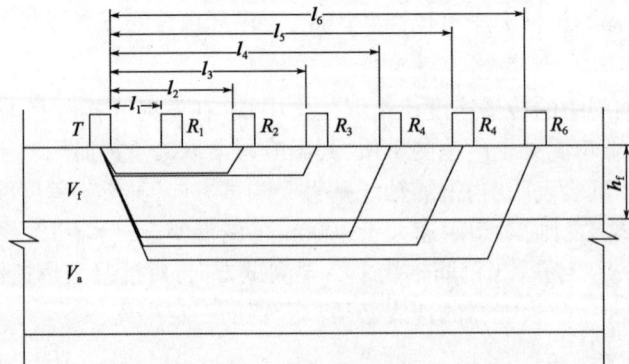

图 5-13-1 检测损伤层厚度示意图

器内边缘之间的距离 l_1、l_2、l_3、……。每一测位的测点数不得少于 6 个,当损伤层较厚时,应相应增加测点数。

(3)当构件的损伤层厚度不均匀时,应适当增加测位数量。

2)数据处理及判断

用各测点的声时值 t_i 和相应测距值 l_i 绘制"时—距"坐标图,如图 5-13-2 所示。由图可得到声速改变所形成的转折点,该点前、后分别表示损伤和未损伤混凝土的 l 与 t 相关直线。用回归分析方法分别求出损伤、未损伤混凝土 l 与 t 的回归直线方程:

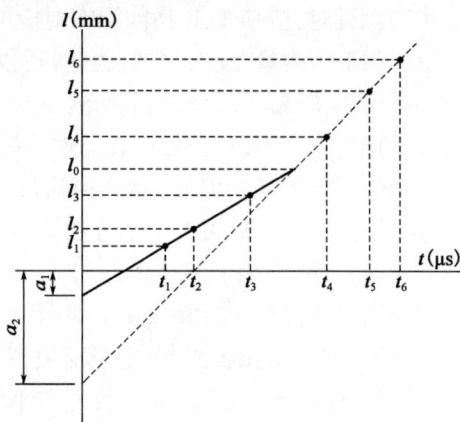

图 5-13-2　损伤层检测"时—距"图

损伤混凝土

$$l_f = a_1 + b_1 t_f$$

未损伤混凝土

$$l_a = a_2 + b_2 t_a$$

式中： l_f——拐点前各测点的测距(mm),对应于图 5-13-2 中的 l_1、l_2、l_3;

t_f——对应于图 5-13-2 中 l_1、l_2、l_3 的声时 t_1、t_2、t_3(μs);

l_a——拐点后各测点的测距(mm),对应于图 5-13-2 中的 l_4、l_5、l_6;

t_a——对应于图 5-13-2 中 l_4、l_5、l_6 的声时 t_4、t_5、t_6(μs);

a_1、b_1、a_2、b_2——回归系数,即图 5-13-2 中损伤和未损伤混凝土直线的截距和斜率。

损伤层厚度应按下式计算:

$$l_0 = \frac{a_1 b_2 - a_2 b_1}{b_2 - b_1}$$

$$h_f = \frac{l_0}{2 \times \sqrt{\dfrac{b_2 - b_1}{b_2 + b_1}}}$$

式中:h_f——损伤层厚度(mm)。

13.4　均匀性的检测

结构混凝土均匀性,一般宜采用平面式换能器进行穿透对测法检测。

1)检测方法

(1)检测时,被测结构混凝土的匀质性,要求被测结构应具有一对相互平行的测试表面,并保持平整、干净。先在两个测试面上分别画出等间距的网格,并编上对应的测点序号,网格的间距大小取决于结构的种类和测试要求,一般在 200~300mm。对于测距较小,质量要求较高的结构,测点间距宜小些,测距较大的大体积结构,测点间距可适当取大些。

（2）测试时，应使 T、R 换能器在对应的一对测点上保持良好的耦合状态，逐点读取声时值 t_i。超声测距的测量方法可根据构件的实际情况确定，如果各测点的测距完全一致，便可在构件的不同部位抽测几次，取其平均值作为该构件的超声测距值 l。当各测点的测距不相同（相差≥1%）时，应分别进行测量，有条件最好采用专用工具逐点测量 l_i 值。

（3）根据被测结构混凝土的"声速（v）—强度（R）"关系曲线先计算出被测构件测位处测点换算强度值 R_i，然后再按下述方法计算出测位处测点换算强度的平均值 m_R、标准差 S_R 和离差系数（变异系数）C_R。具体做法如下：

①根据各测点的声时值 t_i（μs）和声程值 l_i（m），先计算出测点混凝土声速值 $v_i = l_i/t_i$（km/s），再根据 $R = f(v)$ 计算出各测点的换算强度值 R_i。

②应用数理统计方法，按下列公式计算测点混凝土换算强度的平均值 m_R、标准差 S_R 和离差系数（变异系数）C_R。

$$m_R = \frac{1}{n}\sum_{i=1}^{n}R_i$$

$$S_R = \sqrt{\frac{\sum_{i=1}^{n}R_i^{\,2} - n \times m_R^{\,2}}{n-1}}$$

$$C_R = \frac{S_R}{m_R}$$

式中：n——测点数。

2）强度特征值与匀质系数

强度特征值：

$$R_t = m_R(1 - tC_R)$$

强度匀质系数：

$$K_b = \frac{\beta R_t}{M}$$

式中：t——根据在给定保证率下某一测位的测点数而确定的系数，详见表5-13-1；

M——被测构件混凝土的设计强度等级；

β——修正系数，详见表5-13-2。

等级评定标准见表5-13-3。

系 数 t 值　　　　　　　表5-13-1

测点数	给定保证率		测点数	给定保证率	
	0.95	0.90		0.95	0.90
1	6.31	3.08	8	1.86	1.40
2	2.92	1.87	10	1.81	1.37
3	2.35	1.64	15	1.75	1.34
4	2.13	1.53	20	1.72	1.32
5	2.02	1.48	30	1.70	1.30
6	1.94	1.44	35	1.65	1.28

系 数 β 值　　　　　　　　　　　表 5-13-2

$C_R(\%)$	A_S/C_R						
	0.5	0.7	1.0	1.5	2.0	2.5	3.0
12	1	1	1	1	1	1	1
15	1.02	1.06	1.09	1.14	1.18	1.23	1.31
20	1.07	1.14	1.21	1.28	1.35	1.45	1.53
25	1.30	1.42	1.58	1.76	1.92	2.01	2.18
30	2.40	2.80	3.20	3.80	4.30	4.75	5.10
备注	表中 $A_S = \dfrac{1}{2}\sum\limits_{i=1}^{n}\dfrac{R_i - m_R^3}{nS_R^3}$ 式中: n——被测构件测位处的测点数						

等 级 评 定 标 准　　　　　　　　　　　表 5-13-3

匀质系数 K_b	混凝土质量
>0.85	良好
0.70~0.85	中等
<0.70	差

第14章 混凝土碳化深度检测

14.1 碳化的作用机理

混凝土碳化是指混凝土中的氢氧化钙[$Ca(OH)_2$]与渗透进混凝土中的二氧化碳(CO_2)或其他酸性气体发生化学反应的过程。混凝土碳化可用下列化学式表示：

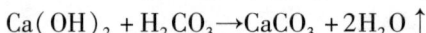

$$CO_2 + H_2O \rightarrow H_2CO_3$$
$$Ca(OH)_2 + H_2CO_3 \rightarrow CaCO_3 + 2H_2O\uparrow$$

碳化的实质是混凝土的中性化。水泥在水化过程中生成大量的氢氧化钙，使混凝土内部的孔隙中充满饱和氢氧化钙溶液，其 pH 值为 12~13。在这样高的碱性环境中埋置的钢筋容易发生钝化作用，使钢筋表面生成一层难溶的三氧化二铁(Fe_2O_3)和四氧化三铁(Fe_3O_4)，通常称为钝化膜，能够阻止混凝土中钢筋的腐蚀。当有二氧化碳和水汽从表面通过孔隙进入混凝土内部时，与混凝土中的碱性物质中和，会导致混凝土的 pH 值降低。当 pH 值小于 9 时，埋置于混凝土中的钢筋表面的钝化膜被逐渐破坏，在水分和其他有害介质侵入的情况下，钢筋就会发生腐蚀。

14.2 碳化深度测量方法

测量碳化深度时应注意以下几点：

(1)回弹值完毕后，应在有代表性的位置上测量碳化深度值，测点数不应少于测区数的 30%，取其平均值为该构件每测区的碳化深度值。

(2)当碳化深度值级差大于 2.0mm 时，应在每一测区测量碳化深度值。

(3)每一测孔测量值应不少于 3 个，取其平均值，每次读数精确到 0.5mm。

(4)每一测区应布置三个测孔，三个测孔应呈"品"字排列，孔距根据构件尺寸大小确定，但要大于 2 倍孔径。

(5)测孔距构件边角的距离应大于 2.5 倍保护层厚度。

使用酸碱指示剂在混凝土的新鲜破损面，根据指示剂颜色的变化，测量混凝土的碳化深度，量测值准确至毫米。

(1)配制指示剂(酚酞试剂)：75% 的酒精溶液与白色酚酞粉末配置成酚酞浓度为 1%~2% 的酚酞溶剂，装入喷雾器备用，溶剂应为无色透明的液体。

(2)用装有 20mm 直径钻头的冲击钻在测点位置钻孔。

（3）成孔后用圆形毛刷将孔中碎屑、粉末清除,露出混凝土新茬。

（4）将酚酞指示剂喷到测孔壁上。

（5）待酚酞指示剂变色后,用测深卡尺测量混凝土表面至酚酞变色交界处的深度,准确至1mm。酚酞指示剂从无色变为紫色时,混凝土未碳化,酚酞指示剂未改变颜色处的混凝土已经碳化。

（6）将测区、测孔统一编号,并画出示意图,标上测量结果。

（7）测量值的整理:应列出测量值的最大值、最小值和平均值。

14.3 评 定 标 准

混凝土碳化深度对钢筋锈蚀影响的评定,可取构件的碳化深度平均值与该类构件保护层厚度平均值之比,并考虑其离散情况,参考表5-14-1。

混凝土碳化深度的评定标准 表5-14-1

碳化层深度/保护层厚度	<1*	<1	1	>1	>1**
评定标度值	1	2	3	4	5

注:1. *构件全部实测比值均小于1。

　　2. **构件全部实测比值均大于1。

　　3. 宜分构件逐一进行评定。

第 ⑮ 章　混凝土保护层厚度检测

混凝土对钢筋的保护作用包括两个方面:一是混凝土的高碱性使钢筋表面形成钝化膜;二是保护层对外界腐蚀介质、氧气及水分等渗入的阻止作用。后一种作用主要取决于混凝土的密实度及保护层厚度。因此,混凝土保护层厚度及其分布均匀性是影响结构钢筋耐久性的一个重要因素。

本章主要介绍了估测钢筋位置、深度和尺寸的电磁检测仪器工作原理,规定仪器的使用方法和评定标准的应用方法。

检测针对主要承重构件或承重构件的主要受力部位,或钢筋锈蚀电位测试结果表明钢筋可能锈蚀活化的部位,以及根据结构检算及其他检测需要确定的部位。

混凝土桥梁钢筋保护层厚度检测应包括对钢筋位置和混凝土保护层厚度测量,对缺失资料的桥梁还应包括对钢筋直径的估测。

15.1　钢筋保护层厚度检测部位

混凝土中钢筋检测用于估测混凝土中钢筋的位置、深度和尺寸。在无资料或其他原因需要对结构进行调查的情况下,进行其他测试之前需要避开钢筋进行测量。

本项调查与检测工作应由有经验的、从事结构检测的工程师或技术专家检测并解释,除了混凝土中钢筋分布及保护层厚度检测以外,根据需要有必要结合其他项目,如锈蚀电位、氯离子含量、碳化深度和混凝土电阻率等,以综合评定混凝土中钢筋锈蚀活动及其对结构使用寿命的影响。

混凝土桥梁钢筋保护层厚度检测部位应包括:

(1)主要构件或主要受力部位;

(2)钢筋锈蚀电位测试结果表明钢筋可能锈蚀活化的部位;

(3)发生钢筋锈蚀胀裂的部位;

(4)布置混凝土碳化测区的部位;

(5)钢筋保护层厚度按照每座桥梁每孔主要构件各测一个测区。

15.2　检测方法及原理

检测方法:采用电磁法无损检测方法确定钢筋位置,辅以现场修正确定保护层厚度,估测钢筋直径,量测值准确至毫米。

仪器探头产生一个电磁场,当某条钢筋或其他金属物体位于这个电磁场内时,会引起这个电磁场磁力线的改变,造成局部电磁场强度的变化。电磁场强度的变化和金属物大小、与探头距离存在一定对应关系,如果把特定尺寸的钢筋和所要调查的材料进行适当标定,通过探头测量并由仪表显示这种对应关系,即可估测混凝土中钢筋位置、深度和尺寸。

15.3 仪 器

检测仪器一般包含探头、仪表和连接导线,仪表可进行模拟或数字的指示输出,较先进的仪表还具有图形显示功能,仪器可由电池或外接电源供电。

钢筋保护层测试仪的技术要求:

(1)钢筋保护层测试仪应通过技术鉴定,必须具有产品合格证。仪器的保护层测量范围应大于 20mm。

(2)仪器的准确度应满足:

0 ~ 60mm, ±1mm;

60 ~ 120mm, ±3mm;

>120mm, ±10%。

(3)适用的钢筋直径范围应为 ϕ5mm ~ ϕ6mm,并不少于符合有关钢筋直径系列规定的 12 个档次。仪器应具有在未知保护层厚度的情况下,测量钢筋直径的功能。仪器应能适用于温度 0 ~ 40℃、相对湿度≤85%、无强磁场干扰的环境条件。仪器工作时应为直流供电,连续正常工作时间不小于 6h。

15.4 仪器的标定

钢筋保护层测试仪使用期间的标定校准应由一专用的标定块完成。当测量标定块所给定的保护层厚度时,测读值应在仪器说明书所给定的准确度范围之内。

标定块为一根 ϕ16 的普通碳素钢筋垂直浇筑在一长方体无磁性的塑料块内,钢筋距四个侧面边长尺寸分别为 15mm、30mm、60mm、90mm,如图 5-15-1 所示。

标定应在无外界磁场干扰的环境中进行。

每次试验检测前均应对仪器进行标定,若达不到应有的准确度,应送专业机构维修检验。

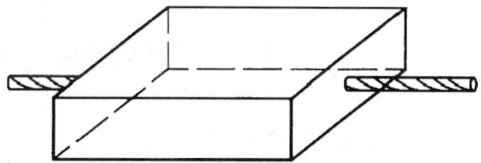

图 5-15-1 标定块

15.5 操 作 程 序

(1)混凝土结构钢筋分布状况调查的范围

其范围应为主要承重构件或承重构件的主要受力部位,或经钢筋锈蚀电位测试结果表明钢筋可能锈蚀活化的部位,以及根据结构检算及其他检测需要确定的部位。

（2）测区布置原则

按单个构件检测时，应根据尺寸大小，在构件上均匀布置测区，多个构件上的测区数不应少于 3 个。对于最大尺寸大于 5m 的构件，应适当增加测区数量。测区应均匀分布，相邻两测区的间距不宜小于 2m。测区表面应清洁、平整，避开接缝、蜂窝、麻面、预埋件等部位。测区应注明编号，并记录测区位置和外观情况。

测点数量及要求：

①构件上每一测区应不少于 10 个测点。

②测点间距应小于保护层测试仪传感器长度。

对某一类构件的检测，可采取抽样的方法，抽样数不少于同类构件数的 30%，且不少于 3 件，每个构件测区布置按单个构件要求进行。对结构整体的检测，可先按构件类型分类，再按类型进行检测。

（3）测量步骤

测试前应了解有关图纸资料，以确定钢筋的种类和直径。

进行保护层厚度测读前，应先在测区内确定钢筋的位置与走向，做法如下：

①将保护层测试仪传感器在构件表面平行移动，当仪器显示值为最小时，传感器正下方即为所测钢筋的位置。

②找到钢筋位置后，将传感器在原处左右转动一定角度，仪器显示最小值时传感器长轴线的方向即为钢筋的走向。

③在构件测区表面画出钢筋位置与走向。

（4）保护层厚度的测读

①将传感器置于钢筋所在位置正下方，并左右稍稍移动，读取仪器显示的最小值，即为该处保护层厚度。

②单一测点宜读取 2~3 次稳定读数，取其平均值，精确至 1mm。

③应避免在钢筋交叉位置进行测量。

对于缺少资料、无法确定钢筋直径的构件，应首先测量钢筋直径。对钢筋直径的测量宜采用测读 5~10 次、剔除异常数据、求其平均位的测量方法。

15.6　影响测量准确度的因素及修正

（1）影响测量准确度的因素

应避免外加磁场的影响。混凝土若具有磁性，测量值需加以修正。钢筋品种对测量值有一定影响，主要是高强钢筋，需加以修正。

布筋状况、钢筋间距影响测量值，当 $D/S < 3$ 时需修正测量值。其中，D 为钢筋净间距（mm），即钢筋边缘至边缘的间距；S 为保护层厚度，即钢筋边缘至保护层表面的最小距离。

（2）保护层测量值的修正

当钢筋直径、材质、布筋状况、混凝土性质都已知时，才能准确测量保护层厚度，而实际测量时，往往这些因素都是未知的。仪器测量直径的选择：

①两根钢筋横向并在一起（图 5-15-2），等效直径 $d_{等效} = d_1 + d_2$；

②两根钢筋竖向并在一起(图 5-15-3),$d_{等效} = 3(d_1 + d_2)/4$。

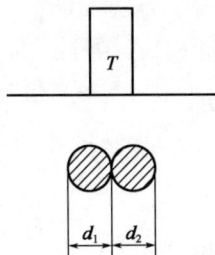

图 5-15-2 两根钢筋横向并在一起　　　　　图 5-15-3 两根钢筋竖向并在一起

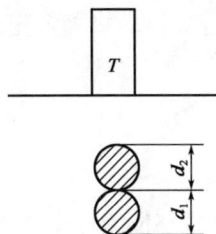

(3)用标准垫块进行综合修正,这种方法适用于现场检测标准检测。标准垫块用硬质无磁性材料制成,例如工程塑料或电工用绝缘板。平面尺寸与仪器传感器底面相同,厚度 S_b 为 10mm 或 20mm 时的修正系数 K 计算方法如下:

①将传感器直接置于混凝土表面已标好的钢筋位置正上方,读取测量值 S_{m1}。

②将标准垫块置于传感器混凝土表面位置,并把传感器放于标准垫块之上,读取测量值 S_{m2},则修正系数 K 为:

$$K = \frac{S_{m2} - S_{m1}}{S_b} \tag{5-15-1}$$

③对于不同钢种和直径应确定各自的修正系数,每一修正系数应采用 3 次平均求得。

(4)用校准孔进行综合修正,这也是现场校准测量值的有效方法。

①用 6mm 钻头在钢筋位置正上方,垂直于构件表面打孔,手碰到钢筋立即停止,用深度卡尺量测钻孔深度,即为实际的保护层厚度 S_r,则修正系数为:

$$K = \frac{S_m}{S_r} \tag{5-15-2}$$

式中:S_m——仪器读数值。

②对于不同钢种和直径应打各自的校准孔,一般应不少于 2 个,求其平均值。

现场检测的准确度。经过修正后确定的保护层厚度值,准确度可在 10% 以内,因混凝土表面的平整度及各种影响因素仍会给测量带来误差。

用图示方式注明检测部位及测区位置,将各个测区的钢筋分布、走向绘制成图,并在图上标注间距、保护层厚度及钢筋直径等数据。

15.7　钢筋分布及保护层厚度的评定标准

(1)数据处理。

首先根据某一测量部位各测点混凝土厚度实测值,按式(5-15-3)求出混凝土保护层厚度平均值 $\overline{D}_n$(精确至 0.1mm)。

$$\overline{D}_n = \frac{\sum_{i=1}^{n} D_{ni}}{n} \tag{5-15-3}$$

式中：D_{ni}——结构或构件测量部位测点混凝土保护层厚度，精确至 1mm；

　　　n——测点数。

按照式(5-15-4)计算确定测量部位混凝土保护层厚度特征值 D_{ne}（精确至 0.1mm）。

$$D_{ne} = \overline{D} - KS_D \qquad (5\text{-}15\text{-}4)$$

$$S_D = \sqrt{\frac{\sum_{i=1}^{n}(D_{ni})^2 - n(\overline{D}_n)^2}{n-1}}$$

式中：S_D——测量部位测点保护层厚度的标准差，精确至 0.1mm；

　　　K——合格判定系数值，按表 5-15-1 取用。

表 5-15-1

混凝土保护层厚度合格判定系数值

n	10 ~ 15	16 ~ 24	≥25
K	1.695	1.645	1.595

（2）根据测量部位实测保护层厚度特征值 D_{ne} 与其设计值 D_{nd} 的比值，混凝土保护层厚度对结构钢筋耐久性评定标度按表 5-15-2 来评判。

表 5-15-2

钢筋保护层厚度评定标准

$\dfrac{D_{ne}}{D_{nd}}$	对结构钢筋耐久性的影响	评定标度
>0.95	影响不显著	1
(0.85,0.95]	有轻度影响	2
(0.70,0.85]	有影响	3
(0.55,0.70]	有较大影响	4
≤0.55	钢筋易失去碱性保护，发生锈蚀	5

第16章 钢筋锈蚀程度检测

钢筋混凝土结构物的耐久性问题越来越引起人们的重视,而钢筋锈蚀则是影响结构物耐久性的主要因素之一,钢筋锈蚀产物的体积是整个锈蚀层体积的 2~2.5 倍,因而压迫其周围的混凝土并产生超过混凝土抗拉强度的拉应力,结果造成保护层沿着锈蚀的钢筋形成裂缝。这些裂缝成为侵蚀性介质渗入钢筋的通道,因而加速钢筋的锈蚀。若不采取措施,则钢筋的锈蚀会进一步发展直至保护层剥落。这时,钢筋与混凝土之间的黏结遭到破坏,致使结构的承载能力急剧下降。对受弯构件来说,因钢筋与混凝土之间的黏结破坏而使其承载能力降低 30%~35%。随着工业污染及建筑结构的老化,钢筋锈蚀问题越来越暴露出来,直接影响到结构物的安全使用。

16.1 钝 化 状 态

钝化是钢筋在 pH 值高,供氧充分的混凝土内被保护的正常状态。在这种状态下,钢筋锈蚀率通常很低(0.1mm/年)。在没有氯盐的情况下,钝化电位幅度很宽,当 pH 值为 13 时为 +200mV~−700mV(饱和甘汞电极)。混凝土的"质量"包括像水灰比、火山灰质外加物、渗透性及电阻等参数,决定混凝土在钝化钢筋基本上尚未锈蚀情况下抵抗各种脱钝作用和影响特性电位的能力。

16.2 点 蚀

点蚀是氯离子存在或侵入引起的典型局部锈蚀状态。点蚀的显著特征是在以大面积钝化钢筋为阴极,与以氯盐高度集中、pH 值下降的局部小面积为阳极之间的动电(直流)电流活动。

钝化钢筋和局部阳极间的典型平均电位是 −200~−500mV。电化学电位图显示出靠近阳极区的电位梯度很高。

16.3 全 面 锈 蚀

全面锈蚀是由于混凝土碳化或混凝土内有大量氯盐,导致钢筋普遍失去钝化的结果。起电化学电位与钢筋在其他环境中锈蚀电位相似。典型的电位是 −450~600mV(饱和甘汞电极),电位梯度不很大。

16.4 钝化低电位锈蚀

在氧进入混凝土内大受限制,以致钢筋钝化膜难以维持的环境中,甚至高碱性混凝土中的钢筋也可能变为活性。铁在 pH 值为 13 的溶液中,平衡电位大约是 $-1000mV$,并溶解为 FeO_2 离子络合物。但是,锈蚀率却很低,等于甚至低于钝化状态的锈蚀率。而且,若环境条件变化,以至于供氧充沛时,钢筋还易于重新钝化。

在这种情况下,不可能发生点蚀,因为电位比点蚀的阳极电位低,在混凝土裂缝底部,若钢筋的一小部分暴露于外部环境,这一部分钢筋即将承受阴极保护作用。

16.5 钢筋腐蚀影响因素

混凝土结构中的钢筋腐蚀受许多因素影响,其中主要包括:混凝土的液相组成(pH 值及 cl⁻含量)、混凝土密实度、保护层厚度及完好性和外部环境。

1)混凝土液相 pH 值

钢筋腐蚀速度与混凝土液相 pH 值有密切关系:当 pH 值大于 10 时,钢筋腐蚀速度很小;当 pH 值小于 4 时,钢筋腐蚀速度急剧增加。

2)混凝土中氯离子 Cl⁻含量

混凝土中氯离子 Cl⁻含量对钢筋腐蚀的影响极大。一般情况下,钢筋混凝土中氯盐掺量应少于水泥重量的 1%,掺氯盐的混凝土必须振捣密实,且不宜采用蒸汽养护。

3)混凝土的密实度和保护层厚度

混凝土对钢筋的保护作用包括两个方面:一是混凝土的高碱性使钢筋表面形成钝化膜;二是保护层对外界腐蚀介质、氧气和水分等渗入的阻止。后一种作用主要取决于混凝土的密实度及保护层厚度。

4)混凝土保护层的完好性

混凝土保护层的完好性是指混凝土是否开裂,有无蜂窝、孔洞等。混凝土裂缝对钢筋腐蚀有明显影响,特别是对处于潮湿环境或腐蚀介质中的混凝土影响更大。许多调查表明,在潮湿环境中使用的混凝土结构,横向裂缝宽度达 0.2mm 时,即可引起钢筋腐蚀。钢筋腐蚀物体积膨胀使混凝土保护层沿钢筋出现裂缝,裂缝宽度不断加大,如此恶性循环必将导致混凝土保护层的完全剥落和结构的最终破坏。

5)粉煤灰等掺合料的数量

粉煤灰等矿物掺合料能降低混凝土的碱性,从这种意义上讲可能会影响混凝土结构的耐久性。但是,国内外许多研究表明,在掺用优质粉煤灰等掺和料时,在降低混凝土碱性的同时,能提高混凝土的密实度,改变混凝土内部孔隙结构,从而阻止外界腐蚀介质、氧气和水分的渗入,这无疑对防止钢筋腐蚀是十分有利的。近年来,我国的研究工作还表明,掺入粉煤灰可以增强混凝土抵抗杂散电流对钢筋的腐蚀作用。因此,综合考虑上述效应,可以认为在混凝土中掺入符合标准的粉煤灰,不但不会影响混凝土结构的耐久性,而且可以提高混凝土结构的耐久性。

6）环境条件

环境条件，如温度、湿度及干湿交替作用、海水飞溅、海盐渗透等是引起钢筋腐蚀的外在因素，对混凝土结构中钢筋的腐蚀有明显影响。特别是混凝土自身保护能力不符合要求或混凝土保护层有裂缝等缺陷时，外界因素的影响更为突出。许多实际调查表明，混凝土在潮湿及腐蚀介质中的使用寿命要比干燥环境及无腐蚀介质情况下减少2～3倍。

7）钢筋应力状态

钢筋的应力状态对其腐蚀的影响很大，应力腐蚀比一般腐蚀更危险。钢筋的应力腐蚀一般是先形成腐蚀坑，造成应力集中产生裂纹源，进一步发展造成裂纹尖端部位材料的脆化，引起裂纹扩展，最终导致钢筋断裂。钢筋应力越高，应力腐蚀的敏感性越大。

16.6 钢筋锈蚀的检测方法

钢筋锈蚀是影响结构安全性和耐久性的关键因素之一，因此评价结构安全性和耐久性，必须检测钢筋锈蚀的状态及活动性。

由于混凝土结构的设计、施工、质量与工作环境等多种因素的影响，会造成钢筋混凝土结构物中钢筋的锈蚀，而影响结构物的使用安全和耐久性，因此必须对钢筋的状况进行检测。

其检测方法可分为两类，一类是直接检测，用来检测钢筋本身；另一类是间接检测，用来检测钢筋所处环境。

在结构混凝土中钢筋处于混凝土的保护之中，混凝土的物理、化学性质对钢筋的耐久性有直接影响，因此评价钢筋状况必须检测其所处混凝土的有关物理、化学参数。这就是钢筋状态的间接检测。常规的间接检测项目有：混凝土保护层、电阻率、含水率、碳化深度及有害物质含量的测量等。常用的检测钢筋状况的直接测量方法是测量钢筋锈蚀的自然电位以及钢筋截面的损失。钢筋的自然电位与钢筋发生锈蚀的概率及状况有良好的对应规律。对钢筋混凝土结构物钢筋状况的评定，应通过多种方法的检测进行综合评价。

1）发展现状

目前国内外混凝土中钢筋锈蚀状况的检测主要应用半电池电位法及电阻率测试法。

半电池电位法是利用混凝土中钢筋锈蚀的电化学反映引起的电位变化来测定钢筋锈蚀状态的一种方法。通过测定钢筋/混凝土作为一个电极与在混凝土表面的铜/硫酸铜参考电极之间的电位差，评定钢筋的锈蚀状态。

混凝土的电阻率，反映其导电性。混凝土电阻率大，若钢筋发生锈蚀，则发展速度慢，扩散能力弱；混凝土电阻率小，锈蚀发展速度快，扩散能力强。因此对钢筋状况进行检测评定，测量混凝土的电阻率是一项重要内容。

混凝土电阻率的测量采用四电极法，即在混凝土表面等间距接触四支电极，两外侧电极为电流电极，两内侧电极为电压电极，通过检测两电极间的混凝土电阻即可获得混凝土的电阻率。

2）测试方式、注意事项及判定标准

（1）半电池电位法

通过检测钢筋锈蚀的自然电位来评定钢筋锈蚀的状态和活动性是常用的方法，该方法简

便,对结构无损伤,易于现场实施,结果明确,适用于混凝土构件寿命期间的任何时间,不受构件尺寸、钢筋保护层厚度的限制。

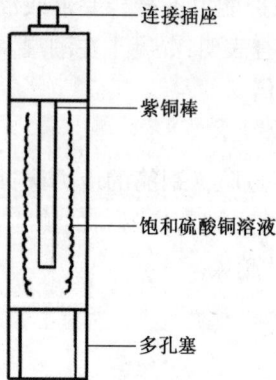

图 5-16-1　铜/硫酸铜参考
电极结构图

①本方法适用于半电池电位法硬化混凝土中钢筋的半电池电位的测定,其目的是对钢筋的锈蚀状态做出适当的判定。

②测量装置:

a. 参考电极

本方法用的参考电极为铜/硫酸铜半电池。它由一根不与铜或硫酸铜发生化学反应的刚性有机玻璃管、一个通过毛细作用保持湿润的多孔塞、一个处在刚性管里饱和硫酸铜溶液中的紫铜棒构成。铜/硫酸铜参考电极结构如图 5-16-1 所示。

饱和硫酸铜溶液用试剂及硫酸铜晶体溶解在蒸馏水中制成。当有多余的未溶解硫酸铜结晶体沉积在溶液底部时,可以认为该溶液是饱和的。

铜/硫酸铜参考电极温度系数为 0.9mV/℃。

b. 二次仪表的技术性能要求

测量范围大于 1V;

准确度优于 0.5% ±1mV;

输入电阻大于 1010Ω;

仪器使用环境条件:环境温度 0 ~ +40℃,相对湿度≥85%;

半电池参考电极:铜/硫酸铜电极,温度系数 0.9mV/℃;

显示方式:数字显示;

数据输入方式:有标准打印机输出口,按矩阵或序列形成输出电位值并绘制等电位图;

数据存储:内存不断电,数据可存储;

电源:直流供电,连续正常工作时间不小于 6h;

导线总长不应超过 150m,一般选择截面面积大于 0.75mm² 的导线,以使在测试回路中产生的电压降不超过 0.1mV。

c. 仪器的使用、维护和保管

仪器的使用、日常维护与保管应按说明书规定进行。

对于充电电池供电的仪器,应特别注意每 1 ~ 2 个月充电一次,以保持电池的活性。

d. 仪器的校准

铜/硫酸铜电极的校准可使用甘汞电极。将铜/硫酸铜参考电极接于测量仪正极,甘汞电极接于负极,并把两电极同时接触于一块润湿的棉花上,在 22℃ 时两电极之间的电位差在 68 ± 10mV 之间,则铜/硫酸铜电极就是可用的。每次检测之前应对电极进行校准。

二次仪表的校准一般应每年进行一次,当检测测量系统各环节时,怀疑其性能,也可进行仪表的检查校准。准确度的校准方法如图 5-16-2 所示。

由 10k 多圈电位器分别给出不同电压值,将被检表与标准表的读数值进行比较,计算其准确度应与技术条件的要求相符。校准电压值:1000mV 以下每间隔 100mV 一个测点,1000mV 以上可每间隔200mV 一个测点。标准 DVM(Digital Voltmeter)应比被检表准确度高一个等级。

在现场进行临时校正检查,可采用测量仪测一只 1.5V 电池,再用正常的万用表测同一电池,读数误差应小于 7mV。

输入电阻检查接线方法如图 5-16-3 所示。将开关置于"1"的位置,读取电池电压 V_c。将开关置于"2"的位置,读取串联 $10M\Omega$ 电阻后的电压值 V_a。输入电阻 $R_m = R_a \times V_a / (V_c - V_a)$,应符合钢筋锈蚀电位检测装置技术条件的要求。

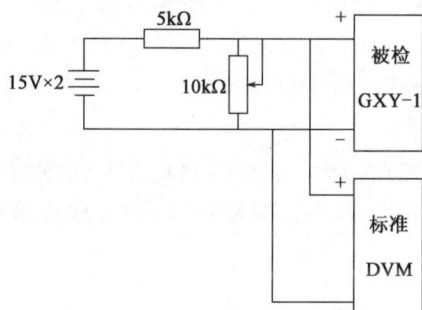

图 5-16-2　二次仪表校准接线图　　　　　　图 5-16-3　输入电阻检查接线图

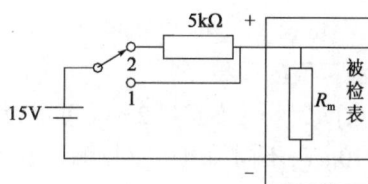

e. 铜/硫酸铜参考电极的准备

饱和硫酸铜溶液用试剂级硫酸铜晶体溶解在蒸馏水中制成,当有多余的未溶解硫酸铜晶体积于溶液底部时,可认为该溶液是饱和的。电极铜棒应清洁,无明显缺陷,否则需用稀释盐酸溶液清洁铜棒,并用蒸馏水彻底冲净。硫酸每月更换,或长时间不用时,再用更换新溶液,以保持溶液清洁。溶液应充满电极,以保证电连接。

f. 接触液

为使铜/硫酸铜电极与混凝土表面有较好的电接触,在水中加适量的家用液态洗涤剂,可提高与混凝土表面附着性能,润湿效果更好。

(2)测试方法

①测区的选择与测点布置:

a. 钢筋锈蚀状况检测范围应为主要承重构件或承重构件的主要受力部位,或根据一般检查结果中有迹象表明钢筋可能存在锈蚀的部位。

b. 在测区上布置测试网格,网格节点为测点,网格间距可选 20cm × 20cm、30cm × 30cm、20cm ×10cm 等,根据构件尺寸而定,测点位置距构件边缘应大于5cm,一般不宜少于 20 个测点。

c. 当一个测区内存在相邻测点的读数超过 150mV,通常应减小测点的间距。

d. 测区应统一编号,注明位置,并描述外观情况。

②混凝土表面处理:

用钢丝刷、砂纸打磨测区混凝土表面,去除涂料、浮浆、污迹、尘土等,并将表面湿润。湿润用点接触液,可以用水或加入适量液态洗涤剂的水溶液。

③二次仪表与钢筋的电连接:

a. 现场检测时,铜/硫酸铜电极一般接二次仪表的正输入端,钢筋接二次仪表的负输入端。

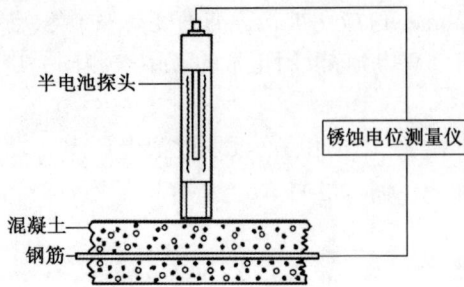

图 5-16-4　测试系统简图

b. 局部打开混凝土,在钢筋上钻一小孔并拧上自攻螺钉,用加压型接线夹夹在钉帽上,保证有良好的点连接。若在远离钢筋连接点的测区进行测量,必须用万用表检查内部钢筋的连续性,如不连续,应重新进行钢筋的连接。

c. 铜/硫酸铜参考电极与测点的接触。测量前应预先将电极前端多孔塞充分浸湿,以保证良好的导电性,正式测读前应再次用喷雾器将混凝土表面润湿,但应注意两个测点之间不应留有自由表面水。测试系统简图如图 5-16-4 所示。

④测量值的采集:

测点读数变动不超过 2mV,可视为稳定。在同一测点,同一支参考电极,重复测读的差异不超过 10mV;不同的电极重复测读的差异不超过 20mV。若不符合稳定要求,应检查测试系统的各个环节。

⑤注意问题和数据的修正:

a. 混凝土含水率对测量值有明显影响,因此测量时构件应在自然状态,含水率约为 2% ~ 3%,否则不能参考本手册。

b. 如果环境温度在 22℃ ±5℃ 范围之外,要对铜/硫酸铜电极应做温度修正。

c. 各种外界因素产生的杂散电流,影响测量值,特别是靠近地面的测区。应避免各种电磁场的干扰。

d. 混凝土保护层电阻对测量值产生影响,除测区表面处理要符合规定外,仪器的输入阻抗要符合技术要求。

⑥测试结果的判读:

a. 在对已处理的数据(包括已进行温度修正)进行判读以前,按惯例将这些数据加以负号,绘制等电位图,然后进行判读。推荐的实测数据的评判标准见表 5-16-1。

推荐的混凝土中钢筋锈蚀电位的评判标准表　　　　　　　　　　表 5-16-1

序　号	电位水平(mV)	钢筋状态
1	0 ~ -200	无锈蚀活动性或锈蚀活动性不确定
2	-200 ~ -300	有锈蚀活动性,但锈蚀状态不确定,可能坑蚀
3	-300 ~ -400	有锈蚀活动性,发生锈蚀概率大于90%
4	-400 ~ -500	有锈蚀活动性,严重锈蚀可能性极大
5	< -500	构件存在锈蚀开裂区域
备注		1. 表中电位水平为采用铜—硫酸铜电极时的量测值; 2. 混凝土湿度对量测值有明显影响,量测时构件应为自然状态,否则不能使用此评定标准

b. 本测试方法存在各种影响因素,混凝土含水量对测值的影响较大,为提高现场评定钢筋状态的可靠度,一般要进行现场比较性试验。

c. 现场比较性试验通常按已暴露钢筋的锈蚀程度不同,在它们的周围分别测出相应的锈蚀电位,比较这些钢筋的锈蚀程度和相应测值的对应关系,提高评判的可靠度。

⑦试验报告：

试验报告应包括如下内容：

a.试验的日期、时间、地点；

b.结构物的名称及结构形式；

c.测区及网格布置图；

d.试验系统简图；

e.环境温度；

f.数据序列或矩阵和等电位图；

g.对结构物钢筋锈蚀状态的评定。

（3）电阻率测试法

混凝土的电阻率反映其导电性。混凝土电阻率大，若钢筋发生锈蚀，则发展速度慢，扩散能力弱；混凝土电阻率小，锈蚀发展速度快，扩散能力强。因此对钢筋状况进行检测评价，测量混凝土的电阻率是一项重要内容。

混凝土电阻率的测量采用四电极方法，在混凝土表面等间距接触四支电极，两外侧电极为电流电极，两内侧电极为电压电极，通过检测两电压电极间的混凝土电阻率即可获得混凝土电阻率，如图5-16-5所示。

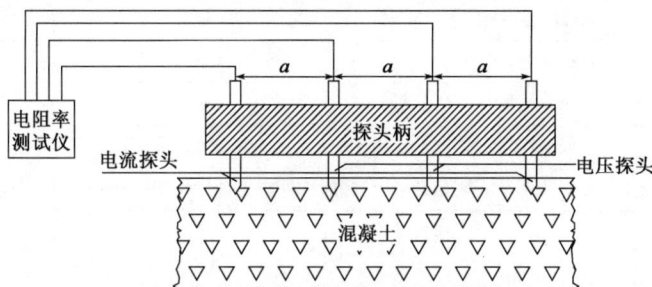

图5-16-5　混凝土电阻率测试技术示意图

$$\rho = \frac{2\pi dv}{I}$$

式中：v——电压电极间所测电压；

I——电流电极通过的电流；

d——电极间距。

①电阻率测试仪及技术要求：

a.混凝土电阻率测试仪应通过技术鉴定，必须具有产品合格证。

b.电阻率测试仪由四电极探头与电阻率仪表组成，采用交流测量系统。

探头四电极间距可调，调节范围10cm，每一电极内均装有压力弹簧，从而保证可测不同深度的电阻率及电极与混凝土表面接触良好；

电压电极间的输入阻抗 >1MΩ；

电极端部直径尺寸不得大于5mm；

显示方式：直接数字显示电阻率值；

电源：直流供电，连续正常工作时间不小于6h；

仪器使用环境条件:环境温度 0 ～ +40℃;相对湿度≤85%。

②仪器的检查:

在四个电极上分别接上三个电阻,则仪器的显示值为相应的电阻率值。例如电阻值为 1kΩ,相应电阻率值为:$2\pi d \times 1k\Omega \cdot cm$。

③混凝土电阻率的测量:

a. 测区与测位布置可参照钢筋锈蚀自然电位测量的要求,在电位测量网格间进行,并做好编号。

b. 混凝土表面应清洁、无尘、无油脂。为了提高量测的准确性,必要时可去掉表面碳化层。

c. 调节好电极的间距,一般采用的间距为 50mm。

d. 为了保证电极与混凝土表面有良好、连续的电接触,应在电极前端涂上耦合剂(特别是当读数不稳定时)。

e. 测量时探头应垂直置于混凝土表面,并施加适当的压力。

④混凝土电阻率对钢筋锈蚀影响程度的评判标准,见表 5-16-2。

混凝土电阻率对钢筋锈蚀影响程度的评判标准   表 5-16-2

序　号	电阻率(Ω·m)	钢筋发生锈蚀可能的锈蚀速度	评定标准值
1	>20000	很慢	1
2	15000～20000	慢	2
3	10000～15000	一般	3
4	5000～10000	快	4
5	<5000	很快	5
备注	混凝土湿度对量测值有明显影响,量测时构件应为自然状态,否则不能使用此评判标准		

第 17 章　冻融环境混凝土耐久性检验

17.1　检　测　标　准

在结构设计使用年限下(以不小于 100 年为基准),在盐冻环境其耐久性检验指标:①材料控制指标;②检验混凝土抗冻性,以混凝土抗冻耐久性指数 DF 确定抗冻融等级;③混凝土抗氯离子渗透性能,以混凝土抗氯离子迁移系数 D_{RCM} 确定。

1)混凝土材料与保护层

《公路工程混凝土结构防腐蚀技术规范》(JTG/T B07-01—2006)标准高于《公路桥涵设计通用规范》(JTG D60—2015)。建议采用《公路工程混凝土结构防腐蚀技术规范》中要求指标,见表 5-17-1。

混凝土材料与保护层状态检验指标　　　　　　　　　　　表 5-17-1

指标	A	B	C	D	E	F
最低混凝土强度	C30	C35	C40	C45	C50	C50
最小保护层厚度(mm)		30 ~ 35	40 ~ 45	45 ~ 50	50 ~ 55	55 ~ 60
最大水胶比	0.55	0.5	0.45	0.4	0.36	0.32
最小水泥用量(kg)	280	300	320	340	360	380

2)冻融环境混凝土抗冻指标

混凝土抗冻性指标为抗冻耐久性指数 DF:抗冻耐久性指数 DF 为 300 次快速冻融循环后的动弹性模量与初始值的比值(表 5-17-2)。

$$DF = (N/300) \times 0.6$$

式中:N——为试件弹性模量降低 60%,或重量损失超过 5% 时冻融循环次数。

混凝土抗冻耐久性指数 DF(单位:%)　　　　　　　　表 5-17-2

环 境 条 件	长期或频繁接触水 高度水饱和	偶受雨水或潮湿 中度水饱和	除冰盐或海水
设计基准	100 年		
辽-2	80	70	85
辽-1	70	60	80
设计基准	50 年		
辽-2	70	60	80
辽-1	60	50	70

3）抗冻等级

混凝土抗冻等级标准:目前混凝土耐久性检验评定标准规定,当采用快冻法时以 F50 ~ F400 确定抗冻等级、用慢冻法时用 D50 ~ D20 表示。《公路桥涵设计通用规范》(JTG D60—2015)采用快冻法确定抗冻等级。

混凝土的冻融等级应考虑冻融次数、受冻温度、温差与温度变化速率、受冻时混凝土的饱水程度、环境中盐的种类与浓度、水胶比(水灰比)、混凝土的含气量与气孔结构、养护程度等许多因素有关。在确定混凝土的抗冻等级时需要综合考虑环境条件等因素,在确定冻融等级时尚需考虑与耐久性指数相协调。

(1)一般冻融环境(无盐)抗冻等级

抗冻等级及耐久性指数见表 5-17-3。

抗冻等级与耐久性指数表 表 5-17-3

环境类别	环境条件		环境作用等级	设计基准年抗冻等级/耐久性指数		结构构件示例
	气象环境	混凝土饱和度		50 年	100 年	
一般冻融环境（无盐）	次水积 <8000 辽-1 级	混凝土中度饱和	Ⅱ-C	F250/50	F300/60	边梁（板）外侧腹板;桥台前墙;支座垫石;防撞墙;桥墩墩柱
		混凝土高度饱和	Ⅱ-D	F300/60	F350/70	桥面铺装混凝土;伸缩缝加固块;承台;梁板端部;墩台盖梁
	次水积 ≥8000 辽-2 级	混凝土中度饱和	Ⅱ-D	F300/60	F350/70	边梁（板）外侧腹板;桥台前墙;支座垫石;防撞墙;桥墩墩柱
		混凝土高度饱和	Ⅱ-E	F350/70	F400/80	桥面铺装混凝土;伸缩缝加固块;承台;梁板端部;墩台盖梁

注:采用引气混凝土其抗冻等级可降低 1 ~ 2 级,但不得低于 F200。

(2)有盐冻融环境抗冻等级

有盐冻融环境抗冻等级与耐久性指数,见表 5-17-4。

有盐冻融环境抗冻等级与耐久性指数表 表 5-17-4

环境类别	环境条件		环境作用等级	设计基准年抗冻等级/耐久性指数		结构构件示例
	气象环境	混凝土饱和度		50 年	100 年	
有盐冻融环境	次水积 <8000 辽-1 级	混凝土中度饱和	Ⅳ-D	F300/60	F350/70	边梁（板）外侧腹板;桥台前墙;支座垫石;防撞墙;桥墩墩柱
		混凝土高度饱和	Ⅳ-E	F350/70	F400/80	桥面铺装混凝土;伸缩缝加固块;承台;梁板端部;墩台盖梁

环境类别	环 境 条 件		环境作用等级	设计基准年抗冻等级/耐久性指数		结构构件示例
	气象环境	混凝土饱和度		50 年	100 年	
有盐冻融环境	次水积≥8000辽-2级	混凝土中度饱和	Ⅳ-E	F350/70	F400/80	边梁(板)外侧腹板;桥台前墙;支座垫石;防撞墙;桥墩墩柱
		混凝土高度饱和	Ⅳ-F	F400/80	F425/85	桥面铺装混凝土;伸缩缝加固块;承台;梁板端部;墩台盖梁

注:采用引气混凝土,其抗冻等级可降低 1~2 级,但不得低于 F200。

(3)近海或海洋环境作用等级(辽-1 级)

近海或海洋环境作用等级,见表 5-17-5。

近海或海洋环境作用等级

表 5-17-5

环境类别	环 境 条 件		作用等级	抗冻等级/耐久性指数		结构构件示例
	气象环境	盐雾、水位、距潮岸线		50 年	100 年	
近海或海洋环境		轻度盐雾(0.1~20雾滴),离平均海水水位15m 以上大气区,离涨潮岸线 100~200m	Ⅲ-D	F250/50	F300/60	迎风、背风
		重度盐雾,离平均海水位 15m 以下大气区,离涨潮岸线100m 内	Ⅲ-E	F300/60	F350/70	迎风、背风
	土中区		Ⅲ-D	F250/50	300/60	
	水下区		Ⅲ-D	F300/60	350/70	
	潮汐区和浪溅区,非炎热地区,平均低潮位以下 1m 上方的水位变动区		Ⅲ-E	F350/70	F400/80	

注:水下区、潮汐区和浪溅区的划分按《海港工程混凝土结构防腐蚀技术规程》(JTJ 275—2000)确定。

(4)混凝土抗氯离子渗透性建议检验指标

参照《公路工程混凝土结构防腐蚀技术规范》(JTG/T B07-01—2006)、《混凝土耐久性检验评定标准》(JTG/T 193—2009)、《混凝土结构耐久性设计规范》(GB/T 50476—2008),确定用于氯盐腐蚀环境中的钢筋混凝土构件,其混凝土 28d 龄期氯离子迁移系数 D_{RCM} 见表 5-17-6。

混凝土 28d 龄期氯离子迁移系数 D_{RCM}（单位：$10^{-12}m^2/s$）　　　　表 5-17-6

环境类别	环境条件		环境作用等级	设计基准年氯离子迁移系数 D_{RCM}		结构构件示例
	气象环境	混凝土饱和度		50 年	100 年	
有盐冻融环境	次水积 <8000 辽-1 级	混凝土中度饱和	IV-D	<10（<5.5）	<7（<4.5）	边梁（板）外侧腹板；桥台前墙；支座垫石；防撞墙；桥墩墩柱
		混凝土高度饱和	IV-E	<6（<4.5）	<4（<3.5）	桥面铺装混凝土；伸缩缝加固块；承台；梁板端部；墩台盖梁
	次水积 ≥8000 辽-2 级	混凝土中度饱和	IV-E	<6（<4.5）	<4（<3.5）	边梁（板）外侧腹板；桥台前墙；支座垫石；防撞墙；桥墩墩柱
		混凝土高度饱和	IV-F	<5.5（<3.5）	<3.5（<2.5）	桥面铺装混凝土；伸缩缝加固块；承台；梁板端部；墩台盖梁

注：上表括号外为 28d 氯离子扩散系数仅适用较大掺量和大掺量矿物掺和料混凝土，括号内为 84d 适用一般混凝土氯离子扩散系数。

17.2　冻融耐久性检验方法

（1）冻融破坏外观特征。

冻胀裂缝沿集料边缘互相连通，冻融破坏严重时骨料周围的胶凝材料疏松，水泥砂浆剥落，表现在物理力学特性方面：混凝土的动弹性模量、抗压强度等会严重下降。

冻融损伤检验要点：正确确定桥梁环境类别和作用等级、冻融损伤发生时间、冻融损伤历史数据、损伤是否在发展、冻融损伤发生在构件什么部位，对桥梁承载能力安全影响程度进行分析。掌握外观损伤特征，有利于我们对桥梁技术状态进行评价与预测，进而采取相应维修加固措施。

（2）冻融损伤技术状况评价建议指标（表 5-17-7）。

冻融损伤技术状态评价指标　　　　表 5-17-7

冻融环境技术状况等级	1	2	3	4	5
钢筋截面锈蚀率（%）		<5	5～10	10～15	>15
混凝土抗压强度损失率（%）	<5	5～10	10～15	15～20	>20
表层混凝土剥落面积（mm^2）		<100	100～200	200～300	>300
表层混凝土剥落深度（mm）	<5	5～10	10～20	20～25	>25
保护层厚度损失率（%）	>0.95	0.85～0.95	0.70～0.85	0.55～0.70	≤0.55

注：保护层厚度损失率指实测混凝土构件保护层与设计保护层厚度比。

17.3　冻融损伤评价方法

冻融损伤评价,一般有两种做法:

(1)通过对混凝土构件表观病害调查如混凝土抗压强度损失率、表层混凝土剥落面积,保护层厚度损失率、氯离子浓度等因素,采用层次分析和多因素综合评价技术对桥梁进行综合评估、最终确定桥梁等级。

(2)考虑混凝土冻融损伤造成构件剥落、钢筋开始锈蚀的耐久性评价方法,参照文献基础上修正,并对实桥进行验证。

冻融损伤极限状态:以出现明显的冻融损伤(表层水泥浆脱落、骨料外露)作为耐久性失效的标准。冻融损伤引起的混凝土疏松、剥落、保护层厚度减小、强度降低,按减小后的剩余保护层厚度及剩余强度进行钢筋锈蚀耐久性评定。

1)混凝土表层($x=0$)开始明显剥落的冻融循环次数 N_0

$$N_0 = \frac{N_{\text{in}}}{\delta_{\text{io}}} \tag{5-17-1}$$

式中:N_0——表层($x=0$)开始明显剥落的冻融循环次数;

N_{in}——结构建成后至检测时经历的冻融循环次数;

δ_{io}——检测时构件表层混凝土强度损失率。

2)冻融后混凝土抗压强度损失率 δ_{f}

$$\delta_{\text{f}} = 1 - \frac{f_{\text{cf}}}{f_{\text{c}}} \tag{5-17-2}$$

式中:δ_{f}——冻融后混凝土抗压强度损失率;

f_{cf}——冻融后混凝土轴心抗压强度;

f_{c}——未冻前混凝土轴心抗压强度。

3)在预测 t 年其冻融循环次数 N 时的混凝土抗压强度损失率 δ_{ft}

$$\delta_{\text{ft}} = m_t e^{-nx} \times N_t \tag{5-17-3}$$

式中:x——检测点距混凝土表面距离(mm);

N_t——预测 t 年冻融循环次数。

$$n = -\frac{1}{x}\ln\left(\frac{\delta_{\text{ix}}}{\delta_{\text{io}}}\right) m_t = \frac{\delta_{\text{io}}}{N_{\text{in}}} \tag{5-17-4}$$

或

$$n = -\frac{1}{h}\ln\left(\frac{N_1}{N_0}\right) m_t = \frac{1}{N_0} \tag{5-17-5}$$

式中:δ_{ix}——检测时距表面 x 处的混凝土强度损失率;

h——N_1 次冻融循环后混凝土剥落深度(mm)。

4)混凝土剥落深度为 x 时,需经受的冻融循环次数 N_x

$$N_{xu} = \frac{2N_0}{1 + e^{-nx}} \qquad (\text{上限值}) \tag{5-17-6}$$

$$N_{xl} = N_0 + \sum_{i=1}^{x} N_0 (1 - m_t e^{-n} N_{i-1}) \qquad (\text{下限值}) \tag{5-17-7}$$

式中：x——混凝土剥落深度（mm）。

5）冻融损伤耐久性评定等级

当今我国桥梁管理系数将桥梁技术状态划分5个级别，将3个级别内插成5个级别。第1级别状态最优，第5级别为耐久性不满足要求，见表5-17-8。

桥梁技术状态分级   表5-17-8

$\dfrac{N_t}{N_e \gamma_0}$	>1.8	1.8~1.5	1.5~1.2	1.2~1.0	<1.0
耐久性等级	1	2	3	4	5

注：N_t 为混凝土表层出现明显冻融损伤的剩余冻融循环次数；N_e 为结构在下一个目标使用年限内将经受的冻融循环次数；γ_0 为耐久重要性系数，$\gamma_0 = 0.9 \sim 1.1$。

6）冻融损伤后钢筋锈蚀耐久性评定

考虑混凝土碳化与冻融后加速钢筋锈蚀耐久性分析。

混凝土碳化系数：

$$k = \frac{x_c}{\sqrt{t_0}} \tag{5-17-8}$$

碳化残量 x_0：

$$x_0 = (1.2 - 0.35 k^{0.5}) \times D_c - \frac{6}{m + 1.6}(1.5 + 0.84 \times k) \tag{5-17-9}$$

局部环境系数 $m = 4.5$，参数 D_c 为：

$$D_c = c + 0.066 (c - 28)^{0.47k} \tag{5-17-10}$$

严重剥落深度 x 由下式求解：

$$\left(\frac{c - x}{k}\right)^2 = \frac{2}{1 + e^{-nx}} t_0 \tag{5-17-11}$$

式中：t_0——冻融严重剥落时间。

钢筋开始锈蚀时间 t_{cr}：

$$t_{cr} = \left(\frac{c - x}{k}\right)^2 \tag{5-17-12}$$

冻融剥落前钢筋锈蚀速率：

$$\lambda_0 = 7.53 k_{el} \times m \times (0.75 + 0.0125T)(RH - 0.45)^{2/3} \times C^{-0.475} \times f_{cuk}^{-1.8} \tag{5-17-13}$$

冻融剥落后钢筋锈蚀速率：

$$\lambda_1 = (4.0 - 187.5 \times \lambda_0)\lambda_0 = (4.0 - 187.5 \times 0.0159) \times 0.0159 = 0.0162$$

表层冻融损坏钢筋锈蚀率 η 的时间 t_d：

$$t_d = t_{cr} + \frac{\delta_d}{\lambda_{cli}} \tag{5-17-14}$$

式中：δ_d——钢筋锈蚀深度，δ_d；

t_{cr}——结构建成至保护层锈胀开裂所需时间；

λ_{cli}——保护层锈胀开裂后氯离子侵蚀引起的钢筋锈蚀速度。

第 18 章　盐腐蚀状态耐久性检验与评价

18.1　盐损伤外观状态检验

1) 外观特征

纯除冰盐情况破坏与纯冻融破坏其特征是有区别的。在纯除冰盐情况下,混凝土表面砂浆层剥落,骨料暴露,表面凹凸不平,但剥蚀层下混凝土依然密实,纯粹盐腐蚀混凝土强度不受影响,破坏从表层逐步向内部发展,而混凝土的动弹性模量、抗压强度基本不会降低。

除冰盐与冻融组合情况具备上述两种特征,盐冻腐蚀混凝土强度会受影响,盐冻腐蚀常发生在干湿交替,混凝土可能处在盐溶液或水饱和状态,环境温度低于 $-10℃$ 时,盐冻的混凝土有可能发生剥蚀破坏,且破坏随最低气温降低和持续时间的增加而增大。混凝土饱水度、冻融循环次数、最低气温与降温速率、低温持续时间等都会影响盐冻腐蚀破坏程度。

2) 技术状况评价建议指标

盐冻腐蚀损伤技术状态检验标准,见表5-18-1。

盐冻腐蚀损伤技术状态检验标准　　　　表5-18-1

等级	1	2	3	4	5
RCM24d 扩散系数($10^{-12}m^2/s$) D 环境作用等级	<4	4~5	5~6	6~7	≥7
RCM24d 扩散系数($10^{-12}m^2/s$) E 环境作用等级	<1.0	1~2	2~3	3~4	>4
RCM24d 扩散系数($10^{-12}m^2/s$) F 环境作用等级	<0.5	0.5~1.5	1.5~2.5	2.5~3.5	>3.5
钢筋截面锈蚀率(%)		<5	5~10	10~15	>15
混凝土抗压强度损失率(%)	<5	5~10	10~15	15~20	>20
动弹性模量损失率(%)	<1	1~2	2~4	4~6	>6
保护层厚度损失率(%)	>0.95	0.85~0.95	0.70~0.85	0.55~0.70	≤0.55
表层混凝土剥落面积(mm^2)		<100	100~200	200~300	>300
表层混凝土剥落深度(mm)	<5	5~10	10~15	15~20	>20
表层混凝土裂缝宽度(mm)	<0.06	0.06~0.1	0.1~0.16	0.16~0.25	>0.25

注:保护层厚度损失率指实测混凝土构件保护层与设计保护层厚度比。

18.2　盐腐蚀状态耐久性评价方法

盐腐蚀损伤检验:正确确定桥梁环境类别和作用等级、盐腐蚀发生时间、损伤历史数据、腐蚀是否在发展、损伤发生部位、氯离子浓度及其分布检测,钢筋锈蚀程度对桥梁承载能力安全影响程度分析。在参照文献基础上研究混凝土盐冻融损伤造成构件剥落、钢筋开始锈蚀的耐久性评价方法的修正,并对实桥进行验证。

1)氯盐腐蚀损伤评价极限状态

混凝土出现表观可接受缺陷或钢筋允许锈蚀深度作为盐冻腐蚀耐久性极限状态。

2)不考虑冻融氯盐腐蚀损伤评价方法

(1)不考虑氯离子扩散系数时间依赖性,钢筋开始锈蚀时间(水灰比 >0.55,或扩散系数已稳定):

$$t_i = \left(\frac{c}{K}\right)^2 \times 10^{-6} \tag{5-18-1}$$

$$K = 2\sqrt{D}\,\mathrm{erf}^{-1}\left(1 - \frac{M_{cr}}{M_s}\right) \tag{5-18-2}$$

式中:t_i——钢筋开始锈蚀时间(a);

　　c——混凝土保护层厚度(mm);

　　K——氯盐侵蚀系数;

　　D——氯盐子扩散系数(m^2/a);

　　erf——误差函数;

　　M_s——混凝土表面氯离子浓度;

　　M_{cr}——钢筋锈蚀临界氯离子浓度。

(2)考虑扩散系数时间依赖性(扩散系数不稳定或水灰比 <0.55),钢筋开始锈蚀时间:

$$t_i = \left\{\frac{c^2 \times 10^{-6}}{4D_0 t_0^\alpha\left[\mathrm{erf}^{-1}\left(1 - \frac{M_{cr}}{M_s}\right)\right]^2}\right\}^{\frac{1}{1-a}}$$

式中:D_0——检测时刻的氯离子扩散系数(m^2/a);

　　t_0——结构建成至检测时的时间(a);

　　α——时间依赖系数。

(3)氯离子扩散系数:

$$D_0 = \frac{x^2 \times 10^{-6}}{4t_0\left\{\mathrm{erf}^{-1}\left[1 - \frac{M(x,t_0)}{M_s}\right]\right\}^2}$$

式中:　x——氯离子扩散深度(mm);

　　　t_0——结构建成至检测时的时间(a);

$M(x,t_0)$——检测时 x 深度处的氯离子浓度(%);

　　　M_s——实测拟合混凝土表面氯离子浓度(%)。

（4）扩散系数与时间关系：

$$D_t = D_0 \left(\frac{t_0}{t} \right)^{\alpha}$$

$$\alpha = 0.2 + 0.4(\%FA/50 + \%SG/70)$$

式中：$\%FA$——粉煤灰占胶凝材料百分比；

　　$\%SG$——矿渣占胶凝材料百分比。

（5）保护层锈胀开裂时间 t_{cr}：

①普通硅酸盐混凝土钢筋腐蚀电流密度：

$$\ln i = 8.617 + 0.618\ln M_{sl} - \frac{3034}{T+273} - 5 \times 10^{-3}\rho + \ln m_{cl}$$

$$M_{sl} = M_s \left[1 = \mathrm{erf}\left(\frac{c \times 10^{-3}}{2\sqrt{Dt_{cr}}} \right) \right]$$

式中：M_{sl}——钢筋表面氯离子浓度（kg/m^3）；

　　m_{cl}——局部环境系数；

　　T——大气环境温度。

②ρ 混凝土电阻率：

$$\rho = k_p(1.8 - M_{Cl}^{\mu}) + 10(RH - 1)^2 + 4 \qquad (k\Omega \cdot cm)$$

式中：k_p——水灰比系数：当水灰比 $= 0.3 \sim 0.4$ 或 C40~C50 时，取 $k_p = 11.1$；当水灰比 $= 0.5 \sim$

　　0.6 或 C20~C30 时，取 $k_p = 5.6$；

　　M_{Cl}^{μ}——混凝土保护层中氯离子平均浓度：当实测 $M_{Cl}^{\mu} > 3.6$ 取 $M_{Cl}^{\mu} = 3.6 kg/m^3$；

　　RH——环境相对湿度。

③保护层开裂前钢筋年平均锈蚀率 λ_{cl}：

$$\lambda_{cl} = 11.6 \times i \times 10^{-3} mm/a$$

式中：i——钢筋腐蚀电流密度（$\mu A/cm^2$）。

④保护层开裂时钢筋临界锈蚀深度 δ_{cr}：

$$\delta_{cr} = 0.012c/d + 0.00084f_{cu,k} + 0.018$$

式中：d——钢筋直径（mm）；

　　c——混凝土保护层（mm）。

⑤钢筋开始锈蚀至保护层锈胀开裂时间 t_c：

$$t_c = \frac{\delta_{cr}}{\lambda_{cl}}$$

⑥保护层锈胀开裂时间 t_{cr}：

$$t_{cr} = t_i + t_c$$

（6）混凝土表面出现可接受最大外观损伤的极限状态：

①混凝土表面出现可接受最大外观损伤时钢筋锈蚀深度：

$$\delta_d = 0.273 + 0.008c/d + 0.00055f_{cu,k}$$

式中：$f_{cu,k}$——混凝土抗压强度标准值或评定值。

②混凝土表面出现可接受最大外观损伤的时间：

$$t_{\rm d} = t_{\rm cr} + \frac{\delta_d - \delta_{cr}}{\lambda_{cli}}$$

③损伤后钢筋年平均锈蚀速率：

$$\lambda_{cli} = (4.5 - 26\lambda_{\rm cl})\lambda_{\rm cl}$$

(7)检测时钢筋锈蚀深度与锈胀裂缝宽度：

①检测时钢筋锈蚀深度：

$$t_0 \leqslant t_{\rm cr} \qquad \delta_0 = \lambda_{\rm cl}(t_0 - t_i)$$

$$t_0 > t_{\rm cr} \qquad \delta_0 = \delta_{\rm cr} + \lambda_1(t_0 - t_{\rm cr})$$

②检测时钢筋锈胀裂缝宽度 w：

$$w = \frac{\delta_0 - 0.008c/d - 0.00055f_{\rm cu,k} - 0.15}{0.086}$$

3)考虑冻融因素氯盐腐蚀损伤耐久性检验方法

(1)氯盐环境钢筋开始锈蚀时间：

不考虑氯离子扩散系数时间依赖性,钢筋开始锈蚀时间(水灰比 > 0.55,或扩散系数已稳定,或偏于保守)：

$$t_i = \left(\frac{c - x}{k}\right)^2 \times 10^{-6}$$

$$K = 2\sqrt{D}\,{\rm erf}^{-1}(1 - M_{\rm cr}/M_{\rm s})$$

(2)混凝土冻融剥落深度 x 时需经受冻融循环次数 N_x：

$$N_x = \frac{2N_0}{1 + e^{-nx}} \qquad (上限值)$$

$$N_0 = t_0 A_i$$

式中：N_0——表层出现明显冻融损伤 t_0 时的循环次数。

(3)混凝土桥梁所在地区钢筋开始锈蚀所需冻融循环次数：

$$N_i = t_i \times A_i = A \times \left(\frac{c - x}{k}\right)^2 \times 10^{-6}$$

(4)同时考虑氯盐、冻融环境钢筋开始锈蚀时,混凝土剥落深度：

$$N_x = N_i$$

$$A_i \times \left(\frac{c - x}{k}\right)^2 \times 10^{-6} = \frac{2N_0}{1 + e^{-nx}} = \frac{2}{1 + e^{-nx}} \times A_i \times t_0$$

$$\left(\frac{c - x}{k}\right)^2 \times 10^{-6} = \frac{2}{1 + e^{-nx}}t_0$$

(5)损伤前钢筋年平均锈蚀速率 $\lambda_{\rm cl}$：

$$\lambda_{\rm cl} = 11.6 \times i \times 10^{-3}$$

(6)损伤后钢筋年平均锈蚀速率：

$$\lambda_{cli} = (4.5 - 26\lambda_{\rm cl})\lambda_{\rm cl}$$

(7)钢筋锈蚀率 η 时的时间：

$$t_{\rm d} = t_{\rm cr} + \frac{\delta_d - \delta_{\rm cr}}{\lambda_{cli}}$$

第 ⑲ 章　钢结构材料防腐涂装工艺及检查方法

19.1　涂装维修原则

钢结构防腐涂装维修的原则见表 5-19-1。

钢结构防腐涂装维修的原则　　　　　　　　　　　　　　表 5-19-1

类　别	方　法	适用旧涂层情况及处理方法
（一）维护性涂装	1. 清除局部锈蚀，涂底漆两道，面漆两道	涂层有小于 5% 的局部锈蚀，锈蚀处用手工工具清理，清理后的钢表面涂红丹油性底漆两道、醇酸面漆两道，新旧涂层间应有一条过渡段
	2. 清理打磨旧涂层覆盖面漆两道	底漆涂层完整，附着力良好，钢梁无锈蚀，当面漆涂层达到《色漆和清漆涂层老化的评级方法》（GB/T 1766—2008）规定的 3 级以上明显粉化时，旧漆涂层应清除污垢、烟黑、粉尘，并经打磨处理，然后覆盖面漆两道
	3. 除点锈，清除粉化层，补涂底漆两道，全面覆盖面漆两道	旧涂层情况如 2 所述，并有小于 1% 面积的针头状锈蚀，可清除粉化层，锈蚀处用手工工具清理，涂 Y53-1 红丹油性底漆两道，然后全部覆盖面漆两道
（二）重新涂装	整孔钢梁（或个别杆件）按规定要求全部清理并按涂装体系重新涂装	涂层有大于 5% 的局部锈蚀或涂层露底漆、龟裂、剥落、起泡和吐锈等面积超过 5% 时，则全部（整孔钢梁或个别杆件）旧涂层应按规定清理并按涂装体系重新涂装

19.2　除锈及表面清理

1）除锈工具及方法

（1）手工除锈。钢加劲梁有锈点或锈块、氧化皮，可用尖嘴或平口锤敲击，注意锤口不要磨得太锐，以免砸伤钢板平面。一般锈层用钢丝刷刷除。手工除锈工具通常有铲刀、刮刀、打锈锤、钢丝刷和砂布等。

在夹缝或坑凹的点锈、锈块或电焊渣，可用尖头或扁嘴平头打锈锤敲击。锈层、锈块和麻点经过铲刀等工具处理后可用钢丝刷横竖交叉刷几遍。钢丝采用 28～30 号钢丝，不要使用粗

钢丝刷。用钢丝刷刷过后,用破布或棉纱擦净锈灰,再用布沾着松节油擦一遍即可。

(2)机械除锈。在新建桥梁和维护保养单位,具备电源和空气压缩机时均可采用机械除锈。常用工具有手提式电动砂轮、电动或风动钢丝轮及带针束的风动除锈器。前三种适用于钢梁的平面,后一种适用于弯曲、狭窄、凹凸不平的表面及角缝处。

机械除锈主要借助机械力冲击与摩擦,比手工除锈质量好,工效稍高,但还要用铲刀等工具铲刮;对于旧漆皮难以用机械除掉。

现将一些机械除锈工具叙述如下:

①JIDJ2-6 型角向电动除锈机。该机的电动机为双重绝缘的单相串激式,有轴流通风装置。更换工作头可以装砂布、砂轮及圆盘钢丝刷进行除锈。

②SZD100 型立式端面风动钢丝轮,可以安装砂轮、砂布、钢丝轮及布轮等多种用途的机械化工具之一,用于磨光、抛光、除锈之用,减轻劳动强度,提高加工质量。

③SIMJ2-100 型角向打磨机。该机为直握式电动工具,采用单向串激式电动机,双重绝缘结构,可作为除锈打磨工具。

④针束除锈器。该机是一种风动工具,是用高强度硬钢丝作为针束,约 30～40 根组成,扭动闸门开关,针束选装摩擦,可随不同曲面变化调节,使用于在钢节点的狭窄、凹凸不平及角缝、弯曲、板束等部位清除氧化皮、锈层旧起皮及焊渣等物,除锈质量较好,空气耗量少,操作简便,但工作较慢。

⑤单头冷风式敲铲枪。用压缩空气借其敲铲冲头的冲击力来清除铁锈、氧化皮及旧起皮等。锤头直径 25～40mm,每分钟冲击达 1000～6000 次。适用于钢梁节点板角缝狭窄之处,工效不高。

(3)喷射除锈处理。钢铁除锈的喷射处理方法有干式喷砂、湿喷砂、干湿混合式喷砂、喷丸、高压水喷射及高压水与砂混合喷射处理等工艺。

喷射除锈不仅可以除锈层,而且由于砂粒的冲击磨撞或高压冲击,可使金属表面的氧化皮、锈层、旧漆皮全部除净,显出银白色金属面,经过冲击摩擦形成带有微孔的粗糙面,可以增强涂层与金属的附着力和结合力,从而增强涂料的保护金属能力。因此,在国内外被广泛采用。

①干喷砂。

干喷砂除锈参考数据,见表 5-19-2。

干喷砂除锈数据表 表 5-19-2

项　　　目	单　　位	参　　数	说　　明
喷砂风压	MPa	0.4～0.6	空气压缩机供风,喷砂筒处风压
喷嘴耗风量	m³/min	3～4	每个喷嘴
砂子粒径	mm	0.5～2.0	石英河砂,锐角颗粒,干燥洁净
耗砂量	m³/m²	0.033～0.05	
喷距	mm	150～250	喷嘴至钢件表面距离
喷射角	(°)	45～80	
喷嘴耗用量	个/m²	1/30～1/60	按高氧化铝陶瓷喷砂嘴,内径由 7mm 磨大到 9mm 更换

②湿喷砂。

a.能消除浮尘。效率比干砂低20%。

b.压缩空气工作压力:喷砂筒0.5MPa;水罐0.1～0.35MPa。砂、水也可以混合在一喷砂器内。

c.防锈剂(磷酸三钠、亚硝酸钠、碳酸钠和乳化剂)加入水中占1%～1.5%。

③喷丸除锈。

喷丸除锈与干式喷砂方法相同,但是用金属颗粒弹丸代替砂粒喷射到钢铁表面。

喷丸设备有:真空喷射除锈器,喷丸机(分立式和卧式两种),还有专用抛丸除锈。

2)钢结构表面清理要求

钢结构表面清理的要求见表5-19-3。

钢结构表面清理的要求

表5-19-3

涂 层 类 别	钢表面清净度要求	方　法	清理后钢表面达到要求
1.热喷涂锌、铝涂层和涂装环氧富锌底漆涂层	一级清理	喷射磨料清理	应全部清除油污、灰尘、氧化皮、腐蚀物、旧涂层以及其他外来物,钢表面应呈现均匀一致银白色
2.涂装红丹酚醛、红丹醇酸、无机富锌、环氧沥青、环氧聚氨酯底漆涂层	二级清理	喷射磨料清理	应全部清除油污、灰尘、腐蚀物以及其他外来物,无论任何区域,允许牢固附着点状或条状氧化皮、铁锈、旧涂层面积不大于整个钢表面的5%,至少95%的钢表面无任何可见残留物,钢表面应呈近银白色
3.铆钉头、螺栓头及螺纹涂装红丹酚醛、红丹醇酸底漆涂层	三级清理	喷射磨料清理	应全部清除油污、灰尘、腐蚀物以及其他外来物,无论任何区域,允许牢固附着点状或条状氧化皮、铁锈、旧涂层面积不大于整个钢表面的1/3,至少2/3的钢表面无任何可见残留物
4.维护性涂装使用红丹油性底漆涂层	四级清理	手动工具或动力工具	应全部清除油污、灰尘以及疏松氧化皮、铁锈、旧涂层,钢表面呈现金属光泽

19.3　涂装作业条件及施工注意事项

钢结构涂装作业条件及施工注意事项见表5-19-4。

钢结构涂装作业条件及施工注意事项

表5-19-4

项　目	作　业　条　件		作　业　要　求
涂装气候条件	1.温度		(1)不低于5℃(无机富锌、聚氨酯、环氧富锌、环氧沥青不低于10℃); (2)夏季避免阳光直射,应在背阳处或早晚进行
	2.湿度		(1)钢表面有凝水、雨、雾、雪、霜冻时不涂装; (2)相对湿度不大于80%

续上表

项 目	作业条件	作业要求
涂装气候 条件	3.风	大风天气不宜涂装
施工注意 事项	1.钢表面清理完毕至第一道底 漆间隔时间	(1)应不超过4h(室内作业不超过8h); (2)并应于当日涂装底漆完毕; (3)涂装前应清扫钢表面,最好用干净布蘸松节油或松香水擦洗干净
	2.涂装次层涂料的要求	(1)底层涂料充分干燥,除快干涂料外一般不应少于48h; (2)间隔也不应超过7d; (3)进行下一道涂装前,应用铲刀将表面上灰尘杂质铲除干净,然后用 "00"号砂纸打磨成细致毛面
	3.做好防护工作	经受烟熏、落煤水和蒸汽影响部位,涂装作业应在较长间隙时间进行, 或遮挡尚未干燥的漆膜

19.4 涂装完成后的检验

(1)在底漆涂层、锌铝涂层和全部涂层涂装完成后,应分别检验涂层的干膜厚度是否符合相应涂装体系的标准要求。

(2)测量漆膜干膜厚度,可按《色漆和清漆漆膜厚度的测定》(GB/T 13452.2—2008)规定的磁性测厚仪法或杠杆千分法测量,也可用钢梁漆膜测厚仪测量。

(3)测量锌、铝涂层厚度按磁性测厚仪法进行。

(4)钢梁主要构件抽验20%,次要构件抽验5%。每件构件检测3处。板梁、箱形梁每10m² 检测3处,每一处取10cm×10cm,测5点。

(5)涂层厚度平均值应在标准规定厚度90%以上,其最低值应在标准规定厚度80%以上,每个测点厚度不得超过平均值30%。

栓接摩擦涂层厚度需在标准规定范围以内。

19.5 常用涂料产品施工要点

(1)环氧富锌底漆。表面处理要求达到ISO Sa2 1/2,或者SSPC-SP6标准,表面粗糙度要求达到Rz40~75μm。对于硅酸锌车间底漆完好的钢结构表面,可以良好覆盖。如果是其他种类的车间底漆,则不适合覆盖,需要喷砂除去后覆盖。

由于漆料中含有大量的锌粉,必须要用机械搅拌器彻底搅拌。正确的程序是先行搅拌漆料,倒入固化剂后再搅拌均匀。

环氧富锌的干燥很快,通常在25℃,只需要3~4h即可涂下道漆。

为了达到良好的防腐蚀效果,建议最小的漆膜厚度为40μm以上。但是不建议涂得太厚,如果漆膜过厚,会延长最小重涂间隔,而且可能对重涂间隔有不良影响。重涂前要注意,漆面的锌盐必须用适当的方法除去。

如果温度低于5℃,可以使用低温固化剂,但要注意在冰点以下时表面可能会结冰。

环氧富锌漆不建议用在水下环境。环氧富锌漆可以与大多数涂料配套使用,但不宜与醇酸等油性类涂料配套,否则会引起皂化。

(2)无机硅酸富锌底漆。采用无机硅酸富锌底漆处理的底材,固化后的漆膜与钢材的附着力强,与高性能涂料相配合,涂层寿命可以在15年以上。这是目前桥梁的加劲梁采用最多的重防腐底漆系统。

在喷砂前进行钢结构处理是很有必要的,包括焊缝的打磨光顺、咬边气孔的补焊打磨、飞溅的铲除打磨、锐边的倒角等。

为了保证锌粉与钢材表面充分接触,保持良好的导电性,必须对钢材表面进行喷砂处理,处理到 Sa2 1/2(ISO 8501-1:1988)。粗糙度达到 Rugotest No.3,min. BN 10a,Keane-Tator 表面比较样本,G/Smin 3.0 或者 ISO/DIS 8503-1 粗中级(G)。如果粗糙度低而不足,会影响附着力,增加漆膜龟裂的可能性。可以使用钢砂、硅酸铝等无油无水无其他污物的优质磨料。钢砂粒度在 0.2~1.2mm,硅酸铝在 0.4~1.8mm 能产生较好的表面粗糙度效果,喷枪口压力要求在 0.6~0.7MPa。喷砂结束后,立即进行真空吸尘清洁。

无机富锌底漆的固化要依靠相对湿度和温度。在20℃和RN65%~75%时,固化约需3d。在低温和低湿度环境下,漆膜的固化时间会延长。相对湿度最好保持在65%以上,最低温度可以降至-10℃。喷洒清水可以解决低湿度时的固化问题。在施工后4~5h就可以喷洒清水保持漆面湿润,以便固化的完成。无机富锌漆膜的固化检测,标准方法是 MEK 测试法,根据ASTM4752,白色棉布蘸上 MEK 试剂,来回擦拭 50 次,如果没有或者仅有很轻微变色,说明固化已要完成;如果变色严重,说明还未固化完成。

无机富锌底漆的漆膜厚度,在多道涂层的重防腐系统中作为底漆时,通常 75μm 就足够。在桥梁用钢结构防锈系统中,漆膜厚度通常设计为 80μm。水溶性无机富锌漆漆膜设计为 100μm。

过高的干膜厚度会导致漆膜开裂,通常认为 150μm 以下最安全的。实际施工中,大多数产品在结构内角处很容易产生龟裂问题,为了达到最低膜厚度要求,喷涂者会在角落里多走几枪,这样就导致了漆膜过厚,加上角落上漆膜的收缩不均匀,很容易造成龟裂现象。在复杂结构中,经常使用小枪嘴,造成多次喷枪,容易导致质量问题,建议使用大枪嘴。当然,如果发现漆膜有过厚、流挂倾向,可以马上用刷子刷平。

(3)无机硅酸富锌底漆表面的封闭。硅酸锌涂层的本身就是多孔的,这就给后道漆的施工带来一系列不利影响,包括起泡、针眼等。但是在进行几个月的室外固化后其空隙会逐渐由受大气中二氧化碳和湿气作用而形成的锌盐填充而变得致密。然而大多数的结构是不允许在涂面漆前进行 1~2 月的固化,而必须在其是多孔的情况下进行覆涂。

专门设计用于多孔无机硅酸富锌底漆表面的封闭漆有助于减少或消除针孔起泡问题。

如果设计的涂料系统中没有专门的封闭底漆,即使规格说明书中没有要求,也推荐进行一项特殊的施工方法,即喷雾/全喷施工法:首先底漆用很薄的涂层,约为 30μm 左右,进行极薄的封闭;过一会后,通常是 15min,再进行规定膜厚的覆涂。

通常无机硅酸富锌设计的中间漆是高固体厚浆型涂料,体积中固体部分占 80% 左右,在

雾喷时要求加入大量的稀释剂,30% ~40% 才能保证雾喷的效果。

喷涂法在钢板表面温度较低时效果很好,如果温度过高,不一定产生良好效果。所以要尽量避免在阳光直射的高温下进行这项工作。如果必须进行的话,那么在雾喷后,要求至少在其硬干后进行后道漆的施工。

(4)金属涂层表面的封闭。为了达到最长效的桥梁钢结构防腐蚀年限,现在倾向于采用金属热喷涂工艺,如喷锌,喷铝等。在喷锌层或喷铝层的表面用封闭漆,通常是环氧类涂料,要注意其必须与金属涂层有良好的附着力。

由于金属喷涂层是多孔的,所以要尽快在其表面薄喷一道封闭漆。如果有锌盐产生,必须除去后才能涂漆。

(5)环氧厚浆型中间面漆。含有大量云铁颜料的涂料,表面比较粗糙。喷涂面漆后可能外观不佳,所以在喷涂时要加入一定量的稀释剂,保证喷涂时漆面的光洁。而有些云铁含量低的涂料,如果涂料涂得太厚,会形成光滑的树脂表面,需要拉毛后产生足够的表面附着力后才能进行面漆的重涂。

(6)丙烯酸面漆。推荐的干膜厚度为 $40\mu m$ 左右。施工温度不能高于 $40℃$。用其他涂料涂在丙烯酸面漆上时,可能会引起开裂。

(7)脂肪族聚氨酯面漆,喷涂一道漆干膜厚度 $40 ~ 60\mu m$,也有亚光型的厚浆型聚氨酯面漆,可以一道喷涂到 $100\mu m$。含铅颜料形成的漆膜在含硫大气中会变色。当使用温度超过 $100℃$ 时,漆膜也会变无色。聚氨酯面漆一般为双组分包装,为了色泽均匀,在开封后,要先对机料进行机械搅拌,在加入固化剂后用动力工具搅拌均匀。

为了取得良好漆膜,建议无气喷涂时加入 10% ~20% 的稀释剂,特殊情况下加入 25% 的稀释剂。空气喷涂时,稀释到涂-4 杯黏度 17 ~20s(加入 35% 稀释剂),用低气压小喷嘴喷涂。为了取得最佳效果,可以先喷一道后,过 2 ~15min 再喷至完整膜厚形成均匀的漆膜。但是不增加漆膜厚度。

19.6　重防腐蚀涂层体系

重防腐蚀涂层体系是一种复合涂层体系,其高性能的底层涂层由具有与底层和面层良好结合力及良好物理与防腐性能的中间层和良好耐候性、抗周围介质作用的面层构成,用于恶劣海洋腐蚀环境的大型工程钢结构的防腐蚀,要求涂层防腐寿命达 10 年以上。

一般防腐涂层总厚为 $100 ~ 150\mu m$,空气中的氧和水仍能透过涂层到达金属表面。重防腐体系涂层厚达 $250\mu m$ 以上,提高涂层厚度加强了涂层隔离能力。

重防腐体系除了涂层总厚度厚、防腐蚀周期长达(一般 15 年以上)和底、中、面层结构外,最突出的一个特点是以使用富锌涂料底层的阴极保护作用来抑制局部涂层破损部位的腐蚀反应发生。富锌涂层中锌溶解的腐蚀产物使涂层和钢铁表面被覆盖,使锌粉和钢表面保持在耐腐蚀状态。即富锌涂层的耐久性是通过阴极保护作用的持续性和锌腐蚀产物沉积形成稳定覆盖膜来保持。一般富锌层膜厚度达 $30\mu m$ 以上。

富锌涂料分为两种:有机富锌涂料和无机富锌涂料。有机富锌涂料以环氧脂、环氧树脂、氯化橡胶、乙烯树脂和聚氨酯为成膜物质,干膜种锌粉达 85% ~92%。其优点是易于施工,受环境影响小,表面处理没有无机富锌涂料要求那么严格,膜较厚、机械性能也较好。无机富锌涂料是以水玻璃或正硅酸乙酯为基料,属自固化型,需有机溶剂稀释,涂刷后通过水解逐步缩合成聚硅氧烷,最后形成含锌的聚二氧化硅结构。其优点是防腐能力高、耐热、耐磨、耐溶剂、耐海水性能好,耐候性也好。表面处理要求严格,施工麻烦。无机与有机富锌涂料性能对比见表 5-19-5。

无机与有机富锌涂料性能对比　　　　　　　　　　　表 5-19-5

类　型	优　点	缺　点
无机类	1. 锌粉与金属间的接触牢固,防蚀性能优,阴极保护作用持续时间长; 2. 不会因锌腐蚀后产生的碱性造成涂膜老化,涂膜不易起泡; 3. 耐热性好; 4. 耐溶剂性好; 5. 耐候性好	1. 表面处理要求严格,处理不当造成附着性能差; 2. 湿度等环境因素对固化影响大; 3. 涂得过厚,易发生龟裂和鼓泡; 4. 易吸入面漆而产生气泡,配套涂层施工时应注意,采用喷涂施工
有机类	1. 涂料调配灵活,可得到良好涂膜物理机械性能、可施工性能及其他特殊性能的涂料; 2. 涂料的施工性好,涂膜韧性好,附着力强,不易开裂; 3. 施工和固化时,对表面处理和环境条件要求不严(但环氧类低温固化很慢)	1. 阴极保护的持续时间较短; 2. 有时会产生鼓泡; 3. 耐候性不如无机类; 4. 耐溶剂性差

重防腐涂料体系中涂层采用厚浆涂料,如氯化橡胶厚浆涂料、乙烯系厚涂料、环氧厚浆涂料、聚氨酯厚浆料、云母氧化铁(M10)厚浆涂料,以及玻璃鳞片厚浆涂料等。

面层基本上同上述厚浆涂料,如氯化橡胶、乙烯树脂、聚氨酯等都有较多的应用。常规重防腐涂料特性品种见表 5-19-6。为了增强面层抗腐蚀介质性和耐候性,除上述面漆外,也可采用耐候性更好的氟涂料、有机硅改性丙烯面漆、有机硅改性聚氨酯面漆。

常规重防腐涂料特性品种与应用　　　　　　　　表 5-19-6

树脂类型	特　性	品种与应用
氯化橡胶系	低温干燥好,耐候、耐化学性好;耐热、耐溶剂性差;应用范围广,主要用于大气暴露部位和海水飞溅区保护	1. 金属防腐底漆:用于钢和混凝土表面; 2. 2 道浆:用于混凝土表面; 3. 厚浆型中涂:无空气喷涂于富锌底漆上,需罩面漆; 4. 2 道面漆:刷涂或高压无气喷涂,为耐光色漆,也作面漆; 5. 罩面漆:用于潮湿、化工腐蚀环境中,刷或喷涂,每次涂 3~4 遍,厚 30~60μm
乙烯树脂系	耐水、耐化学性和耐候性好,可实现厚膜化;耐热、耐溶剂性差;应用与氯化橡胶系涂料相同	1. 维护底漆:修补氯化橡胶涂层损伤部位; 2. 厚浆型中涂:涂于富锌底漆上,每道涂膜厚度200μm; 3. 高固体底漆:作 2 道面漆,高压无气喷涂; 4. 罩面漆:喷涂于高固体底漆上,涂 2 次

续上表

树脂类型	特　性	品种与应用
环氧树脂系	双组分常温固化,耐水、耐化学性、附着力强、硬面耐磨;耐候性差,易粉化,不宜用作耐候性面漆;适用于水下和恶劣大气环境	1. 金属防腐蚀底漆:涂于钢表面; 2. 环氧沥青:耐水性好,用于地下管道和水下工程,作底漆和面漆; 3. 厚浆型中涂:用于富锌底漆上; 4. 2道浆:高固体分,高压无气喷涂作2道面漆,需罩面漆; 5. 罩面漆:用于2道浆表面
聚氨酯系	双组分常温固化;性能同环氧系,但脂肪族聚氨酯涂层耐候性优异;适用于恶劣环境	1. 芳香族:作底漆、厚浆型中涂涂料; 2. 脂肪族:作2道面漆,面漆涂于环氧涂层表面

　　重防腐涂层要考虑涂层的配套型,即是否能发挥各涂层应有的功能:底层应具有良好防腐性和与底材的附着性能;中涂层除发挥屏蔽作用外,尚应加强底层、面层间的结合力;面层应具有耐候和抗外界腐蚀介质性能。当底层溶剂性差时,应考虑上面涂层溶剂对底层的软化作用,此时应加1道耐溶剂好、层间结合力强的涂料作中间层,如云母氧化铁涂料。

第 20 章　斜拉索钢套筒发泡工艺及方法

1) 斜拉索两端防护设施介绍

(1) 聚氨酯发泡材料简介

为防止拉索钢套筒内积水或其他杂物进入钢套筒而导致锚具表面锈蚀,在拉索两端钢套筒内灌注聚氨酯发泡材料。

钢套筒内发泡材料采用特制的聚醚与多甲基多苯基、多异氰酸酯的聚合反应后,自我膨胀而形成与索端钢套筒内管壁和索体表面结合紧密的聚氨酯泡沫塑料。该泡沫塑料具有质量轻、吸水性小、低导热性、隔气性好、较好的韧性等特点,能使钢材和索表面 PE 层黏合成较牢固的整体。钢套筒内填充发泡材料能防止套筒内积水,并使套筒内的锚具与雨水、潮气及其他腐蚀介质相隔离,能在较长时间内防止索端锚具锈蚀。发泡材料易于清理,便于拉索的维护和更换。

(2) 梁上斜拉索锚固及防护

根据梁上拉索钢套筒的构造特点,对钢套筒上半段进行发泡填充,中部用成品泡沫封住。

钢套管管口处加装不锈钢防雨罩。为避免拉索振动造成不锈钢防雨罩与成品泡沫之间脱离,在二者之间填充有弹性的聚氨酯密封胶,并在防雨罩上、下罩口位置处填以密封橡胶条。

为防止人行道处的拉索表面 PE 防护被行人划伤,在防雨罩以上至桥面的 2.2m 垂直高度处的拉索 PE 护层表面加装一层不锈钢的保护套管,不锈钢套管伸入防雨罩内 10cm,防雨罩、套管和拉索之间的接缝均用密封胶进行密封。

(3) 塔上斜拉索锚固及防护

塔上钢筒套内全部填充聚氨酯硬质泡沫塑料,管口处加焊钢筋条,以防减震器脱落,发泡材料及塔身的外表面涂刷涂料,与塔同色。

(4) 锚具露出锚板部分的防护

拉索两端锚具露出锚板的部分直接暴露在大气中,为防止外露锚具长期受空气中湿气的影响而发生锈蚀,影响而锚具的使用、索力调整及换索工作,应采用有效措施对锚具外露部分进行防护。

在两端锚具外露部分的表面涂刷一层锚具专用防护油脂,然后在锚具外加盖不锈钢护罩防护。专用油脂由矿物油脂及适量的树脂组成,它具有对金属无腐蚀、常温下不粘手、80℃下不流淌、低温下不开裂的性能。在锚具表面均匀地涂刷一层防护油脂后,锚具表面与大气相隔离,达到防护的目的。加盖不锈钢护罩起到双重保护的作用,可又防止油脂被损坏而导致锚具

锈蚀的发生。

对梁上的护罩,考虑到护罩下半段不发泡,为排除可能进入的水汽,在最低安装位置设置排水螺栓。

2)斜拉索防护设施的施工工艺

(1)斜拉索保护层检查、修复

采用施工挂篮进行检查和修复操作,根据斜拉索外护套的损坏程度,采用相应的工艺进行修复。

①对于斜拉索 PE 表面小面积的划伤(深度在 3mm 以下)用专用焊枪将相同的聚乙烯原料覆盖并焊接在损伤处,再用电磨机进行表面处理,使损坏处恢复原有的保护层厚度,并使表面基本恢复原有的平整状态。

②对于比较深,范围较大的损坏(修复面积大于 $10cm^2$,深度在 3mm 以上),采用加热套管修复。施工时,先将相同的聚乙烯原料填充在受损部位,然后用加热套管使聚乙烯原料热熔补充在损坏的斜拉索缺口上,热溶完成后,仍用电磨机进行表面处理,恢复表面平整。

(2)梁上钢套筒内发泡

根据梁上拉索钢套筒的构造特点,在钢套筒内填充聚氨酯硬质泡沫塑料、钢套筒口加装不锈钢防雨罩。防雨罩安装在拉索表面的不锈钢套管上端。最后在防雨罩与发泡材料之间填充弹性聚氨酯密封材料。具体施工程序如下:

①清理钢套筒内杂物和管口除锈,以保证发泡材料与管壁间的黏结力。

②用高压气流对钢套筒内进行清洗,除去管内浮锈和灰尘。

③用成型泡沫堵塞钢套筒中间开口部位。

④将喷枪管、送料管插入中部,启动发泡机,由下往上注入发泡材料,使发泡材料填满钢套管与管口。

⑤修整钢管外的成品泡沫。

⑥安装斜拉索 PE 保护层的不锈钢套管。

⑦安装不锈钢防雨罩及下罩口的密封橡胶条,并用硅胶密封。

⑧从防雨罩上罩口与拉索的间隙处向内灌注聚氨酯防水密封料。

⑨将密封橡胶条填入上罩口与拉索的间隙,并以硅胶密封。

(3)塔上钢套筒内发泡

塔上钢套筒内全部填充聚氨酯硬质泡沫塑料条,以防减振器脱落,其用塔外吊篮施工,施工程序如下:

①拆除钢套筒口半个或整个减振器;

②钢套筒口除锈,气泵除去灰尘;

③将喷枪管、送料管伸至钢套筒内锚具处启动发泡机,由上往下注入发泡材料,至减振器所在位置以上,安装减振器,钢套筒口以内 3 ~ 5cm 处,焊钢筋条,继续注入发泡材料直至整个钢套筒内全部填充完毕,并溢出少量发泡材料;

④修整管口发泡材料,与塔身表面平齐;

⑤发泡材料表面涂刷涂料,与塔身表面同色。

(4)两端锚具外露部分防护

塔内采用挂设吊篮进行施工操作,或利用施工脚手架,施工程序为:

①用钢丝刷清除锚具表面浮锈,抹布除去灰尘;

②加热油脂至完全融化;

③将融化的油脂均匀地涂刷在锚具表面;

④清理锚垫板,用电焊将护罩垫板固定在锚垫板上;

⑤护罩垫板凹槽内安装密封橡胶圈,用硅胶密封护罩垫板与锚板间的缝隙;

⑥安装不锈钢护罩,用螺栓连接。

第 21 章　混凝土开裂修补技术

混凝土裂缝的处理方法见表 5-21-1。

混凝土裂缝整治方法　　　　　　　　　　　　表 5-21-1

裂缝和空隙情况	整治方法
微细(裂缝宽 <0.15mm)而数量较多的裂缝	不是平面裂缝一般可不作修补,必要时 1. 喷浆; 2. 涂 2 层树脂涂料进行封闭。方法:用钢丝刷擦除裂缝附近表面污垢灰层后再用丙酮擦洗,待干后用漆刷蘸涂,第 1 层硬化后再涂第 2 层
0.3mm > 裂缝宽 >0.15mm	用环氧树脂砂浆修补。方法:沿裂缝凿一条外口宽 20mm、深约 7mm 的"▽"形槽,将混凝土表面用丙酮擦净(如用水冲洗则必须待混凝土表面完全干燥),然后涂一层厚约 0.2mm 的树脂涂料(或黏结剂),再用树脂砂浆修补平整
裂缝宽 >0.3mm	沿裂缝凿一条外口宽约 20mm、内口宽约 6mm,深约 15mm 的梯形槽,修补方法同第二行中的"整治方法"
裂缝宽 >0.15mm,裂缝深入混凝土内部但已稳定不再发展或混凝土内部有空隙	1. 压力灌浆; 2. 压注环氧树脂浆液; 3. 压注甲凝浆液。把纯水泥浆(裂缝较大时也可掺一些细砂)或环氧树脂浆液、甲凝浆液,用压力灌注到混凝土裂缝内并填补内部空隙,以加强混凝土的整体性和强度 一般梁体空隙及裂缝多压注环氧浆液,墩台内部空隙较大时压注水泥浆
墩台有断裂贯通的裂缝	安设钢筋混凝土套箍后压浆

1)清缝处理

(1)对所有拟处理的裂缝,沿缝凿成深 2～4mm、宽 4～6mm 的 V 形槽;

(2)剔除缝口表面的松散杂物,用压缩空气清除槽内浮尘;

(3)沿缝长范围内用丙酮进行洗刷,擦清表面。

2)埋设灌浆嘴

清缝处理后,骑缝用环氧树脂埋设、粘贴灌浆嘴,灌浆嘴的间距沿裂缝长度方向,依缝宽窄以 35～50cm 为宜,原则上缝宽可稀、缝窄可密,但每一条裂缝至少须有一个进浆口和排气孔。

3)封缝

(1)对缝宽小于 0.1mm 的裂缝,沿缝长先涂一层环氧树脂基液,待其初凝后再抹上一层环氧胶泥,并除气泡抹平;

(2)对缝宽大于或等于 0.1mm 的裂缝,在经丙酮擦洗干净的 V 形槽口内,涂抹一层薄薄的环氧树脂基液,用环氧胶泥抹压进行封缝处理,再用橡皮刮板将表面刮平,防止产生小孔和气泡,待环氧胶泥初凝后,表面涂刷一层环氧树脂基液。

4)密封检查(气检)

等封缝材料固化后,沿缝涂刷一层肥皂水,并从灌浆嘴中通过气压为 0.2MPa 的压缩空气,检查缝的密封效果。对漏气部位应进行补封处理。

5）灌浆

（1）浆液配制：根据现场施工的实际情况,进行环氧化学灌浆液的配置。要求达到表5-21-2的性能要求。

化学灌浆液性能指标要求

表5-21-2

裂缝类别			<0.2mm	0.1~1mm	0.5~3mm	>3mm
黏度（MPa·s）			70~130	150~700	—	—
黏接强度 （MPa）	标准	5~30℃	5±1			
	浸润	5~30℃	4±2			
28d抗压强度（MPa）			≥40			
28d抗拉强度（MPa）			≥15			
拉伸剪切强度（MPa）			>10			
固化收缩率（%）			<1.5			
相对密度			1.1±0.2			
固化时间20℃（h）			22			

（2）灌浆工艺：启灌之前,先接通管道,打开所有灌浆嘴阀门,用气压为0.2MPa以上的压缩空气将裂缝吹干净。灌缝顺序自下而上,由一端向另一端依此连续进行。灌浆压力以0.2~0.4MPa为宜,压力逐渐升高,防止骤然加压对管道造成破坏。

灌注操作程序：

①接通管道；

②将配制好的胶浆注入灌浆罐；

③打开储气瓶阀门,调节压力；

④打开灌浆通向灌浆嘴的阀门进行灌注；

⑤待相邻的贴嘴冒浆时关闭阀门；

⑥将灌浆嘴阀门关闭,移至下一灌浆嘴灌注,依此压灌至最后一个贴嘴冒浆,保持恒压继续压灌。当吸浆率小于0.1L/min时,再继续灌5~10min后,即可停止灌浆。

裂缝灌浆示意图如图5-21-1所示。

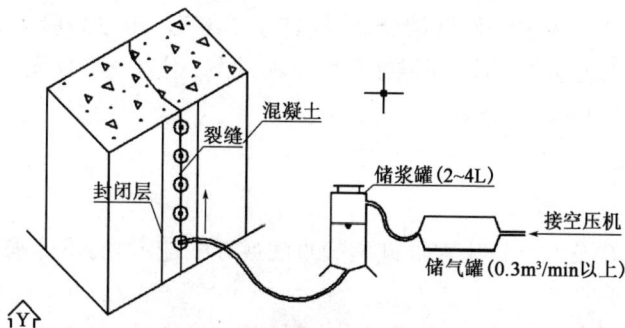

图5-21-1　裂缝灌浆示意图

6）封口处理

灌浆后待缝内浆液凝结后,可拆除灌浆嘴,用环氧胶泥对灌浆孔进行封口抹平。进行灌浆封闭的缝要进行抽样开孔检查,以保证灌浆封闭质量。

第22章 混凝土劣化修补技术

22.1 缺损剥落的修补

1)修补材料

修补材料推荐配合比为:

丙乳净浆:525 号水泥:丙乳剂:水 = 1:0.12:0.34。

丙乳砂浆:525 号水泥:丙乳剂:黄砂:水:UEA 膨胀剂 = 1:0.12:0.35:0.34:0.1。

丙乳砂浆力学性能指标要求见表 5-22-1。

丙乳砂浆力学性能指标要求 表 5-22-1

强度类别	抗压强度(MPa)		抗折强度(MPa)		黏结强度(MPa)	
龄期	7d	28d	7d	28d	7d	28d
丙乳砂浆	≥50	≥60	≥8	≥12	≥2	≥5

2)修补施工程序

(1)首先将缺损部位表层劣质混凝土凿除,直至露出新鲜、密实混凝土,剔除修补结合面(开凿后的表面)的表面浮石。修补结合面应凿毛凿平、整齐划一,并对外露的钢筋表面进行人工除锈处理,用掺有水泥用量的3%的 R-I 型除锈剂的 525 号硅酸盐水泥纯浆涂刷在钢筋表面上。

(2)再用高压射流技术清洗修补结合面,在饱水 24h 后,用纱布吸干自由水,在保持湿润的条件下,涂刷两层丙乳净浆,并立即摊铺自由水泥砂浆,用力压平抹光。30min 后二次抹面,然后再覆盖湿麻袋保护潮湿养护 14d。

3)丙乳砂浆施工技术要求

(1)原材料

①水泥:需用 C50 及 C50 以上普通硅酸盐水泥或硅酸盐水泥,不能采用矿渣水泥,且要求水泥新鲜、无结块。

②砂:当修补层厚度大于 1cm 时,宜采用中粗砂(细度模量 2.8 左右);当修补层厚度小于 1cm 时,砂子宜过 2.5mm 筛,砂中含泥量等品质应满足有关规范规定。

③丙乳剂:需满足南京水科院科研产品品质指标要求;丙乳剂、UEA 膨胀剂应妥善保存,不得受潮,施工前需将丙乳剂按丙乳剂:水 = 1:2 的比例配制成浆液待用。

（2）修补结合面的处理

①清除修补面的疏松层、油污及一切脏物,并用高压射流技术清洗干净。

②表面光滑或薄层修补区,需进行凿毛处理,且对小面积修补需在修补区边缘凿一道 2 ~ 3cm 深、3 ~ 5cm 宽的齿槽,以利于修补材料与基底的黏结。

③施工前基底面应饱水 24h,施工时表面潮湿,但不能有积水。

（3）丙乳砂浆的配比与拌制

①配合比。丙乳砂浆的配合比如前所述,水灰比应通过现场试拌调整确定,总用水量中包括丙乳浆剂中所含的 2/3 水分。

②拌制。首先按配比称取各种材料,要求称量准确,尤其是丙乳剂与水的称量应准确。由于丙乳砂浆流动度对加水量较敏感,须严格控制已确定的水灰比,不得随意加水。再将水泥、砂、膨胀剂干拌均匀,然后加入丙乳浆剂与水继续拌和,宜采用强制式搅拌机或立式砂浆拌和机（拌和 3min）,如采用人工拌和,开始时料会显得很干,要反复用力压抹,才能越拌越稀,可借助平板振捣器或振捣棒帮助拌匀,加速出浆,切忌多加水,水灰比过大会影响丙乳砂浆的各项性能。

（4）施工程序及养护

①先在处理过的修补结合面上刷一层丙乳净浆,涂抹厚度为 1 ~ 2mm。

②在净浆未干之前,立即将丙乳砂浆摊铺到位,振捣或用力压实抹平,30min 左右后二次抹面收光（视时间、气温等依经验而定）。

③如果施工面为斜面或曲面,施工应从较低部位开始,然后依次施工到较高部位,如果修补面积过大（ > 10m²）宜分段分块间隔施工,以避免砂浆干缩开裂。

④丙乳砂浆应随拌随用,拌和后宜在 30 ~ 40min 内使用完毕,每次拌和量可根据修补面积与施工进度而定。

⑤如遇夏天或气温较高,日照强烈,宜选择在早晚无阳光直射时间施工。

⑥丙乳砂浆早期干缩偏大,应特别注意加强早期潮湿养护,表面收光后应喷雾养护,约 2h 后即覆盖湿草袋或麻袋或塑料薄膜（周边需密封压紧）并由专人负责保水,使之处于潮湿状态 14d。

22.2 疏松较深区与孔洞的修补

孔洞以及深度超过 6cm 的深层疏松区,拟按下列方法进行修补:

1）修补材料

采用丙乳细石混凝土配合比可参照前述丙乳砂浆的配合比,由工地试验室确定,要求 1d 抗压强度不小于 30MPa、7d 抗压强度不小于 50MPa,28d 抗压强度不低于 C60。另外,应在丙乳细石混凝土中添加 10% 的 UEA 膨胀剂。

2）修补施工程序

（1）首先将疏松区劣质混凝土凿除,其周边宜凿成规则的多边形,开凿范围以见新鲜、密实混凝土为止,开凿区以及孔洞的四周边宜做成台阶状,台阶高差以不小于 3cm 为宜。

（2）剔除开凿表面（新旧混凝土结合面）的浮石,并应用高压射流技术清洗开凿表面,饱

水 24h。

（3）在保持结合面湿润但无自由水的情况下，涂刷两层丙乳净浆后，立即立模浇筑丙乳细石混凝土并振捣密实，终凝后及时拆模，覆盖湿麻袋保持潮湿 14d。

（4）养护 14d 后，在修补区的外露表面无尘埃、无自由水且湿润的条件下，用丙乳净浆在纵横向分批涂抹两次。

丙乳细石混凝土施工技术要求与丙乳砂浆施工技术要求基本相似，可参照执行。

第 23 章　混凝土结构涂装技术

23.1　涂层性能的要求

(1)涂层与混凝土黏结力不小于2.7MPa。

(2)涂层耐碱性能:30d耐碱试验,涂层不起泡、无裂缝、无变色。

(3)抗氯离子渗透性:30d试验,无氯离子透过涂层。

(4)耐候:300h加速耐候试验,涂层无粉化、龟裂、起泡现象。

23.2　涂层配套技术指标

混凝土涂层系统应由底层、中间层和面层配套涂料涂膜组成,其设计总干膜厚度为350μm。主塔承台涂层配套技术指标见表5-23-1。

主塔承台涂层　　　　　　　　　　　　　　　表5-23-1

涂料名称		涂装方式	涂层厚度(μm)	
			每道	涂层干膜平均总厚度
底层	环氧树脂封闭漆	喷涂	50	
中间层	环氧树脂漆	喷涂	210	350
面层	聚氨酯面漆	喷涂	90	

混凝土结构涂层见表5-23-2。

引桥及接线桥梁混凝土结构涂层　　　　　　　表5-23-2

涂层次序	涂料名称	涂层厚度(μm)	
		每道	总计
1	环氧封闭漆(N505/C510)	—	
2	厚浆环氧漆(P545/C510)	100	
3	丙烯酸厚浆面漆(F673)	80	260
4	丙烯酸厚浆面漆(F673)	80	

23.3　混凝土结构表面涂装施工工艺

(1)混凝土表面处理。先用水泥浆或环氧砂浆修补混凝土表面缺陷,清除表面污物及杂

质,用汽油或丙酮洗去油污,用压缩空气吹净表面浮尘。

(2)利用吊篮、检查设备及辅助设备进行塔柱、盖梁及墩的施工,应全部采用高压机械喷涂。

(3)施工时用测定涂层湿膜厚来控制干膜厚度,并应取样检查。取样方法:在喷涂面贴 $50mm \times 100mm \times 2mm$ 白铁皮,喷涂后取下。7d 后用漆膜仪测定干膜厚度。

第 24 章　常见病害及处治方法

构造物常见病害及相应处治方法见表 5-24-1。

构造物常见病害及相应处治方法　　　　　　　表 5-24-1

构造物	部　位	病　害	处治方法
混凝土主塔	塔身混凝土	意外损伤	立即进行修补
		蜂窝、麻面、剥落、露筋、风化	1.浇筑混凝土； 2.喷射混凝土； 3.人工涂抹水泥砂浆； 4.喷射水泥砂浆； 5.加设钢筋网浇筑混凝土； 6.加设钢筋网喷射混凝土； 7.人工涂抹环氧砂浆； 8.浇筑环氧砂浆
		锈蚀	除锈、补漆
		渗水	烘干水分、修补渗水部分
		裂缝	1.人工涂抹水泥砂浆； 2.人工涂抹环氧砂浆； 3.粘贴玻璃布； 4.粘贴钢板； 5.喷射水泥砂浆； 6.环氧树脂灌浆
		网裂	
	下横梁	蜂窝、麻面、剥落、露筋、风化	1.浇筑混凝土； 2.喷射混凝土； 3.人工涂抹水泥砂浆； 4.喷射水泥砂浆； 5.加设钢筋网浇筑混凝土； 6.加设钢筋网喷射混凝土； 7.人工涂抹环氧砂浆； 8.浇注环氧砂
		裂缝	1.人工涂抹水泥砂浆； 2.人工涂抹环氧砂浆； 3.粘贴玻璃布； 4.粘贴钢板； 5.喷射水泥砂浆； 6.环氧树脂灌浆

构造物	部 位	病 害	处 治 方 法
混凝土主塔	下横梁	锈蚀	除锈、补漆
		变形	修正或重新浇筑
	塔顶	偏位	提交详细检测报告,由专家决策
	关键截面	应力异常	提交详细检测报告,由专家决策
	塔顶斜拉索锚固区	蜂窝、麻面、剥落、露筋、风化	1.浇筑混凝土; 2.喷射混凝土; 3.人工涂抹水泥砂浆; 4.喷射水泥砂浆; 5.加设钢筋网浇筑混凝土; 6.加设钢筋网喷射混凝土; 7.人工涂抹环氧砂浆; 8.浇筑环氧砂浆
		裂缝	1.人工涂抹水泥砂浆; 2.人工涂抹环氧砂浆; 3.粘贴玻璃布; 4.粘贴钢板; 5.喷射水泥砂浆; 6.环氧树脂灌浆
		锈蚀	除锈
		各紧固件松动	重新拧紧
		锚室墙壁渗水及锈蚀	烘干水分并除锈,修补渗水部分
		锚室密封失效	更换
	塔基础（包含承台）及水面以上部分	开裂	1.人工涂抹水泥砂浆; 2.人工涂抹环氧砂浆; 3.粘贴玻璃布; 4.粘贴钢板; 5.箍套法
		蜂窝、麻面、剥落、露筋、磨损、腐蚀	1.浇筑混凝土; 2.喷射混凝土; 3.人工涂抹水泥砂浆; 4.喷射水泥砂浆; 5.加设钢筋网浇注混凝土; 6.加设钢筋网喷射混凝土; 7.人工涂抹环氧砂浆; 8.浇筑环氧砂浆
		基础局部冲空	1.草袋围堰浇筑混凝土; 2.板桩围堰浇筑混凝土; 3.套箱围堰浇筑混凝土
		冲蚀、冲刷、掏空	1.浇筑水下混凝土; 2.铺砌混凝土席块防护; 3.涂抹水泥砂浆

续上表

构造物	部　位		病　害	处治方法
混凝土主塔	塔基础（包含承台）及水面以上部分		沉降	提交详细检测报告,由专家决策
			位移	提交详细检测报告,由专家决策
			塔内积水	排水
			塔底座腐蚀、露筋	除锈、修补
			塔门损坏	修复或更换
	主塔检修梯		防锈漆脱落	0级、1级不需要涂装;2级、3级应进行维护性涂装;4级、5级应进行充涂
			脱焊	重新焊接
			锈蚀	除锈,补漆
			塔内爬梯等钢构件锈蚀缺损	除锈,病害严重更换
	附属设施		避雷针及引线连接不可靠	重新连接
			接地线周围堆放杂物	清除
			接地线电阻不正常	更换
钢箱梁	钢箱梁内部	涂层	粉化	0级、1级不需要涂装;2级、3级应进行维护性涂装;4级、5级应进行重涂
			起泡	
			裂缝	
			脱落	
		焊缝及焊缝边缘	焊缝裂缝	手工修复
			变形	重新焊接
			脱焊	重新焊接
			焊缝锈蚀	除锈,涂刷防锈漆
			边缘裂缝	手工修复
			边缘锈蚀	除锈,涂刷防锈漆
			涂装缺损	重涂
		其他	箱内锈蚀	除锈,涂刷防锈漆
			高强度螺栓松动、锈蚀、缺损	1.出现松动,拧紧; 2.出现锈蚀,除锈; 3.出现缺损,更换
			钢箱梁内湿度不合格	修复除湿机,调整箱内湿度,使其合格
			钢箱梁内温度不合格	提交详细检测报告,由专家决策
			钢箱梁内有积水	排除箱内积水
			内部表面有裂缝	手工焊修复

续上表

构造物	部 位		病 害	处 治 方 法
钢箱梁	钢箱梁外部检查	涂层	粉化	0级、1级不需要涂装;2级、3级应进行维护性涂装;4级、5级应进行重涂
			起泡	
			裂缝	
			脱落	
			锈蚀	
		焊缝及焊缝边缘	焊缝裂缝	手工修复
			变形	重新焊接
			脱焊	重新焊接
			焊缝锈蚀	除锈,涂刷防锈漆
			边缘裂缝	手工修复
			边缘锈蚀	除锈,涂刷防锈漆
		其他	表面裂缝	手工修复
			梁段拼接处裂缝、腐蚀、变形等	进行除锈、焊接、修复
			锈蚀	除锈
			箱梁振动性	提交详细检测报告,由专家决策
			应力异常	提交详细检测报告,由专家决策
			线形异常	提交详细检测报告,由专家决策
			轴线偏移	提交详细检测报告,由专家决策
			竖向线形异常	提交详细检测报告,由专家决策
			积水	排除积水
	斜拉索锚固区		裂缝	手工修复
			锈蚀	除锈,涂刷防锈漆
			锚头处气密性	更换气密装置
			锚头裂缝	手工焊修复,若严重,更换锚头
	检查车及轨道		轨道固定件脱焊	重新焊接
			轨道固定件变形	焊接、修复
			轨道固定件锈蚀	除锈,涂刷防锈漆
			钢构件脱焊锈蚀	重新焊接、除锈
			小车行走系统出现故障	仔细检查修复
			小车临时固定装置出现故障	修复或重新搭建
	排水系统		箱梁顶面排水不畅通	疏通桥面排水管,排除桥面积水
			排水管堵塞、锈蚀	疏通泄水管,清除锈迹,严重者则更换

续上表

构造物	部 位		病 害	处 治 方 法
斜拉索及锚具	套索	PE护套	裂缝、破损,老化、积水等	修补、排水或更换
			与钢护套连接处损坏、渗水、漏水	修补或排除积水
		钢护套	松动	拧紧
			油漆脱落、锈蚀	除锈,重新涂装
			与PE护套连接处损坏,渗水、漏水	排除积水,修补
	减震系统		损坏失效	修补或更换
			锈蚀	除锈,重新涂装
			漏油	修补漏油处
			防水失效	更换防水装置
			橡胶老化、变质	更换橡胶
	钢索		防护层损坏	重新涂装防护层
			钢丝断丝或锈蚀	焊接断丝或更换,除锈,补刷防锈漆
			梁端拉索脱漆、锈蚀	除锈,补刷防锈漆
			梁端拉索出口密封失效、渗水、锈蚀	排除积水,修补或更换密封装置
			塔端拉索脱漆、锈蚀	除锈,补刷防锈漆
			塔端拉索出口密封失效、渗水、积水	排除积水,修补或更换密封装置
			索座处积水,橡胶老化,拉索锈蚀	排除积水,更换橡胶,给斜拉索除锈并补刷防锈漆
			拉索导管损坏,积水	排除积水,修补导管或更换导管
			拉索振动异常	提交详细检测报告,由专家决策
			索力异常	提交详细检测报告,由专家决策
	锚固系统		锈蚀	除锈、涂防锈油
			钢箱梁涂装损坏	按钢箱梁涂装损害处理
			剪力钉缺损	提交详细检测报告,由专家决策
			塔端锚固区混凝土损坏	提交详细检测报告,由专家决策
			渗水、漏水、积水	排水,修补漏水处
			防锈油结块、失效	更换防锈油
			锚头锈蚀,排水小孔堵塞,积水	除锈、疏通、排水
			螺栓松动,锈蚀、缺损	拧紧,除锈、排水

构造物	部 位		病 害	处 治 方 法
桥面系	桥面铺装	沥青铺装层	脏乱、滴油	清洁、清除
			龟裂、块状裂缝、纵向裂缝、横向裂缝	沥青病害补修
			坑槽	
			松散	
			露骨	
			鼓包	
			沉陷	
			车辙	
			波浪、拥抱	
			泛油	
			局部沉陷	
			边缘啃边、锯齿状粗糙	
			行车道与铺装层下泄水孔排水不畅通	疏通排水，排除积水
			路边缘接缝处不封闭	用沥青材料修补，使其密封
			强度不够	提交详细检测报告，由专家决策
			平整度不够	提交详细检测报告，由专家决策
			抗滑能力低	提交详细检测报告，由专家决策
	检修道与中央分隔带		检修道及中央分隔带橡胶平整度、老化	修补或更换
			检修道及中央分隔带表层及橡胶板下渗水、积水	修补防水层、排水、更换
			检修道橡胶板下的封闭层脱落、老化、失效	更换
			中央分隔带边缘与路面铺装接缝处密封性	修补使其密封
	伸缩缝		异常声音和异常伸缩量	修正、严重的进行更换
			堵死、挤死、脱落	修补或更换
			平整度、跳车现象	嵌入填料或更换伸缩缝
			漏水及两侧阻水失效	修补破损位置
			伸缩槽内杂物嵌入	定期清理
			接焊处裂缝、起皮、掉漆	重新焊接、涂刷防锈漆
			基本单元间隙不均匀	校正

构造物	部　位	病　　害	处 治 方 法
桥面系	伸缩缝	锚固连接不牢固,连接件松动,局部破损	紧固、修复或更换
		钢构件锈蚀、变形	除锈、校正变形
		密封橡胶带老化、失去弹性、异常变形或开裂	用硫化修补破损位置
	排水系统	泄水管堵塞、破坏、损伤,管体脱落,管口泥石杂物堆积	清除杂物、疏通泄水管、修复或更换水管
		盖板损坏、丢失	更换盖板
		排水沟堵塞、缺损	疏通排水沟、修补排水沟
	栏杆、防撞护栏	外观不整洁,有缺损,立柱倾斜,横梁不能自由伸缩	清理、修复立柱
		松动,连接螺栓变形、丢失、断裂、撞坏、锈蚀	紧固螺栓或更换
		各变形缝有间隙	填塞间隙
		活动护栏松动,有缺损	紧固或修复
		伸缩缝处防撞护栏不满足主桥及过渡孔桥较大的伸缩和变位,其横梁不能在螺栓柱上滑动和转动	修复,严重者更换
		防眩板缺失	更换
桥梁下部结构	支座及阻尼器	不完整、出现缺失	修复
		不清洁	清理
		滑动面干涩	清洁滑动面
		与梁接触不密贴	修复接触面
		与垫层接触不密贴	修复接触面
		老化、开裂	更换支座
		错位、变形、脱空	校正或更换
		位移不正常	校正
		固定端松动、剪断、开裂	紧固螺栓、更换螺栓或焊接
		表面材料的磨耗与修饰	修复、除锈、加漆
		支座附近梁体裂缝	修补裂缝或焊接裂缝
		垫层锈蚀、翘曲、断裂、积水	除锈、校正、更换、加焊、排水
		支座垫石开裂、破碎	重新浇筑或焊接裂缝

续上表

构造物	部位	病害	处治方法
桥梁下部结构	桥墩与基础	表面不清洁,附近有无杂物堆积	定期清理
		蜂窝、麻面等混凝土病害	1.凿毛洗净,水泥浆抹平(<3cm); 2.凿毛洗净,以混凝土裹覆(>3cm)
		裂缝	1.水泥砂浆封闭(宽度<裂缝限值); 2.扩缝灌水泥砂浆或环氧树脂等(宽度>裂缝限值); 3.裂缝贯通,用钢筋混凝土围带式钢箍加固或箱套加固
		局部冲空	1.草袋围堰浇筑混凝土; 2.板桩围堰浇筑混凝土; 3.套箱围堰浇筑混凝土
		侵蚀,冲刷	1.浇筑水下混凝土; 2.铺砌混凝土席块防护; 3.涂抹水泥砂浆
		整体下沉、倾斜、滑动、冻拔	1.桥台:可采用置换台背轻质材料回填,加厚桥台胸墙等加固措施; 2.基础:各类加固措施: ①墩台扩大基础加固法; ②增补桩基加固; ③地基注浆加固法
		台背填土沉降裂缝、挤压隆起变形	加固
附属设施	交通标志	交通信号标志缺损	修复或更换
		水上助航标志缺损	修复或更换
		倾斜、损坏、老化	修复或更换
	标线	损坏	更换
		不清晰、腐蚀、老化	更换
		夜间发光不正常	更换
引桥箱梁	箱梁内(外)混凝土	意外损伤	立即进行修补
		蜂窝	1.浇筑混凝土; 2.喷射混凝土; 3.人工涂抹水泥砂浆; 4.喷射水泥砂浆; 5.加设钢筋网浇筑混凝土; 6.加设钢筋网喷射混凝土; 7.人工涂抹环氧砂浆; 8.浇筑环氧砂浆
		麻面	
		剥落	
		露筋	
		风化	
		锈蚀	除锈、补漆

续上表

构造物	部 位	病 害	处 治 方 法
引桥箱梁	箱梁内(外)混凝土	渗水	烘干水分、修补渗水部分
		裂缝	1. 人工涂抹水泥砂浆； 2. 人工涂抹环氧砂浆； 3. 粘贴玻璃布； 4. 粘贴钢板； 5. 喷射水泥砂浆； 6. 环氧树脂灌浆
	防护涂层	粉化	0级、1级不需要涂装；2级、3级应进行维护性涂装；4级、5级应进行重涂
		起泡	
		脱落	
		老化	
		裂缝	
		脱落	
	预应力钢束	预应力锚护套老化	修复，严重者更换
		预应力锚保护层损坏	油漆、重新涂装
		预应力锚锈蚀	除锈、涂防锈漆
		预应力锚头锈蚀	除锈、涂防锈漆
		螺栓松动,锈蚀,缺损	拧紧加固，及时修补
	箱梁整体	箱梁内湿度不合格	修复除湿机，调整箱梁内湿度，使其合格
		箱梁内温度不合格	提交详细检测报告，由专家决策
		箱梁端拼接处裂缝、变形	手工修复
		振动性不好	提交详细检测报告，由专家决策
		应力异常	提交详细检测报告，由专家决策
		横向线性变动	提交详细检测报告，由专家决策
		轴线偏移	提交详细检测报告，由专家决策

参 考 文 献

[1] 中华人民共和国行业标准. JTG B01—2014 公路工程技术标准[S]. 北京:人民交通出版社股份有限公司,2014.

[2] 中华人民共和国行业标准. JTG H11—2004 公路桥涵养护规范[S]. 北京:人民交通出版社,2004.

[3] 中华人民共和国行业标准. JTG/T H21—2011 公路桥梁技术状况评定标准[S]. 北京:人民交通出版社,2011.

[4] 中华人民共和国行业标准. JTG/T J22—2008 公路桥梁加固设计规范[S]. 北京:人民交通出版社,2008.

[5] 中华人民共和国行业标准. JTG/T D65-01—2007 公路斜拉桥设计细则[S]. 北京:人民交通出版社,2007.

[6] 中华人民共和国行业标准. JTG H30—2004 公路养护安全作业规程[S]. 北京:人民交通出版社,2004.

[7] 周孟波. 斜拉桥手册[M]. 北京:人民交通出版社,2004.

[8] 郑罡,王鹏,唐光武. 桥梁索结构[M]. 北京:人民交通出版社股份有限公司,2015.

[9] 刘玉民,陈惟珍,杨修志,等. 桥梁养护技术与管理[M]. 北京:人民交通出版社,2013.

[10] 新疆伊犁公路管理局. G30 赛里木湖—果子沟高速公路养护手册[M]. 北京:人民交通出版社,2012.

[11] 李中秋. 公路养护与管理[M]. 北京:中国水利水电出版社,2012.

[12] 张劲泉,王文涛. 桥梁检测与加固手册[M]. 北京:人民交通出版社,2008.

[13] 陈惟珍,徐俊,等. 现代桥梁养护与管理[M]. 北京:人民交通出版社,2010.

[14] 徐犇. 桥梁检测与维修加固[M]. 北京:人民交通出版社,2002.

[15] 刘自明. 桥梁工程养护与维修手册[M]. 北京:人民交通出版社,2004.

[16] 刘自明. 桥梁工程检测手册[M]. 北京:人民交通出版社,2002.

[17] 任振生. 公路养护技术[M]. 北京:人民交通出版社,2008.

[18] 中国腐蚀与防护学会. 金属腐蚀手册[M]. 上海:上海科技出版社,1987.

[19] 天华化工机械及自动化研究设计院. 腐蚀与防护手册[M]. 北京:化学工业出版社,2009.

[20] 高冬光. 跨海桥梁和滨海公路水文与防腐[M]. 北京:人民交通出版社,2012.

[21] 湖北省京珠高速公路建设指挥部. 湖北省京珠高速公路桥梁养护技术手册[M]. 北京:人民交通出版社,2003.

[22] 任必年. 公路钢桥腐蚀与防护[M]. 北京:人民交通出版社,2002.

[23] 高建立. 河南省高速公路养护标准化手册[M]. 北京:人民交通出版社,2011.

[24] 杨士敏,吴国进. 高等级公路养护机械[M]. 北京:机械工业出版社,2003.

[25] 张少锦,王中文,刘士林. 珠江黄埔大桥大跨度桥梁建设与养护技术[M]. 北京:人民交通出版社,2012.

[26] JOHN W. 费希尔. 钢桥的疲劳和断裂(实例研究)[M]. 项海帆,史永吉,等,译. 北京:中国铁道出版社,1989.

[27] 陈群. 高速公路工程全寿命周期项目管理研究[M]. 厦门:厦门大学出版社,2009.

[28] 叶扬祥,潘肇基. 涂装技术实用手册[M]. 北京:机械工业出版社,1999.

[29] 孟会林. 钢桥全寿命周期成本分析及维护策略优化研究[D]. 天津:天津大学,2009.

[30] 郑罡,倪一清,高赞明,等. 斜拉索张力测试盒参数评估的理论和应用[J]. 土木工程学报,2005(3):64-69.

[31] 孙马,刘庆阳,向程龙. 桥梁预防性养护综合评估指标体系研究[J]. 重庆交通大学学报(自然科学版),

2013,32(1):900-902.

[32] 张冠华,马尚.现役钢筋混凝土梁的受弯区裂缝高度特征试验研究[J].辽宁省交通高等专科学校学报,2013,15(4):62-66.

[33] 张冠华,杨咏昕,葛耀君.上海长江大桥主通航孔桥抗风稳定性研究[J].石家庄铁道学院学报(自然科学版),2008,21(1):6-10.

[34] 刘心亮.预应力钢筋混凝土连续箱梁桥跨中下挠分析[J].公路交通科技(应用技术版),2012,88(4):206-209.

[35] 张冠华,赵林,葛耀君.流线型闭口箱梁断面风荷载空间相关性试验研究[J].振动与冲击,2012,31(23):76-80.

[36] 殷峰.浅谈高速办路市场化养护模式推广中的问题和对策[J].上海公路,2014(3):83-87.

[37] 赵运东.辽河大桥养护管理体制机制探索与实践[C]//中国公路学会.中国公路学会养护与管理分会第六届学术年会论文集,北京:人民交通出版社股份有限公司,2015:123-125.

[38] 刘永前.大型桥梁结构监测技术研究与应用[D].北京:北京交通大学,2007.

[39] 王若林.桥梁实时在线检测与监测若干问题研究[D].武汉:武汉大学,2005.

[40] 隋莉颖,刘浩,陈智宏,等.基于物联网技术的桥梁监测与安全预警技术研究[J].公路,2015,2(122):8-11.

[41] 刘军.桥梁长期监测系统集成与设计研究[D].武汉:武汉理工大学,2010.

[42] 孙磊.小波分析在桥梁监测中的应用研究[D].西安:长安大学,2012.

[43] Measuers R M, Alavie A T, Maaskant R, et al. Bragg grating fiber optic sensing for bridge and other structure [C]. Glasgow:Proc. SPIE,1994.

[44] Davis M A, Kersey A D, Berkoff T A, et al. Dynamic strain monitoring of an in-use interstate bridge using fiber Bragg grating sensor[Z]. San Diedo:1997,87-95.

[45] 何旭辉.南京长江大桥结构监测及其关键技术研究[D].湖南:中南大学,2013.

[46] 岳丽娜.大跨悬索桥安全监测方法及体系研究与应用[D].武汉:武汉理工大学,2010.

[47] 王晖.大跨预应力混凝土斜拉桥监测评估管理系统的开发与研究[D].浙江:浙江大学,2006.

[48] 荆龙江.预应力混凝土斜拉桥损伤识别理论及应用研究[D].浙江:浙江大学,2007.

[49] 汪珏.浙江公路隧道信息管理系统的设计与实现[D].上海:华东师范大学,2006.

[50] 蒋永祥.连续梁桥安全评价与监测[D].西安:长安大学,2011.

[51] 侯立群.大型斜拉桥基于监测的模型修正、损伤诊断与预警方法[D].哈尔滨:哈尔滨工业大学,2009.

[52] 赵巧燕,杜金生,刘心亮,等.既有混凝土桥梁表面防腐蚀技术[J].公路交通科技(应用技术版),2010,63(3):5-8.

[53] Mehrabi A B, Tabatabai H. Unified finite difference formulation for free vibration of cables[J]. Journal of structural engineering,1998,124(11):1313-1322.

[54] Barton, S. C. , G. W. Vermaas, P. F. Duby, A. C. West, and R. Betti. Accelerated Corrosion and Embrittlement of High-Strength Bridge Wire[J]. Journal of Materials in Civil Engineering, Vol. 12, No. 1, Feb. 2000, pp. 33-38.

[55] 于涛,徐建庆,杨春.在线腐蚀监测技术的应用[J].中国设备工程,2009(7).

[56] 易圣涛.斜张桥拉索防护的现状和问题[J].重庆交通学院学报,1983(1).

[57] 王文涛,梁奎基.国外大跨径斜拉桥使用状况综述[J].国外公路,1996(6).

[58] 汪浩,徐俊.斜拉桥下锚头渗水病害检测及成因分析[J].华东公路,2006(2).

[59] 王力力,易伟建.斜拉索的腐蚀案例与分析[J].中南公路工程,2007,32(1).

[60] 张劲泉,宿健,程寿山,等.混凝土旧桥材质状况与耐久性检测评定指南及工程实例[M].北京:人民交通出版社,2007.